# 당신의 하나님,
# 나의 하나님,
# 그리고 우리 하나님

| 김종식 지음 |

상

쿰란출판사

## 추천사

김종식 장로의 글에 나타난 성경 속 인물들을 보면 묘사가 정말 디테일하게 잘되었다. 창세기의 인물 중 아브라함 믿음의 여정이나 야곱의 고난 등은 우리가 대략적으로 알고는 있으나, 유다의 회심, 요셉의 이야기 등은 그 어디에서도 들어보지 못한 것이다. 무심코 읽고 넘겼을 성경 속 인물의 삶을 보면서 덮었던 성경을 다시 한 번 열어보게 한다.

특히 유다 지파와 에브라임 지파에 이르게 되면 그는 아주 엉뚱한 주장을 하고 있다. 출애굽 당시 유다 지파 안에는 유다 지파보다 더 많은 이방인들이 섞여 있다고 주장하고 있다. 그는 이 논리를 위해 인구증가율을 직접 대입하고 갈렙이 이방인이었다는 것 등 다수를 그 증거로 제시하였다.

요셉의 아들인 에브라임 지파에 대해서는 이스라엘 민족이 출애굽하기 전에 이미 가나안 땅에 터전을 잡고 있었다고 주장한다. 그는 그에 대한 강력한 증거로 여호수아가 세겜에서 의식을 행할 때, 이스라엘 백성과 본토인, 이방인을 모두 이 의식에 참여시켰다는 것을 근거로 제시하였다. 즉 그 모든 사람들을 하나님의 율법으로 하나로 묶기 위한 의식을 행했다는 것이다.

그의 논리에 따르다 보면 모세의 율법이 결코 이스라엘 민족만을 위한 율법이 아니었으며, 구약시대에도 주변의 많은 이방 족속들이 하나님을 믿고 따랐다는 것이 된다. 조금 위험한 발상이지만, 그의 글을 읽으면 그가 성경 속에서 찾아낸 여러 증거들을 좇아가다 보면 이 책을 읽는 독자들도 고개를 끄덕이게 될 것이다.

그래서 우리가 알고 있는 율법과 구약 성경의 개념을 좀 넓게 보게 되어 어느새 저자의 생각처럼 눈이 밝아지는 것을 느끼게 될 것이다.

아무쪼록 독자들도 이 책을 통하여 성경을 다시 한 번 생각할 수 있는 계기가 되었으면 한다.

대한예수교장로회(통합) 제107회 총회장<br>
C채널방송 사장 이순창 목사

### 추천사

저자의 글은 우리가 읽었던 어느 성경 주석서보다 신선함이 있다. 그의 글은 인물별로 구약과 신약 성경의 주요 인물을 아주 디테일하게 묘사하여 이 책을 다 읽으면 성경을 다 읽은 것 같은 착각을 느끼게 된다.

성경에는 간단하게 쓰여진 인물들을 그 당시의 지형들과 사건들을 분석하여 아주 디테일하게 설명하고 있으며, 그로 인하여 그들이 겪었을 당시의 상황들을 실감나게 표현하였다. 그래서 그의 글을 읽고 성경을 다시 본다면 좀더 하나님을 이해할 수 있게 된다.

특별히 율법에 있어서 그 율법이 매우 엄격하여 지키기 어려운 것이라 생각되어 정신을 번쩍 들게 하는 것이 있다. 우리는 율법을 공부하기 위해 많은 시간을 들이지만, 그의 글을 읽으면 율법 정신을 깨닫게 되고, 예수님이 너희가 모세도 성경도 오해했다고 하는 말의 뜻을 이해하게 된다.

하나님이 율법 정신에 대하여 말라기 선지자를 통하여 포로에서 돌아온 백성들에게 수없이 많은 경고를 보냈지만, 그들은 그 뜻을 이해하지 못했고 결국 예수님이 오실 때까지 400여 년간 하나님을 모르고 방황하게 된다.

그는 '말라기 이후 침묵하신 하나님'이라는 글에서 그 이유를 자세히 설명하고 있다. 에스라와 느헤미야만 읽은 성도라면 그들의 행동에 대한 잘못을 찾을 수 없지만, 동시대의 선지자 말라기가 외쳤던 말씀들을 통하여 그들의 잘못된 행동을 찾아볼 수 있다.

　예수님이 오셨을 때 백성의 지도자들이 하나님을 잘못 섬긴 것에 대한 지적을 했는데, 복음서를 읽는 독자들은 백성의 지도자들의 잘못을 잘 찾아내지 못한다. 그런데 하나님을 떠나게 된 동기가 하나님을 열심히 섬겼다고 말하는 에스라와 느헤미야 때부터 이미 이것들이 조금씩 백성의 지도자들에게 스며들기 시작했다는 것을 알게 되면 신약 성경 그 어디에서도 에스라와 느헤미야를 인용하지 않은 이유를 알게 된다.

　아무쪼록 독자들 모두 이 책을 읽으며 성경을 보는 눈과 하나님을 보는 눈이 더 넓어지기를 원한다. 그래서 이 책은 목회자들에게 유익이 있겠지만, 참하나님을 찾고자 하는 성도들에게 유익한 책이 될 거라는 것에는 의심의 여지가 없다.

글로벌선진학교 교장<br>강성봉 목사

## 이 글을 읽기에 앞서

나는 초등학교 2학년 때 처음 교회당에 발을 들였다. 가정환경이 그리 썩 좋지 않아 주일마다 주일학교에서 지내는 시간이 좋았다. 그 뒤로 여러 번 서울에서 시골로, 다시 서울 여러 곳으로 이사를 다녔지만, 나는 한 번도 교회를 떠난 적이 없었다. 주일학교에서 학생회, 청년회, 군대 생활 등을 거치면서 교회에서의 생활이 내 삶의 전부였다.

신앙의 변곡점을 맞이한 것은 아버지의 죽음 때문이었다. 아버지는 암 투병 중 나를 따라 교회에 다니셨지만, 큰 차도 없이 돌아가셨다. 마지막 임종 때 얼굴이 일그러지고 고통스러워하시던 모습을 40여 년이 된 지금도 잊을 수가 없다. 그 충격에 나는 6개월이 넘는 시간 동안 예배에 참석하지 않으면서 새번역을 포함한 여러 역본을 가져다 놓고 읽었다. 그러던 중 지금은 아내가 된 한 여인의 권유로 복음집회에 참석하게 되었다. 성경에 기록된 역사적이고 과학적인 내용을 통해 우주만물을 창조하신 분이 하나님이라는 것을 확실히 깨달을 수 있었다. 20년 동안 교회에 다니면서 처음 들은 내용이었다. 그런데 마지막 예수 그리스도에 대한 복음의 말씀은 지난 20여 년간 들었던 말씀과 똑같아 전혀 새롭게 다가오지 않았다.

그럼에도 모든 말씀 중 구원을 받으면 절대로 지옥에 가지 않는다는 말씀은 그전까지 들어본 적이 없는 말씀이었다. 그전까지는 매주 일요일 예배당에 나와 지난 일주일간 지은 죄를 자복하고 용서받아야 갈 수 있다고 들었기 때문이다. 나는 복음을 들은 후 집에서 요한복음과 로마서를 집중적으로 읽으면서 인도자의 말씀을 검증하려고 하였다. 그러던 중 다음의 말씀을 읽으면서 요동치는 마음을 진정시킬 수 있었다.

> "그리스도께서 죽은 자 가운데서 다시 살아나셨다 전파되었거늘 너희 중에서 어떤 이들은 어찌하여 죽은 자 가운데서 부활이 없다 하느냐 만일 죽은 자의 부활이 없으면 그리스도도 다시 살지 못하셨으리라 그리스도께서 만일 다시 살지 못하셨으면 우리의 전파하는 것도 헛것이요 또 너희 믿음도 헛것이며 또 우리가 하나님의 거짓 증인으로 발견되리니 우리가 하나님이 그리스도를 다시 살리셨다고 증거하였음이라 만일 죽은 자가 다시 사는 것이 없으면 하나님이 그리스도를 다시 살리시지 아니하셨으리라 만일 죽은 자가 다시 사는 것이 없으면 그리스도도 다시 사신 것이 없었을 터이요 그리스도께서 다시 사신 것이 없으면 너희의 믿음도 헛되고 너희가 여전히 죄 가운데 있을 것이요 또한 그리스도 안에서 잠자는 자도 망하였으리니 만일 그리스도 안에서 우리의 바라는 것이 다만 이생뿐이면 모든 사람 가운데 우리가 더욱 불쌍한 자리라"(고전 15:12~19).

사도 바울의 너무도 확신에 찬 이 고백으로 나의 신앙이 완전히 바뀌게 되었다. 내 나이 29세 때였다. 그 후로 내 신앙은 온통 그리스도를 아는 것에 맞추어지게 되었다.

그런데 교회 내에서 열심인 성도들을 중심으로 성령 충만을 받았다는 이야기가 돌면서, 우리는 성령 충만으로 다시 구원을 받아야 하며, 이것을 경험하지 않은 성도는 구원받은 것이 아니라는 거짓된 사실이 전파되기 시작했다. 이것으로 교회가 나뉘었고, 급기야 그들을 출교하기에 이르렀다. 이런 일이 주기적으로 발생했고, 그때마다 교회는 소용돌이에 휩싸이게 되었다. 그들의 주장은 대체로 이 말씀을 근거로 시작되었다.

> "내가 그리스도와 함께 십자가에 못 박혔나니 그런즉 이제는 내가 산 것이 아니요 오직 내 안에 그리스도께서 사신 것이라 이제 내가 육체 가운데 사는 것은 나를 사랑하사 나를 위하여 자기 몸을 버리신 하나님의 아들을 믿는 믿음 안에서 사는 것이라"(갈 2:20).

즉 자신의 삶을 버리고 온전히 그리스도처럼 살지 않으면 아무리 열심히 교회에 다니더라도 완전한 구원을 받은 것이 아니므로 다시 구원을 받아야 한다는 것이었다. 이것은 결국 한 번 구원을 받더라도 세상 정욕에 얽매이면 구원을 잃어버리게 되므로 매 주일 교회에 나와 회개해야 한다는 일반적인 교회에서 가르치는 것과 형태만 다를 뿐 동일한 내용이었다.

일반적으로 구원의 메시지는 '**이신칭의**'(以信稱義)의 교리를 따르기에 명확하게 정의할 수 있지만, '**성화**(聖化)'의 단계는 개개인이 하나님과의 관계에서 이루는 것이므로 명확히 정의하거나 검증할 방법이 없다. 성화는 갈라디아서의 말씀과 같이 그리스도와 합하는 경지에 이르는 단계라고 하지만, 이것은 너무 막연하고 하나님과 성도 개가인의 체험에 따라 다르게 다가온다. 그래서 이 말씀으로 이 경지에 이르지 못하면 완전한 구원이 아니라고 했을 때, 교회는 혼란에 빠질 수밖에 없었던 것이다.

온전히 '**성화**'의 단계에 이른 성도도 없고, 이것을 올바른 방향으로 이끌 인도자도 없었기에 교회는 항상 '**칭의**'의 단계에 머물러 있었다.

느헤미야서에 나오는 예루살렘 성벽에서 10개의 성문은 많은 영적인 메시지를 전한다. 누구나 똑같겠지만, 나 역시 첫 번째 문인 '**양문**'에서 '**칭의**'를 얻은 즉시 소속된 사회에 나아가 복음을 전하는 데 많은 시간을 보냈다. 즉 구원의 기쁨에 '**어문**'으로 나아가 많은 사람에게 복음을 전했던 것이다. 그러나 20여 년간의 교회 생활로 얻은 전투력은 겨우 10퍼센트 정도에 불과하여 전도에 별반 도움이 되지 못했고, 오히려 세상 사람들과 어울리는 빌미만 제공할 뿐이었다. 즉 '**옛문**'에 걸려 옛사람을 벗어버리고, 새사람을 입지 못했던 것이다 (엡 4:22~24). 결국 나는 옛사람과 새사람 사이에서 방황하다가 아주 오랫동안 깊은 '**골짜기문**'에 떨어졌다. 실제로 많은 성도가 '**골짜기문**'에서 방황하다 세상으로 돌아가 버리곤 한다.

'분문'에 이르러 자아를 내려놓고 '샘문'에서 새롭게 되는 경험을 해야 하는데, 그 경지에 이르면 교회는 또다시 내쫓는 일을 반복했기에 '분문'을 거쳐 '샘문'으로 나아가기를 꺼리기도 했다. 그리고 교회에 올바로 가르치는 인도자가 없었기에, '샘문'이라는 '성화'의 단계에 이르게 되면 그들 역시 이것이 마치 새로운 구원인 양 착각하면서 떠들고 다녔던 것이다.

나에게서 이 경험은 우연히 찾아왔다. 나는 성경 배우는 것을 워낙 좋아했기 때문에 많은 주석서도 보고 늘 성경을 손에서 놓지 않았는데, 하나의 말씀이 오랫동안 내 마음을 짓누르고 있었다. 교회에 오래 다닌 사람이라면 설교를 통해서도 여러 번 들었을 텐데, 사울이 하나님의 명령을 거역하여 하나님께 버림받는 사건을 기록한 내용이었다(삼상 15:13~23).

설교자들은 대부분 **"여호와께서 번제와 다른 제사를 그 목소리 순종하는 것을 좋아하심같이 좋아하시겠나이까 순종이 제사보다 낫고 듣는 것이 수양의 기름보다 나으니 이는 거역하는 것은 사술의 죄와 같고 완고한 것은 사신 우상에게 절하는 죄와 같음이라"**(삼상 15:22~23)라는 구절에 초점을 맞추지만 나는 그때 사무엘의 호통에 대한 사울의 대답으로 큰 근심에 싸였다.

"그것은 무리가 아말렉 사람에게서 끌어온 것인데 백성이 **당신의 하나님 여**

호와께 제사하려 하여 양과 소의 가장 좋은 것을 남김이요 그 외의 것은 우리가 진멸하였나이다"(삼상 15:15).

"나는 실로 여호와의 목소리를 청종하여 여호와께서 보내신 길로 가서 아말렉 왕 아각을 끌어왔고 아말렉 사람을 진멸하였으나 다만 백성이 그 마땅히 멸할 것 중에서 가장 좋은 것으로 길갈에서 **당신의 하나님 여호와**께 제사하려고 양과 소를 취하였나이다"(삼상 15:20~21).

"내가 범죄하였을찌라도 청하옵나니 내 백성의 장로들의 앞과 이스라엘의 앞에서 나를 높이사 나와 함께 돌아가서 나로 **당신의 하나님 여호와**께 경배하게 하소서"(삼상 15:30).

그때 사울은 사무엘에게 세 번씩이나 '**당신의 하나님 여호와**'께 제사하려고 양과 소를 남겼다고 말한다(삼상 15:15, 21, 30).

사울은 하나님이 선택하신 왕인데 그는 왜 '**나의 하나님**'이라 하지 않고 '**당신의 하나님**'이라고 했을까? 아니, '**나의 하나님**'이라 하지 않더라도 적어도 '**여호와 하나님**'이라고만 했어도 되었을 텐데, 왜 굳이 '**당신의 하나님 여호와**'라고 했을까? 다윗은 어려움 속에 있으면서도 평생 '**나의 하나님**'을 외치고 살았는데 똑같은 왕으로서 사울은 왜 그러지 못했을까?

사울은 왕이 되고 2년이 흘렀을 때 블레셋과 전쟁을 치렀다. 그 당시 이스라엘의 병사는 겨우 3천 명에 불과했으나, 블레셋은 병거가 3만에 마병이 6천, 그리고 백성은 해변의 모래와 같이 많았다. 이에 모든 이스라엘이 떨었고, 개중에는 굴과 수풀과 바위틈과 은밀한 곳과 웅덩이에 숨었고, 어떤 히브리 사람은 아예 요단강을 건너 갓과 길르앗 땅으로 도망쳤다. 사무엘이 와서 번제를 드리도록 되어 있었는데, 무려 이레를 기다려도 사무엘이 도착하지 않자 다급해진 사울이 자신이 제사장이 되어 번제를 드린다. 그런데 번제 드리기를 마치자 사무엘이 도착하였고, 그는 하나님 앞에 범죄한 사울을 책망한다(삼상 13:1~9). 번제는 제사장이 아닌 외인이 드리면 죽임을 당하도록 되어 있었기 때문에(민 3:10), 반드시 제사장이 드려야 했다(민 16:39~40, 대하 26:16~21).

"왕이 망령되이 행하였도다 왕이 **왕의 하나님 여호와**께서 왕에게 명하신 명령을 지키지 아니하였도다 그리하였더면 여호와께서 이스라엘 위에 왕의 나라를 영영히 세우셨을 것이어늘, 지금은 왕의 나라가 길지 못할 것이라 여호와께서 왕에게 명하신 바를 왕이 지키지 아니하였으므로, 여호와께서 그 마음에 맞는 사람을 구하여 그 백성의 지도자를 삼으셨느니라"(삼상 13:13~14).

사무엘은 비록 사울을 책망하였지만, 그때 분명히 하나님에 대한 호칭을 **'왕의 하나님 여호와'**라고 하였다. 즉 하나님께 범죄하였을지라도 여전히 사울에게 하나님은 **'나의 하나님 여호와'**였다. 사무엘도 그것을 인정하였다. 그랬기 때문에 그는 **'당신의 하나님 여호와'**가 아니라 자신 있게 **'나의 하나님 여호와'**라고 말할 수 있어야 했다.

그럼에도 그로부터 20여 년이 흐른 시점에 아말렉과의 전투에서 또다시 하나님의 말씀을 어긴다. 아말렉의 모든 것을 진멸하지 않았고, 그 소유물도 좋은 것을 남겨 자신의 전리품으로 삼았던 것이다. 그리고 사무엘이 책망하자 **'당신의 하나님 여호와'**께 제사하려 남겼다고 변명하였다. 사울은 자신의 범죄와 상관없이 **'나의 하나님 여호와'**라고 고백해야 했음에도 왜 **'당신의 하나님 여호와'**께 제사하기 위하여 남겼다고 말했던 것일까?

그는 하나님의 선택과 상관없이 평생 자신의 삶을 하나님께 의뢰하지 않았다는 것을 단 두 단어[당신의 하나님: thy(your) God]로 인정해 버렸다. 구약에서 하나님께 선택받았다는 것을 오늘날 우리에게 적용하면 그리스도인이 되었다는 의미일 수도 있는데, 그날까지 사울은 자신을 선택한 여호와 하나님을 **'나의 하나님'**으로 부르지 못했다.

이는 곧 구원받은 그리스도인도 하나님을 **'나의 하나님'**이라고 말할 수 없다는 말인가? 그러면 나는 하나님을 **'나의 하나님'**이라 부른 적이 있었던가? 내 평생의 모든 문제를 하나님께 의뢰하고 그분의 조언을 들었던가? 아니, 나의 모든 문제를 의뢰하지는 않았더라도, 내 삶을 하나님이 보호하시며 인도하시고 있다는 것을 느끼고나 있는 것일까?

아무리 생각해도 그것에 대해 '아멘'으로 대답할 자신이 없었다. 구원받고 10년이 넘는 세월 동안 꾸준히 신앙생활을 해왔으며, 누구보다 성경을 많이 안다고 자부하지만, 내 모든 삶을 하나님께 의뢰하면서 두렵으로 살았는가 하는 질문에는 쉽게 대답할 수 없었다. 결국 나의 하나님이 되지 못했다고 생각하니 두려움이 밀려와 깊은 잠을 이룰 수가 없었다.

하나님이 선택하셨음에도 사울은 왜 여호와 하나님을 '**나의 하나님**'이라 부르지 않아 그때 내 마음을 그리도 답답하게 만들었던 것일까? 그리고 그날 따라 '**당신의 하나님**'이라는 글자가 왜 그렇게도 크게 보였을까?

그 괴로움을 이기지 못해 '나의 하나님'을 찾아 성경을 다시 보기 시작했다. 그랬더니 구약 여러 곳에서 '당신의 하나님'이란 글자와 '나의 하나님'이란 글자를 찾아볼 수 있었다. 그뿐 아니라 하나님이란 글자 앞에 붙은 여러 수식어를 '당신의 하나님'과 '나의 하나님'으로 구별할 수도 있었다. 그리하여 성경 속 믿음의 선진들의 삶을 '당신의 하나님'과 '나의 하나님'이란 관점에서 보게 되었으며, 우리가 알고 있는 많은 믿음의 선진이 처음부터 하나님을 '나의 하나님'으로 믿고 따랐던 것은 아니었음을 알게 되었다. 그래서 정말 훌륭한 믿음의 선진들이 언제부터 진정으로 '나의 하나님'을 고백하게 되었는지 찾아보았다.

이 글은 이러한 나의 고민으로부터 시작하여 믿음의 선진들이 어떻게 진정으로 하나님을 의뢰하였는지를 나름대로 찾아낸 내용이다. 이 글을 읽기에 앞서 구약과 신약에서 정의하는 '나의 하나님'이라 부를 수 있는 자격의 차이에 대해 좀 살펴볼 필요가 있다. 나는 그 자격의 차이를 알지 못했기 때문에 많은 시간을 고민하였던 것이다.

구약에서는 모든 이스라엘 백성이 하나님을 '나의 하나님'으로 부를 수 있는 자격이 있었던 것은 아니었다. 신명기 26장을 보면 후일 이스라엘 민족이 약속의 땅에 들어갔을 때 하나님께 예배하는 방법에 대해 말씀하는데, 하나님은 특별히 '나의 하나님'이라고 부를 수 있는 사람을 당시 제사장으로 한정하셨다.

> "당시 제사장에게 나아가서 그에게 이르기를 내가 오늘날 당신의 하나님 여호와께 고하나이다 내가 여호와께서 우리에게 주리라고 우리 열조에게 맹세하신 땅에 이르렀나이다 할 것이요"(신 26:3).

즉 이스라엘 민족은 당시의 제사장에게 가서 하나님을 '당신의 하나님 여호와'라고 부르도록 가르침을 받았다. 그래서 엘리야 시다에 선지자를 100명이나 숨겼던 아합의 궁내 대신 오바댜도 엘리야 앞에서 하나님을 '당신의 하나님'이라고 불렀던 것이다(왕하 18:3~15).

제사장 외에도 하나님을 '나의 하나님'으로 부를 수 있었던 사람들이 있었는데, 곧 아브라함과 이삭과 이스라엘, 엘리야와 같은 선지자들, 다윗과 솔로몬 같은 왕들이다. 그것은 누가 가르쳤다기보다는 그들이 하나님을 믿고 의지하고 따랐던 덕분에 자연스럽게 그렇게 된 것이다.

그런데 신약에 와서 예수님이 죽고 부활하신 이후, 믿는 자는 누구나 하나님을 '**나의 하나님**'으로 부를 수 있는 자격을 얻었다. 한 번 구원받은 성도가 영원히 '**하나님의 사람**'인 것은, 예수님이 십자가 형벌을 앞에 두고서 세상에 있는 자기 사람들을 사랑하시되 끝까지 사랑하셨기 때문이다(요 13:1). 그래서 예수님은 부활하신 후 "**너는 내 형제들에게 가서 이르되 내가 내 아버지 곧 너희 아버지, 내 하나님 곧 너희 하나님께로 올라간다 하라**"(요 20:17)라고 하시며 우리의 신분을 확정하셨다. 예수님이 십자가에서 죽으시자 성소의 휘장이 위에서부터 아래까지 찢어진 사건은 오직 대제사장만 들어갈 수 있었던 지성소를 예수님의 피로 구원받은 그리스도인에게 열어주었다는 것을 상징적으로 보여준 사건이었다(마 27:51). 그래서 왕과 제사장과 선지자만 부를 수 있었던 '**나의 하나님**'이란 호칭을 그리스도인 모두가 부를 수 있도록 하셨고, 친히 "**오직 너희는 택하신 족속이요 왕 같은**

제사장들이요 거룩한 나라요 그의 소유 된 백성이니"(벧전 2:9)라고 하여 우리 모두를 왕과 제사장과 선지자로 인정하셨다. 이 얼마나 가슴 벅찬 일인가!

그러나 구원받은 많은 그리스도인이 '나의 하나님'이란 칭호를 자신 있게 사용하지 못하고 있다. 그랬기 때문에 내가 성경에서 '당신의 하나님'이란 표현을 보고 밤잠도 제대로 자지 못했던 것이다. 구원받은 즉시 하나님이 우리를 왕과 제사장과 선지자로 삼아 주셨음에도 나는 천지와 우주만물을 창조하신 전지전능한 하나님을 '나의 하나님'으로 섬기지 못하고 제한된 하나님의 능력 가운데 살아가고 있었던 것이다.

그리스도인이 하나님과 마음을 합하여 하나님을 '나의 하나님'으로 섬기고 사는 것은 구원받는 것과는 차원이 다른 이야기다. 이 책에 기록된 믿음의 선진들의 예를 보면 하나님과 마음을 합하는 것이 무엇인지 알 수 있다. 하나님은 우리에게 그들을 통하여 배우라고 하셨다.

"하나님의 말씀을 너희에게 이르고 너희를 인도하던 자들을 생각하며 저희 행실의 종말을 주의하여 보고 저희 믿음을 본받으라 예수 그리스도는 어제나 오늘이나 영원토록 동일하시니라"(히 13:7~8).

아브라함은 말씀에 순종하여 비옥한 갈대아 우르를 떠나 척박한 가나안으로 왔다. 이삭은 아버지에게 묶여 제물로 죽음 앞에 섰을 때도 하나님과 아버지에게 순종하였다. 야곱은 비록 잔꾀의 대가였지만, 부모에게 순종하여 믿음의 아내를 만날 때까지 70세가 넘도록 결혼하지 않았다. 유다는 요셉을 팔았던 죄책감에 사로잡혀 20년이 넘도록 부모를 떠나 살면서 괴로워했다. 모세는 하나님의 능력이 아닌 애굽의 왕자라는 자신의 능력으로 이스라엘을 바로의 압제에서 구원하려 하였다. 그것으로 인하여 그는 40년이란 긴 세월 동안 광야에서 하나님의 사람으로 깎이고 다듬어져야 했다.

이 외에도 다윗은 소년이었을 때 오직 하나님만 의지하여 골리앗과 맞설 정도로 담대한 신앙의 소유자였으며, 다니엘은 포로로 끌려갔지만 뜻을 정하여 왕의 진미와 그가 마시는 포도주로 자신을 더럽히지 않겠다고 결심하고 실천하였다. 이처럼 이들 모두는 훌륭한 믿음을 소유한 신앙인이었음에도 처음에 그들의 삶은 결단코 평탄하지 않았으며, 오히려 힘들고 고단했다.

처음에 그들이 힘들고 고단했던 것은 삶을 주께 의뢰하기보다는 자기 힘으로, 자기 지혜대로 하나님을 섬겼기 때문이다. 즉 그들은 훌륭한 신앙인이었음에도 자기 생각대로 하나님을 섬겼던 것이다. 아무리 훌륭한 사람이라 할지라도 자아가 살아 있으면 하나님의 일을 할 수 없다. 그래서 하나님은 그들의 자아를 다루셨고, 그들은 고난을 통하여 하나님과 마음을 합하는 훈련을 받았던 것이다.

우리의 삶 가운데서도 혹 어려움이 있으면 하나님이 나도 믿음의 선진들처럼 은혜로 양육하시는 것으로 알고 감사해야 한다. 자녀를 징계하지 않는 부모가 없듯이, 하나님으로부터 징계가 없으면 사생자와 다름없기 때문이다. 그래서 사도 바울은 다음과 같이 분명하게 기록하였다.

> "모든 사람에게 구원을 주시는 하나님의 은혜가 나타나 우리를 양육하시되 경건치 않은 것과 이 세상 정욕을 다 버리고 근신함과 의로움과 경건함으로 이 세상에 살고 복스러운 소망과 우리의 크신 하나님 구주 예수 그리스도의 영광이 나타나심을 기다리게 하셨으니"(딛 2:11~13).

즉 하나님은 우리에게 경건치 않은 것과 이 세상 정욕을 버리고, 근신함과 의로움과 경건함으로 그리스도인의 삶을 살도록 양육하시는 것이다. 그래서 우리는 믿음의 선진들이 그러했듯이 **"그 귀를 내게 기울이셨으므로 내가 평생에 기도하리로다"**(시 116:2)라고 외치면서 하나님만 굳게 잡고 시련을 극복하며, 또 '나의 하나님'을 의지해야 한다.

내 생각을 내려놓고 주님과 마음을 합하는 것이 마치 내가 하는 일인 것 같지만, 사실 이 일을 행하시는 분은 하나님이다. 이스라엘 민족의 출애굽에서 볼 때, 하나님은 가나안 족속을 일거에 다 멸하시고, 여굽에 있는 이스라엘 민족을 모두 공중으로 들어올려 가나안 땅에 두실 수 있는 능력을 가지신 분이다. 홍해를 가르고, 바위에서 물을 내고, 만나와 메추라기를 주시는 분이라면 충분히 이러한 능력을 행하실 수 있다. 그러나 하나님은 그렇게 하지 않으셨다. 그것은 하나님의 손이 짧기 때문이 아니었다.

하나님은 그 이유를 다음과 같이 말씀하셨다.

> "네 하나님 여호와께서 이 사십 년 동안에 너로 광야의 길을 걷게 하신 것을 기억하라 이는 너를 낮추시며 너를 시험하사 네 마음이 어떠한지 그 명령을 지키는지 아니 지키는지 알려 하심이라 너를 낮추시며 너로 주리게 하시며 또 너도 알지 못하며 네 열조도 알지 못하던 만나를 네게 먹이신 것은 사람이 떡으로만 사는 것이 아니요 여호와의 입에서 나오는 모든 말씀으로 사는 줄을 너로 알게 하려 하심이니라 이 사십 년 동안에 네 의복이 해어지지 아니하였고 네 발이 부릍지 아니하였느니라 너는 사람이 그 아들을 징계함같이 네 하나님 여호와께서 너를 징계하시는 줄 마음에 생각하고 네 하나님 여호와의 명령을 지켜 그 도를 행하며 그를 경외할찌니라"(신 8:2~6).

하나님은 결코 자기 자녀가 억울한 상태에 있거나 비참해지도록 놓아두시지 않는다. 어떤 형태로든 그 모든 것을 갚아 주신다(롬 12:17~19). 비록 "**사람 막대기와 인생 채찍으로 징계**"(삼하 7:14)하시더라도 그것은 하나님 앞에 자기 생각을 내려놓고 하나님과 마음을 합하는 법을 가르치시기 위함이다. 이에 특별히 주의 은혜를 많이 받은 자녀일수록 철저하게 훈련시키신다. 곤경에 빠졌을 때는 교훈을 받을 때까지 방치하시고, 너무 힘들어 주의 도우심을 간구하면 가까스로 구출해 주신다. 그러면서 하나님과 마음을 합할 때까지 그 일을 반복하신다.

이 책에 기록된 야곱, 모세, 사무엘, 다윗, 다니엘, 바울 등 믿음의 선진들은 하나님에 대한 특별한 신앙을 가졌고 하나님의 큰 사랑을 받았지만, 극한의 벼랑 끝에 몰릴 때까지 자아가 강하게 살아 있었던 사람들이다. 그러나 벼랑 끝에서 어찌할 수 없었을 때, 그들은 무릎을 꿇었고 진정 '나의 하나님'과 마음을 합했다. 그렇게 하나님께 무릎을 꿇고 하나님을 나의 왕으로 받아들였을 때 비로소 나의 입장에서 하나님의 자녀가 되는 것이고(물론 구원받았을 때 하나님의 자녀가 되는 것은 사실이지만), 하나님이 '나의 하나님'이 되는 것이다. 우리 역시 하나님 앞에 꿇어 엎드리지 않고 뻣뻣하게 있으면 자아를 내려놓을 때까지 그 훈련의 강도는 더욱 거세질 것이다.

신약에서는 이것에 대해 "내가 그리스도와 함께 십자가에 못 박혔나니 그런즉 이제는 내가 산 것이 아니요 오직 내 안에 그리스도께서 사신 것이라 이제 내가 육체 가운데 사는 것은 나를 사랑하사 나를 위하여 자기 몸을 버리신 하나님의 아들을 믿는 믿음 안에서 사는 것이라"(갈 2:20)라고 말씀하여 '나의 하나님'에 대해 달리 표현하고 있다. 여기서 소개하는 많은 믿음의 선진이 자신의 모든 생각을 내려놓고 하나님께 온전히 복종했으며, 그래서 사도 바울의 **"내가 내 몸에 예수의 흔적을 가졌노라"**(갈 6:17)라는 고백과 동일한 고백을 몸과 마음에 새기고 살았던 것이다.

그럼에도 한 성도의 기도와 신앙은 결코 그 한 사람만을 위한 것이 아니라 주의 교회와 영광을 위한 것이 되어야 한다. 즉 "**나의 하나님**"이 아니라, '**우리 하나님**'이 되어야만 하는 것이다. 내 신앙이 아무리 뛰어나다 할지라도 그것이 주의 교회와 영광을 위한 것이 아니라면 아무런 쓸모가 없고 무용지물인 것이다.

왜 "**나의 하나님**"을 넘어 '**우리 하나님**'이 되어야 하는지 다음의 말씀을 통하여 생각해 보자.

> "그때에 헤롯 왕이 손을 들어 교회 중 몇 사람을 해하려 하여 요한의 형제 야고보를 칼로 죽이니 유대인들이 이 일을 기뻐하는 것을 보고 베드로도 잡으려 할새 때는 무교절일이라 잡으매 옥에 가두어 군사 넷씩인 네 패에게 맡겨 지키고 유월절 후에 백성 앞에 끌어내고자 하더라 이에 베드로는 옥에 갇혔고 교회는 그를 위하여 간절히 하나님께 빌더라"(행 12:1~5).

이 말씀을 읽을 때마다 나는 교회가 베드로를 위하여 어떤 기도를 했을까 참 궁금했다. 하나님 앞에 그를 살려달라고 간절히 빌었을까? 결론적으로 주의 사자에 의해 그 목숨을 건졌기 때문에 하나님이 교회의 기도를 들으셨다고 믿는다. 그런데 베드로가 살아왔을 때 교회의 반응을 보면 꼭 살려달라고 간절히 빌었던 것은 아닐 거라는 생각이 들었다.

> "베드로가 대문을 두드린대 로데라 하는 계집아이가 영접하러 나왔다가 베드로의 음성인 줄 알고 기뻐하여 문을 미처 열지 못하고 달려 들어가 말하되 베드로가 대문 밖에 섰더라 하니 저희가 말하되 네가 미쳤다 하나 계집아이는 힘써 말하되 참말이라 하니 저희가 말하되 그러면 그의 천사라 하더라 베드로가 문 두드리기를 그치지 아니하니 저희가 문을 열어 베드로를 보고 놀라는지라"(행 12:13~16).

이 말씀을 읽을 때마다, 교회가 빌었던 것은 그를 구해달라는 것이 아니라 죽음 앞에서도 그가 신앙을 잃지 않게 해달라는 것이 아니었을까 하는 생각을 떨쳐버릴 수가 없다. 왜냐하면 죽음에서 건집 받게 기도했다면 사람들이 그가 살아 돌아온 것에 기뻐하고 하나님께 감사를 했을 텐데, 이때 교회는 기뻐한 것이 아니라 오히려 그의 천사가 대신 왔다고 하면서 그의 생존을 의심했기 때문이다. 즉 교회는 그의 생명보다는 그의 믿음을 위하여 기도한 것이라 생각된다. 요한의 형제 야고보는 죽음에 내어 주셨는데, 베드로라고 살릴 거라고는 생각하지 않았기 때문이다. 베드로 역시 본인이 살아날 것이라고는 생각하지 않았을 것이다. 그는 주의 사자가 와서 옆구리를 칠 정도로 깊고 평안한 잠을 자고 있었다. 보통 사람 같으면 죽음을 코앞에 두었기 때문에 절대 깊고 평안한 잠을 자지 못하고 안절부절못했을 것이다.

성경을 모르는 사람들도 다윗과 골리앗의 싸움에 대해서는 잘 알고 있다. 물맷돌 하나로 골리앗을 쓰러뜨린 어린 다윗의 위대한 무용담은 모르는 사람이 없을 정도다. 다윗이 비록 어리지만 훌륭한 자질을 가진 사람이었던 것은 틀림없다. 그런데 그가 과연 하나님의 도움 없이 골리앗을 이길 수 있었을까?

아무리 투석 실력이 뛰어나고 담대함이 있었더라도 이 싸움은 근본적으로 이길 수 없는 싸움이었다. 고대 군인들의 보직에는 보병, 기병, 궁병, 투석병이 있었는데, 궁병까지는 기본적인 무기가 있었지만 투석병은 대체로 양치기들이 담당했으며, 체계적인 훈련도 무기도 없는 오합지졸이었다. 물매로는 두꺼운 갑옷을 뚫을 수 없을뿐더러 방패까지 있어 무용지물에 가까웠다. 골리앗도 방패를 들었기에 방패 뒤에서 물맷돌을 피할 수 있었다. 다윗은 뒤로 후퇴하면서 물매를 던진 것이 아니라 서로 달려들면서 싸웠기 때문에 골리앗이 방패 밖으로 머리를 내미는 찰나의 순간, 단 한 번밖에 기회가 없었다.

이건 하나님을 100퍼센트 신뢰하지 않으면 할 수 없는 행동이었다.
　실제로 다윗은 사울 앞에서는 양을 칠 때 못된 짐승을 잡은 이야기로 자신의 실력을 과시했지만, 골리앗 앞에서는 그런 자신의 실력을 과시하지 않았다. 그는 이렇게 호령했을 뿐이다.

> "너는 칼과 창과 단창으로 내게 오거니와 나는 만군의 여호와의 이름 곧 네가 모욕하는 이스라엘 군대의 하나님의 이름으로 네게 가노라"(삼상 17:45).

　다윗은 하나님으로부터 이스라엘의 왕으로 기름부음을 받았고, 이제 기름부음에 합당한 행동을 해야 했던 것이다. 그래서 그는 하나님 자신과 이스라엘 군대를 모욕하는 골리앗을 향하여 분연히 일어섰던 것이다. 만약 그가 기름부음을 받지 않았다면 골리앗과의 싸움은 아무런 의미가 없었다. 그러나 사무엘로부터 기름부음을 받은 후부터는 정통성을 지닌 이스라엘의 왕이었다. 사울도 처음 기름부음을 받고 왕이 되기 전에 암몬 자손과의 전투에서 왕으로 검증을 받은 후에야 백성들의 지지를 받아 정식으로 취임했기 때문에 (삼상 11:6~15), 다윗 역시 왕으로서의 역할을 수행해야 했다. 그래서 이 싸움은 다윗과 골리앗이라는 개인과 개인의 싸움이 아니라, 이스라엘과 블레셋이라는 국가, 아니 그들이 믿는 여호와 하나님과 다 곧 간의 대리전쟁이었다. 그래서 하나님은 모욕받는 자신의 이름과 자신의 군대를 위하여 불가능한 전투에서 다윗을 위해 일하셨던 것이다. 즉 다윗의 입장에서 "**나의 하나님**"을 넘어 '**우리 하나님**'의 이름으로 전쟁에 임했던 것이다.

그런데 전장에서 돌아올 때 여인들이 "**사울의 죽인 자는 천천이요 다윗은 만만이로다**"(삼상 18:7)라고 하여 그 영광을 하나님께 돌리지 않고 다윗에게 돌림으로 사탄이 역사했던 것이다. 이 일은 전적으로 하나님이 하신 일로 그 영광이 하나님께 돌아갔다면 다윗에게 그렇게 혹독한 시련은 없었을 것이다.

하나님은 개개인의 기도에도 응답하시지만, 그 기도의 응답은 결코 그 한 사람만을 위한 것이 아니라 주의 교회와 영광을 위한 것일 때만 가능한 것이다.

다시 옥에 갇혔다 풀려난 베드로의 이야기로 돌아가 보자. 교회는 분명 두 가지 기도를 했을 것이다. 그를 살려달라고 했을 것이고, 죽음 앞에서도 그의 믿음이 흔들리지 않게 해달라고 했을 것이다. 그리고 교회는 두 가지 기도 모두 응답을 받았다. 베드로는 죽음 앞에서도 평안한 잠을 잘 정도로 믿음에 굳건했고, 그 목숨도 미래의 더 큰 일을 위해 건지심을 받았기 때문이다. 성도들이 합심하여 '**우리 하나님**'께 기도했기에 하나님이 일하셨던 것이다.

신앙은 나와 하나님과의 관계지만, 나와 하나님과의 관계를 넘어 우리와 하나님과의 관계로 이어진다. 성경에 나오는 많은 믿음의 선진에게 역사하신 하나님은 그 한 사람만을 위한 것이 아니라, 주의 영광과 교회를 위한 기도에만 응답하시고 일하셨다. 그러했기에 하나님은 가나안에 들어가게 해달라는 모세의 간절한 기도를 단호히 거절하셨고(신 3:26), 육체의 질병을 낫게 해달라는 사도 바울의 간절한 기도도 세 번씩이나 거절하셨다(고후 12:7~9).

하나님과 마음을 합할 때까지 하나님이 성도들을 다루시는 것은 그리스도의 신부인 교회를 형성하기 위함이다. 하나님은 항상 교회를 통하여 일하신다. 예수님은 성도 하나하나에게 임하시어 구원하셨지만 궁극적으로는 그들의 집합체인 교회를 구원하신 것이며, 그러한 교회를 그리스도의 신부로 삼으셨다.

따라서 하나님 앞에서 성화를 거친 각각의 성도는 교회 안에서 그리스도께서 주신 은사를 따라 섬겨야 하며, 아직 자아가 살아 있는 약한 성도를 이끌어 함께 그리스도 안에서 선을 이루고 덕을 세워야 한다(롬 15:1). 실제로 하나님은 성도에게 개별적으로 역사하시기도 하지만, 그 역사는 주의 교회를 위한 것일 때만 가능한 것이다.

홍해를 가르신 것도 모세 하나를 위해 역사하신 것이 아니라 광야교회를 위해서였고, 블레셋의 침략으로 이스라엘이 40년간 압제를 받았을 때 사무엘의 신앙 회복 운동으로 하나님의 역사가 일어난 것도 이스라엘이라는 교회를 위해서였다.

다윗을 비롯한 많은 믿음의 선진이 "**나의 하나님**"을 부르다 결국에는 '**우리 하나님**'이라 불렀던 것도 교회로 역사하시는 하나님인 것을 알았기 때문이다(출 10:25~26; 수 24:24; 삿 10:10; 대상 29:10~19; 고전 6:11; 살전 2:2 등).

느헤미야서의 예루살렘 성벽에서 일곱 번째 문이 '**수문**'인데, 그 문 앞 광장에서 이스라엘 사람들이 하나님의 말씀을 들었다. '**분문**'에서 자아를 내려놓고 하나님과 마음을 합한 성도들은 '**샘문**'에 이르러 하나님의 사람으로 거듭나고, '**수문**' 앞 광장에서 교회로 모여 하나님을 찬양하고 예배를 드려야 한다. 성화된 성도들이 아름다운 교회를 형성하여 예배할 때 비로소 하나님이 원하시는 이상적인 예수 그리스도의 신부가 될 수 있다. 즉 구원받은 성도의 진정한 '**성화**'란 '**분문**'에서 '**샘문**'에 이르는 것이 아니라 '**수문**' 앞 광장까지 이르는 것이다. 그리고 말씀으로 새 힘을 얻은 교회(사 40:28~31)는 '**마문**'으로 나아가 사탄과 싸워야 한다.

우리는 예수 그리스도의 피로 거듭나 하나님의 자녀가 된 후 자아를 내려놓고 하나님과 마음을 합하는 성화의 과정을 거치고, 그 다음에는 구원받은 성도들과 함께 주께서 원하시는 아름다운 교회를 이루어 함께 예배하고 섬겨야 한다.

"그러므로 우리가 그리스도 도의 초보를 버리고[떠나] 죽은 행실을 회개함과 하나님께 대한 신앙과 세례들과 안수와 죽은 자의 부활과 영원한 심판에 관한 교훈의 터를 다시 닦지 말고 완전한 데 나아갈찌니라 하나님께서 허락하시면 우리가 이것을 하리라"(히 6:1~3).

"오직 나의 의인은 믿음으로 말미암아 살리라 또한 뒤로 물러가면 내 마음이 저를 기뻐하지 아니하리라 하셨느니라 우리는 뒤로 물러가 침륜에 빠질 자가 아니요 오직 영혼을 구원함에 이르는 믿음을 가진 자니라"(히 10:38~39).

2025년 6월
김종식

### 김종식
1962.12.18~2025.7.15

신학을 전공하지 않았지만 하나님의 사랑을 깨닫고 말씀과 동행하였다.
하나님께서 성경 말씀을 깨닫게 하실 때마다 글을 썼다.
성경 말씀을 더 깊이 알기를 원하는 사람들에게 이 책이 길잡이가 되길 바란다.

# 차례

**추천사**
　이순창 목사(대한예수교장로회(통합) 제107회 총회장, C채널방송 사장) … 2
　강성봉 목사(글로벌선진학교 교장) … 4

**이 글을 읽기에 앞서** … 6

| | | |
|---|---|---|
| 01. | 하나님과 동행한 에녹과 노아 | 33 |
| 02. | 아브라함의 하나님, 나홀의 하나님 | 50 |
| 03. | 세상을 더 사랑한 의인 롯 | 63 |
| 04. | 이스라엘 민족의 기원 아브라함 | 72 |
| 05. | 이스라엘 민족을 이어갈 약속의 아들 이삭 | 86 |
| 06. | 이스라엘 민족의 조상 야곱 | 97 |
| 07. | 세상에서 가장 의로웠던 욥 | 112 |
| 08. | 저주로 흩어진 시므온과 레위 지파 | 128 |
| 09. | 이스라엘 민족의 왕권을 받은 유다 | 137 |
| 10. | 이스라엘 민족의 기반을 다진 요셉 | 150 |
| 11. | 이스라엘의 중심에 우뚝 선 유다 지파 | 164 |
| 12. | 이스라엘 민족의 장자 에브라임 지파 | 174 |
| 13. | 이스라엘 민족의 영원한 친구 이드로 후손 | 186 |
| 14. | 이스라엘 민족을 형성한 모세 | 196 |

| 15. | 율법 속에 깃든 하나님의 깊은 사랑 | 214 |
| 16. | 하나님의 것으로 드리는 십분의 일 | 233 |
| 17. | 모세가 신명기를 기록한 배경 | 248 |
| 18. | 이름 없는 성전 봉사자들 고라 자손 | 252 |
| 19. | 이스라엘 민족을 고토로 이끈 여호수아 | 264 |
| 20. | 유다 지파의 기반을 세운 갈렙 | 275 |
| 21. | 하나님의 종으로 살아간 히위 족속 | 288 |
| 22. | 리브가와 요게벳, 한나의 신앙 교육 | 300 |
| 23. | 삼손과 입다, 그리고 사무엘의 신앙 | 317 |
| 24. | 이스라엘 왕국을 세운 사무엘 | 336 |
| 25. | 다윗을 향한 요나단의 아름다운 사랑 | 348 |
| 26. | 이스라엘의 위대한 왕 다윗 | 363 |
| 27. | 예수님의 계보에 들어온 이방 여인들 | 380 |

# 01
## 하나님과 동행한 에녹과 노아

"에녹은 육십오 세에 므두셀라를 낳았고 므두셀라를 낳은 후 삼백 년을 하나님과 동행하며 자녀를 낳았으며 그가 삼백육십오 세를 향수하였더라"(창 5:21~23).

"노아의 사적은 이러하니라 노아는 의인이요 당세에 완전한 자라 그가 하나님과 동행하였으며"(창 6:9).

성경에 하나님과 동행했다고 기록된 사람은 에녹과 노아밖에 없다(창 5:21~24, 6:9~10). 물론 아브라함을 비롯하여 모세와 사무엘, 다니엘, 욥, 다윗도 하나님이 그 믿음을 칭찬하셨으므로 당연히 하나님과 동행했을 것이다(사 41:8; 렘 15:1; 겔 14:14~20; 왕상 15:4~5; 행 13:22).

성경은 별다른 언급 없이 에녹과 노아에 대하여 하나님과 동행했다는 말로 그들의 신앙을 압축했다. 그래서 그리스도인들은 창세기를 읽을 때면 늘 에녹과 노아가 과연 어떠한 삶을 살았기에 하나님과 동행했다고 했는지 궁금해하며 그들처럼 하나님과 동행하면서 신앙생활을 영위하기를 원한다. 아주 단편적인 기록들이지만, 그것들을 더듬어 보면서 그 해답을 찾아보려 한다.

첫째, 그들은 예배하는 삶을 살았다. 다음의 말씀을 보자.

"사람이 땅 위에 번성하기 시작할 때에 그들에게서 딸들이 나니 하나님의 아들들이 사람의 딸들의 아름다움을 보고 자기들의 좋아하는 모든 자로 아내를 삼는지라 여호와께서 가라사대 나의 신이 영원히 사람과 함께하지 아니하리니 이는 그들이 육체가 됨이라 그러나 그들의 날은 일백이십 년이 되리라 하시니라 당시에 땅에 네피림이 있었고 그 후에도 하나님의 아들들이 사람의 딸들을 취하여 자식을 낳았으니 그들이 용사라 고대에 유명한 사람이었더라 여호와께서 사람의 죄악이 세상에 관영함과 그 마음의 생각의 모든 계획이 항상 악할 뿐임을 보시고 땅 위에 사람 지으셨음을 한탄하사 마음에 근심하시고"(창 6:1~6).

이 말씀은 하나님이 홍수로 세상을 심판하시기로 마음을 굳힐 때의 시대 상황을 설명하는데, 그때는 사람이 땅 위에 번성하기 시작할 때라고 못 박고 있다. 그러니까 그때는 노아 홍수가 일어나기 훨씬 전이었다. 아마도 에녹이 태어날 즈음이었을 것이다. 그런데 그때 하나님의 아들들이 사람의 딸들의 아름다움을 보고 그녀들을 아내로 삼았는데, 그들의 행동이 악했던 것이 아니라 그 마음의 생각의 모든 계획이 악했다고 기록하고 있다.

그때에 대하여는 예수님도 이렇게 말씀하셨다.

"노아의 때와 같이 인자의 임함도 그러하리라 홍수 전에 노아가 방주에 들어가던 날까지 사람들이 먹고 마시고 장가들고 시집가고 있으면서 홍수가 나서 저희를 다 멸하기까지 깨닫지 못하였으니 인자의 임함도 이와 같으리라"(마 24:37~39).

그들은 장가들고 시집갔으며, 거기에 한술 더 떠 먹고 마시기까지 했다. 그런데 사실 그것은 창조주께서 인간들에게 허락하신 것이고, 우리의 삶을 영위하기 위해서는 당연히 필요한 것들인데 그게 왜 죄가 되는 것일까? 하나님은 분명 아담과 하와를 창조하시고, **"이러므로 남자가 부모를 떠나 그 아내와 연합하여 둘이 한몸을 이룰찌로다"** (창 2:24)라고 하시면서 결혼에 이르는 단계까지를 창조의 완성으로 보셨다. 그래서 사람들은 결혼을 죄라고 말씀하신 것을 도무지 이해할 수 없어, 성경에 기록되지는 않았지만 심판을 받을 정도의 다른 큰 죄악이 있었을 것이라 생각한다. 그런데 성경 말씀을 자세히 읽어보면 그들은 분명 결혼함으로 죄를 지었으며 다만 그 죄를 깨닫지 못했던 것이다. 예수님도 세상 마지막 때에 사람들이 도대체 무엇이 죄인지 깨닫지 못하기 때문에 심판을 받을 것이라고 말씀하셨던 것이다.

그런데 사람의 딸들과 결혼만 했을 뿐인데, 하나님 왜 그 마음의 생각의 모든 계획이 악해졌다고 말씀하신 것일까? 오죽했으면 하나님이 나의 신(성령)이 영원히 사람과 함께하지 않을 것이라고 선언까지 하셨을까? 그게 홍수 심판을 받을 정도로 그렇게 큰 죄악일까? 도대체 사람의 딸들과 결혼하여 그들에게 무슨 일이 일어난 것일까? 구체적으로 그들은 믿음이 없는 사람의 딸들과 결혼하여 창조의 섭리를 변질시켰다. 그들은 믿지 않는 사람의 딸들과 결혼하여 창조주를 멀리하고 우상을 섬겼으며, 예배를 소홀히 한 것이다. 정말 그랬을까?

"이스라엘 자손은 마침내 가나안 사람과 헷 사람과 아모리 사람과 브리스 사람과 히위 사람과 여부스 사람 사이에 거하여 그들의 딸들을 취하여 아내를 삼으며 자기 딸들을 그들의 아들에게 주며 또 그들의 신들을 섬겼더라 이스라엘 자손이 여호와 목전에 악을 행하여 자기들의 하나님 여호와를 잊어버리고 바알들과 아세라들을 섬긴지라"(삿 3:5~7).

이때의 상황이 노아 시대의 상황과 동일하다. 그들은 이방인과 결혼하자 이방신을 섬겼고 그래서 피조물의 의무인 예배에서 떠났다. 그것은 비단 노아 시대나 사사 시대뿐 아니라 솔로몬이 이방 여인과 결혼함으로 하나님을 떠난 것을 보더라도 명백히 알 수 있다. 사도 바울은 믿는 자와 결혼을 해야 하는 이유에 대하여 다음과 같이 말한다.

"너희는 믿지 않는 자와 멍에를 같이하지 말라 의와 불법이 어찌 함께하며 빛과 어두움이 어찌 사귀며 그리스도와 벨리알이 어찌 조화되며 믿는 자와 믿지 않는 자가 어찌 상관하며 하나님의 성전과 우상이 어찌 일치가 되리요 우리는 살아 계신 하나님의 성전이라 이와 같이 하나님께서 가라사대 '내가 저희 가운데 거하며 두루 행하여 나는 저희 하나님이 되고 저희는 나의 백성이 되리라' 하셨느니라"(고후 6:14~16).

믿는 자는 예배함으로써 살아 계신 하나님의 성전이 되어 하나님이 그 가운데 거하며 두루 행하시어 서로 영으로 교통하기 때문에 믿지 않는 자와 멍에를 같이해서는 안 된다. 즉 하나님은 그 결혼 자체를 문제 삼으신 것이 아니라, 그러한 결혼으로 인해 창조주 하나님을 멀리하고 예배에서 떠나는 것을 간과하실 수 없었던 것이다.

"세계가 다 내게 속하였나니 너희가 내 말을 잘 듣고 내 언약을 지키면 너희는 열국 중에서 내 소유가 되겠고 너희가 내게 대하여 제사장 나라가 되며 거룩한 백성이 되리라"(출 19:5~6).

하나님은 항상 피조물이 예배하기를 원하셨다. 노아 홍수 이후에도 세상이 창조주를 잊어버리고 우상에게 예배하자, 따로 에벨의 후손(히브리인) 중 아브라함을 택하여 우상이 만연한 곳에서 가나안으로 불러 구별하셨다. 그리고 애굽에서 큰 민족을 이루게 하신 후 다시 가나안으로 부르신 것도 궁극적으로는 그들이 창조주께 예배(제사)하기를 원하셨기 때문이다.

히브리서 기자도 에녹에 대하여 이렇게 기록하여 예배의 중요성을 간접적으로 언급했다.

> "믿음으로 에녹은 죽음을 보지 않고 옮기웠으니 하나님이 저를 옮기심으로 다시 보이지 아니하니라 저는 옮기우기 전에 하나님을 기쁘시게 하는 자라 하는 증거를 받았느니라. 믿음이 없이는 기쁘시게 못하나니 하나님께 나아가는 자는 반드시 그가 계신 것과"(히 11:5~6).

히브리서에 기록된 하나님을 기쁘게 하는 것 두 가지 중 하나는 반드시 그분이 계신 것을 믿는 것이다. 하나님이 계신 것을 믿는다는 것은 오직 그분만이 우주만물을 창조하셨고 주관한다는 것을 알고, 그분께만 예배해야 한다는 구체적인 행동인 것이다. 따라서 에녹도 예배로서 하나님을 기쁘시게 하는 자라는 증거를 받았던 것이다.

하나님이 다윗과 그 자손에게 항상 등불을 주시고(왕상 15:4; 왕하 8:19), 그 자손을 영원히 견고히 하며, 그 왕위를 대대에 세우겠다고 약속하신 것(시 89:3~4)은 그가 하나님을 기쁘시게 했기 때문이다. 그는 평생 하나님을 기쁘시게 하는 것에 온 힘을 쏟았다. 즉 그는 예배 장소를 위해 성전이라는 하드웨어를 예비했고, 예배를 위해 제사장 제도를 정비했으며, 성가대를 조직하고, 예배에 사용될 시편을 작성하는 등 소프트웨어에도 심혈을 기울였다.

하나님이 애굽에서 바로에게 이스라엘을 놓아주라고 줄기차게 요구하셨던 것도 궁극적으로는 그들이 창조주께 예배하기를 원하셨기 때문이다.

"내 백성을 보내라! 그들이 (광야에서) 나를 섬길 것이니라"(출 7:16, 8:1, 8:20, 9:1, 9:13, 10:3).

"이 백성은 내가 나를 위하여 지었나니 나의 찬송을 부르게 하려 함이니라"(사 43:21).

또한 이스라엘 중 레위 지파를 구별하여 장자를 대신하여 예배에 봉사하게 하셨다.

"보라 나가 이스라엘 자손 중에서 레위인을 택하여 이스라엘 자손 중 모든 첫 태에 처음 난 자를 대신케 하였은즉 레위인은 내 것이라 처음 난 자는 다 내 것임은 내가 애굽 땅에서 그 처음 난 자를 다 죽이던 날에 이스라엘의 처음 난 자는 사람이나 짐승을 다 거룩히 구별하였음이니 그들은 내 것이 될 것임이니라 나는 여호와니라"(민 3:12~13).

그런데 그들은 하나님을 잊어버리고 금송아지를 만들어 예배하였다. 이때 하나님은 이스라엘을 진멸하고 모세의 후손으로 새로운 국가를 형성하겠다고 선언할 정도로 분노하셨다.

"내가 이 백성을 보니 목이 곧은 백성이로다 그런즉 나대로 하게 하라 내가 그들에게 진노하여 그들을 진멸하고 너로 큰 나라가 되게 하리라!"(출 32:9~10).

이처럼 하나님은 사람들의 예배를 중요한 의식으로 여겼으며, 우상을 섬기는 것을 멸망받을 범죄로 간주하셨다. 그러했기에 율법에서도 우상을 숭배하도록 꾀는 범죄에 대해서는 아내나 형제나 자녀라도 반드시 죽이라 하셨던 것이다.

> "네 동복 형제나 네 자녀나 네 품의 아내나 너와 생명을 함께하는 친구가 가만히 너를 꾀어 이르기를 너와 네 열조가 알지 못하던 다른 신들 곧 네 사방에 둘러 있는 민족 혹 네게서 가깝든지 네게서 멀든지 땅 이 끝에서 저 끝까지 있는 민족의 신들을 우리가 가서 섬기자 할찌라도 너는 그를 좇지 말며 듣지 말며 긍휼히 보지 말며 애석히 여기지 말며 덮어 숨기지 말고 너는 용서 없이 그를 죽이되 죽일 때에 네가 먼저 그에게 손을 대고 후에 뭇 백성이 손을 대라"(신 13:6~9).

예배는 아담과 하와가 에덴동산에서 쫓겨났을 때부터 드렸다. 그래서 가인과 아벨이 장성하여 부모의 본을 받아 자신들의 것으로 하나님께 예배하였던 것이다. 아벨은 양의 첫 새끼와 그 기름으로 예배한 반면, 가인은 그냥 땅의 소산으로 예배함으로 가인과 그 예물은 하나님께 열납되지 않았다. 처음 난 것으로 예배하지 않았기 때문이다(출 34:26; 민 15:20~21 등). 이에 가인은 아벨을 죽이고, 그도 하나님의 눈을 피해 에녹성을 쌓고 숨어버린다. 그리하여 믿음의 후손은 가인에 의해 살해된 아벨 대신 새롭게 태어난 셋을 통하여 이어진다. 셋의 아들인 에노스 때 사람들이 비로소 여호와의 이름을 불렀는데, 이것은 인간이 하나님께 예배하였다는 것을 알려준다(창 4:25~26). 그런데 에녹과 노아의 때에 이르러 셋의 후손들이 가인의 후손들과 결혼하여 예배를 멀리했던 것이다.

그리고 홍수 심판 이후 셈의 후손인 에벨, 벨렉, 르우, 스룩, 나홀,

데라로 이어지는 믿음의 후손들은 대를 이어 하나님을 섬기며 예배하였다. 실제로 '**히브리 민족**'의 '**히브리**'는 '**에벨**'에 그 어원이 있으며, 이스라엘이 모세에 의해 민족을 형성하기 전까지 그들은 에벨(히브리) 족속이었다. 그 에벨의 후손들이 하나님을 섬겼다. 욥과 엘리후 역시 아브라함의 형제 나홀의 후손으로 히브리 족속이었다. 아브라함에게 갈대아 우르를 떠나라 했던 것도 하나님을 섬기는 에벨의 후손마저 점점 예배에서 멀어졌기 때문이었다(수 24:2). 그래서 아브라함이 가나안 땅에 들어섰을 때 제일 먼저 단을 쌓고 여호와의 이름을 부르며 예배하였던 것이다(창 12:7~8).

하나님과의 동행을 위해서는 가장 중요한 것이 바로 예배이며, 예배라는 것은 반드시 믿는 자의 모임으로 하나님께 드려야 한다. 그래서 성경은 남자와 여자의 결혼을 한몸이 되는 것이라 하였고, 예수 그리스도의 신부인 교회도 그리스도와 한몸이라 하였다(엡 5:22~32). 따라서 믿는 자와의 결혼으로 둘이 한몸을 이루어 하나님께 행하는 예배는 피조물의 당연한 의무인 동시에 누구에게도 빼앗겨서는 안 되는 권리다.

예수님도 예배의 중요성에 대해 다음과 같이 말씀하셨다.

"아버지께 참으로 예배하는 자들은 신령과 진정으로 예배할 때가 오나니 곧 이때라 아버지께서는 이렇게 자기에게 예배하는 자들을 찾으시느니라 하나님은 영이시니 예배하는 자가 신령과 진정으로 예배할찌니라" (요 4:23~24).

예배는 모세의 율법이 생기기 전에도 짐승의 피와 함께 드렸다. 아벨의 제사, 노아의 제사, 아브라함과 이삭과 야곱의 제사, 욥의 제사가 모두 그러했다. 따라서 지금 우리의 예배도 짐승의 피와 함께 드려야 한다. 그런데 예수님이 그 번거로운 절차를 간소화하셨다.

> "내가 너희에게 전한 것은 주께 받은 것이니 곧 주 예수께서 잡히시던 밤에 떡을 가지사 축사하시고 떼어 가라사대 이것은 너희를 위하는 내 몸이니 이 것을 행하여 나를 기념하라 하시고 식후에 또한 이와 같이 잔을 가지시고 가라사대 이 잔은 내 피로 세운 새 언약이니 이것을 행하여 마실 때마다 나를 기념하라 하셨으니"(고전 11:23~25).

즉 아담의 때로부터 행했던 예배에서는 짐승의 피가 필요했지만, 예수 그리스도께서 오셔서 그 육체를 산 제물로 드리심으로 새 언약을 세우셨다. 그리고 주님은 다시 오실 때까지 첫째 것을 폐하셨다(히 10:9). 그러므로 신약 교회의 공적인 예배는 오직 떡과 포도주를 앞에 두고 하나님과 예수 그리스도의 은덕을 기리며 시와 찬미로 드리는 것이다(엡 5:19; 골 3:16).

여기에 우리가 하나님으로부터 받은 물질의 연보(헌금)가 들어간다. 연보는 율법에서 정해진 것이지만, 율법 이전에 아브라함이 살렘 왕 멜기세덱에 드렸으며(창 14:20), 예수님도 소홀히 하지 말라고 말씀하셨다(마 23:23).

이처럼 에녹과 노아는 믿는 자와 결혼하였으며, 이로써 둘이 한 몸을 이루어 예배하며 살았다.

둘째, 그들은 전도를 했다. 에녹은 불의한 세상 사람들을 향하여 하나님의 심판이 있을 것이니 그 죄악에서 돌아서라고 전도하였다.

> "아담의 칠세 손 에녹이 사람들에게 대하여도 예언하여 이르되 보라! 주께서 그 수만의 거룩한 자와 함께 임하셨나니 이는 뭇사람을 심판하사 모든 경건치 않은 자의 경건치 않게 행한 모든 경건치 않은 일과 또 경건치 않은

죄인의 주께 거스려 한 모든 강퍅한 말을 인하여 저희를 정죄하려 하심이라 하였느니라"(유 1:14~15).

또한 노아에 대해서도 **"옛 세상을 용서치 아니하시고 오직 의를 전파하는 노아와 그 일곱 식구를 보존하시고 경건치 아니한 자들의 세상에 홍수를 내리셨으며"**(벧후 2:5)라고 하여 노아와 그 일곱 식구가 세상을 향하여 하나님의 의를 전파했다고 기록하고 있다.

하나님의 선지자들이 타락한 세상을 향하여 하나님의 의를 전파한 것은 구약에 열거할 수 없을 정도로 많이 있다. 그들은 하나님의 백성인 이스라엘을 위하여 전도했을 뿐 아니라, 특히 요나와 나훔은 그 당시 가장 부강한 나라였던 앗수르까지 가서 전도하였다. 이처럼 하나님과 동행했던 수많은 선지자가 민족을 구분하지 않고 그들의 목숨을 내어놓고 전도했다.

주님은 부활하시고 하늘로 승천하시기 전에 제자들에게 한 가지 사명을 주셨는데, 그것은 바로 예수 그리스도의 의를 세상에 전파하는 것이었다.

> "하늘과 땅의 모든 권세를 내게 주셨으니 그러므로 너희는 가서 모든 족속으로 제자를 삼아 아버지와 아들과 성령의 이름으로 세례를 주고 내가 너희에게 분부한 모든 것을 가르쳐 지키게 하라 볼찌어다 내가 세상 끝 날까지 너희와 항상 함께 있으리라"(마 28:18~20).

이처럼 우리에게 주어진 지상명령은 세상 모든 족속으로 제자를 삼는 것, 즉 예수 그리스도의 복음을 전파하여 그들을 천국 백성으로 만드는 것이다. 주님의 제자들은 이 일을 지상과제로 삼아 일생을 바쳐 수행하였다. 그들은 전도의 사명을 위해 자기의 목숨까지도 아끼지 않았다(롬 16:4; 빌 2:29~30; 살전 2:8 등).

실제로 하나님을 사랑하는 것이 예배를 드리는 것이라면, 이웃을 내 몸과 같이 사랑하는 것은 그들을 죄악에서 이끌어내 하나님께로 인도하는 것이다. 즉 세상을 향하여 하나님의 의와 복음을 전파하는 것이 하나님과 동행하는 사람이라면 당연히 행해야 하는 의무인 것이다.

계속해서 에녹과 노아가 하나님과 동행할 수 있었던 세 번째 요인은 무엇일까? 그들은 이 세상이 심판받을 것을 알고 하늘에 소망을 두었다는 것이다. 그래서 에녹은 자녀를 낳고 그 이름을 므두셀라라고 지었는데, 그 이름은 '그가 죽으면 올 것이 온다'라는 뜻이다.

에녹은 30세에 므두셀라를 낳고 므두셀라는 187세에 라멕을 낳았으며(창 5:25), 라멕은 182세에 노아를 낳았다. 즉 므두셀라의 나이 369세에 노아가 태어났으며, 노아의 나이 600세에 대홍수가 일어났으니, 므두셀라의 나이 969세에 대홍수가 일어난 것이다. 그런데 므두셀라는 969세를 살고 생을 마감했다. 따라서 므두셀라가 죽자 하나님의 심판이 온 것이다. 그렇게 므두셀라는 태어나면서부터 인류의 운명을 지고 태어난 사람이었다. 하나님은 에녹에게 세상을 심판할 것을 알려주셨고, 그는 아들의 이름을 므두셀라로 지음으로써 하나님과 마음을 합하였다.

한번 가정해 보자. 내게 한 명의 자녀가 있는데, 하나님이 이 아이의 수명이 인류의 수명과 같다고 알려주셨다. 이 아이가 숨을 거두는 날 인류의 종말이 올 것이며, 이 아이의 생명은 오직 주님에게 달려 있다. 이렇게 생각해 보면 이 세상 사람들에게 남은 날들이 얼마나 짧은지 느껴질 것이며, 더불어 내게 남겨진 날들 또한 얼마나 불확실한지 실감할 것이다. 그러면 과연 하루하루를 어떤 심정으로 살아가야 하겠는가?

에녹만 그렇게 하나님과 마음을 합하고 살았을까? 하나님이 에녹을 데려가신 후 69년이 지나서 태어난 노아도 므두셀라를 보면서 믿음을 굳건히 지켰을 것이다. 노아는 500세가 될 때까지 자식을 낳지 않았는데, 이는 심판받을 세상에 소망을 두지 않았기 때문일 것이다. 그는 방주를 만들어 홍수에 대비하라는 말씀을 듣고 비로소 자녀 낳을 계획을 가졌을 것이다. 그때의 세상은 하늘 위에 거대한 수증기층이 있었고, 땅에는 비가 내리지 않았다. 오직 지면에서 안개만 올라왔을 뿐이었다(창 2:5~6). 홍수가 있을 것이란 사실을 믿은 사람은 노아의 가족뿐이었으며, 그런 그들을 세상 사람들은 미친 사람 취급했을 것이다. 노아는 방주를 만들면서 매일 할아버지 므두셀라가 살아 계신지 살폈을 것이다. 더구나 아버지 라멕이 할아버지 므두셀라보다 5년 먼저 세상을 떠났을 때, 방주를 짓는 그의 손은 더욱 바빠졌을 것이다.

므두셀라가 죽으면 심판이 임한다고 하셨지만, 하나님은 므두셀라를 빨리 데려가지 않으셨다. 오히려 아주 오래 살도록 하셨다. 그래서 그는 세상에서 가장 오래 산 사람으로 성경에 기록되어 있다. 그것은 곧 하나님의 오래 참으심 때문이었다. 하나님은 노아에게 방주를 예비하라고 명하시기 훨씬 이전부터 심판을 예비하셨고, 사람들이 창조주께 예배하기를 원하셨다.

우리는 성경을 통하여 현재의 세상도 곧 멸망할 것이며, 이 땅에 쌓아 둔 모든 것이 불타 없어질 것이라는 사실을 알고 있다. 예수님은 **"내가 진실로 속히 오리라"**(계 22:20)라는 약속까지 하셨다. 그뿐 아니라 예수님이 승천하셨을 때 천사가 제자들을 향하여 **"하늘로 올리우신 이 예수는 하늘로 가심을 본 그대로 오시리라"**(행 1:11)라고 하여 그들 생전에 예수님의 재림을 맞이할 것처럼 말했으나, 그 재림은 2천 년이 지난 지금도 연기된 상태로 남아 있다.

성경은 여러 곳에서 교회가 휴거되면 세상이 멸망한다고 말한다. 하나님은 므두셀라의 생명을 연장하면서까지 천 년간이나 홍수 심판을 미뤘듯이, 주님의 부활 이후로 그 두 배에 해당하는 2천 년이 지난 지금까지 계속해서 교회의 휴거를 연기하고 계신다. 교회의 성도들이 므두셀라인 동시에 에녹이고 노아이다. 노아가 할아버지 므두셀라를 쳐다보면서 방주를 지었듯이, 우리 역시 교회의 휴거를 생각하면서 세상에 나가 복음을 전해야 한다.

베드로는 "**이 모든 것이 이렇게 풀어지리니 너희가 어떠한 사람이 되어야 마땅하뇨 거룩한 행실과 경건함으로 하나님의 날이 임하기를 바라보고 간절히 사모하라**"(벧후 3:11~12)라고 하여 하늘에 소망을 두고 살라고 말했다. 그러므로 우리는 에녹과 노아가 그것을 알았을 뿐 아니라 그것을 아는 사람으로 살았던 것을 본받아야 한다. 믿음이란 단지 아는 것에서 그치는 것이 아니라, 정말 그렇게 사는 것이다.

마지막으로 에녹과 노아는 보상을 바라고 하나님과 동행하였다.

> "믿음으로 에녹은 죽음을 보지 않고 옮기웠으니 하나님이 저를 옮기심으로 다시 보이지 아니하니라 저는 옮기우기 전에 하나님을 기쁘시게 하는 자라 하는 증거를 받았느니라 믿음이 없이는 기쁘시게 못 하나니 하나님께 나아가는 자는 반드시 그가 계신 것과 또한 그가 자기를 찾는 자들에게 상 주시는 이심을 믿어야 할찌니라 믿음으로 노아는 아직 보지 못하는 일에 경고하심을 받아 경외함으로 방주를 예비하여 그 집을 구원하였으니 이로 말미암아 세상을 정죄하고 믿음을 좇는 의의 후사가 되었느니라"(히 11:5~7).

성경은 에녹과 노아의 믿음 이야기를 하는 중간에 보상에 대한 이야기를 끼워 넣었다. 그들이 미친 사람처럼 세상 사람들에게 심판을 외쳤던 것은, 하나님이 계신 것과 그분이 명하신 것을 행했을 때

보상이 있을 것을 믿었기 때문이다. 사실 보상이 없으면 우리는 열심히 신앙생활을 할 이유가 없다. 왜냐하면 구원이란 예수 그리스도의 공로로 값없이 받은 것이기 때문이다. 우리는 단지 그것을 믿고 받아들이기만 하면 되는 것이다.

하나님의 보상은 성경에서 매우 중요한 주제임에도 많은 성도가 이를 간과하고 있다. 거저 주시는 구원도 송구스러운데 무슨 염치로 보상까지 바라겠느냐는 생각이 성도들 마음속에 자리 잡고 있다. 그래서 많은 그리스도인이 보상이란 있으면 좋지만, 없어도 큰 문제가 되지 않는다는 태도를 보인다. 아무리 못해도 구원은 받았으니 걱정할 것 없다는 식이다.

이런 생각이 들면 어떤 행동을 취하게 될까? 아마 불확실한 보상을 위해 자신을 드리기보다는 좀더 확실한 보상이 있는 세상에 투자할 것이다. 즉 다가올 세상을 위해 최소한 구원을 확보해 둔 채로 이 세상에서 좀더 잘사는 데 힘을 쏟을 것이다. 보상은 있으면 좋고 없어도 그만인 그런 옵션 품목이 아니다. 보상은 반드시 있어야 하고, 있을 것이며, 그리스도인이라면 누구나 추구해야 할 진정한 가치이다. 그 보상으로 영원한 세상에서의 삶과 신분이 결정된다면 이보다 중요한 것은 없을 것이다. 성경에는 보상에 대한 수많은 구절이 있다.

"땅의 티끌 가운데서 자는 자 중에 많이 깨어 영생을 얻는 자도 있겠고 수욕을 받아서 무궁히 부끄러움을 입을 자도 있을 것이며 지혜 있는 자는 궁창의 빛과 같이 빛날 것이요 많은 사람을 옳은 데로 돌아오게 한 자는 별과 같이 영원토록 비취리라"(단 12:2~3).

"기뻐하고 즐거워하라 하늘에서 너희의 상이 큼이라 너희 전에 있던 선지자들을 이같이 핍박하였느니라"(마 5:12).

"푯대를 향하여 그리스도 예수 안에서 하나님이 위에서 부르신 부름의 상을 위하여 좇아가노라"(빌 3:14).

"내가 선한 싸움을 싸우고 나의 달려갈 길을 마치고 믿음을 지켰으니 이제 후로는 나를 위하여 의의 면류관이 예비되었으므로 주 곧 의로우신 재판장이 그날에 내게 주실 것이니 내게만 아니라 주의 나타나심을 사모하는 모든 자에게니라"(딤후 4:7~8).

이 모든 말씀은 경건한 자들이 세상에서 무엇을 바라보며 살아가야 하는가를 분명히 보여준다. 상이 있으면 좋고, 없어도 그만인 것이라면 사도 바울은 결코 하나님의 높은 부르심의 상을 향해 그토록 열심히 달리지 않았을 것이다. 보상은 예수님도 바라셨던 것이다.

"믿음의 주요 또 온전케 하시는 이인 예수를 바라보자 저는 그 앞에 있는 즐거움을 위하여 십자가를 참으사 부끄러움을 개의치 아니하시더니 하나님 보좌 우편에 앉으셨느니라"(히 12:2).

즉 예수님도 자신 앞에 놓인 즐거움을 위하여, 즉 보상을 바라보고 고난을 견디셨다. 물론 예수님이 받으시는 보상을 사람의 방식으로는 다 이해할 수 없지만 주님도 분명히 보상을 바랐던 것이다. 아마 주님은 자신의 죽음으로 형성될 교회를 바라보셨을 것이다.

우리는 하나님 앞에 무익한 종이다. 할 일을 다 했다고 해서 주인인 하나님께 무엇을 받을 수 있는 입장이 못 된다. 누구도 주님에게 먼저 드려 보답을 받지 않는다. 모든 것이 주님으로부터 나와, 주님을 통하여, 주님에게 돌아가기 때문이다. 그럼에도 하나님은 자신을 부지런히 찾고 섬기는 자에게 보상하기를 기뻐하신다. 달란트 비유와 므나 비유를 보면(마 25:14~30; 눅 19:12~27), 종들이 주인의 것으로 이득을 남겨 주인에게 돌려주었지만, 주인은 그 모든 것을 보상으로 다시 돌려주었다. 하나님은 하나님의 것으로 하나님께 영광 돌리는 자에게 기꺼이 주신다. 그런데 한 달란트와 한 므나를 맡았던 종은 그것을 고스란히 보관했다가 돌려주었다. 이것은 곧 구원의 커트라인은 넘겼으니 거창한 보상은 필요 없다고 생각하여 이 세상에서 소소한 재미를 누리며 살기를 원하는 성도의 표상이다. 그러나 그는 가진 것마저 빼앗기는 수치를 당했다.

에녹과 노아처럼 하나님과 동행하기 위해서는 앞서 언급한 네 가지 요건, 즉 예배하고, 전도하고, 하늘에 소망을 두고, 상을 바라보며 살아야 한다. 그런데 이 네 가지 요건을 갖추기 위해서는 궁극적으로 하나님 말씀에 귀를 기울이고, 그 말씀에 순종해야만 한다.

앞에서 살핀 바와 같이, 에녹은 하나님이 세상을 심판할 것이라는 계시를 듣고 그 아들의 이름을 므두셀라라 짓고 세상 사람들에게 복음을 전파하였다(창 5:21' 유 1:14~15). 노아 역시 하나님의 말씀에 순종하여 방주를 짓고 홍수 심판에 대비하였다(창 6:13~17, 22). 그런데 과연 하나님의 말씀이 에녹과 노아에게만 임했을까? 성경은 그렇게 말하지 않는다.

> "그러나 저희가 다 복음을 순종치 아니하였도다 이사야가 가로되 주여 우리의 전하는 바를 누가 믿었나이까 하였으니 그러므로 믿음은 들음에서 나며 들음은 그리스도의 말씀으로 말미암았느니라 그러나 내가 말하노니 저희가 듣지 아니하였느뇨 그렇지 아니하다. 그 소리가 온 땅에 퍼졌고 그 말씀이 땅끝까지 이르렀도다 하였느니라"(롬 10:16~18)

물론 이 말씀이 당시의 상황에 대한 것은 아니지만, 하나님은 해를 악인과 선인에게 비추시며, 비를 의로운 자와 불의한 자에게 내리시는 분이시다(마 5:45). 즉 에녹과 노아뿐 아니라 세상 땅끝까지 모든 사람에게 경고의 말씀이 전파되었다. 그런데 하나님과 동행하기 위해서는 항상 그 말씀에 귀를 기울여야 했다. 에녹과 노아는 그 말씀에 귀를 기울였고, 또 순종하였다. 이제 은혜의 시대에는 하나님이 직접 말씀하시지 않고 성경에 그 말씀을 기록하셨기 때문에 우리는 성경을 통하여 하나님의 전신갑주를 입어야 한다(엡 6:13).

> "그런즉 서서 진리로 너희 허리 띠를 띠고 의의 흉배를 붙이고 평안의 복음의 예비한 것으로 신을 신고 모든 것 위에 믿음의 방패를 가지고 이로써 능히 악한 자의 모든 화전을 소멸하고 구원의 투구와 성령의 검 곧 하나님의 말씀을 가지라"(엡 6:14~17).

실제로 에녹과 노아뿐 아니라 아브라함과 다윗, 그리고 많은 선지자가 하나님의 말씀에 귀를 기울이고, 그 말씀에 순종하는 삶을 살았으며, 예수님의 제자들과 많은 믿음의 선진도 그 길을 걸었다. 그것이 바로 영에 속한 사람으로 나아가는 길이다.

비록 시대에 따른 하나님의 경륜은 다를지라도 현 시대는 에녹과 노아가 살았던 때처럼 하나님의 심판이 가까운 시대이다. 따라서 하나님과 동행했던 그들의 삶을 통하여 우리도 어떻게 살아야 하는지에 대해 유념해야 할 것이다.

# 02
## 아브라함의 하나님, 나홀의 하나님

야곱은 20년간 외삼촌 라반의 집에서 일한 후 자기의 모든 소유와 아내들과 자식들을 데리고 밧단아람을 떠난다. 사흘 뒤 라반은 야곱이 도망간 것을 알고, 그 형제들을 데리고 7일 길을 쫓아와 길르앗산에서 야곱이 있는 곳에 다다르는데, 꿈에 야곱을 해하지 말라는 하나님의 명령을 듣는다. 그때 라반은 야곱과 만나 돌무더기를 쌓고 언약을 맺으면서 이렇게 외친다.

"아브라함의 하나님 나홀의 하나님 그들의 조상의 하나님은 우리 사이에 판단하옵소서 하매 야곱이 그 아비 이삭의 경외하는 이를 가리켜 맹세하고"(창 31:53).

그런데 라반이 말한 하나님의 호칭이 이상하다. 라반은 분명 하나님을 '**아브라함의 하나님, 나홀의 하나님, 그들의 조상의 하나님**'이라고 불렀다. 아브라함의 하나님이라고 한 것은 이해가 되는데, 나홀의 하나님이라고 말한 것은 좀 의아하다. 나홀은 아브라함의 형제이며, 라반의 할아버지이다. 그렇다면 나홀도 하나님을 믿었을까?

많은 주석서는 라반이 범신론적 사상을 가지고 있었기 때문에 이

같이 말했다고 적고 있다. 정말 그럴까? 만약 라반이 '**아브라함의 하나님, 나홀의 우상신**'이라는 의미로 말했으면, 그다음에 나오는 '**그들의 조상의 하나님**'은 누구를 가리키는 것일까?

이야기를 잠시 앞으로 돌려 창세기 24장을 보면, 아브라함이 집안의 한 충성되고 늙은 종을 고향 밧단아람으로 보내 하나님을 믿는 친족 중에서 며느리를 간택하게 한다. 늙은 종은 하란에 있는 나홀의 성에 이르러 나홀의 여덟 번째 아들인 브두엘의 딸 리브가를 만난다. 그리고 리브가의 신분을 확인하자마자 바로 여호와를 언급한다.

> "나의 주인 아브라함의 하나님 여호와를 찬송하나이다 나의 주인에게 주의 인자와 성실을 끊이지 아니하셨사오며 여호와께서 길에서 나를 인도하사 내 주인의 동생 집에 이르게 하셨나이다"(창 24:27).

또한 리브가가 오라비인 라반에게 그를 소개하자 라반은 달려와 이렇게 대화를 시작한다.

> "여호와께 복을 받은 자여 들어오소서 어찌 밖에 섰나이까?"(창 24:31).

그러자 늙은 종은 이렇게 답변을 이어가는데, 그 말에서 '여호와'라는 단어가 끊이지 않는다.

> "나는 아브라함의 종이니이다 여호와께서 나의 주인에게 크게 복을 주어 창성케 하시되 우양과 은금과 노비와 약대와 나귀를 그에게 주셨고 나의 주인의 부인 사라가 노년에 나의 주인에게 아들을 낳으매 주인이 그 모든 소유를 그 아들에게 주었나이다…나의 섬기는 여호와께서 그 사자를 너와 함께 보내어 네게 평탄한 길을 주시리니 너는 내 족속 중 내 아비 집에서 내 아들을

위하여 아내를 택할 것이니라"(창 24:33~49).

이 장황한 말에 브두엘과 라반은 다음과 같이 응답한다.

"이 일이 여호와께로 말미암았으니 우리는 가부를 말할 수 없노라 리브가가 그대 앞에 있으니 데리고 가서 여호와의 명대로 그로 그대의 주인의 아들의 아내가 되게 하라"(창 24:50~51).

그리고 리브가는 열흘을 가족과 함께 보내다 가라는 것을 뿌리치고, 얼굴도 모르는 이삭의 아내가 되기 위해 다음 날 즉시 아브라함의 늙은 종과 함께 길을 떠난다.

이때의 상황을 볼 때, 브두엘과 라반이 하나님이 아닌 갈대아의 우상을 섬겼을 거라고는 상상할 수 없다. 아브라함의 늙은 종과 두 사람의 대화에는 여호와 하나님이 빠지지 않고 등장한다. 등장만 하는 것이 아니라 브두엘과 라반, 그리고 리브가까지 이 모든 일이 하나님의 섭리로 된 것이라고 인정하고 아브라함의 늙은 종을 절대적으로 신뢰한다. 그렇지 않았으면 어떻게 리브가를 얼굴도 모르는 이삭의 아내로 주기 위해 먼 길을 떠나보낼 수 있었겠는가?

아브라함의 형제인 나홀은 12명의 자식을 두었다. 나홀은 하란의 딸이자 조카인 밀가와 결혼하여 우스, 부스, 그므엘, 게셋, 하소, 빌다스, 이들랍, 브두엘까지 8명의 자녀를 낳았고, 첩 르우마를 통하여 데바, 가함, 다하스, 마아가, 이렇게 4명의 자녀를 낳았다(창 22:21~24). 그런데 셋째 아들 그므엘의 이름은 '**하나님이 안정되게 하신다**'라는 뜻이고, 여덟째 아들 브두엘의 이름은 '**하나님이 거하시는 곳**'이라는 뜻을 가지고 있다. 즉 하나님을 모르는 사람이 지은 이름이 아니었다.

욥기에는 욥이 우스 땅에 거했다고 기록되어 있다(욥 1:1). 그리고 욥을 꾸짖었던 엘리후는 람의 친족으로 부스 사람이었다(욥 32:2). 람은 아람을 뜻하는데, 아람은 나홀의 셋째 아들인 그므엘의 아들이었다(창 22:21). 욥기를 보면, 욥의 친구인 데만 사람 엘리바스와 수아 사람 빌닷과 나아마 사람 소발은 그 처소로부터 떠나 서로 약속하고 욥을 만나러 오는데, 부스 사람 엘리후는 욥기 32장에서 갑자기 등장한다. 그것은 그가 욥과 지근 거리에 사는 친척이라는 것을 말해준다. 우스는 나홀의 첫째 아들이고, 부스는 나홀의 둘째 아들이며, 엘리후의 친척인 람(아람)의 아버지는 나홀의 셋째 아들인 그므엘이었다. 또한 엘리후라는 이름은 '**그는 나의 하나님이시다**'라는 뜻을 가지고 있다. 따라서 욥과 엘리후는 나홀의 후손인 것이 명백하다.

앞서 열거한 증거들을 봤을 때, 나홀의 하나님은 결코 우상이 아니었다. 라반은 아주 정확하게 '아브라함의 하나님, 나홀의 하나님, 그들의 조상의 하나님'이라고 말했던 것이다. '그들의 조상'은 아마 에벨(히브리)을 가리키는 것 같다. 나홀이 할아버지의 이름(나홀)을 물려받은 것을 봤을 때, 나홀과 브두엘, 라반의 신앙은 오히려 아브라함의 신앙보다 더 뛰어났을지도 모른다.

그런데 모든 인류가 여호와 하나님을 떠났을 때 그들은 어떻게 신앙을 유지할 수 있었을까?

인류는 아담과 하와의 불순종으로 하나님의 동산에서 쫓겨났다. 그리고 그 아들 가인과 아벨의 제사 사건 후에 가인은 아벨을 죽이고 하나님의 눈을 피하여 에녹성에 숨어 버렸다. 그렇게 인류는 또다시 타락의 길을 걸어갔다. 그래서 셋(아담의 세 번째 아들)의 후손인 에녹과 노아는 하나님을 떠난 인류에게 경고했지만 듣지 않았고, 하나님을 떠난 인류는 급기야 홍수 심판을 받는다. 홍수 심판을 통과한 노아의 후손들 역시 니므롯을 중심으로 시날 평지에 바벨탑을 세우면서 하나님께 범죄했고, 하나님은 그들의 언어를 혼잡시켜 온 땅에 흩으셨다. 그러나 셈의 후손인 에벨(히브리)과 벨렉은 타락한 인류에서 벗어나 믿음을 지켰던 것으로 보인다.

성경은 셈을 언급할 때, **"셈은 에벨 온 자손의 조상이요"**(창 10:21)라고 하면서 아들들 대신 증손인 에벨을 가장 먼저 언급한다. 그것은 아브라함이 하나님을 섬긴 에벨(히브리) 족속이기 때문이다. 아브라함은 어디를 가든 자기를 히브리 사람이라고 소개했다. 그것은 아브라함의 후손이 모세에 의해 민족과 국가로 형성되기 전까지 이름 없는 집단에 불과했기 때문이다.

그러했기에 하나님은 모세를 처음 만나 이스라엘 백성에게 보낼 때는 자신을 **"아브라함의 하나님, 이삭의 하나님, 야곱의 하나님 여호와"**(출 3:15)로 소개하라 하셨지만, 바로에게는 **"히브리 사람의 하나님 여호와"**(출 3:18)의 이름으로 보내셨다. 그런데 모세는 바로를 처음 만나 **"이스라엘의 하나님 여호와의 말씀에 내 백성을 보내라 그들이 광야에서 내 앞에 절기를 지킬 것이니라"**(출 5:1)라고 말했고, 바로는 **"여호와가 누구관대 내가 그 말을 듣고 이스라엘을 보내겠느냐 나는 여호와를 알지 못하니 이스라엘도 보내지 아니하리라"**(출 5:2)라고 대답했다. 만약 대화가 여기에서 끊겼다면 모세는 죽거나 감옥에 갔을 것이다. 그러나 모세는 즉시 **"히브리인의 하나님"**(출 5:3)이라고 호칭을 바꾸었다. 그 뒤로 모세는 바로에게 갈 때마다 줄기차게 **"히브리인의 하나님 여호와"**(출 7:16, 9:1, 13, 10:3)라고 말했다. 이는 그 시대의 모든 사람이 블레셋의 신은 다곤이고(삼상 5:2), 가나안의 신은 바알, 시돈 사람의 신은 아스다롯, 암몬 사람의 신은 밀곰, 모압의 신은 그모스(왕상 11:33)라는 것을 알고 있었던 것처럼, 히브리 족속의 신은 여호와라는 것을 알고 있었다는 뜻이다. 즉 이스라엘 백성은 히브리 족속이고, 그들이 믿는 신은 여호와라는 것을 인근의 모든 사람이 알고 있었다는 것이다. 그래서 광야에서 이스라엘 백성이 하나님을 배반하여 주께서 그들을 죽이려 하셨을 때, 모세가 **"이제 주께서 이 백성을 한 사람 같이 죽이시면 주의 명성을 들은 열국이 말하여 이르기를 여호와가 이 백성에게 주기로 맹세한 땅에 인도할 능[력]이 없는 고로 광야에서 죽였다 하리이다"**(민 14:15~16)라고 빌었던 것이다. 인근의 모든 사람이 알았다는 것은 히브리 족속이 집단적으로 교회를 형성하여 여호와 하나님을 섬기면서 신앙을 유지했다는 것을 방증한다. 그 히브리(에벨)의 후손 중에 데라와 그 아들들이 있었고, 하나님은 그들을 불러 우상의 땅을 떠나라 하셨다.

그러면 여호와 하나님을 믿었던 두 형제, 아브라함과 나홀은 어떻게 헤어진 것일까?

> "데라가 그 아들 아브람과 하란의 아들 그 손자 롯과 그 자부 아브람의 아내 사래를 데리고 갈대아 우르에서 떠나 가나안 땅으로 가고자 하더니 하란에 이르러 거기 거하였으며"(창 11:31).

우선 그들의 아비인 데라가 큰아들 하란이 죽자 갈대아 우르를 떠나 하란으로 이주한다. 아브람과 손자 롯(하란의 아들)의 가족이 함께했지만, 나홀의 자녀들이 하란에 거주한 것을 봤을 때, 나홀도 함께 이주했던 것으로 보인다(창 28:10, 29:4~5). 아마도 하나님의 백성인 히브리(에벨) 족속들이 점점 우상을 섬기기 시작하여 하나님이 떠나라 명령했기 때문일 것이다.

> "여호수아가 모든 백성에게 이르되 이스라엘 하나님 여호와의 말씀에 옛적에 너희 조상들 곧 아브라함의 아비, 나홀의 아비 데라가 강 저편에 거하여 다른 신들을 섬겼으나"(수 24:2).

이 말씀을 보면 마치 열심히 우상을 섬긴 데라를 하나님이 불러내신 것처럼 보인다. 그러나 킹 제임스 성경에는 이렇게 기록되어 있다.

"Thus saith the LORD God of Israel, Your fathers dwelt on the other side of the flood in old time, even Terah, the father of Abraham, and the father of Nachor: and they served other gods."(수 24:2)

이 번역을 자세히 읽어보면 "**이스라엘의 하나님이 그들에게 말씀하시기를 옛적에 너희 선조들, 심지어 아브라함의 아비, 나홀의 아비인 데라조차도 우상을 섬겼다**"라고 되어 있다. 즉 하나님을 섬긴 히브리(에벨) 족속들이 갈대아 우르의 땅에서 점점 우상을 섬기기 시작했으며, 심지어 데라까지도 그 일에 물들어 갔다고 말하고 있는 것이다. 이에 하나님은 문제의 심각성을 인식하셨고, 이에 데라의 가족들에게 우상의 땅에서 떠나라고 명령하셨을 것이다.

그리하여 데라는 모든 자식을 데리고 갈대아 우르를 떠난다. 하란이 우르에서 아비보다 먼저 죽은 것으로 보아 거기서 어떤 사건이 있었고, 그것이 데라의 마음을 직접적으로 움직였을 것이다. 그리고 데라가 하란에서 죽자, 하나님은 아브람에게 가나안으로 떠나라 하셨다. 롯이 아브람과 동행한 것을 봤을 때, 그 명령은 나홀에게도 주어졌을 것이다. 그런데 나홀은 하란에 눌러앉았다. 나홀이 살았던 곳을 메소보다미아 나홀의 성(창 24:10)이라고 기록한 것을 봤을 때, 그는 거기서 커다란 부를 축적했던 것으로 보이며, 이미 12명이나 되는 자녀로 인하여 대가족을 이루었기에 그 모든 것을 버리고 가나안으로 갈 수는 없었을 것이다. 그는 우상의 도시를 떠나라는 하나님의 명령에 대하여 그곳에 머물며 신앙을 지킬 수 있다고 생각했을 것이다. 반면 아브람은 하란에서 축적한 많은 소유와 사람들을 이끌고 가나안으로 떠난다(창 12:5).

이렇게 아브람(아브라함)은 갈대아 땅을 떠나 가나안 땅 여기저기를 전전하는 유목민(Nomad)으로 나그네 인생을 살았고, 나홀은 자기 성에서 정착민(Settler)으로 평안한 삶을 살아갔다. 우상의 도시를 떠난 자와 남은 자의 그 신앙의 결말이 어떠했는지를 살펴보면서 그리스도인들이 하나님 앞에서 어떠한 자세로 살아야 하는지 생각해 보자.

먼저 하란을 떠난 아브라함의 이야기를 살펴보면 아브라함은 하란을 떠나 세겜에 머무른다. 그리고 벧엘을 거쳐 애굽으로 내려갔다가, 다시 가나안 땅으로 올라와 헤브론에 거한다. 그는 롯을 구출한 다음 이스마엘을 낳았고, 그랄로 내려갔다가 브엘세바에서 살았다. 그의 삶은 참으로 기구했다. 그는 나이 75세에 하란을 떠난 후 175세가 되어 죽을 때까지 100년의 세월을 한곳에 정착하지 못하고 장막에 거하며 정처 없는 나그네 인생을 살았다(창 12:8, 18:1~2).

더구나 가나안 땅은 지중해성기후에 속하는 곳인데, 이는 지구상에서 겨우 3퍼센트의 땅에만 존재하는 아주 독특한 기후 형태이다. 겨울에는 하늘에 구멍이라도 난 것처럼 온 천지가 떠나갈 듯 장맛비를 퍼붓고, 여름에는 땅이 바싹 타들어갈 정도로 건조한 날이 지속된다. 그래서 그 땅에 사는 사람들은 여름이면 양 떼를 몰고 풀이 있는 곳을 찾아 몇 달 동안 정처 없이 떠돌아다니고, 겨울이면 양 떼를 우리에 넣어두어 긴 장마의 추위가 지나가기를 기다린다.

그런 땅이 어떻게 젖과 꿀이 흐르는 땅이겠는가? 그 땅은 이스라엘 민족이 하나님의 말씀에 순종했을 때, 비로소 파종과 추수에 필요한 이른 비와 늦은 비가 적당히 내려 젖과 꿀이 흐르는 땅이 될 수 있었다(렘 5:24). 가나안 사람들이 섬기던 최고의 우상인 바알이 비와 폭풍의 신인 것만 보아도 그 땅이 얼마나 척박한 땅이었는지 알 수 있다.

> "네가 들어가 얻으려 하는 땅은 네가 나온 애굽 땅과 같지 아니하니 거기서는 너희가 파종한 후에 발로 물 대기를 채소밭에 댐과 같이 하였거니와 너희가 건너가서 얻을 땅은 산과 골짜기가 있어서 하늘에서 내리는 비를 흡수하는 땅이요 네 하나님 여호와께서 권고하시는 땅이라 세초부터 세말까지 네 하나님 여호와의 눈이 항상 그 위에 있느니라 내가 오늘날 너희에게 명하는 나의 명령을 너희가 만일 청종하고 너희의 하나님 여호와를 사랑하여 마음을 다하고 성품을 다하여 섬기면 여호와께서 너희 땅에 이른 비 늦은 비를 적당한 때에 내리시리니…두렵건대 마음에 미혹하여 돌이켜 다른 신들을 섬기며 그것에게 절하므로 여호와께서 너희에게 진노하사 하늘을 닫아 비를 내리지 아니하여 땅으로 소산을 내지 않게 하시므로 너희가 여호와의 주신 아름다운 땅에서 속히 멸망할까 하노라"(신 11:10~17).

이 땅은 참으로 기막힌 땅이었다. 젖과 꿀이 흐르는 땅은 인류 최초로 문명이 일어난 유브라데강과 티그리스강 사이에 있는 비옥한 초승달 지역인 메소보다미아 지방이었다. 아브라함은 그곳에서 태어나 자랐다. 그런데 그는 그곳에서 축적한 모든 재산을 가지고 가나안으로 떠났다.

또한 나일강의 범람으로 비옥한 토지를 만드는 나일강 삼각주 지역, 고센 땅이 젖과 꿀이 흐르는 땅이었다(창 13:10; 민 16:13). 그래서 이스라엘은 광야에서 애굽을 그리워했고, 모세도 처음에는 출애굽이 아니라 동족을 압제에서 해방시키는 것이 하나님의 뜻인 줄 알았다(행 7:25).

그렇게 아브라함은 비옥한 땅 메소보다미아에서의 평안한 삶을 버리고 말씀에 순종하여 나그네 길을 걸었다. 그 삶이 오죽 험난했으면 그의 조카 롯이 소돔에 안주하기를 갈망했겠는가? 롯은 아브라함으로부터 땅을 선택하라는 제안에 대하여 여호와의 동산 같고 애굽 땅과 같았던 소돔을 선택했다(창 13:9~11).

아브라함은 갈대아 우르를 떠난 것을 후회하여 돌아가고 싶은 생각을 품었던 적이 없었을까?

> "믿음으로 아브라함은 부르심을 받았을 때에 순종하여 장래 기업으로 받을 땅에 나갈쌔 갈 바를 알지 못하고 나갔으며 믿음으로 저가 외방에 있는 것 같이 약속하신 땅에 우거하여 동일한 약속을 유업으로 함께 받은 이삭과 야곱으로 더불어 장막에 거하였으니 이는 하나님의 경영하시고 지으실 터가 있는 성을 바랐음이니라…이 사람들은 다 믿음을 따라 죽었으며 약속을 받지 못하였으되 그것들을 멀리서 보고 환영하며 또 땅에서는 외국인과 나그네로라 증거하였으니 이같이 말하는 자들은 본향 찾는 것을 나타냄이라 저희가 나온바 본향을 생각하였더면 돌아갈 기회가 있었으려니와 저희가 이제는 더 나은 본향을 사모하니 곧 하늘에 있는 것이라 그러므로 하나님이 저희 하나님이라 일컬음 받으심을 부끄러워 아니하시고 저희를 위하여 한 성을 예비하셨느니라"(히 11:8~16).

히브리서는 아브라함이 떠나온 본향을 생각하였고, 또 그 본향으로 돌아갈 기회도 있었다고 말한다. 그러나 그는 더 나은 본향, 즉, 하늘에 있는 것을 사모했기 때문에 자신은 살아생전에 그 약속을 받지 못했을지라도 멀리서 보고 환영했다고 말하고 있다. 만약 아브라함이 현재의 소망만 바라봤다면 다시 메소보다미아로 돌아갔을 것이다. 메소보다미아를 떠나지 않았으면 그도 나홀처럼 부족함 없이 살았을 것이다. 아브라함 역시 하란에서 많은 부를 축적했기 때문이다

(창 12:5). 그 어느 누구도 평안한 정착민의 삶을 버리고 애써 미래가 불확실한 유목민의 삶을 택하지는 않는다. 그러나 사람은 땅에서의 삶에 안주하게 되면 하늘에 둔 머리를 땅으로 내리게 된다. 굳이 성경을 펼치지 않더라도 세상의 역사가 이를 증명한다. 그러나 그는 갈 바를 알지 못하는 상황에서 오직 믿음으로 순종하였다(히 11:8).

그래서 그 후손이 다음과 같이 하나님의 선민으로 선택되었던 것이다.

> "땅의 어느 한 나라가 주의 백성 이스라엘과 같으리이까 하나님이 가서 구속하사 자기 백성을 삼아 주의 명성을 내시며 저희를 위하여 큰 일을 주의 땅을 위하여 두려운 일을 애굽과 열국과 그 신들에게서 구속하신 백성 앞에서 행하셨사오며 주께서 주의 백성 이스라엘을 세우사 영원히 주의 백성을 삼으셨사오니 여호와여 주께서 저희 하나님이 되셨나이다"(삼하 7:23~24).

이제 나홀의 이야기를 해보자. 라반과 리브가의 믿음, 라반의 두 딸 레아와 라헬의 믿음, 그리고 욥과 엘리후의 믿음을 봤을 때, 나홀의 후손들도 대를 이어 하나님의 섭리 가운데 살았다. 그런데 욥 이후에 나홀의 후손에 대한 이야기는 성경에서 찾아볼 수 없다. 아무리 욥과 엘리후의 믿음이 뛰어났을지라도 하나님은 그들의 조상을 직접적으로 언급하지 않으셨다.

다만 정확하지는 않지만 메소보다미아 브돌 땅에 살았던 브올의 아들 발람이 나홀의 후손일 가능성이 크다(민 22~24장). 성경이 그의 출신에 대해 말하지 않았기 때문에 지나친 상상을 해서는 안 되지만, 그는 하나님의 이름으로 사람들에게 복과 화를 주는 능력을 가진 사람이었다. 고대 지도에서 보면 브돌은 갈그미스 아래 유브라데

강가에 있었고, 하란에서도 그리 멀지 않았다. 성경도 그 땅이 메소보다미아 강변에 있다고 말씀한다(민 22:5; 신 23:4). 성경에서는 그리 중요한 땅이 아니었지만, 고대에 번성했던 도시이며 우상숭배가 만연했던 땅이다. 그런 곳에 하나님을 잘 아는 발람이 있었다는 게 놀랍다.

이스라엘 민족이 출애굽했을 때, 재물에 눈이 어두워졌던 그는 모압 왕 발락의 요청으로 이스라엘을 저주하려 했다. 물론 하나님이 막으셨지만, 그는 이스라엘을 모압 여자들과 음행하게 만들었다. 그가 하나님을 잘 알고 믿었는지는 모르겠지만, 그는 이미 세상 재물에 눈이 어두워져 있었다. 어느 누구든지 평안한 삶을 살면 세상에 안주하고 땅을 바라보게 된다.

다윗은 사울에 쫓겨 도망 다닐 때는 하나님을 의지하며 살았으나, 왕이 되어서는 한때 나태한 삶에 빠졌다.

> "저녁 때에 다윗이 그 침상에서 일어나 왕궁 지붕 위에서 거닐다가 그곳에서 보니 한 여인이 목욕을 하는데 심히 아름다와 보이는지라 다윗이 보내어 그 여인을 알아보게 하였더니 고하되 그는 엘리암의 딸이요 헷 사람 우리아의 아내 밧세바가 아니니이까"(삼하 11:2~3).

무슨 일이 일어났는가? 그때 이스라엘의 온 군대는 암몬 자손과 전쟁을 치르는 국가적인 비상사태였는데, 다윗은 느긋하게 왕궁 침실에서 낮잠을 즐기고 있었다. 더구나 이 전쟁은 **"왕들의 출전할 때"**(삼하 11:1)로 그가 직접 지휘해야 하는 전쟁이었다. 그런데 그는 한슬 더 떠 저녁 때가 되어 느지막이 일어나 왕궁 지붕 위를 한가롭게 걸어 다녔다. 왕이 출전해야 하는 전쟁 중에 낮잠이나 즐기고 있었다는 것은 그가 얼마나 나태해져 있었는지를 여실히 보여준다. 그렇게 신앙적으로 나태해져 있었기 때문에 그 마음 가운데 사탄이 활동할 수 있었던 것이다. 결국 그는 우리아의 아내와 간음했고, 이것을 숨기기 위해 전쟁을 핑계 삼아 우리아를 살해했다. 이로 인해 그는 커다란 대가를 치르게 된다.

히브리서 11장을 믿음장이라 한다. 그리고 이 본문은 거기에 기록된 사람들이 나그네 인생을 살았다고 말한다. 그들은 이 땅에 안주하지 않고 항상 마음을 겸비하고 하나님을 바라보면서 이 땅에서의 삶을 나그네 인생으로 살았다. 만약 지금의 삶이 괴롭고 힘들다면, 하나님이 우리를 아브라함처럼 사랑하시는 자로 대우하신다며 기뻐해야 할 것이다.

# 03

## 세상을 더 사랑한 의인 롯

아브라함과 나홀의 이야기를 하면 그들의 조카 롯의 이야기를 빼놓을 수 없다. 아브라함과 나홀의 아비인 데라는 갈대아 우르에서 살다 큰아들 하란이 죽자 나머지 가족들과 함께 하란으로 이주한다. 성경에는 데라가 아브라함과 하란의 아들 롯의 식구만 데리고 떠났다고 되어 있지만, 훗날 나홀이 하란에 거주했던 것을 보면(창 28:10, 29:4~5) 모든 가족이 하란으로 이주했던 것으로 보인다. 그런데 거기서 데라가 죽자 아브라함은 조카 롯의 식구만 데리고 약속의 땅 가나안으로 떠난다. 롯에게도 하나님의 말씀을 좇아 비옥한 메소보다미아를 떠난다는 것은 참으로 쉽지 않은 결정이었을 것이다. 그럼에도 그는 삼촌을 따라 길을 나섰다.

그러나 그 땅은 지중해성기후로 목초지가 풍족하지 않았다. 또한 아브라함과 롯의 많은 소유로 인하여, 그들의 목자들이 목초지를 두고 서로 다투는 일이 발생하였다. 이에 롯은 여호와의 동산 같고, 애굽 땅과 같은 요단 온 들을 택하여 동으로 떠난다(창 13:10~11). 그는 평지 성읍들에 머무르며 장막을 옮기다 죄악이 가득한 소돔에 거처를 마련한다.

이 당시 소돔 왕 베라와 고모라 왕 비르사, 아드마 왕 시납, 스보임 왕 세메벨, 소알 왕 벨라는 엘람 왕 그돌라오멜을 섬기다 13년 만에 배반하였다. 이에 그돌라오멜을 포함한 시날 연합군이 이들을 치러 왔다. 소돔 왕 베라를 비롯한 다섯 동맹군은 싯딤 골짜기에서 이들과 싸웠지만 역청 구덩이에 빠지면서 패배한다. 엘람 왕을 포함한 네 왕은 소돔과 고모라의 모든 재물과 양식을 빼앗아갔고, 롯도 그 재물과 함께 사로잡혀 갔다(창 14:1~12). 이에 아브라함은 집안의 소년 318명을 이끌고 밤에 기습하여 조카 롯을 포함한 소돔의 모든 재물과 부녀들을 되찾아 돌아온다. 소돔 왕이 아브라함에게 되찾은 재물을 다 갖고 사람만 보내라고 했지만, 그는 함께 전쟁을 치른 아넬과 에스골과 마므레의 분깃과 소년들이 먹은 것을 제외한 모든 재물을 돌려준다.

롯이 정상적인 신앙인이었다면 포로로 잡힌 것이 하나님을 멀리했기 때문이라고 생각하여 자신을 되돌아보았을 것이다. 그래서 타락한 도시인 소돔을 떠나 아브라함에게 돌아왔을 것이다. 마음만 먹었다면 그 도시를 떠날 수 있는 이보다 좋은 기회가 없었을 것이다. 그러나 이 일로 인하여 오히려 소돔에서의 롯의 지위가 더욱 확고해졌다. 롯이 소돔성에서 재판관의 자리에 올랐던 것은 그가 높은 문명을 자랑했던 메소보다미아 출신이었던 것도 있었겠지만, 아브라함에 대한 소돔 왕의 보답이 컸기 때문일 것이다(창 19:1,9).

롯은 하나님을 섬기는 히브리(에벨) 족속 데라의 손자였다. 비록 물질을 좇아 소돔으로 이주했지만, 그들의 악한 행실은 따르지 않았다. 그는 그들의 행실로 인하여 심령이 많이 상해 있었기에 재판관의 자리에서 소돔의 백성들을 변화시키고 싶었을 것이다.

"무법한 자의 음란한 행실을 인하여 고통하는 의로운 롯을 건지셨으니 (이 의인이 저희 중에 거하여 날마다 저 불법한 행실을 보고 들음으로 그 의로운 심령을 상하니라)"(벧후 2:7~8).

그들의 악행이 얼마나 심했으면 하나님이 두 천사를 보내어 살피도록 하셨을까?

하나님이 소돔과 고모라를 멸망하실 것이라는 계획을 아브라함에게 말씀하시자, 아브라함은 롯과 그 소유물을 멸망에서 건지기 위해 하나님께 매달린다. 그는 그곳에 의인 50인만 있어도 멸하지 않으시기를 간청한다. 그러나 소돔과 고모라에 의인이 많지 않을 것 같다는 생각이 들었는지, 다시 의인 45인만 있어도 멸하지 않으시기를 구한다. 그렇게 40인, 30인만 있어도 그들을 구해달라고 간청한다. 그리고 마지막으로 그는 이렇게 하나님께 매달린다.

"아브라함이 또 가로되 내가 감히 내 주께 고하나이다 거기서 이십 인을 찾으시면 어찌 하시려나이까 가라사대 내가 이십 인을 인하여 멸하지 아니하리라 아브라함이 또 가로되 주는 노하지 마옵소서 내가 이번만 더 말씀하리이다 거기서 십 인을 찾으시면 어찌 하시려나이까 가라사대 내가 십 인을 인하여도 멸하지 아니하리라"(창 18:31~32).

롯이 재판관의 자리에서 무법한 자들을 올바르게 인도했는지는 모르겠으나, 하나님을 떠나면 종국에는 타락할 수밖에 없는 것이 인간의 속성이다. 아브라함과 헤어진 천사들이 소돔으로 왔을 때, 롯은 소돔 성문에 앉아 있었고 천사들을 알아보았다. 그리고 그들을 집으로 인도한다. 그런데 천사들의 모습이 아름다웠는지 소돔성 사람들이 롯의 집까지 따라와 이렇게 요구한다.

"그들의 눕기 전에 그 성 사람 곧 소돔 백성들이 무론 노소하고 사방에서 다

모여 그 집을 에워싸고 롯을 부르고 그에게 이르되 이 저녁에 네게 온 사람이 어디 있느냐 이끌어내라 우리가 그들을 상관하리라"(창 19:4~5).

롯이 남자를 가까이하지 않은 두 딸을 그들에게 주겠다고 한 것을 봤을 때, 그들은 천사들에게 음행을 저지르려 했던 것이다. 그는 악한 소돔에서 정의롭게 살았고, 남자를 가까이하지 않을 정도로 두 딸을 반듯하게 키웠다(창 19:8). 그런데 과연 그가 성도로서의 향기까지 풍겼을까?

그가 의롭게 살았는지는 모르겠지만, 분명 그는 예배하지 않았을 것이며, 어느 누구에게도 자기가 하나님의 자녀라는 것을 내비치지 않았을 것이다. 그것은 두 딸과 정혼한 사위들에게 곧 이 성이 멸망하니 여기서 떠나라 했을 때, 그들이 롯의 말을 농담으로 들었다는 것만 보아도 알 수 있다(창 19:14).

노아는 하나님으로부터 세상을 물로 멸망시킬 것이라는 이야기를 들었을 때, 주변의 시선에도 아랑곳하지 않고 하나님의 심판을 선포하고 방주를 지었다. 그 시대는 안개만 지면에서 올라오고 비가 내리지 않는 시대였지만(창 2:5~6), 노아의 아들들과 며느리들은 아버지의 말을 믿고 긴 세월 동안 방주를 만드는 일에 손을 보탰다. 롯의 사위들은 롯의 경고를 농담으로 여긴 반면, 노아의 아들들과 며느리들은 노아의 경고에 경각심을 가졌고 노아와 함께 방주를 예비하였다.

또한 사무엘의 아버지인 엘가나를 봐도, 롯이 얼마나 하나님과 상관없는 삶을 살았는지 알 수 있다. 엘가나는 이스라엘에 왕이 없으므로 사람들이 각기 자기 소견에 옳은 대로 행하는 한심한 시대에 살았던 사람이었다(삿 17:6, 21:25). 사람들이 하나님을 떠났기 때문에 여호와의 말씀도 희귀하여 이상이 흔히 보이지 않던 시대였다(삼상 3:1). 더구나 당시 성막 예배는 홉니와 비느하스로 인하여 타락의 극치에 이르렀고(삼상 2:12~17, 22~25), 엘가나의 가정은 두 아내인 한나와 브닌나의 다툼으로 바람 잘 날이 없었다(삼상 1:6~8). 그럼에도 엘가나는 실로의 성막으로 매년제를 드리러 가는 일을 멈추지 않았다(삼상 1:3, 2:19). 이처럼 그는 민족과 가정이 온전하지 않았을지라도 정기적으로 하나님 앞에 나아가 예배하는 일을 멈추지 않았다. 그랬기에 복을 받아 당시 이스라엘의 기둥과 같았던 사무엘이라는 자식을 얻었던 것이다.

타락한 시대였음에도 노아와 엘가나가 신앙을 지키며 살았던 것을 봤을 때, 롯이 그렇게 살지 못했던 것은 그가 타락한 소돔에 살았기 때문이라고 변명할 수 없다. 더구나 롯 자신도 소돔에서 얻은 지위와 재물을 모두 버리고 성 밖으로 나가기를 지체했다. 오죽했으면 두 천사가 롯과 아내, 두 딸의 손을 잡고 강제로 성밖으로 피신했겠는가?

두 천사는 그들을 성밖으로 데리고 나온 후에 돌아보거나 들에 머무르지 말고 산으로 도망하여 멸망에서 벗어나라고 하였다. 그러나 산으로 피신하는 것이 너무 두려웠던 롯은 작은 성 소알로 피신하겠다고 청하여 그곳으로 향한다. 그들이 소알로 들어갔을 때, 의인 열 명이 없었던 소돔과 고모라는 불과 유황으로 멸망하였다. 롯의 처는 메소보다미아에서 가져오고 소돔에서 모은 엄청난 재물에 대한 미련을 버리지 못하여 뒤를 돌아보았고, 곧 소금기둥으로 변했다.

그런데 롯이 두 딸과 함께 소알로 들어와 보니 그 성 사람들도 소돔과 똑같은 죄악을 범하고 있었다. 이때 심판을 받을 도시는 요단 들에 있는 소돔과 고모라, 아드마, 스보임, 소알이었다(창 13:10, 14:2~3; 신 29:23; 호 11:8; 유 1:7). 실제로 천사는 **"산으로 도망하여 멸망함을 면하라"**(창 19:17)라고 하여 소돔을 포함한 인근 도시 5개를 모두 멸하려 하였다. 그런데 롯이 소알로 들어가기를 간청하자, "**내가 이 일에도 네 소원을 들었은즉 너의 말하는 성을 멸하지 아니하리니 그리로 속히 도망하라 네가 거기 이르기까지는 내가 아무 일도 행할 수 없노라**"(창 19:21~22)라고 하였다. 즉 소알은 롯의 간청으로 심판을 면했던 것이다. 그러나 네 도시의 심판을 본 그는 조만간 소알마저 심판받을 것이라고 생각했다. 그리하여 소알에 거하는 것이 두려워 두 딸과 함께 산으로 들어가 굴속에 거한다.

롯은 메소보다미아를 떠날 때부터 재물이 많았다. 아브라함과 헤어진 것도 짐승들에게 먹일 목초지가 부족할 만큼 부유했기 때문이었다. 그는 소돔에 정착하여 더욱더 승승장구하였다. 그곳에서 재판관이라는 높은 사회적 지위에 올랐고, 그로 인하여 더 큰 부자가 되었다. 그의 심령 상태와 행동을 봤을 때 소돔 사람들의 악행에도 물들지 않았다. 그러나 그는 하나님 앞에 가져올 것이 아무것도 없었다. 그가 가졌던 것은 결국 소돔성과 함께 연기처럼 사라져 버렸다.

> "만일 누구든지 금이나 은이나 보석이나 나무나 풀이나 짚으로 이 터 위에 세우면 각각 공력이 나타날 터인데 그날이 공력을 밝히리니 이는 불로 나타내고 그 불이 각 사람의 공력이 어떠한 것을 시험할 것임이니라 만일 누구든지 그 위에 세운 공력이 그대로 있으면 상을 받고 누구든지 공력이 불타면 해를 받으리니 그러나 자기는 구원을 얻되 불 가운데서 얻은 것 같으리라" (고전 3:12~15).

그는 자신이 하나님의 생명싸개 안에서 보호받고 있다는 것을 망각한 어리석은 사람이었다. 자기 덕분에 소알이 구원받은 것도 모른 채, 하나님을 오해하여 그들의 죄악 된 모습만 보고 산으로 들어가 굴속에 숨어버렸다. 은혜가 풍성한 하나님의 성품을 모르고, 징계하시는 무서운 분이라고만 생각하였다. 그렇게 빈털터리가 되어 두 딸과 함께 산속 깊은 굴에 거하며 하나님과 세상으로부터 버림받은 존재가 되었다. 모든 것이 일장춘몽(一場春夢)이었다. 사회적 지위도 잃었고, 본향에서 가져온 재물도 사라져버렸다. 심지어 아내마저 잃은 비참한 사람으로 전락하였다. 그에게는 자신을 지키기 위해 남아 있는 것이 아무것도 없었다. 그의 두 딸은 후사를 얻기 위해 아비에게 술을 먹이고, 의식이 없을 때 동침하여 각각 모압과 벤암미(암몬)를 낳았다(창 19:32~38). 자녀와 동침하는 것은 소돔과 고모라 사람들도 행하지 않았던 큰 악행이었다. 소돔과 고모라의 악행으로 인해 심령이 상했던 그가 이제는 그 주인공이 되어 있었다.

아브라함과 나홀의 믿음을 봤을 때, 그 역시 훌륭한 믿음을 소유했었을 것이다. 그는 하나님의 약속만 믿고 갈 곳을 모른 채 메소보다미아를 떠나는 아브라함과 동행했던 믿음의 동역자였다. 그래서 아브라함은 포로로 잡힌 그를 되찾기 위해 318명의 소년을 데리고 야습도 서슴지 않았고, 소돔과 고모라의 멸망에서 그를 구원하기 위해 하나님 앞에 매달렸다. 하나님도 롯을 의인으로 인정하셨다. 그때라도 돌아온 탕자처럼 하나님께 돌아왔다면, 은혜가 풍성한 하나님은 그를 받아들였을 것이고, 그는 아브라함의 그늘에서 믿음을 새롭게 키웠을 것이다. 그런데 그는 그렇게 하지 않았다. 그래서 실패한 그의 말년이 안타깝기 그지없다.

"암몬 사람과 모압 사람은 여호와의 총회에 들어오지 못하리니 그들에게 속한 자는 십 대뿐 아니라 영원히 여호와의 총회에 들어오지 못하리라(암몬 족속과 모압 족속은 주의 회중에 들어오지 못하리니 그들은 심지어 십 대에 이르기까지 주의 회중에 영원히 들어오지 못하리라-킹 제임스 성경)"
(신 23:3).

이것이 세상을 사랑한 롯과 그 후손들의 말로였다. 아브라함과 함께 믿음의 길을 떠났던 롯이었지만, 항상 메소보다미아나 애굽처럼 물질이 풍족한 세상을 동경하여 세속적인 요단 들판을 선택했기에 그 후손들마저 저주받은 민족으로 전락해 버렸다. 그의 후손 중 여호와의 회중에 들어온 사람은 룻이라는 여인밖에 없다.

노아와 엘가나는 타락한 세상 가운데 거하면서도 굳건하게 신앙을 지켰지만, 대부분의 성도는 세상에 홀로 남겨지면 믿음에서 파선한다. 그래서 아무리 구원받은 성도라 할지라도 스스로 세상 유혹을 물리치고 신앙 가운데 사는 것은 무척이나 힘든 일이다. 그러나 구원받고 하나님을 떠난 성도들도 성령의 인치심을 받았기 때문에 세상 유혹에 빠지면 양심의 가책을 받는다. 그러다 보니 그들은 세상에서 이러지도 저러지도 못하는 어정쩡한 삶을 살아간다. 그러므로 구원받은 성도는 항상 교회 가운데 거하며, 정기적인 예배에 참석해야 한다. 그러지 않으면 하나님과 세상으로부터 모두 버림받는 존재가 되어버린다. 롯이 그랬다.

롯의 삶을 보고 있으면, 하나님을 섬겼던 인류가 어떻게 타락해 갔는지 가늠할 수 있다. 홍수 심판을 통과한 노아의 세 아들 중 오직 셈과 그의 후손만 믿음을 지켰고, 또 그 후손 중 오직 에벨(히브리) 족속만 믿음을 지켰으며, 또 그 후손 중 데라의 후손만 믿음을 이어갔다. 그리고 데라의 세 아들 아브라함과 나홀과 하란의 자손 중 끝까지 믿음을 지킨 자는 아브라함과 그의 아들 이삭과 그의 손자 야곱뿐이었다(물론 나홀과 그 후손인 욥과 엘리후도 믿음을 지켰으나 성경은 아브라함과 이삭과 야곱을 믿음의 계보로 인정한다). 아브라함의 아들 중 하갈을 통하여 태어난 이스마엘과 그두라를 통하여 태어난 여섯 아들(시므란과 욕산과 므단과 미디안과 이스박과 수아)은 하나님과 거리가 멀었다. 또한 이삭의 첫째 아들 에서도 신앙에서 떨어져 나갔다. 이삭과 야곱은 믿음의 가문인 나홀의 가족과 결혼했기에 신앙을 지켰다. 사탄이 지배하는 세상에서 성도로 산다는 것은 이처럼 어렵다. 이 얼마나 좁은 길이며, 좁은 문인가!

그래서 하나님은 야곱의 후손을 광야에서 훈련하여 민족적인 교회로 이끄셨고, 우리에게도 교회로 모일 것을 명하셨다(히 10:24~25). 교회로 모일 때만 성령이 역사하여 사탄을 이길 수 있고, 믿음을 지킬 수 있기 때문이다.

예수님은 심판 날이 노아의 때에 사람들이 먹고, 마시고, 장가들고, 시집가면서 홍수로 세상이 멸망할 때까지 이를 깨닫지 못했던 것과 같을 것이라고 하셨다. 또한 롯의 때에 사람들이 먹고, 마시고, 사고, 팔고, 심고, 집을 지으면서 불과 유황이 쏟아져 소돔과 고모라가 멸망될 때까지 이를 깨닫지 못했다고 하시면서 인자도 이렇게 갑자기 임할 것이라고 하셨다(눅 17:26~30). 이 말씀은 하나님을 모르고 살았던 자들에게 갑자기 임하는 심판에 대한 엄중한 경고였다. 물론 그리스도인은 심판에 이르지 않고 구원받을 것이다. 그러나 그리스도인도 이 말씀을 통하여 자신이 노아와 같은 자인가, 혹은 롯과 같은 자인가 깊이 생각해 보아야 한다. 예수님은 이 비유를 믿지 않는 자뿐 아니라, 그리스도인에게도 똑같이 말씀하셨다는 것을 유념해야 할 것이다.

# 04

## 이스라엘 민족의 기원 아브라함

이제 데라의 세 아들 중 둘째인 아브라함의 이야기를 해보려 한다. 아브라함은 원래 이름이 아브람이며, 갈대아 우르 사람이었다. 그는 히브리인(에벨 족속)으로 창조주 하나님을 섬기는 민족의 후손이었다. 노아 홍수 이후 함과 야벳의 후손들은 타락의 길을 걸었지만 셈의 후손들은 하나님을 섬겼는데, 특히 셈의 증손인 에벨의 후손들은 하나님께 예배하며 섬겼다. 아브라함이 가나안 땅에 도착하자마자 첫 정착지인 세겜에 이르러 하나님을 위하여 단을 쌓고, 다시 벧엘 동편 산에 장막을 친 후에도 하나님을 위하여 단을 쌓고 예배한 것["**여호와의 이름을 부르더니**"(창 12:8)]만 보아도 그 후손들이 얼마나 하나님을 열심히 섬겼는지 알 수 있다.

갈대아 우르에 살았던 에벨 족속이 점차 우상숭배에 빠진 주변 민족과 동화되고 있는 것(수 24:2)을 안타깝게 생각하신 하나님은 아브라함을 불러 고향과 친척을 떠나 자기가 보여줄 땅으로 가라고 말씀하신다(행 7:2~3). 그 명령은 먼저 데라에게 주어졌던 것으로 보인다. 처음에는 하나님의 명령에 머뭇거렸지만, 아들 하란의 죽음을 계기로 데라는 갈대아 우르를 떠나기로 결심한다(창 11:28). 데라는 아브라함과 함께 떠나면서 나홀과 하란의 아들인 롯의 가족을 데리고 떠났을 것이다(창 11:31). 왜냐하면 나홀의 후손들도 하란에 살았기 때문이다(창 28:10, 29:4~5).

데라는 하나님의 명령에 순종하여 갈대아 우르를 떠나 가나안 땅으로 가고자 했지만, 여전히 메소보다미아의 비옥한 초승달 지역에 대한 미련을 버리지 못하고, 우르에서 조금 벗어난 하란에 눌러앉았다(창 11:31). 그 당시 삶의 터전을 떠난다는 것은 자신의 전부를 버리는 것이었다. 데라가 하란에서 죽자, 하나님은 다시 아브라함에게 나타나시어 하란을 떠나라고 명령하신다.

"너는 너의 본토 친척 아비 집을 떠나 내가 네게 지시할 땅으로 가라 내가 너로 큰 민족을 이루고 네게 복을 주어 네 이름을 창대케 하리니 너는 복의 근원이 될찌라 너를 축복하는 자에게는 내가 복을 내리고 너를 저주하는 자에게는 내가 저주하리니 땅의 모든 족속이 너를 인하여 복을 얻을 것이니라"(창 12:1~3).

아브라함은 하나님의 이 같은 명령에 즉각적으로 순종한다.

"아브람이 그 아내 사래와 조카 롯과 하란에서 모은 모든 소유와 얻은 사람들을 이끌고 가나안 땅으로 가려고 떠나서 마침내 가나안 땅에 들어갔더라"(창 12:5).

"믿음으로 아브라함은 부르심을 받았을 때에 순종하여 장래 기업으로 받을 땅에 나갈쌔 갈 바를 알지 못하고 나갔으며"(히 11:8).

그는 하란에서 얻은 많은 소유와 사람들을 이끌고 비옥한 메소보다미아를 떠나 척박한 땅 가나안으로 간다. 모든 인류가 점차적으로 창조주를 멀리하고 우상숭배에 빠져가고 있었기에 하나님은 예배하는 자기 백성이 필요했다(출 19:6; 사 43:21). 이른 비와 늦은 비가 적당히 내리는 가나안은 하나님이 자기 백성을 다루시기에 적당한 땅이었다(신 11:14; 렘 3:2~3, 5:24).

그가 하나님 말씀에 순종하여 가나안 땅 세겜에 이르렀을 때, 비로소 하나님이 나타나시어 **"내가 이 땅을 네 자손에게 주리라"**(창 12:7)라고 말씀하신다. 아버지 데라가 죽고, 나이 75세에 이르러서야 그는 비옥한 초생달 지역인 메소보다미아를 떠나 가나안에 도착했던 것이다.

이 당시 사람들은 두 강 사이에 있는 땅(메소보다미아)과 나일강 삼각주 지역이 비옥한 땅이라는 것을 잘 알고 있었다. 이는 그가 가나안에 도착했을 때 그 땅에 기근이 심하자, 즉시 비옥한 나일강 삼각주가 있는 애굽으로 향했던 것만 보아도 알 수 있다. 그랬기 때문에 하나님의 명령에 순종하여 척박한 가나안 땅에 정착한 것만 보아도 그의 믿음이 어떠했는지 짐작할 수 있다. 더구나 그는 하란에서 많은 부를 소유하고 있었다(창 12:5).

> "저희가 나온바 본향을 생각하였더면 돌아갈 기회가 있었으려니와 저희가 이제는 더 나은 본향을 사모하니 곧 하늘에 있는 것이라"(히 11:15~16).

그러나 그의 순종은 하나님 앞에서 좀더 다듬어져야 했다. 왜냐하면 그는 그 땅의 기근으로 인하여 애굽으로 가서 바로를 의지하려 했기 때문이다. 그때 그는 애굽 사람들이 자신을 죽이고 아내를 빼앗아 갈 것을 두려워하여 아내 사래를 누이라고 속이고 바로에게 보낸다. 비옥한 삶의 터전을 버리고 척박한 땅으로 떠난 믿음은 있었으나 아직 목숨까지 버릴 만큼 믿음이 크지는 않았다. 그러나 하나님의 도우심으로 아내를 무사히 되찾아 온다.

이후 하나님이 아브라함에게 나타나시어 다음과 같이 말씀하신다.

"아브람아 두려워 말라 나는 너의 방패요 너의 지극히 큰 상급이니라"
(창 15:1)

그러자 아브라함은 하나님께 다음과 같은 푸념을 늘어놓는다.

"주 여호와여 무엇을 내게 주시려나이까? 나는 무자하오니 나의 상속자는 다메섹 엘리에셀이니이다"(창 15:2)

아브라함의 푸념은 이런 것이었다.
"아버지 데라는 순종하지 못하여 메소보다미아를 완전히 떠나지 못하고 하란에 거했지만, 저는 하나님의 말씀에 순종하여 비옥하지도 않은 가나안 땅으로 왔습니다. 하나님께서는 그러한 저에게 무엇을 주시렵니까? 더구나 저는 자식이 없으니 하나님께서 복을 주신들 그 기업을 물려받을 자는 다메섹의 엘리에셀뿐입니다."
이에 대하여 하나님은 '네 씨에서 나온 자가 너의 후사가 되고 이 땅을 네게 주겠다'라고 다시 한 번 다짐하신다. 그래도 그는 하나님의 약속을 믿지 못하고 **"주 여호와여 내가 이 땅으로 업을 삼을 줄을 무엇으로 알리이까"**(창15:8)라고 하며 표적을 요구한다. 이에 하나님은 제물을 준비하여 그 중간을 쪼개어 마주 대하도록 하신다. 그것은 맹세한 당사자가 쪼갠 제물을 지나감으로써 훗날 맹세를 깨뜨렸을 때 그 짐승처럼 쪼개질 것이라는 징표였다. 그런데 하나님은 그를 잠재우시고 자신만 그 사이로 지나가셨다(창 15:17). 그것은 아브라함의 상태와 상관없이 하나님이 주시고자 하는 복을 반드시 주시겠다는 다짐이셨다(창 15:18~21).

그가 가나안으로 들어온 지 10년이 지나고 85세가 되었을 때, 그는 사래를 통하여 자식을 보려던 희망이 사라지자 하갈과 동침한다(창 16:4). 그것은 자기는 더 이상 생산하지 못한다고 생각한 사라의 요청 때문이었다(창 16:2). 아브라함도 하나님이 자신의 몸에서 후사가 나온다고 했으므로, 어느 여인을 통하든 상관없을 것이라 생각했기에 허락했을 것이다.

이때까지의 아브라함의 믿음을 봤을 때 당연히 기다릴 법도 한데 아브라함은 엉뚱하게 자기 생각대로 하나님의 수고를 덜어주었다. 아마도 하나님은 실망하셨을 것이고, 그래서 그가 이스마엘을 낳은 86세부터 99세가 될 때까지 13년이라는 긴 기간 동안 그와 동행하지 않으셨다. 하나님의 실망이 얼마나 컸을지 능히 짐작할 수 있다.

하나님이 아브라함의 나이 99세에 다시 나타나시어 처음으로 하신 말씀은 **"나는 전능한 하나님이라 너는 내 앞에서 행하여 완전하라"**(창 17:1)라는 책망이었다.

"나는 전능한 하나님이라, 너는 내가 사라를 통해 아이를 얻게 할 능력이 없는 하나님처럼 보였느냐? 어찌하여 나를 믿지 못하느냐? 너는 네 믿음의 완전함을 내게 보이라."

하나님의 책망은 바로 이것이었다. 그래서 하나님은 믿음에 대한 표적으로 할례를 행할 것을 명하신다(창 17:11). 이처럼 할례는 믿음의 표적으로 행했던 것이다. 성경은 구약과 신약을 통틀어 할례는 마음에 해야 한다는 것을 분명하게 말씀하시는데(신 10:16, 30:6; 렘 4:4; 롬 2:29), 이는 하나님의 약속에 대하여 온전한 믿음을 간직해야 한다는 다짐의 표적이었던 것이다. 훗날 스데반은 유대인들을 향하여 **"목이 곧고 마음과 귀에 할례를 받지 못한 사람들아 너희가 항상 성령을 거스려 너희 조상과 같이 너희도 하는도다"**(행 7:51)라고 말하는데,

이것은 그들 조상들처럼 근본적으로 마음속에 믿음이 없다고 책망하는 말이었다.

어쨌든 아브라함은 사라를 통하여 믿음의 후사를 보게 하겠다는 하나님의 약속(창 17:16)에 대하여 또다시 "**이스마엘이나 하나님 앞에 살기를 원하나이다**"(창 17:18)라고 건방지게 대꾸한다. 그는 속으로 '**하갈과 동침했어도 하나님이 내 몸에서 날 자라고 하셨으니까 명령을 어긴 것은 아니잖아?**'라고 불평했을 것이다. 하나님은 그런 아브라함을 책망하지 않고 사라에게서 난 자와 언약을 세울 것이라고 다시 한 번 확증하신다(창 17:19). 이미 나이가 90세라 늙고 경수가 끊어진 사라를 통하여 아들을 얻은 기적으로 인해 그는 전능하신 하나님을 신뢰하기에 이른다.

이삭이 태어나자 이스마엘이 이삭을 괴롭히기 시작한다. 이때 사라는 아브라함에게 하갈과 이스마엘을 내쫓으라고 말하고, 하나님도 하갈과 이스마엘로 인해 괴로워하지 말고 사라의 말을 들으라고 하신다.

남자는 대체로 배 속에 있는 아들에 대해서는 무심하지만 태어난 아들에 대해서는 소망을 갖는다. 아브라함 역시 하갈이 이스마엘을 임신했을 때는 사라의 불평에 대해 "**그대의 여종은 그대의 수중에 있으니 그대의 눈에 좋은 대로 그에게 행하라**"(창 16:6)라고 고민 없이 말할 수 있었지만, 이삭이 태어난 후 사라가 하갈과 이스마엘을 내쫓으라 했을 때는 깊은 근심에 싸인다(창 21:11).

하갈이 임신하여 도망했을 때는 돌아가 주인에게 복종하라고 하고, 이삭이 태어난 후에는 그녀와 아들을 내쫓으라고 하시는 하나님의 생각은 무엇일까? 이스마엘이 태어나기 전, 그래서 아들에 대한 소망이 생겨나지 않았을 때 이를 허락하셨으면 이처럼 갈등하지 않아도 되었을 텐데.

그러나 하갈과 이스마엘에 대한 조치는 아브라함을 다루시기 위한 하나님의 섭리였다.

이때의 사건에 대해 성경은 **"아브라함이 그 아들을 위하여 그 일이 깊이 근심이 되었더니"**(창 21:11)라고 그 심경을 적고 있는데, 그 근심의 정도는 상상할 수 없을 정도였을 것이다. 왜냐하면 사라의 입장에서 보면 이스마엘은 자식이 아니었지만, 그에게 이스마엘은 이삭보다 더 소중한 자식이었기 때문이다. 이스마엘은 하나님이 자기와 동행하시지 않은 13년의 기간 동안 아브라함이 유일한 아들로 소망을 갖고 키웠던 자식이었다. 그래서 사라가 자식을 낳을 것이라 했을 때 감히 이스마엘이나 주 앞에 살기를 원한다고 대답했던 것이다. 그는 이제 정말 벼랑 끝에 서 있었다. 하갈이 브엘세바 들에서 방황하다 가죽부대의 물이 다했을 때 **"자식의 죽는 것을 차마 보지 못하겠다"**(창 21:16)라고 하며 방성대곡했는데, 그 마음이 바로 아브라함의 마음이었다.

그럼에도 하나님이 계집종과 그 아들을 내쫓으라고 말씀하셨을 때(갈 4:30), 그는 아무런 대꾸 없이 하나님의 말씀에 순종하면서 손수 하갈의 어깨에 떡과 물을 메어주어 떠나보낸다. 하갈의 어깨를 만지는 그의 마음은 참담했을 것이다. 그전까지는 하나님의 명령에 항상 이유와 핑계를 댔었으나 그는 처음으로 아무런 이유를 대지 않고 순종한다. 상식적으로 생각할 때 종들을 동행시켜 최소한의 안전장치라도 해줄 만한데 그는 내쫓으라는 그 명령에 떡과 물을 메어주는 것 외에 아무것도 하지 않았다. 그는 비로소 자신에게 가장 소중한 것을 내려놓고 온전히 하나님과 마음을 합하였다.

사람들은 이삭을 제물로 바친 아브라함의 믿음이 훌륭하다고 말하는데, 이는 그가 이스마엘을 내려놓은 적이 있었기 때문에 이삭도 제물로 바칠 수 있었던 것이다. 작은 시련을 이겨낸 사람은 더 큰 시련도 이길 수 있다. 그래서 지금 이스마엘을 내쫓는 것이 훗날 이삭을 제물로 바친 것보다 더 힘들고 어려운 일이었을 것이다. 하나님은 그렇게 강도를 높여가며 아브라함의 믿음을 시험하셨다(고전 10:13).

그가 하나님과 마음을 합하자, 그랄 왕 아비멜렉도 하나님이 그와 함께하신다고 인정한다.

> "네가 무슨 일을 하든지 하나님이 너와 함께 계시도다 그런즉 너는 나와 내 아들과 내 손자에게 거짓되이 행치 않기를 이제 여기서 하나님을 가리켜 내게 맹세하라 내가 네게 후대한 대로 너도 나와 너의 머무는 이 땅에 행할 것이니라"(창 21:22~23)

그는 브엘세바에서 비로소 영생하시는 하나님 여호와의 이름을 부르고 에셀나무를 심어 하나님을 기념한다(창 21:33). 브엘세바는 하갈이 쫓겨난 후 이스마엘과 함께 방황하다 하나님을 만난 장소였다. 그에게도 그 땅은 하나님과 마음을 합하여 이스마엘을 버리기까지 순종한 장소였다. 86세부터 99세까지 13년의 기록이 없는 사람이 나무 한 그루를 심고 하나님의 이름을 부른 것이 뭐 그리 대단한 것인가 싶을 수 있지만, 아브라함에게 하갈과 이스마엘을 내쫓은 때와 장소는 큰 의미가 있다. 이때를 기준으로 하나님을 향한 그의 마음이 180도 변했기 때문이다. 비로소 그에게 하나님이 '**나의 하나님**'이 된 것이다.

이제 하나님은 노년에 얻은 자식으로 행복한 삶을 살고 있는 그를 부르신다. 그는 하나님의 부름에 "**내가 여기 있나이다**"(창 22:1)라고 응답하며 마음을 드린다. 그것은 자기 생각을 버리고 온전히 순종하는 자의 모습이었다. 하나님은 그런 그에게 이삭을 제물로 요구하셨다. 이삭은 그가 노년에 기적처럼 얻은 자식이었고, 이제는 유일한 자식이었다. 하나님은 이삭으로 말미암아 약속을 이룰 것이라는 말씀도 하셨다. 그런데 하나님이 그런 자식을 제물로 요구하셨던 것이다.

그럼에도 그는 망설이지 않고 아침 일찍 일어나 모든 것을 준비하고 떠난다. 아무리 그래도 자식을 번제로 바치기 위해 걸어간 3일간의 여정에서 그는 몇 번이고 발길을 돌리고 싶었을 것이다.

> "아브라함은 시험을 받을 때에 믿음으로 이삭을 드렸으니 저는 약속을 받은 자로되 그 독생자를 드렸느니라 저에게 이미 말씀하시기를 네 자손이라 칭할 자는 이삭으로 말미암으리라 하셨으니 저가 하나님이 능히 죽은 자 가운데서 다시 살리실 줄로 생각한지라"(히 11:17~19).

그는 경수가 끊어져 죽은 자와 같았던 사라를 통하여 이삭이 태어난 기적을 보았기에, '나의 하나님' 여호와가 이삭도 죽은 자 가운데서 능히 살리실 줄 믿었다. 그렇기 때문에 사환을 향하여 **"너희는 나귀와 함께 여기서 기다리라 내가 아이와 함께 저기 가서 경배하고 너희에게로 돌아오리라"**(창 22:5)라고 했던 것이다. 하나님은 자신의 명령에 순종하여 아끼는 독자라 할지라도 내어놓은 아브라함의 믿음을 보시고 이같이 맹세하신다.

> "내가 나를 가리켜 맹세하노니 네가 이같이 행하여 네 아들 네 독자를 아끼지 아니하였은즉 내가 네게 큰 복을 주고 네 씨로 크게 성하여 하늘의 별과 같고 바닷가의 모래와 같게 하리니 네 씨가 그 대적의 문을 얻으리라 또 네 씨로 말미암아 천하 만민이 복을 얻으리니 이는 네가 나의 말을 준행하였음이니라"(창 22:16~18).

사람들은 자기보다 큰 자를 가리켜 맹세하는데, 하나님은 자기보다 큰 이가 없으므로 자기를 가리켜 맹세하시며 그의 복을 확정하셨다(히 6:13~18). 하나님은 그렇게 모두 세 번 맹세하셨는데(창 22:16; 민 14:28; 암 4:2, 6:8), 나머지 두 번의 맹세는 저주였다. 그의 씨에서 사탄을 이길 예수님이 탄생할 것이라는 사실이 첫 맹세로 확정되었으며, 나중에 맹세한 두 번의 저주도 첫 맹세로 확정한 이 복을 뒤엎지 못했다. 이처럼 첫 맹세는 상상을 초월하는 창조주의 약속이었다.

아브라함은 이 순종으로 인하여 사라와 별거한 것으로 보인다. 사라에게는 나이 90세에 태어난 이삭이 눈에 넣어도 아프지 않을 자식이었다. 이삭에 대한 그녀의 사랑은 하갈과 이스마엘을 쫓아낼 만큼 각별했다. 그런데 아브라함이 자기에게 말하지 않고 이삭을 제물로 바치기 위해 모리아 땅으로 떠난 것을 알았을 때 분노했을 것이다. 그래서 그녀는 브엘세바를 떠나 이삭과 함께 헤브론에서 살았던 것으로 보인다(창 22:19, 23:2). 헤브론은 아브라함이 기근을 피해 애굽으로 내려갔다 올라와 정착한 땅으로, 또다시 기근을 피해 그랄로 옮길 때까지 20여 년 동안 거주했던 땅이었다. 사라가 남편과 별거했다는 증거는 그녀가 죽은 장소에 대한 언급이다. 성경은 아브라함, 이삭, 야곱 등 믿음의 조상들은 죽은 장소를 언급하지 않았는데, 오직 사라만 헤브론에서 죽었다고 언급한다(창 23:2). 이는 사라가 남편과 별거했기 때문으로 볼 수 있다. 훗날 이삭은 브엘라해로이에서 헤브론에 있는 사라의 장막까지 가서 리브가를 맞이하는데(창 24:67), 이것 역시 이삭이 어미가 죽기 전까지 어미와 함께 살았으므로 아브라함이 그리로 인도했기 때문인 듯하다.

이처럼 아브라함은 사라도 의식하지 않고 온전히 하나님께만 집중했기에 창조주가 자신의 이름을 걸고 한 맹세로 복을 확정했던 것이다. 이제 아브라함의 곁에는 오직 하나님 외에 아무도 없었다. 이 스마엘도, 이삭도 그에게는 없었다. 그는 그렇게 온전히 하나님과 하나가 되었다.

사라가 이삭을 데리고 떠났을 때, 보통 사람 같으면 '**하나님을 온전히 믿은 결과가 겨우 이것이란 말인가?**' 하며 원망할 수도 있었다. 그러나 말년에 며느리를 얻기 위한 그의 행동을 보면, 그가 얼마나 하나님을 신뢰했는지 다시금 확인할 수 있다. 아브라함과 떨어져 사라와 동거했던 이삭의 신앙도 이스마엘과 별반 다르지 않았을 것이다. 그러한 이삭의 신앙을 걱정했기에 그는 하나님을 믿는 가족이 있는 고향에서 며느리를 데려오고자 했다(창 24:3~4). 당시의 풍속에 따르면 신랑인 이삭을 신부의 집으로 보내야 했는데, 그는 자신과 떨어져 브엘라해로이에 거주하는 이삭이 약속의 땅을 떠나면 돌아오지 않을 수 있다는 염려로 늙은 종만 고향으로 보낸다.

> 하나님 한번도 나를 실망시킨 적 없으시고
> 언제나 공평과 은혜로 나를 지키셨네
> 지나온 모든 세월들 돌아보아도
> 그 어느 것 하나 주의 손길 안 미친 것 전혀 없네
> 오 신실하신 주 오 신실하신 주
> 내 너를 떠나지도 않으리라 내 저를 버리지도 않으리라
> 약속하셨던 주님 그 약속을 지키사
> 이후로도 영원토록 나를 지키시리라 확신하네

이삭의 아내를 얻기 위해 그의 고향으로 길을 떠나는 늙은 종이, 혹시 여자가 따라오지 않으면 이삭을 그곳으로 데려가도 되냐고 묻는다. 세상 어느 여인이 비옥한 메소보다미아를 떠나 이름도 모르

고, 얼굴도 모르는 남편을 찾아 거친 가나안 땅으로 따라오겠는가? 오히려 어머니와 살면서 풍요로운 밧단아람에 대해 들었던 이삭이 늙은 종과 함께 길을 떠났다면 밧단아람에 눌러앉았을 것이다. 그러나 아브라함은 하늘의 하나님이 이 땅을 약속하셨으니 능히 며느리를 예비하실 것이며, 만약 그렇지 않다 할지라도 약속의 땅에서 이삭을 데려가지 말라고 명령한다(창 24:3~8). 그의 믿음이 얼마나 단단해지고 확고해졌는지 미루어 짐작할 수 있다. 아브라함의 후손이라고 자처하는 유대인조차도 아브라함의 믿음과 순종이 얼마나 큰 것이었는지 제대로 몰랐다. 그랬기에 그들은 진리를 말하는 예수님을 죽였던 것이다(요 8:39~40).

아브라함은 평생 세 번의 커다란 변곡점을 통해 하나님의 사람으로 거듭났다.

첫째, 75세까지 살았던 삶의 터전을 떠난 것이었다. 하나님께서 우상의 땅 갈대아 우르를 떠나라 명령하셨을 때 아버지 데라, 형 하란과 동생 나홀은 비옥한 초승달 지역을 떠나는 것에 대하여 머뭇거렸으나, 그는 즉각 순종하여 고향과 친척을 떠나 척박한 땅 가나안에 정착했다.

둘째, 사랑하는 아들 이스마엘을 버린 것이었다. 그는 큰 근심 중에도 자아를 내려놓고 하나님께 순종하였다. 이 일로 그는 진정 하나님 마음을 합할 수 있었다.

셋째, 가장 아끼는 이삭을 제물로 바치라는 명령에 순종한 것이었다. 내어쫓은 아들은 언젠가 볼 수 있지만, 죽은 아들은 영영 볼 수 없다. 그럼에도 그는 아내에게까지 숨기고 하나님의 명령에 철저히 순종했다. 하나님은 이 순종에 대해 자신의 이름을 걸고 아브라함을 축복하셨다. 그 복은 후손들의 불순종으로도 영원히 변하지 않는 창조주의 맹세로 이루어진 것이었고, 그 자손 중에서 온 인류를 구원할 예수 그리스도가 탄생할 것이라는 약속이었다. 그러나 불구하고 그는 살아생전 하나님이 약속하신 결말을 보지 못했다. 그것은 그의 후손에게 약속한 것이었기에 다만 그것들을 멀리서 보고 환영하며 땅에서는 외국인과 나그네라는 증거를 받고 살았다(히 11:13).

> "여호와께서 가라사대 나의 하려는 것을 아브라함에게 숨기겠느냐 아브라함은 강대한 나라가 되고 천하 만민은 그를 인하여 복을 받게 될 것이 아니냐 내가 그로 그 자식과 권속에게 명하여 여호와의 도를 지켜 의와 공도를 행하게 하려고 그를 택하였나니 이는 나 여호와가 아브라함에 대하여 말한 일을 이루려 함이니라'"(창 18:17~19).

> "나의 종 너 이스라엘아 나의 택한 야곱아 나의 벗 아브라함의 자손아"
> (사 41 8).

## 오 신실하신 주

하나님 한번도 나를 실망시킨 적 없으시고
언제나 공평과 은혜로 나를 지키셨네
지나온 모든 세월들 돌아보아도
그 어느 것 하나 주의 손길 안 미친 것 전혀 없네
오 신실하신 주 오 신실하신 주
내 너를 떠나지도 않으리라 내 저를 버리지도 않으리라
약속하셨던 주님 그 약속을 지키사
이후로도 영원토록 나를 지키시리라 확신하네

# 05
## 이스라엘 민족을 이어갈 약속의 아들 이삭

아브라함이 아버지 하나님을 예표한다면, 이삭은 예수 그리스도를 예표한다. 이삭이 모리아 땅에서 희생제물로 바쳐진 뒤 죽음에서 벗어난 것은 죽음을 통과한 후 부활한 예수 그리스도를 의미하고, 먼 곳으로부터 알지도 못하는 리브가를 신부로 맞이한 것은 교회를 신부로 맞이하는 예수님을 예표한다. 그 외에도 아주 많은 부분에서 교리적으로 예수 그리스도를 예표하지만, 여기서는 이 부분에 대해서만 살펴보고자 한다.

이삭은 창세기에 나오는 4대 족장 중 가장 장수한 사람이었다. 아브라함이 175세(창 25:7), 야곱이 147세(창 47:28), 요셉이 110세를 살았으나(창 50:26), 이삭은 180세를 살았다(창 35:28). 그렇게 장수했음에도 그에 대한 기록은 아브라함이나 야곱, 요셉에 비해 아주 짧다. 이것은 족장들의 삶 중에서 그의 삶이 가장 단순하고 평범했기 때문이다. 진리는 평범함 중에 있다는 말처럼 그는 온전히 하나님과 마음을 합한 아브라함의 성숙한 신앙을 보고 자랐기에 다른 족장들처럼 세파에 휘둘리지 않고 하나님께 순종하는 삶을 살았다.

아브라함의 믿음을 보고 자란 이삭은 어려서부터 하나님을 온전히 신뢰하고 따랐다. 자라면서 보여준 행동들은 그가 믿음의 사람이었다고 인정하기에 충분하다. 그는 아버지에게 이끌리어 모리아 땅에서 제물로 드려질 때도 순순히 순종했다. 물론 그 나이 때는 자기 결정권이 없어 아버지의 결정에 순종할 수밖에 없었겠지만, 그래도 그는 아버지의 신앙을 그대로 물려받았다.

모리아 사건 이후 그는 아브라함과 떨어져 사라와 함께 살았던 것으로 보인다. 비록 아브라함의 온전한 신앙을 물려받지 못했을지라도, 아브라함이 짝지어준 리브가의 신앙이 하나님과 그를 단단하게 묶어주었다. 아브라함의 종이 리브가의 가족과 만났을 때, 그들 간의 대화의 중심에 여호와 하나님이 있었던 것을 봐도 리브가의 신앙이 얼마나 뛰어났는지 알 수 있다(창 24:31, 35~50). 그처럼 오직 하나님만 따랐기에 리브가는 얼굴도 모르는 이삭의 아내가 되기 위해 즉시 길을 떠났던 것이다(창 24:54~58).

아무튼 40세에 하나님과 아버지가 짝어준 리브가를 아내로 맞이할 때 이삭은 아버지의 결정에 순종하였고, 평생 그녀만으로 만족하고 살았다.

"이삭이 저물 때에 들에 나가 묵상하다가 눈을 들어 보매 약대들이 오더라"
(창 24:63).

아브라함의 종이 그의 배우자인 리브가를 데리고 돌아올 때의 광경인데, 이는 그가 다만 고요히 모든 일을 순종과 기도로 준비하였다는 것을 잘 묘사해 주고 있다. 이 당시 그는 브엘라해로이에서 혼자 살았는데, 리브가를 맞이하기 위해 헤브론에 도착해 있었다. 실제로 40세라면 마음대로 주변 가나안 여인 중에서 아내를 선택할수도 있었다. 그의 아들 에서는 그 나이에 이미 가나안 여인 중에서 두 명이나 아내로 취하였다(창 26:34). 그러나 그는 모든 결정을 아버지에게 맡겼고, 그 일의 성공 여부에 대하여 그저 순종하며 기도와 묵상으로 기다렸을 뿐이다.

그리고 20년간 자식이 없어 큰 근심이 되었을 때도 하나님께 의지하여 간구하기를 잊지 않았다. 그는 약속의 자녀였고, 그의 씨가 **"하늘의 별과 같고 바닷가의 모래와 같게"**(창 22:17) 번성하리라는 약속도 받았다. 그런데 40세에 결혼하여 60세가 될 때까지 20년간 자녀가 없었다. 이미 아브라함의 첩의 아들인 이스마엘은 열두 형제를 낳아 열두 방백을 이루었고(창 25:16), 아브라함의 후처인 그두라는 여섯 형제와 그들에게서 태어난 자녀도 있었다(창 25:1~4). 그런데 정실부인에게서 난 이삭은 20년간 자식이 없었다. 그러니 이삭이 얼마나 답답했을까? 아브라함처럼 첩이나 후처를 두고 싶은 유혹이 생길 법도 하지 않았을까? 그런데 그가 한 행동은 다만 이것뿐이었다.

> "이삭이 그 아내가 잉태하지 못하므로 그를 위하여 여호와께 간구하매"(창 25:21).

자식을 얻기 위하여 드린 간구가 이곳에만 한 번 기록되어 있지만, 그의 품성을 봤을 때 그는 많은 시간을 여기에 투자했을 것이다.

이 모든 것을 종합해 볼 때, 이삭은 참으로 하나님과 아버지에게 순종하는 삶을 살았다. 그러나 그 역시 진정으로 하나님과 마음을 합하기까지 많은 세월이 걸렸다.

그가 하나님 앞에 내려놓기 가장 힘들었던 부분은 결혼 후 20년 만에 얻은 자식들이었다. 대체로 아비는 잘난 자식에게 마음이 가고, 어미는 못난 자식에게 마음이 간다고 하는데, 이삭도 익숙한 사냥꾼으로 남자다움이 있는 에서를 더 사랑했다. 이삭이 에서의 사냥 고기를 좋아하여 그를 사랑했다고 한 것을 봤을 때(창 25:28), 그에게서 가족을 이끌어 갈 수 있는 남자다운 면모를 보았을 것이다. 하나님은 리브가를 통하여 큰 자가 어린 자를 섬길 것이라고 말씀하셨으므로(창 25:23), 그녀는 이러한 하나님의 약속을 이삭에게 자주 이야기했을 것이다. 왜냐하면 성경도 이에 대해 여러 번 말씀하고 있기 때문이다(말 1:2~3; 롬 9:12~13). 그럼에도 육신적인 생각 때문에 신앙과 동떨어진 삶을 사는 큰아들에 대한 기대와 사랑을 내려놓을 수 없었다. 누구에게나 자식은 내려놓기 힘든 가장 큰 짐이다.

반면 리브가는 신앙에서 멀리 떠나 있는 에서보다는 하나님과 부모에게 순종하는 야곱을 더 사랑했다. 그녀는 밧단 아람에서 오직 하나님만 바라보고 비옥한 메소보다미아를 떠나 얼굴도 모르는 이삭에게 왔을 정도로 뛰어난 신앙을 소유한 여인이었다. 그랬기에 큰아들이 하나님을 멀리하고 들에 나가 사냥에만 관심을 보이면서 육신의 정욕을 좇아 가나안 여자를 아내로 취한 것을 보면서 많이 힘들어했다(창 26:34). 오죽했으면 남편에게 이렇게 외쳤겠는가?

"내가 헷 사람의 딸들을 인하여 나의 생명을 싫어하거늘 야곱이 만일 이 땅의 딸들 곧 그들과 같은 헷 사람의 딸들 중에서 아내를 취하면 나의 생명이 내게 무슨 재미가 있으리이까"(창 27:46).

실제로 야곱은 70세가 넘도록 믿음의 여인이 아닌 자와 결혼하지 않았을 정도로 하나님과 부모에게 순종했다. 더구나 에서는 팥죽 한 그릇에 장자의 명분을 팔았던 사람이었다(창 25:34). 성경이 훗날 이에 대하여 **"저가 그 후에 축복을 기업으로 받으려고 눈물을 흘리며 구하되 버린 바가 되어 회개할 기회를 얻지 못하였느라"**(히 12:17)라고 기록할 정도로 장자의 명분을 경홀히 여겼다. 따라서 아브라함에게 계시된 약속은 자연스럽게 야곱을 통해 이어졌다.

아브라함이 죽은 후 가나안 땅에 또다시 기근이 발생한다. 이삭은 그 아버지처럼 비옥한 애굽으로 내려갈 생각으로 길을 떠난다.

아무리 신앙이 뛰어난 사람일지라도 하나님을 가슴으로 체험하지 않고 머리로만 알고 있는 사람은, 어려움에 봉착하면 자기의 지식과 경험에 의존하게 된다. 어쩌면 그전까지의 그의 신앙은 자신의 것이라기보다는 아버지 아브라함의 것이었는지도 모른다.

그는 하나님과 아버지에게 순종한 믿음의 사람이었지만, 그전까지는 아버지의 결정에 순종하는 것이었을 뿐 자신의 체험으로 이루어진 것이 아니었다. 그래서 큰 자가 어린 자를 섬기리라는 하나님의 말씀에도 남자다운 에서를 더 사랑했고, 기근이라는 어려움을 만났을 때도 하나님은 온데간데없고 자기의 지식에 의존했다. 애굽에 있는 나일강 삼각주는 그때도 변함없이 비옥한 땅이었기 때문에, 그는 그곳으로 발길을 옮기고자 했던 것이다. 그가 해변길을 따라 애굽으로 가기 위해 그랄에 당도했을 때 하나님이 그에게 이같이 명령하셨다.

> "애굽으로 내려가지 말고 내가 네게 지시하는 땅에 거하라 이 땅에 유하면 내가 너와 함께 있어 네게 복을 주고 내가 이 모든 땅을 너와 네 자손에게 주리라 내가 네 아비 아브라함에게 맹세한 것을 이루어 네 자손을 하늘의 별과 같이 번성케 하며 이 모든 땅을 네 자손에게 주리니 네 자손을 인하여 천하 만민이 복을 받으리라 이는 아브라함이 내 말을 순종하고 내 명령과 내 계명과 내 율례와 내 법도를 지켰음이니라"(창 26:2~5).

하나님이 이삭에게 하신 명령은 애굽으로 내려가지 말고 지시한 땅에 거하라는 것이었다. 그는 애굽으로 내려가지 말라는 하나님의 명령을 지켜 그랄에서 걸음을 멈춘다. 그런데 그도 아브라함이 처음

애굽으로 갔을 때처럼 하나님을 온전히 신뢰하지 못하여 그랄 사람들에게 아내 리브가를 누이라고 속인다. 그 역시 아리따운 아내로 인하여 그곳 사람들이 자신을 죽일지도 모른다는 두려움이 생겼기 때문이다. 그러나 그가 그랄에 오래 거하는 동안 리브가가 그의 아내라는 것이 들통나게 되었고, 이로 인해 리브가를 취하려던 아비멜렉으로부터 큰 질책을 받는다. 아무리 훌륭한 지혜라도 하나님이 함께하시지 않으면 그것은 아무런 쓸모가 없다. 결국 하나님은 그 아비 아브라함을 애굽의 바로에게서 지켜주셨던 것처럼 그 역시 아비멜렉에게서 지켜주셨다(창 26:11).

그 후 아비멜렉은 하나님이 이삭에게 복 주셔서 크게 강성해진 것을 보고 그 땅에서 떠나라고 요구한다(창 26:16). 그는 거기서 떠나 에섹과 싯나에서 계속 우물을 파지만, 그때마다 그랄의 목자들과 우물을 사이에 두고 다투게 되어 그 자리를 떠난다. 우물로 인한 다툼은 우리에게 두 가지 사실을 알려준다.

첫째, 우물을 파면서 이동한 것은 하나님의 약속에 대한 자연스러운 이행이었다. 이제 기근도 끝났기 때문에 하나님은 그가 그랄에서 떠나기를 원하셨는데, 그는 우물을 파서 그곳에 터를 잡고 살려는 마음이 강했다. 우물을 판다는 것은 그곳에 정착하겠다는 의지였다. 그런데 이러한 다툼으로 인해 장소를 옮기며 우물을 파는 것을 통해 자연스럽게 약속의 땅으로 들어가고 있었다.

> "사람이 마음으로 자기의 길을 계획할지라도 그 걸음을 인도하는 자는 여호와시니라"(잠 16:9).

비록 그가 계획하지 않았지만 하나님은 그 길을 인도하셨던 것이다. 그래서 에섹에서 싯나, 르호봇으로 계속 우물을 파면서 점점 약속의 땅으로 이동하여 마침내 브엘세바까지 이르렀다.

둘째, 계속적인 다툼으로 인하여 그는 점점 하나님과 마음을 합하는 법을 배우게 되었다다. 성경은 이삭의 근심을 깊이 있게 다루지 않았지만 그는 계속되는 다툼으로 몹시 괴로워했을 것이다. 아비멜렉보다 크게 강성했으므로(창 26:16) 이삭은 싸움에 임할 수도 있었으나, 그는 온유한 사람이었으므로 싸우지 않고 자리를 옮겨 새 우물을 팠다. 물론 우물을 팔 때마다 하나님이 복을 주시어 새로운 샘물을 얻게 하셨지만 우물로 인한 다툼은 그의 심령을 크게 상하게 하였다.

의도했든 의도하지 않았든 그는 이를 통하여 자연스럽게 하나님을 찾고 의뢰하는 법을 배운다. 고난을 통하여 가슴으로 하나님을 체험하였던 것이다. 그리하여 에섹과 싯나를 지나면서 계속 우물을 파다가 르호봇에 이르러 더는 다투지 않게 되었을 때, 그는 다음과 같이 선언한다.

> "이제는 여호와께서 우리의 장소를 넓게 하셨으니 이 땅에서 우리가 번성하리로다"(창 26:22).

아무리 부모의 훌륭한 신앙을 유산으로 물려받았다 하더라도, 하나님을 온전히 신뢰하고 그분과 마음을 합하는 방법은 하나님과 나와의 관계 속에서 스스로 체득해야만 한다. 그는 어려운 시련을 통과하면서 점차 '아브라함의 하나님'에서 벗어나 '이삭의 하나님'을 배워가고 있었다.

이러한 신앙고백은 그가 비로소 하나님만을 신뢰하는 법을 배웠다는 것을 나타낸다. 하나님은 자연스럽게 그가 약속의 땅 브엘세바까지 이르도록 하셨고, 또 영적인 회복을 이루게 하셨다. 그리하여 아브라함이 했던 것처럼 그 역시 브엘세바에서 하나님께 예배하였다. 그 밤에 그는 하나님으로부터 복을 받고, 하나님을 위해 단을 쌓은 후 여호와의 이름을 부른다(창 26:23~25).

성경은 아주 짧게 "**그곳에 단을 쌓아 여호와의 이름을 부르고**"(창 26:25)라고 기록했지만, 이때를 기준으로 이삭의 삶은 크게 변한다. 그랬기에 아비멜렉과 그 친구 아훗삿과 군대장관 비골이 브엘세바에 있는 이삭을 찾아와 아브라함 때와 똑같은 계약을 맺자고 요청했던 것이다. 그는 그들의 과거 소행을 꾸짖지 않고 오히려 잔치를 베풀어 반가이 맞이한다.

> "여호와께서 너와 함께 계심을 우리가 분명히 보았으므로 우리의 사이 곧 우리와 너의 사이에 맹세를 세워 너와 계약을 맺으리라 말하였노라 너는 우리를 해하지 말라 이는 우리가 너를 범하지 아니하고 선한 일만 네게 행하며 너로 평안히 가게 하였음이니라 이제 너는 여호와께 복을 받은 자니라"
> (창 26:28~29).

사도 바울도 참된 생명 안에 있는 모든 그리스도인은 이와 같이 세상을 향하여 그리스도의 향기를 뿜어내어 아무도 감당할 수 없다고 하였다.

> "항상 우리를 그리스도 안에서 이기게 하시고 우리로 말미암아 각처에서 그리스도를 아는 냄새를 나타내시는 하나님께 감사하노라 우리는 구원 얻는 자들에게나 망하는 자들에게나 하나님 앞에서 그리스도의 향기니 이 사람에게는 사망으로 좇아 사망에 이르는 냄새요 저 사람에게는 생명으로 좇아 생명에 이르는 냄새라 누가 이것을 감당하리요"(고후 2:14~16).

이처럼 이삭도 아브라함처럼 하나님과 마음을 합했을 때 그를 통하여 하나님이 드러나셨고, 그리하여 아비멜렉은 그를 통하여 하나님의 모습을 보았던 것이다.

후일 이삭은 리브가와 야곱의 꾐에 빠져 장자의 축복 기도를 에서가 아닌 야곱에게 행하게 된다. 그는 에서에게 더 마음이 있었지만 하나님의 섭리가 두 자식 중 야곱에게 있다는 것을 알고 순순히 이를 받아들인다.

야곱에게 빌어준 장자의 축복에 대하여 에서가 **"내 아버지여 내게 축복하소서 내게도 그리하소서"**(창 27:34), **"내 아버지여 아버지의 빌 복이 이 하나뿐이리이까 내 아버지여 내게 축복하소서 내게도 그리하소서"**(창 27:38)라고 소리 높여 울었음에도 이삭은 야곱에게 빌어준 복을 거두어 들이지 않는다. 에서는 팥죽 한 그릇에 장자의 명분을 팔았던 경솔한 사람이었으며, 하나님과 부모가 함족의 후예인 가나안 사람을 싫어한다는 것을 잊은 채 자기 마음대로 헷 족속의 딸들을 자기 아내로 삼아 불순종했던 사람이었다. 하나님은 믿는 자와의 결혼을 매우 중요하게 여기신다. 남자와 여자가 결혼하여 한 몸을 이루어 그 한 몸으로 하나님께 예배하고 섬기기를 원하신다.

이삭은 이러한 하나님의 뜻을 정확히 파악하여 에서가 야곱을 섬길 것이라고 예언한다. 그는 이미 하나님과 마음을 합한 자였다. 이때의 일에 대하여 히브리서 저자는 이같이 기록하였다.

"믿음으로 이삭은 장차 오는 일에 대하여 야곱과 에서에게 축복하였으며"
(히 11:20).

즉 자식들에 대한 이삭의 축복은 그의 의도와 상관없이 하나님의 섭리에 따른 믿음의 선택이었던 것이다. 이제 하나님의 마음이 야곱에게 있다는 것을 안 이삭은 야곱을 밧단 아람에 있는 처가 브두엘의 집으로 보내면서 그의 딸들 중에서 아내를 맞이할 것을 명한다.

이때서야 에서는 가나안 딸들인 자신의 아내들이 아버지를 기쁘게 하지 못한다는 것을 알게 되어 이스마엘의 자손 중 느바욧의 누이인 마할랏을 아내로 취한다. 그러나 이미 때는 늦었고, 그렇다고 부모가 미워하는 헷 족속의 아내들을 온전히 버린 것도 아니었다. 그는 여전히 세상에 대한 미련을 버리지 못했고, 믿음에서 떠나 있었기에 하나님과 관계없는 자가 되었다.

자신의 가업을 이어갈 야곱을 멀리 보낼 때 이삭의 심정이 참으로 착잡했다는 것은 어느 정도 짐작할 수 있다. 이미 그는 100세를 훌쩍 넘겼다. 그래서 이제 늙어 언제 죽을지 알지 못하여 자식들을 축복하고자 했던 것이다. 그는 야곱을 떠나보낼 때 이렇게 하나님께 의탁한다.

"전능하신 하나님이 네게 복을 주어 너로 생육하고 번성케 하사 너로 여러 족속을 이루게 하시고 아브라함에게 허락하신 복을 네게 주시되 너와 너와 함께 네 자손에게 주사 너로 하나님이 아브라함에게 주신 땅 곧 너의 우거하는 땅을 유업으로 받게 하시기를 원하노라"(창 28:3~4).

그 옛날 아브라함도 리브가를 간택하러 늙은 종을 보낼 때 "**하늘의 하나님 여호와께서 나를 내 아버지의 집과 내 본토에서 떠나게 하시고 내게 말씀하시며 내게 맹세하여 이르시기를 이 땅을 네 씨에게 주리라 하셨으니 그가 그 사자를 네 앞서 보내실찌라 네가 거기서 내 아들을 위하여 아내를 택할찌니라**"(창 24:7)라고 하여 전능한 하나님께 무한한 신뢰를 보내었다. 그는 그 아버지와 똑같은 심정으로 전능하신 '**나의 하나님**'께 아들을 의뢰한다.

　이삭에 대한 이후의 이야기는 더는 알 수 없다. 성경의 관심은 이제 이삭보다 이스라엘 12지파의 아버지인 야곱을 향하고 있기 때문이다. 그러나 이삭은 아버지 아브라함처럼 온전히 하나님과 마음을 합한 삶을 살았을 것이다. 그는 자신의 모든 삶을 '나의 하나님'께 맡기면서 장수하다가 180세에 야곱과 에서를 의지하여 평안한 죽음을 맞이한다.

# 06
## 이스라엘 민족의 조상 야곱

 야곱은 이삭의 쌍둥이 아들 중 동생으로 태어났다. 그는 에서의 발뒤꿈치를 붙잡고 어머니 태에서 나와 '**야곱**'이라는 이름을 얻게 되었다. 에서는 사냥에 익숙하여 들사람이 되었고, 야곱은 조용한 사람으로 장막에 거했다.
 형 에서는 떡과 팥죽을 장자의 명분을 팔 정도로 하나님의 복을 경홀히 여겼고(창 25:34; 히 12:16~17), 믿음과 관련 없는 헷 족속에게서 아내를 취할 정도로 하나님을 경외하지 않았다. 반면 야곱은 아브라함과 이삭에게 주어진 하나님의 약속을 믿어 에서로부터 장자의 명분을 샀으며, 믿음의 아내를 얻기 위해 77세까지 기다릴 정도로 하나님을 경외하면서 부모에게 순종하였다. 하나님과 아비의 복을 간절히 바랐던 야곱은 어미와 짜고 아비에게 거짓말을 하여 에서에게 가야 할 축복을 가로챘고, 심지어 하나님의 이름을 사칭하면서까지 자신의 거짓말을 정당화했다(창 27:20~22). 그럼에도 하나님은 에서에게서 도망쳐 밧단 아람으로 향하는 야곱의 꿈속에 나타나 아비로부터 받은 복을 언약으로 확증하셨다(창 28:13~15).
 그러나 그는 하나님을 온전히 신뢰하지 않았으며, "**하나님이 나와 함께 계시사 내가 가는 이 길에서 나를 지키시고 먹을 양식과 입을 옷**

을 주사 나로 평안히 아비 집으로 돌아가게 하시오면 여호와께서 나의 하나님이 되실 것이요**"(창 28:20~21)라고 조건부로 '**나의 하나님**'을 부르겠다고 맹세한다. 그런데 정작 훗날 평안히 아버지 집으로 돌아오는 길에서 드린 기도에서도 그는 하나님을 '**그 아비 이삭의 경외하는 이**' 또는 '**아브라함과 이삭의 하나님**'이라 불렀을 뿐(창 31:53, 32:9), '**나의 하나님**'으로 부르지 않았다.

그렇게 그는 하나님을 온전히 믿고 섬기기보다는 언제나 자신의 잔꾀와 수단을 믿었으며, 자신의 머리로 더는 어쩔 수 없는 어려움에 처했을 때 비로소 하나님을 붙들고 늘어졌다. 비록 처음부터 하나님을 온전히 신뢰하지는 않았지만, 그의 작은 믿음조차도 귀히 여기신 하나님은 그를 평생토록 다듬어 하나님의 사람으로 만들어 가신다.

하나님은 그가 사랑하는 여인 라헬을 얻기 위해 무려 14년이란 긴 기간 동안 외삼촌 라반에게 봉사하도록 만들어 그를 낮추셨다. 14년간의 봉사 기간이 끝나고 그가 처자식을 데리고 밧단 아람을 떠나려 했을 때, 라반은 이제부터 품삯을 주겠다고 약속하면서 그를 더 붙들어 두었다.

야곱은 '**지금부터**'(from thence) 라반의 짐승 중 얼룩얼룩하고 아롱지고 점 있는 염소와 양을 품삯으로 달라고 요청하면서, 앞으로 외삼촌의 것과 자기의 것을 구분하여 기를 것이라고 한다. 그리고 훗날 자기의 소유 중 약속하지 않은 짐승이 나오면 도둑질한 것으로 여기라고 말한다. 야곱이 이처럼 애매모호한 품삯을 요청했던 것은, 두 딸을 빌미로 14년간 품삯도 없이 자기를 부렸던 외삼촌이 향후에도 어떤 핑계를 대고서라도 품삯을 깎으려 할 것임을 알았기 때문이었다. 실제로 라반은 그의 요청을 들어줌과 동시에 기존에 있던 양과 염소 떼 중에서 얼룩얼룩하고 아롱지고 점 있는 짐승을 골라 자기 아들들에게 붙여 사흘 길이나 떨어진 곳에서 먹이게 하였다. 라반은 이처럼 기존에 있던 점박이들을 빼돌려 그에게 약속한 품삯을 주지 않으려 했으며, 그 씨까지 말리려 했다(창 30:28~36).

이에 야곱은 버드나무와 살구나무와 신풍나무의 푸른 가지를 취하여 그것들의 껍질을 벗겨 흰 무늬를 내고, 그 껍질 벗긴 가지를 양 떼가 와서 먹는 개천의 물구유에 세워두었다. 그리하여 실한 짐승들이 와서 물을 먹을 때 새끼를 배게 하여, 그 짐승들로 하여금 얼룩얼룩한 것과 점이 있고 아롱진 새끼들을 낳게 하였다. 반면 힘이 없고 약한 것들은 다른 곳에서 물을 먹도록 하여 라반에게 속한 짐승들은 점점 약해졌다. 6년의 시간이 흘렀을 때, 야곱은 양 떼와 노비와 약대와 나귀가 심히 많아 부유해졌다(창 30:37~43). 사실 그에게 속한 짐승이 많아진 것은, 그가 행한 노력의 대가가 아니라 하나님의 섭리로 인한 것이었다.

야곱이 부유해지자 라반의 아들들은 야곱이 아비의 소유를 빼앗았다고 미워하였다. 이에 야곱은 밧단 아람을 떠나라는 하나님의 명령을 좇아 두 아내와 협의한다. 마침 라반이 자기 양 떼의 털을 깎으러 떠났기에 야곱은 조용히 밧단 아람을 떠난다. 라반은 사흘이 지난 뒤에야 야곱의 도주를 알아차렸고, 7일간을 쫓아 길르앗산에서 야곱을 만난다. 그러나 꿈속에서 야곱을 해하지 말라는 하나님의 경고를 듣고 야곱과 언약을 세운 뒤 밧단 아람으로 돌아간다. 야곱은 그렇게 모든 어려운 상황을 극복하는 듯했다(창 31:1~55).

그는 하나님이 라반으로부터 자기를 보호하신 것과 또 마하나임에서 하나님의 군대가 자기를 보호하는 것을 보자, 즉시 에서에게 자기가 가나안에 들어왔다고 기별한다. 그러나 세일에 거하는 에서가 400명을 거느리고 자기를 맞이하러 온다고 하자 큰 위기를 느끼게 된다. 그는 자기 소유물과 자식들을 보호하기 위하여 스스로 세 가지 조치를 취한다.

첫째, 자신의 소유물을 모두 두 떼로 나누어 하나를 치더라도 다른 하나는 보호할 수 있도록 하였다(창 32:7~8).

둘째, 에서를 위하여 암염소 이백과 숫염소 이십, 암양 이백, 숫양 이십, 젖 나는 약대 삼십과 그 새끼, 암소 사십, 황소 열, 암나귀 이십과 그 새끼나귀 열이라는 어마어마한 선물을 마련한다. 그리고 그 선물을 세 떼로 나누어 선물을 인도하는 자에게 '이것은 야곱의 것인데, 자기 주가 되는 에서에게 보내는 예물이다'라고 말하면서 에서의 반응을 살피도록 했다(창 32:13~20).

셋째, 그래도 혹시 몰라 여종과 그녀의 자녀를 맨 앞에 두고, 레아와 그 자녀는 그다음, 그리고 그다음에 자신이 에서를 만나러 나갔다. 자신의 가장 소중한 보물인 라헬과 요셉은 자신의 뒤에 두어 여차하면 도망치도록 하여 최대한 보호하려 했다(창 33:1~2).

그는 첫 번째 조치를 취한 후에 하나님께 기도를 드렸고(창 32:9~12), 두 번째 조치를 취한 후에도 사력을 다해 하나님께 기도를 드리면서 매달렸다. 특히 두 번째 조치를 취한 후에 브니엘에서 매달릴 때는 하나님의 천사와 씨름하여 **'이스라엘'**(하나님과 겨루어 이김)이라는 새로운 이름과 함께 하나님으로부터 안전에 대한 확답도 받았다. 그럼에도 그는 마지막으로 세 번째 조치를 취하여 자신의 지혜로 만약의 사태에 대비하였다. 하나님의 확증과 상관없이 그는 여전히 하나님을 신뢰하지 않았던 것이다(창 32:24~32). 그뿐 아니라 에서를 만났을 때의 야곱의 행동을 보면 참으로 가관이다. 그는 에서가 거느리고 오는 사백 인이 두려워 일곱 번이나 몸을 땅에 굽히고 에서에게 나아갔다. 그리고 형에게 이렇게 이야기한다.

"형님께 은혜를 얻었사오면 청컨대 내 손에서 이 예물을 받으소서 내가 형님의 얼굴을 뵈온즉 하나님의 얼굴을 본 것 같사오며 형님도 나를 기뻐하심이니이다"(창 33:10).

"내 주도 아시거니와 자식들은 유약하고 내게 있는 양 떼와 소가 새끼를 데 렸은즉 하루만 과히 몰면 모든 떼가 죽으리니 청컨대 내 주는 종보다 앞서 가소서 나는 앞에 가는 짐승과 자식의 행보대로 천천히 인도하여 세일로 가서 내 주께 나아가리이다"(창 33:13~14).

"나로 내 주께 은혜를 얻게 하소서"(창 33:15).

사실 야곱에게 에서는 '**하나님의 얼굴**'을 대하는 것처럼 반가운 사람이 아니었다. 할 수만 있으면 평생 보고 싶지 않은 사람이었다. 그런데 그는 '**내 주**'라는 표현까지 쓰면서 아부의 극치를 보여준다. 그때까지 하나님에 대해서도 '**내 주**'라는 표현을 하지 않았던 것을 볼 때, 그가 하나님의 천사를 만난 것과 상관없이 얼마나 하나님을 불신하고 자신의 지식에 의존했는지를 여실히 보여주는 장면이다. 에서가 자신의 거처인 세일로 함께 가자고 했을 때, 그는 이런저런 핑계를 대면서 형과 떨어지려 한다. 그는 에서가 먼저 떠나면 자신도 천천히 세일로 가겠다고 했으나 에서가 떠나자 숙곳에 정착하였다. 그는 장막에 거하지 않고 집과 우릿간까지 지으면서 그곳에 정착했는데, 아마도 에서의 눈치를 살피느라 요단을 건너지 않았던 것으로 보인다.

10여 년의 세월이 흐르자, 그는 요단을 건너 세겜으로 와서 세겜의 아비 하몰의 아들들에게서 은 일백을 주고 밭을 사서 그곳에 장막을 친다. 그리고 죽을 때 요셉에게 이 땅을 유산으로 물려준다(창 48:22; 수 24:32; 요 4:5~6). 훗날 모세는 세겜에 언약궤를 두고 좌우로 그리심산과 에발산에 이스라엘 지파를 둘로 나누어 서게 한 후 복과 저주를 선포하게 했다. 가나안 정복전쟁 당시 아이를 점령한 후 아무런 저항 없이 세겜으로 들어갔고, 여호수아가 그리심산과 에발산에서 본토인까지 불러 모세의 명령을 준행한 것을 봤을 때, 그때까지 세겜은 이스라엘의 소유로 인정된 상태였던 것으로 보인다(신 11:29, 27:12~26; 수 8:33; 대상 7:28). 그러나 세겜은 하나님이 원하시는 장소가 아니었다. 하나님은 벧엘로 가서 하나님께 제단을 쌓으라 했는데(창 35:1, 9), 그는 하나님의 말씀을 어기고 세겜으로 향했던 것이다. 그리고 그곳에 자기 뜻대로 제단을 쌓고, '**엘엘로헤이스라엘**'(하나님, **이스라엘의 하나님**)이라 불렀다. 하나님의 뜻이 아닌 자신의 생각으로 제단을 쌓자 그에게 커다란 고난이 다가온다. 딸 디나가 그곳 족장의 아들에게 강간을 당하는 일이 발생한 것이다. 이로 인해 그의 아들들은 할례를 빙자하여 족장 하몰과 세겜의 남자들을 다 죽였고, 그는 큰 두려움을 간직한 채 벧엘로 향한다.

이때 그는 하나님의 명령을 좇아 자기에게 속한 모든 자들이 간직한 우상과 귀고리를 거두어 세겜의 상수리나무 아래 묻고 벧엘로 간다. 그는 다시 한 번 숙곳과 벧엘에서 나태해진 마음을 새롭게 하고 아버지가 있는 헤브론으로 향했던 것이다. 그리고 에서를 피해 밧단 아람으로 향할 때 단을 쌓고 예배했던 벧엘에서 하나님께 예배한다. 하나님은 그에게 이스라엘이라는 이름을 또다시 상기시키고 자신을 '**전능한 하나님**'이라고 말씀하신다(창 35:11). 하나님은 항상 야곱과 함께하셨지만, 그는 하나님을 온전히 신뢰하지 못하여 벧엘이 아닌 세겜에서 하나님을 모르는 자들과 어울리려 했기에 그에게 실망하셨던 것이다. '전능한 하나님'이란 말은 하나님께서 그 옛날 아브라함이 하갈과 동침하여 13년간 아브라함과 동행하지 않으시다가 다시 나타나셨을 때도 하셨던 말씀이었다. 그것은 "**나는 우주 만물을 창조하고, 온 인류의 생명도 다스리는 전능한 하나님인데 너는**

**왜 나를 신뢰하지 않느냐**"라는 책망이 포함된 말씀이었다.

온전히 하나님을 의뢰하지 않는 그에게 하나님은 또다시 일련의 시련을 주신다. 벧엘에서 리브가의 유모 드보라를 장사하는데, 아마 밧단 아람으로 떠날 때 리브가가 유모를 함께 보내 긴 세월을 함께한 것으로 보인다. 다시 헤브론으로 향하던 중 베들레헴에서 사랑하는 라헬이 베냐민을 낳다가 죽었고, 에델 망대에 이르렀을 때는 르우벤이 서모 빌하와 통간한다. 딸 디나의 사건을 시작으로 일련의 시련들이 연속하여 일어났는데, 이로 인하여 그의 마음은 바닥을 알 수 없는 상태로 떨어졌다. 이처럼 낮아진 마음 상태로 인하여 성경은 처음으로 그를 이스라엘이라고 불렀다(창 35:22). 하나님은 그가 그 낮아진 상태에서 자아를 내려놓고 하나님과 마음을 합하기를 원했지만, 그는 여전히 그 모든 일을 자신의 지혜대로 처리했기에 성경은 다시 그를 야곱으로 바꾸어 부른다.

그러다 급기야 요셉이 죽었다는 말을 들었을 때 그의 슬픔은 극에 달했다. 더구나 이 일을 계기로 유다마저 집을 나갔을 때 그는 하늘이 무너져 내리는 듯했을 것이다. 이 모든 사건이 1~2년 안에 일어났다. 특히 요셉은 야곱이 사랑하는 라헬에게서 태어난 가장 소중한 보물이었다. 그런 요셉이 들에서 짐승들에게 찢겨 죽었다는 소식을 들었을 때, 그는 자기의 옷을 찢고 굵은 베로 허리를 묶고 오랫동안 슬피 울며 자신도 죽어 아들에게로 갈 것이라고 말한다. 하나님은 그를 하나님의 사람으로 만들기 위해 그렇게 시련의 크기를 늘려 나갔다.

야곱은 가나안에 기근이 들었을 때 양식을 구해 오도록 애굽으로 자식들을 보내지만, 마지막 남은 보물인 베냐민은 보내지 않는다. 애굽의 총리대신(요셉)은 다음 번에 올 때는 베냐민을 데리고 올 것을 요구하면서 시므온을 볼모로 잡는다. 그 이야기를 들은 야곱은 더는 양식을 구해 오도록 자녀들을 애굽으로 보낼 생각을 하지 않는다. 그리고 오히려 자녀들에게 왜 쓸데없이 다른 아우가 있다는 이야기를 했느냐며 책망한다. 그러나 애굽에서 가져온 곡식을 다 먹게 되자, 야곱은 또다시 자녀들에게 애굽으로 가서 곡식을 조금 사 오라고 이야기한다(창 43:2). 그는 기근에 대한 계시를 받지 않았기에 조금만 참으면 곧 끝나리라 생각했다. 그런데 조금의 양식이라도 사기 위해서는 어쩔 수 없이 베냐민을 다른 자녀들과 함께 애굽으로 보낼 수밖에 없었다. 이때도 야곱이 베냐민을 어떻게 생각했는가 하는 것은 다음의 말씀을 읽어보면 알 수 있다.

> "주의 종 우리 아비가 우리에게 이르되 너희도 알거니와 내 아내가 내게 두 아들을 낳았으나 하나는 내게서 나간 고로 내가 말하기를 정녕 찢겨 죽었다 하고 내가 지금까지 그를 보지 못하거늘 너희가 이도 내게서 취하여 가려 한즉 만일 재해가 그 몸에 미치면 나의 흰머리로 슬피 음부로 내려가게 하리라 하니 아비의 생명과 아이의 생명이 서로 결탁되었거늘 이제 내가 주의 종 우리 아비에게 돌아갈 때에 아이가 우리와 함께하지 아니하면 아비가 아이의 없음을 보고 죽으리니 이같이 되면 종들이 주의 종 우리 아비의 흰머리로 슬피 음부로 내려가게 함이니이다"(창 44:27~31).

베냐민은 라헬의 두 아들 중 하나 남은 유일한 아들이었기에 야곱에게는 자기 생명과 베냐민의 생명이 하나라고 할 정도로 절대 잃어버려서는 안 되는 마지막 남은 보물이었다. 그런데 그가 그 보물을 하나님 앞에 내어 놓았던 것이다. 이때 그는 비로소 전능하신 하나님을 부른다.

"그러할찐대 이렇게 하라 너희는 이 땅의 아름다운 소산을 그릇에 담아가지고 내려가서 그 사람에게 예물을 삼을찌니 곧 유향 조금과 꿀 조금과 향품과 몰약과 비자와 파단행이니라 너희 손에 돈을 배나 가지고 너희 자루 아구에 도로 넣여 온 그 돈을 다시 가지고 가라 혹 차착이 있었을까 두렵도다 네 아우도 데리고 떠나 다시 그 사람에게로 가라 전능하신 하나님께서 그 사람 앞에서 너희에게 은혜를 베푸사 그 사람으로 너희 다른 형제와 베냐민을 돌려보내게 하시기를 원하노라 내가 자식을 잃게 되면 잃으리로다"(창 43:11~14).

야곱은 나이 130세가 되어서야 벼랑 끝에서 자아를 내려놓고 가장 사랑하는 자식 베냐민을 하나님께 맡긴다. 그는 라헬을 사랑했기에 14년의 세월 동안 종으로 사는 것을 마다하지 않았으며, 그녀가 낳은 요셉과 베냐민도 사랑했다. 그런데 그 중 요셉은 이미 죽었고, 베냐민만 그의 곁에 있었다. 그래서 그는 베냐민을 향하여 하나밖에 없는 아들이라고까지 했었다. 그러나 그는 이제 아무것도 할 수 없었기에 전능하신 하나님의 은혜에 의뢰하여, **"내가 자식을 잃게 되면 잃으리로다"**(창 43:14)라고 말했던 것이다.

그렇게 모든 것을 하나님께 맡기고 신뢰했을 때 결국 가장 사랑하는 자녀 요셉까지 돌려받게 되었다. 성경은 이때 비로소 그를 이스라엘이라고 기록하였으며(창 43:6, 11), 그 뒤로 성경은 하나님과 관계가 있는 곳에서마다 그의 이름을 부를 때 이스라엘이라고 기록하였다(창 45:21, 28, 46:1~2, 47:29, 31, 48:8, 10, 13~14, 21, 49:2).

이제 야곱이 얼마나 전능하신 하나님과 마음을 합했는지는 이후 그의 행동으로 확인할 수 있다. 그는 요셉의 부름에 기쁜 마음으로 헤브론에서 애굽으로 내려가다가 갑자기 브엘세바에서 걸음을 멈춘다. 그곳은 아브라함과 이삭이 하나님과 마음을 합하고, **'나의 하나님'**을 불렀던 장소였다. 그 옛날 하나님은 벧엘에서 **"내가 아브라함과**

이삭에게 준 땅을 네게 주고 내가 네 후손에게도 그 땅을 주리라"(창 35:12)하셨기 때문에 그는 애굽으로 가도 되는지 확신할 수 없었다. 사실 기근 때문이라면 굳이 모든 가족을 이끌고 애굽으로 내려갈 이유가 없었다. 기근이 끝날 때까지 요셉을 통하여 양식을 공급받으면 되기 때문이다. 과거 아브라함은 기근이 왔을 때 주저 없이 애굽으로 떠났고, 이삭도 기근 때 애굽으로 가려 했었는데, 그때마다 하나님이 기뻐하지 않으셨으므로 이것이 하나님의 뜻인지 확실할 수 없었다.

그러나 그는 이제 과거의 야곱이 아니었다. 그는 걸음을 멈춘 브엘세바에서 이삭의 하나님께 희생제를 드리면서 애굽으로 가도 되는지 여쭈어 본다. 이에 하나님이 야곱을 부르셨고 그는 "**내가 여기 있나이다**"(창 46:2)라고 대답한다. 비로소 그는 자신의 모든 것을 하나님의 뜻에 맡기고 '**나의 하나님**'을 불렀던 것이다. 그 옛날 아브라함도 하나님이 이삭을 바치라고 하셨을 때 그렇게 대답했다. 하나님은 두려워하지 말고 요셉이 있는 애굽으로 가라고 말씀하시며, 더불어 '내가 너와 함께 애굽으로 가겠고, 정녕 너를 인도하여 다시 올라올 것'이라고 약속하신다.

성경은 애굽으로 양식을 구하러 갈 때부터 바로 앞에 설 때까지 과거 그의 성품과 변화된 그의 성품이 드러나는 상황에 따라 야곱과 이스라엘이라는 이름을 번갈아 사용한다. 이를 통해 그가 얼마나 극심한 감정의 기복 속에서 하나님의 사람으로 성화되어 갔는지를 알 수 있다.

바로 앞에 섰을 때, 그는 과거 에서를 만났을 때처럼 두려워하지 않았다. 그는 바로에게 "**내 나그네 길의 세월이 일백삼십 년이니이다 나의 연세가 얼마 못 되니 우리 조상의 나그네 길의 세월에 미치지 못하나 험악한 세월을 보내었나이다**"(창 47:9)라고 말하며, 강대국 애굽의 바로를 축복한다. 그는 세상적인 면에서는 바로가 자기보다 높지만, 영적인 면에서는 바로가 자기보다 높지 않다는 것을 알았다. 그에게 세상적인 영광은 이제 부질없는 것이었다. 야곱은 바로 앞에 서서 자신의 평생을 돌아봤을 것이다. 장자의 명분을 훔쳐 형 에서의 눈을 피해 밧단 아람으로 도망가 그곳에서 보냈던 20년의 세월, 에서가 무서워 숙곳에서 보냈던 10여 년, 사랑하는 딸 디나가 강간당한 일, 라헬의 죽음, 자식이 자기 아내와 통간한 사건, 요셉의 죽음(모두가 그렇게 믿었다) 등 그는 하나님 앞에서 깎이고 다듬어진 나그네 세월을 되돌아봤을 것이다.

그리고 그렇게 다듬어진 그는 창세기 48장에 이르러 요셉의 아들인 므낫세와 에브라임을 축복하는 자리에서 **"내 조부 아브라함과 아버지 이삭의 섬기던 하나님, 나의 남으로부터 지금까지 나를 기르신 하나님, 나를 모든 환난에서 건지신 사자"**(창 48:15~16)라는 최고의 호칭으로 하나님에 대한 존경을 표한다. 그리고 므낫세와 에브라임에 대하여는 **"내 이름과 내 조부 아브라함과 아버지 이삭의 이름으로 칭하게 하시오며"**(창 48:16)라고 하여 창조주께 최고의 경의를 표하며 경배한다. 그는 자신의 일평생 동안 은혜로 함께하신 하나님의 이름을 힘입어 소중한 요셉의 자식들을 축복했다. 그래서 성경이 이때의 야곱에 대하여 **"믿음으로 야곱은 죽을 때에 요셉의 각 아들에게 축복하고 그 지팡이 머리에 의지하여 경배하였으며"**(히 11:21)라고 했던 것이다. 그는 그렇게 평생 함께하신 하나님의 은혜에 감사하였다.

> 내가 누려왔던 모든 것들이 내가 지나왔던 모든 시간이
> 내가 걸어왔던 모든 순간이 당연한 것 아니라 은혜였소
> 아침 해가 뜨고 저녁의 노을 봄의 꽃 향기와 가을의 열매
> 변하는 계절의 모든 순간이 당연한 것 아니라 은혜였소

모든 것이 은혜 은혜 은혜 한없는 은혜
내 삶에 당연한 건 하나도 없었던 것을 모든 것이 은혜 은혜였소
내가 이 땅에 태어나 사는 것 어린아이 시절과 지금까지
숨을 쉬며 살며 꿈을 꾸는 삶 당연한 것 아니라 은혜였소
내가 하나님의 자녀로 살며 오늘 찬양하고 예배하는 삶
복음을 전할 수 있는 축복이 당연한 것 아니라 은혜였소
모든 것이 은혜 은혜 은혜 한없는 은혜
내 삶에 당연한 건 하나도 없었던 것을 모든 것이 은혜 은혜였소

그는 자식들을 모두 불러 유언하고 마지막으로 자신을 레아 곁에 묻어 달라 말하고 죽는다(창 49:29~31). 평생 라헬만 사랑했지만, 죽음에 이르러 그의 마음엔 레아가 자리 잡고 있었다. 그의 마지막엔 이처럼 하나님에 의해 최고의 보석으로 다듬어져 있었던 것이다.

마지막으로 사람들이 야곱에 대하여 하나님을 오해하고 있는 부분이 있어 이를 짚고 넘어가고자 한다. 사람들은 야곱이 잔꾀가 많은 사람이었기에 팥죽 한 그릇으로 장자권을 가로챘고, 아버지의 사랑까지 가로챘다고 말한다. 그리고 하나님이 이렇게 잔꾀가 많고 거짓말을 잘하는 야곱을 내치기보다 오히려 리브가에게 예언하여 그의 부도덕함을 정당화시켰다고 말한다.

"리브가에게 이르시되 큰 자가 어린 자를 섬기리라 하셨나니 기록된바 내가 야곱은 사랑하고 에서는 미워하였다 하심과 같으니라"(롬 9:12~13).

사도 바울은 구약의 첫 책(창 25:23)과 마지막 책(말 1:2~3)의 말씀을 동시에 인용하면서 하나님이 그를 선택한 것은 마치 예정(豫定)된 일인 것처럼 말했다. 토기장이가 진흙 한 덩이로 귀히 쓰거나 천

히 쓸 그릇을 만드는 것은 그의 권한이므로 잘잘못을 따질 수 없다고 했다(롬 9:21). 이 구절로 인하여 사람들은 구원의 예정론을 언급한다. 그러나 아무리 그릇을 만들 권한이 토기장이에게 있다 하더라도, 토기장이가 나쁜 품질의 진흙으로 귀히 쓸 그릇을 만들지는 않는다.

야곱은 근본적으로 하나님과 아비를 경외하였다. 그래서 그는 장자의 명분을 간절히 원했고, 이것을 경홀히 여기는 형에게서 값을 지불하고 샀을 뿐이었다. 그뿐 아니라, 그는 77세가 될 때까지 믿음의 아내를 맞이하기 위해 기다리고 또 기다렸다(요셉이 30세에 총리가 되어 7년의 풍년과 2년의 흉년이 지났을 때 야곱이 애굽으로 왔는데, 이때 그는 130세였다. 이것을 역산하면 야곱은 91세에 요셉을 낳았고, 그때는 밧단 아람에서 약속한 14년을 마치는 해였다). 그의 부모는 에서가 하나님을 모르는 가나안 여인들과 결혼한 것에 대해서는 근심했지만, 정작 야곱에 대해서는 그가 77세가 될 때까지 아무런 조치를 취하지 않았다. 거기에 하나님은 다시 7년을 더 기다리도록 하셨으며, 그래서 84세라는 상상할 수 없을 정도의 늦은 나이에 아내를 주셨다.

반면 에서는 야곱과 정반대였다. 그는 장자의 명분을 경홀히 여겨 팥죽 한 그릇에 팔 만큼 망령된 자였으며(창 25:34; 히 12:16), 아브라함과 이삭에게 주어진 하나님의 약속을 믿지 않았고 그것과 상관없는 자로 살았다. 그랬기 때문에 그는 헷 족속의 딸들 중에서 두 명의 아내를 택하였고, 그 부모가 가나안 여인들을 싫어한다고 오해하여 이스마엘의 딸을 후처로 맞이하기까지 하였다(창 26:34~35, 28:8~9). 그는 그의 부모가 왜 가나안 여인들을 싫어했는지 몰랐다.

자기 생각이 강한 야곱을 하나님이 끝까지 사랑하신 것은 그가 믿음의 사람이었기 때문이다. 한마디로 야곱은 에서에 비해 좋은 품질의 진흙이었다. 바울은 하나님이 이스마엘 대신 이삭을 선택하시고,

에서 대신 야곱을 선택하신 것은 절대적 주권에 의한 것이라고 했다. 그리고 그 주권의 행사는 오직 그 사람의 믿음에 의해 좌우된다고 했다(롬 9:7~32). 즉, 하나님이 에서 대신 야곱을 선택하신 것은 그 믿음을 예지(豫知)한 것이었지, 구원을 예정(豫定)한 것이 아니었다.

실례로 사무엘이 이새의 가족을 만나러 베들레헴에 왔을 때, 여덟 아들 중 오직 막내인 다윗만 들에서 아비의 양 떼를 지키고 있었고, 그만큼 그는 신실한 아들이었다. 그래서 하나님이 "**나의 보는 것은 사람과 같지 아니하니 사람은 외모를 보거니와 나 여호와는 중심을 보느니라**"(삼상 16:7)라고 하면서 이새의 모든 자녀 중 다윗을 선택한 이유를 밝히셨다.

아브라함의 모든 자녀가 약속을 받은 것이 아니라 오직 이삭만 받았고, 이삭의 모든 자녀가 약속을 받은 것이 아니라 오직 야곱만 받았지만, 야곱의 자녀는 요셉으로 인하여 서자까지도 모두 믿음으로 약속을 받았다. 그리고 모세에 의해 이스라엘 민족으로 형성된다.

## 은혜

내가 누려왔던 모든 것들이 내가 지나왔던 모든 시간이
내가 걸어왔던 모든 순간이 당연한 것 아니라 은혜였소
아침 해가 뜨고 저녁의 노을 봄의 꽃 향기와 가을의 열매
변하는 계절의 모든 순간이 당연한 것 아니라 은혜였소
모든 것이 은혜 은혜 은혜 한없는 은혜
내 삶에 당연한 건 하나도 없었던 것을
모든 것이 은혜 은혜였소
내가 이 땅에 태어나 사는 것 어린아이 시절과 지금까지
숨을 쉬며 살며 꿈을 꾸는 삶 당연한 것 아니라 은혜였소
내가 하나님의 자녀로 살며 오늘 찬양하고 예배하는 삶
복음을 전할 수 있는 축복이 당연한 것 아니라 은혜였소
모든 것이 은혜 은혜 은혜 한없는 은혜
내 삶에 당연한 건 하나도 없었던 것을
모든 것이 은혜 은혜였소

## 07

## 세상에서 가장 의로웠던 욥

욥은 우스 땅에 살았던, 하나님을 경외하고 악에서 떠난 순전하고 정직한 사람이었다(욥 1:1). 우스 땅이 어딘지 정확하지는 않지만, 스바 사람이 갑자기 이르러 종을 죽이고 소와 나귀를 빼앗았고, 갈대아 사람 세 떼가 와서 약대를 빼앗고 종을 죽였다고 한 것을 볼 때 메소보다미아 지역에 있었던 것으로 보인다(욥 1:15, 17).

그가 메소보다미아에 살았을 거라는 추측의 근거는 창세기에서도 찾아볼 수 있다. 우스는 나홀의 첫째 아들이었다. 또한 그를 꾸짖었던 엘리후가 람의 친족으로 부스 사람이었는데(욥 32:2), 부스는 나홀의 둘째 아들이었다. 람은 아람을 뜻하며, 아람은 나홀의 셋째 아들인 그므엘의 아들이었다(창 22:21). 욥의 친구인 데만 사람 엘리바스와 수아 사람 빌닷과 나아마 사람 소발은 그 처소로부터 떠나 서로 약속하고 욥을 만나러 오는데, 부스 사람 엘리후는 욥기 32장에서 갑자기 등장한다. 그것은 엘리후가 욥과 지근거리에 살던 친척이라는 것을 말해준다. 또한 여덟째 아들인 브두엘은 이삭의 아내인 리브가와 처남인 라반의 아버지이다(창 22:21~24).

아브라함의 늙은 종이 이삭의 아내를 얻기 위해 브두엘을 찾아갔을 때, 그는 브두엘과 그의 아들 라반 앞에서 여호와를 중심에 두고 이야기했다(창 24:34~49).

> "이 일이 여호와께로 말미암았으니 우리는 가부를 말할 수 없노라 리브가가 그대 앞에 있으니 데리고 가서 여호와의 명대로 그로 그대의 주인의 아들의 아내가 되게 하라"(창 24:50~51).

또한 라반은 20년간 함께 일했던 야곱과 헤어질 때 돌무더기를 쌓고 **"아브라함의 하나님, 나홀의 하나님, 그들의 조상의 하나님은 우리 사이에 판단하옵소서**"(창 31:53)라고 맹세했다.

이 모든 것을 종합해 볼 때, 우스 땅은 메소보다미아 나홀의 성 인근이고, 욥은 아브라함의 형제 나홀의 후손이며 야곱과 동시대 인물인 것으로 보인다. 특히 욥의 연수가 140년으로 야곱의 연수인 147년과 차이가 없는 것도 두 사람이 동시대 인물이라는 것을 뒷받침해 주고 있다.

그는 일곱 명의 아들과 세 명의 딸을 두고 있었으며, 그 소유물은 양이 칠천이요, 약대가 삼천이요, 소가 오백 겨리요, 암나귀가 오백이며, 종도 많이 있어 동방 사람 중에 가장 큰 자였다. 그가 얼마나 하나님을 경외했는지는 아들들의 생일잔치에서 한 행동을 보면 잘 알 수 있다.

그의 아들들이 자기 생일이면 각각 자기의 집에서 잔치를 베풀고, 누이 셋도 청하여 함께 먹고 마셨는데, 그 잔칫날이 지나면 욥이 그들을 불러다가 성결케 하되 아침에 일어나서 그들의 명수대로 번제를 드렸다. 혹시 그들이 잔치에 들떠 부지중에 마음으로 하나님께 죄를 지었을까 염려하여 속죄하기 위해서였다(욥 1:5). 이처럼 그는 당시 세상에서 가장 의로운 사람이었다.

그런 그를 하나님은 사탄에게 내주시어 시험에 들게 하신다. 하나님은 사탄에게 '내 종 욥은 순전하고 정직하며 하나님을 경외하기에 이처럼 악에서 떠난 자가 세상에 없다'고 하시자, 사탄은 다음과 같은 말로 욥을 시험하고자 한다.

> "욥이 어찌 까닭 없이 하나님을 경외하리이까 주께서 그와 그 집과 그 모든 소유물을 산울로 두르심이 아니니이까 주께서 그 손으로 하는 바를 복되게 하사 그 소유물로 땅에 널리게 하셨음이니이다 이제 주의 손을 펴서 그의 모든 소유물을 치소서. 그리하시면 정녕 대면하여 주를 욕하리이다"(욥 1:9~11).

하나님은 사탄에게 '그의 소유물을 네 손에 맡기노라. 다만 그의 몸에는 손대지 말라'고 말씀하시며 그를 사탄의 시험 가운데 내어주신다. 이토 인해 그가 얼마나 큰 환난 가운데 처했는지는 모두가 알고 있다. 그는 소 떼와 양 떼와 약대 떼를 모두 잃었으며, 자녀들도 모두 몰살을 당한다. 한마디로 동방 사람 중 가장 큰 자였던 그는 하루아침에 알거지 신세로 전락했다. 자신과 아내의 몸뚱어리 외에는 아무것도 그에게 남은 것이 없게 되었다(욥 1:14~19).

그러나 그는 그 상황에서도 하나님을 향하여 어리석게 원망하지 않았고, 범죄하지 않았다. 그는 '내가 모태에서 빈손으로 나왔으므로 또한 빈손으로 돌아갈 것이며, 주신 분도 주시요, 취하신 분도 주시니 오직 주의 이름이 찬송을 받으실지니이다'라고 하면서 하나님께 경배를 올린다.

그 후에 사탄이 하나님 앞에 섰을 때, 하나님은 또다시 욥을 유의하여 보았느냐고 물어보신다. 하나님은 욥의 그 순전한 믿음에 대해 자랑하셨던 것이다.

그러자 사탄은 다음과 같이 냉소적으로 하나님께 대답한다.

"가죽으로 가죽을 바꾸오니 사람이 그 모든 소유물로 자기의 생명을 바꾸올 찌라 이제 주의 손을 펴서 그의 뼈와 살을 치소서 그리하시면 정녕 대면하여 주를 욕하리이다"(욥 2:4~5).

대부분 사람들은 그 무엇보다 자신의 육신을 더 귀하게 여기는 법이다. 자녀를 죽을 만큼 사랑할 수는 있어도 자녀를 잃는다고 해서 자살하는 사람은 없다. 실제로 욥은 이 모든 고난으로 인해 즉음을 원했지만(욥 3:20), 자살하지는 않았다(모세, 엘리야, 요나처럼). 이에 하나님은 욥의 몸에 손대는 것까지 허락하신다. 다만 그의 생명은 해하지 말라고 말씀하시며 두 번째 시험에 내어주신다. 사탄은 그를 쳐서 발바닥에서 정수리까지 악창이 나게 한다. 얼마나 견디기 어려웠는지, 그는 재 가운데 앉아서 기와 조각으로 온몸을 긁고 있었다. 그 모습이 얼마나 한심했던지 그의 아내는 다음과 같은 악담을 늘어놓는다.

"당신이 그래도 자기의 순전을 굳게 지키느뇨 하나님을 욕하고 죽으라" (욥 2:9).

큰 고통으로 인하여 많은 위로가 필요할 때, 그의 아내는 이처럼 악한 말로 그의 마음속에 불을 질러 놓는다. 그러나 욥은 끝까지 입술로 범죄하지 않는다(욥 2:10).
단언하건대, 세상의 그 어느 누구도 이와 같은 인내를 가지고 자신의 순전한 믿음을 지키는 사람은 없었으며, 앞으로도 없을 것이다. 드물게 아무리 커다란 해악을 받을지라도 그것에 대해 참는 정말 인내심이 강한 사람을 찾아볼 수 있을 지도 모른다. 그러나 입술로도 표현하지 않고 참아 넘기는 사람은 과연 얼마나 될까? 그러한 고통 가운데 있는 이들을 보면, 사람들은 욕하고 저주하여 입으로라도 그 답답한 마음을 풀어 버리라고 조언을 아끼지 않는다. 그렇게라도 풀어버리지 않으면 그래서 그 모든 것을 주관하시는 전능자에게 돌리지 않으면, 미쳐버릴 것이라고 말한다. 그러나 그는 아내의 조언에도 아랑곳하지 않고 그 입술로 범죄하지 않았다. 그의 인내는 세상에서 훌륭하다고 인정하는 사람들 가운데서도 찾아볼 수 없는 탁월한 것이었다. 그래서 욥은 인내의 대명사라 할 수 있다(약 5:11).

그런데 위기가 전혀 예상치 못한 곳에서부터 찾아온다. 욥의 친구인 데만 사람 엘리바스와 수아 사람 빌닷과 나아마 사람 소발이 서로 약속하고 욥을 위로하러 방문했을 때였다. 멀리서 그들은 형체마저 변해버린 그의 모습을 보고 일제히 소리 질러 울며 각각 자기의 겉옷을 찢고 티끌을 자기 머리에 뿌리며 함께 슬퍼한다.

세상의 그 무슨 말이 욥에게 위로가 되겠는가! 세상에 그 어느 누가 욥과 같은 고난을 당했는가! 형체마저 알 수 없도록 변해버린 그 모습에 할 말을 잃었기에, 그들은 욥의 슬픔에 함께하면서 칠일 칠야를 그와 함께 앉아 슬퍼하는 것 외에 어떤 것도 할 수 없었다. 그런데 칠 일이 지나자 예기치 않은 일이 발생한다. 아내가 그렇게 하나님을 저주하고 죽으라 했을 때는 오히려 순전을 지켰으나, 세 친구가 칠 일간 슬픔을 함께하자 욥의 인내는 깨어져 버렸고, 마음속 깊은 곳에 억눌러 두었던 서러움이 복받쳐 용솟음쳤던 것이다.

> "나의 난 날이 멸망하였었더라면 남아를 배었다 하던 그 밤도 그러하였었더라면 그날이 캄캄하였었더라면 하나님이 위에서 돌아보지 마셨더라면 빛도 그날을 비취지 말았었더라면"(욥 3:3~4).

차마 무죄한 자신에게 재앙을 내리신 하나님을 원망할 수 없었기에, 그는 자신의 탄생을 저주하는 것으로 가슴 깊이 맺힌 서러움을 토로했다. 성경을 읽어보면 자신의 탄생을 저주한 또 한 사람이 나온다. 예레미야도 이스라엘의 멸망을 보고 자신의 탄생을 저주했다.

> "내 생일이 저주를 받았더면 나의 어미가 나를 생산하던 날이 복이 없었더면 나의 아비에게 소식을 전하여 이르기를 네가 생남하였다 하여 아비를 즐겁게 하던 자가 저주를 받았더면 그 사람은 여호와께서 훼파하시고 후회치 아니하신 성읍같이 되었더면 그로 아침에는 부르짖는 소리 낮에는 떠드는 소리를 듣게 하였더면 이는 그가 나를 태에서 죽이지 아니하셨으며 나의 어미로 내 무덤이 되게 하지 아니하셨으며 그 배로 항상 부르게 하지 아니하신 연고로다 어찌하여 내가 태에서 나와서 고생과 슬픔을 보며 나의 날을 수욕으로 보내는고"(렘 20:14~18).

자신의 탄생을 저주하는 것은, 그의 삶이 죽음과도 바꿀 수 없을 만큼 고통스럽기 때문이다. 그것은 우회적으로 하나님을 저주하는 것이 된다. 세상 그 누구도 태어나고 싶어 태어난 사람은 없다. 사람은 스스로 자기가 태어날 장소도, 시간도 결정할 수 없다. 왕자로 태어나든지 노예로 태어나든지 그것은 내 결정 밖의 일이다. 그것은 오로지 창조주의 권한 안에 있는 것이다. 그러므로 탄생을 저주하는 것은 바로 창조주를 대적하는 것이다.

흙탕물을 가져다가 그릇에 담아놓고 하루나 이틀을 가만히 두면 그 찌꺼기가 가라앉아 맑은 물이 된 것처럼 보인다. 그러나 숟가락으로 한 번 저으면 그 물은 다시 흙탕물로 돌변한다. 인간의 마음과 생각이 다 이와 같다. 수양의 정도에 따라 어느 정도 차이가 있을 뿐 모든 사람의 마음은 흙탕물을 담아둔 그릇과 같다. 친구들이 칠일 주야를 아무 말 없이 함께 지켰을 때, 그의 마음속에서는 가라앉은 흙탕물이 휘몰아쳤다. 그 마음 가운데 서러움이 용솟음쳐 올라왔던 것이다. 이것이 바로 사탄이 바라던 바였다.

욥의 마음속에는 자기 의에 대한 생각이 깊이 뿌리 박혀 있었다. 은총을 주면 줄수록 욥도 모르는 자기 의에 대한 생각이 더 깊숙이 뿌리 박히고 있었던 것이다. 하나님은 욥의 마음을 보고 계셨으며, 그 마음속에 가라앉아 있는 자기 의의 뿌리인 그 토대까지도 제거하기를 원하셨다. 그래서 사탄이 그의 악한 마음과 시기심을 가지고 찾아왔을 때 그를 사용하셨던 것이다.

사도 바울은 이렇게 말하며 자신의 마음을 토로했으나, 욥은 그렇지 못했다.

> "내 속 곧 내 육신에 선한 것이 거하지 아니하는 줄을 아노니 원함은 내게 있으나 선을 행하는 것은 없노라 내가 원하는바 선은 하지 아니하고 도리어 원치 아니하는바 악은 행하는도다"(롬 7:18~19).

이렇게 자신의 탄생을 저주하면서 억울함을 토로하자, 데만 사람 엘리바스가 그를 책망한다.

> "생각하여 보라 죄 없이 망한 자가 누구인가 정직한 자의 끊어짐이 어디 있는가"(욥 4:7).

엘리바스는 그동안의 경험을 통해 봤을 때, 욥이 아무리 순전하게 하나님을 믿었다 할지라도 징벌을 받는 것은 죄가 있기 때문이라고 말했다. 그러나 욥은 이를 수긍하지 않는다(욥 4:17~19).

욥은 급기야 **"나에게 불의한 것이 있다면 나를 가르쳐서 그 허물을 깨닫게 하라. 그러면 내가 잠잠하겠다"**고 하면서 자기는 의로운 사람이라고 선언한다(욥 6:22~24, 28~29). 그리고 결국 하나님을 향하여 이같이 말하면서 자신의 억울함을 토해낸다.

"사람이 무엇이관대 주께서 크게 여기사 그에게 마음을 두시고 아침마다 권징하시며 분초마다 시험하시나이까 주께서 내게서 눈을 돌이키지 아니하시며 나의 침 삼킬 동안도 나를 놓지 아니하시기를 어느 때까지 하시리이까 사람을 감찰하시는 자여 내가 범죄하였은들 주께 무슨 해가 되오리이까 어찌하여 나로 과녁을 삼으셔서 스스로 무거운 짐이 되게 하셨나이까"(욥 7:17~20).

결국 엘리바스는 욥의 입을 다물게 하지 못하고 수아 사람 빌닷에게 공을 넘긴다. 빌닷은 **"너의 자녀들이 죄를 지었으므로 그들이 벌을 받아 죽었으니, 네가 하나님께 죄 용서를 빌면 너를 창대케 할 것"**이라 하며 옛사람의 유전과 지혜에서 그것들을 배우라고 말한다(욥 8:3~7).

이에 대해 욥은 빌닷이 말한 것이 맞는 줄은 알지만, 어떻게 사람이 하나님 앞에 의롭겠으며 그분과 논쟁하겠느냐고 말한다(욥 9:2~3). 그리고 이렇게 반문한다.

"하나님이 빼앗으시면 누가 막을 수 있으며 무엇을 하시나이까 누가 물을 수 있으랴 하나님이 진노를 돌이키지 아니하시나니 라합을 돕는 자들이 그 아래 굴복하겠거든 하물며 내가 감히 대답하겠으며 무슨 말을 택하여 더불어 변론하랴 가령 내가 의로울찌라도 감히 대답하지 못하고 나를 심판하실 그에게 간구하였을 뿐이며…일이 다 일반이라 그러므로 나는 말하기를 하나님이 순전한 자나 악한 자나 멸망시키신다 하나니"(욥 9:12~22).

욥의 대답은 지극히 냉소적이다. "**내가 아무리 의롭더라도 전능자께서 마음대로 하시면 '하나님, 지금 뭐 하시는 것입니까'라고 물어볼 수 없고, 그저 전능자의 처분에 따를 수밖에 없다**"고 말한다. 즉 하나님은 순전한 자나 악한 자나 다 일반으로 멸망시키시기 때문에, 자기가 의롭게 산들 심판자께서 유념하시지 않고 마치 하나님과 관계없는 자처럼 관여하시지 않는다는 것이다. 계속해서 그는 하나님이 어찌하여 인생처럼 자기 허물을 찾으시고, 자기가 악하지 않은 줄 아시면서 왜 자기를 학대하고 멸시하시는지 알고 싶다고 말한다(욥 10장).

이 지경에까지 이르자 나아마 사람 소발이 율법을 들어 욥의 입을 막으려 한다. 소발은 욥에게 이르기를 "**네가 죄가 없다고 말하는데, 하나님의 지식은 광대하고 너를 벌하심이 네 죄보다 훨씬 약하다. 하나님은 악한 일에 상관치 않으시는 것처럼 보이지만, 모든 것을 보고 계시니 너의 불의를 버리라**"고 말한다(욥 11:2~6).

이렇게 친구들이 그에게 조언하자, 욥은 마음에 분을 내면서 다음과 같이 응수한다.

> "너희 아는 것을 나도 아노니 너희만 못한 내가 아니니라 참으로 나는 전능자에게 말씀하려 하며 하나님과 변론하려 하노라 너희는 거짓말을 지어내는 자요 다 쓸데없는 의원이니라 너희가 잠잠하고 잠잠하기를 원하노라 이것이 너희의 지혜일 것이니라 너희는 나의 변론을 들으며 내 입술의 변명을 들어 보라 너희가 하나님을 위하여 불의를 말하려느냐 그를 위하여 궤휼을 말하려느냐 너희가 하나님의 낯을 좇으려느냐 그를 위하여 쟁론하려느냐 하나님이 너희를 감찰하시면 좋겠느냐 너희가 사람을 속임같이 그를 속이려느냐"(욥 13:2~9).

급기야 그는 하나님을 불러서 이렇게 자신의 억울함을 토로한다.

"오직 내게 이 두 가지 일을 행하지 마옵소서 그리하시면 내가 주의 얼굴을 피하여 숨지 아니하오리니 곧 주의 손을 내게 대지 마옵시며 주의 위엄으로 나를 두렵게 마옵실 것이니이다 그리하시고 주는 나를 부르소서 내가 대답하리이다 혹 나로 말씀하게 하옵시고 주는 내게 대답하옵소서 나의 불법과 죄가 얼마나 많으니이까 나의 허물과 죄를 내게 알게 하옵소서 주께서 어찌하여 얼굴을 가리우시고 나를 주의 대적으로 여기시나이까"(욥 13:20~24).

여기까지 욥과 세 친구의 대화를 보면 참으로 공감되는 부분이 많이 있다. 하나님의 존재를 믿는 사람들은 친구나 가족의 불행을 보면서 그들이 죄를 지어 하나님께 징벌을 받는 것이라 생각한다. 그래서 욥의 친구들처럼 처음에는 자기 생각을 들어 조언하고, 그것을 거부하면 선진들의 교훈을 가지고 지적한다. 그리고 그마저 듣지 않으면 율법을 들어 책망한다.

우리 주변에는 법이 없어도 살 수 있는 사람들이 있다. 그러나 그들도 시련과 고난을 당하면서 인생길을 간다. 우리가 그런 상황에 처하거나 또는 그런 상황에 처한 이들을 보면, 우리 역시도 전능자이신 하나님께 여쭙고 싶을 때가 있다. 욥의 질문들은 우리가 인생을 살면서 계속해서 하나님께 묻고 싶었던, 그래서 전능자로부터 속 시원하게 대답을 듣고 싶었던 그런 질문들이다.

"주께서 내게 말씀하소서. 그러면 내가 대답하겠나이다. 그것도 싫으시면 내가 물을 테니 답변해 주소서."

그러나 하나님은 그의 모든 말을 듣고 계셨지만, 끝까지 그에 대한 답변을 하지 않으셨다. 하나님은 인간에게 변명하시지 않으며, 인생이 아니므로 후회하지도 않으신다(민 23:19).

 욥은 하나님 앞에서 점점 장황하게 자기와 자기의 의를 이야기했다. 그리하여 급기야 29장에서는 과거의 영광스러웠던 자기에 대해 이야기하였고, 그럼에도 비참하게 변해버린 현재의 자기에 대하여 30장에서 이야기한다. 그리고 31장에 이르러서는 자기가 정말 의롭게 살았는데 이 지경에 이른 것에 대해 하소연한다.

 이야기의 전개를 살펴보면 참으로 이상한 일이 발생했다는 것을 알 수 있다. 세 친구는 정말 곤경에 처한 친구를 위로하기 위해 왔고, 그 어던 말로도 위로할 수 없었기에 그들은 7일간이나 아무 말도 하지 못하고 함께 있을 수밖에 없었다. 그렇게 친구들이 함께 마음으로 위로를 하자, 욥은 가슴속 깊이 숨겨 왔던 자기 의에 대한 억울함이 봇물처럼 터져 나왔고, 자신의 탄생을 저주하는 것은 물론 창조주를 원망하기 시작했다.

 그런데 이렇게 욥이 자신의 억울함을 토로하자 오히려 친구들은 욥이 까닭 없이 징벌을 받는 것이 아니라 죄가 있기 때문이라고 이야기한다. 데만 사람 엘리바스는 자신의 경험을 가지고, 수아 사람 빌닷은 옛사람의 유전과 전통을 가지고, 나아마 사람 소발은 율법을 들어 욥이 죄가 있기 때문에 하나님이 징벌하시는 것이라고 말한다.

 스스로 옳다고 생각하는 사람은 잘못을 아무리 지적당해도 절대로 수긍하지 않는다. 그러면 그럴수록 점점 더 방어적이 되고, 자기 생각에 빠져들게 된다. 욥도 마찬가지였다. 그는 스스로 의롭다고 생각했을 뿐 아니라, 모든 사람이 인정하는 의인이었다. 그래서 그 역시 급기야 스스로 의로운 사람이 되어 우주의 중심이 되어버렸으며(욥 32:1), 친구들의 입을 막아버렸다. 그는 그처럼 쇠약한 몸임에도 세 친구와의 말싸움에서 전혀 지지 않았고 자신의 의를 나타내었다. 욥의 세 친구가 경험과 유전과 율법을 들어 점점 더 강도 높게 하나님을 원망하는 그의 입을 막고자 했지만 소용없었다.

이에 부스 사람 바라겔의 아들 엘리후가 일어나 욥에게 말한다. 그는 우선 욥과 그 친구들이 연장자였으므로 겸손히 듣고 있었으나 더는 참을 수 없었다고 설명한다. 그리고 전능자가 사람에게 총명을 주시는 것이기 때문에, 대인이라고 지혜로운 것이 아니며 노인이라고 공의를 깨닫는 것이 아니므로, 하나님이 자기에게 주신 지혜대로 의견을 내놓겠다고 말한다(욥 32:9~10).

> "네가 실로 나의 듣는 데 말하였고 나는 네 말소리를 들었느니라 이르기를 나는 깨끗하여 죄가 없고 허물이 없으며 불의도 없거늘 하나님이 나를 칠 틈을 찾으시며 나를 대적으로 여기사 내 발을 착고에 채우시고 나의 모든 길을 감시하신다 하였느니라 내가 네게 대답하리라 이 말에 네가 의롭지 못하니 하나님은 사람보다 크심이니라 하나님은 모든 행하시는 것을 스스로 진술치 아니하시나니 네가 하나님과 변쟁함은 어찜이뇨"(욥 33:8~13)

그리고 엘리후는 참으로 놀라운 지혜로 욥을 이끌어 하나님 앞으로 데려간다.

> "사람은 무관히 여겨도 하나님은 한 번 말씀하시고 다시 말씀하시되 사람이 침상에서 졸며 깊이 잠들 때에나 꿈에나 밤의 이상 중에 사람의 귀를 여시고 인치듯 교훈하시나니 이는 사람으로 그 죄를 버리게 하려 하심이며 사람에게 교만을 막으려 하심이라 그는 사람의 혼으로 구덩이에 빠지지 않게 하시며 그 생명으로 칼에 멸망치 않게 하시느니라"(욥 33:14~18).

사람들은 세 친구의 책망과 부스 사람 엘리후의 책망에서 차이점을 발견하지 못한다. 모두 다 똑같이 욥의 죄를 책망하고 있다고 생각한다. 그러나 여기에는 분명한 차이가 있다.

욥의 친구들은 동방에서 가장 의로운 사람에 대하여, 단지 고난 당한 결과만 보고 죄가 있기 때문이라고 단정하였다. 그러나 욥뿐 아니라 모든 사람은 이유 있는 비난을 받아도 자신을 방어하기 위해 변명을 늘어놓는다. 하물며 자기 의로 충만했던 욥은 얼마나 할 말이 많았겠는가?

그러나 엘리후는 달랐다. 그는 욥에게 하나님만 이야기했다. 엘리후는 욥의 잘못을 지적하기보다 그를 이끌어 하나님의 진리 가운데로 들여보냈다. 욥은 하나님의 주권 앞에 무릎을 꿇었어야 했는데, 그렇게 하지 않았다. 실제로 욥은 자식을 위해서는 번제를 드렸지만 정작 자신을 위해서는 번제를 드리지 않았다. 그것은 스스로에 대한 강한 의가 있었기 때문이었다. 하나님 앞에 의로운 사람은 단 한 사람도 없는데 그는 무의식적으로 스스로 죄가 없다고 생각했다. 그러나 하나님은 제사장조차도 제사를 드리기 전에 먼저 스스로를 위하여 번제를 드린 후에 온 이스라엘을 위해 제사를 드리게 할 정도로 인간은 근본적으로 죄인이라고 선언하셨다.

엘리후는 욥기 33장에서 37장까지 오직 하나님에 대한 이야기로 욥을 이끌어간다. 그랬기 때문에 욥의 친구들이 자신들의 생각으로 욥과 다투는 것에 대해서도 책망했던 것이다. 이제 엘리후가 욥에게 조목조목 지적하는 내용을 살펴보자.

> "하나님의 음성 곧 그 입에서 나오는 소리를 들으라 들으라! 그 소리를 천하에 퍼치시며 번개 빛으로 땅끝까지 이르게 하시고 그 후에 음성을 발하시며 위엄의 울리는 음성을 내시고는 그 음성이 들릴 때에 번개 빛을 금치 아니하시느니라 하나님이 기이하게 음성을 울리시며 우리의 헤아릴 수 없는 큰 일을 행하시느니라"(욥 37:2~5).

먼저 엘리후는 욥을 하나님의 높으신 위엄 가운데로 인도하면서 그 입을 막아버린다(욥 37:23~24). 세상에서 아무리 의로운 사람이라도 하나님 앞에 의로운 자는 아무도 없다. 그래서 사도 요한은 이어 대하여 이렇게 이야기했다.

"만일 우리가 죄 없다 하면 스스로 속이고 또 진리가 우리 속에 있지 아니할 것이요 만일 우리가 우리 죄를 자백하면 저는 미쁘시고 의로우사 우리 죄를 사하시며 모든 불의에서 우리를 깨끗케 하실 것이요"(요일 1:8~9).

욥은 엘리후의 인도 앞에 더는 그 입을 열 수 없게 되었다. 이어 비로소 하나님이 나타나시어 욥을 추궁하신다.

"너는 대장부처럼 허리를 묶고 내가 네게 묻는 것을 대답할찌니라 내가 땅의 기초를 놓을 때에 네가 어디 있었느냐 네가 깨달아 알았거든 말할찌니라 누가 그 도량을 정하였었는지 누가 그 준승을 그 위에 띄웠었는지 네가 아느냐 그 주초는 무엇 위에 세웠으며 그 모퉁이 돌은 누가 놓았었느냐"(욥 38:3~6).

하나님은 사탄을 통하여 그 모든 고난을 허락한 것이라고 말씀하시지 않았다. 그보다는 세상의 기초를 놓을 때 욥이 어디 있었느냐고 물으신다. 하나님은 창조에 대하여 묻고 또 물으신다. 급기야 하나님은 욥을 향하여 이렇게 말씀하신다.

"변박하는 자가 전능자와 다투겠느냐 하나님과 변론하는 자는 대답할찌니라"(욥 40:2).

우주 만물을 창조하신 조물주께서 하신 일은 왈가왈부할 대상이 아니다. 여기까지 왔을 때 이미 욥은 손으로 입을 가리고, 다시는 말하지 않겠다고 말한다. 그는 할 말이 없었다(욥 40:4~5).

그러나 하나님은 계속해서 욥을 추궁하신다.

> "너는 대장부처럼 허리를 묶고 내가 네게 묻는 것을 대답할찌니라 네가 내 심판을 폐하려느냐 스스로 의롭다 하려 하여 나를 불의하다 하느냐 네가 하나님처럼 팔이 있느냐 하나님처럼 우렁차게 울리는 소리를 내겠느냐 너는 위엄과 존귀로 스스로 꾸미며 영광과 화미를 스스로 입을찌니라 너의 넘치는 노를 쏟아서 교만한 자를 발견하여 낱낱이 낮추되 곧 모든 교만한 자를 발견하여 낮추며 악인을 그 처소에서 밟아서 그들을 함께 진토에 묻고 그 얼굴을 싸서 어둑한 곳에 둘찌니라 그리하면 네 오른손이 너를 구원할 수 있다고 내가 인정하리라"(욥 40:7~14).

이렇게 시작된 추궁은 또다시 창조된 피조물에 대한 이야기로 이어지면서 욥을 궁지로 몰아넣는 욥은 이미 주 앞에 더는 입을 열 수가 없었다.

> "주께서는 무소불능하시오며 무슨 경영이든지 못 이루실 것이 없는줄 아오니 무지한 말로 이치를 가리우는 자가 누구니이까 내가 스스로 깨달을 수 없는 일을 말하였고 스스로 알 수 없고 헤아리기 어려운 일을 말하였나이다 내가 말하겠사오니 주여 들으시고 내가 주께 묻겠사오니 주여 내게 알게 하옵소서 내가 주께 대하여 귀로 듣기만 하였삽더니 이제는 눈으로 주를 뵈옵나이다 그러므로 내가 스스로 한하고 티끌과 재 가운데서 회개하나이다"
> (욥 42:2~6).

하나님은 이같이 회개하는 욥을 용서하신다. 그리고 욥의 곤경을 돌이키시고, 그전 소유보다 갑절이나 허락하신다. 그는 양 일만 사천과 약대 육천과 소 일천 겨리와 암나귀 일천을 두었고, 아들 일곱과 세 딸을 낳고 140년을 살면서 아들과 손자 사 대를 보고 죽는다.

비록 자신의 의로움을 나타내기 위해 하나님께 대한 변박도 서슴지 않았던 그였지만, 하나님은 여전히 그의 의를 높이 평가하셨다. 하나님은 그를 노아, 다니엘과 더불어 최고의 의를 지닌 자로 인정하셨다(겔 14:14~20).

하나님께서 욥을 그와 같은 곤경에 처하게 하신 것은 아무리 의로운 욥일지라도 그 마음속 깊은 곳에는 인간 본성의 악함이 있다는 것을 보게 하기 위함이었다. 그래서 하나님 앞에서 그 의가 초라한 것에 불과하다는 것을 알았을 때, 비로소 그는 하나님의 은혜와 진리의 깊이를 깨달을 수 있었다. 하나님은 그를 통하여 세상의 그 어느 누구도 하나님 앞에 의로운 사람이 없다는 것을 보여주셨다. 그래서 우리는 평생 주만 바라고 살아야 한다.

# 08

## 저주로 흩어진 시므온과 레위 지파

"시므온과 레위는 형제요 그들의 칼은 잔해하는 기계로다 내 혼아 그들의 모의에 상관하지 말찌어다 내 영광아 그들의 집회에 참예하지 말찌어다 그들이 그 분노대로 사람을 죽이고 그 혈기대로 소의 발목 힘줄을 끊었음이로다 그 노염이 혹독하니 저주를 받을 것이요 분기가 맹렬하니 저주를 받을 것이라 내가 그들을 야곱 중에서 나누며 이스라엘 중에서 흩으리로다"(창 49:5~7).

야곱은 임종에 앞서 아들들을 불러 유언을 남겼다(창 49:3~27). 장남인 르우벤과 차남인 시므온, 삼남인 레위는 저주했다. 특별히 시므온과 레위에 대해서는 저주를 받아 이스라엘 중에서 흩어질 것이라고 하였다. 그런데 결론적으로 같은 저주를 받았던 레위는 훗날 흩어짐으로 인하여 복을 받았고, 시므온은 그 저주를 고스란히 받아 사라지게 되었다. 그러므로 그들과 그들의 자손들이 걸었던 길을 더듬으면서 우리는 하나님 앞에서 어떻게 살아야 하는지 살펴보고자 한다.

시므온과 레위는 야곱의 첫째 부인인 레아의 둘째와 셋째 아들이다. 레아는 야곱의 정실 부인이었음에도 남편의 사랑을 받지 못했다. 하나님은 사랑받지 못하는 레아를 안타깝게 여겨 그녀에게 아들을 주셨다. 그래서 레아는 첫째 아들을 낳자 하나님이 자신의 괴로움을 돌보셨다고 여겨 '**보라, 아들이라**'라는 뜻의 '**르우벤**'이라 지었고, 둘째 아들은 '**시므온**'(들으심)이라 하였는데, 이는 자신이 사랑받지 못함을 하나님이 들으셨다는 뜻으로 지은 이름이었다. 셋째는 '**레위**'(**연합함**)라고 지었는데, 이는 남편이 자기와 연합하리라는 기대를 가지고 지은 이름이었다.

자식들의 교육은 대체로 어머니의 손에서 이루어지므로 시므온과 레위는 항상 어머니의 질투를 보고 자랐을 것이다. 남편의 사랑을 받지 못한 어머니의 짜증과 분노는 고스란히 자식들에게 넘어왔다. 르우벤은 장남이니 어느 정도 대우를 받았겠지만, 둘째와 셋째는 사랑의 대상에서 멀어져서 아비에 대한 적대감도 컸고, 더불어 성격도 많이 삐뚤어져 있었을 것이다.

결국 그 못된 성품으로 인하여 큰 사건이 발생한다. 밧단 아람을 떠난 야곱의 가족은 숙곳에서 10여 년을 살다가 시므온과 요단을 건너 세겜으로 이주하였다. 그런데 레위의 누이동생 디나가 세겜의 여자들과 교제하기 위해 방문했다가 그곳 추장인 세겜에게 강간을 당하게 된다(창 34:1~2). 세겜은 디나를 강간했지만 그녀를 연모하여 아비인 하몰을 야곱에게 보내어 정식으로 청혼할 뿐 아니라, 이 땅에 거하여 서로 통혼하여 좋은 관계를 맺자고 말한다. 이미 야곱은 하몰에게 은 일백 개를 주고 장막을 친 밭을 샀기 때문에 초면이 아니었다(창 33:19). 야곱은 나쁜 소식을 들었지만, 아들들이 모두 들에서 양을 치고 있었기 때문에 잠잠하였다.

들에서 돌아온 아들들은 세겜이 누이동생을 범한 것에 매우 분노하였지만, 속에 있는 마음을 숨기고 하몰에게 이렇게 제안한다.

"우리는 그리하지 못하겠노라 할례 받지 아니한 사람에게 우리 누이를 줄 수 없노니 이는 우리의 수욕이 됨이니라 그런즉 이같이 하면 너희에게 허락하리라 만일 너희 중 남자가 다 할례를 받고 우리 같이 되면 우리 딸을 너희에게 주며 너희 딸을 우리가 취하며 너희와 함께 거하여 한 민족이 되려니와 너희가 만일 우리를 듣지 아니하고 할례를 받지 아니하면 우리는 곧 우리 딸을 데리고 가리라"(창 34:14~17).

그리하여 이를 좋게 여긴 세겜의 모든 남자들이 할례를 행하였고, 제 3일에 미쳐 고통이 가장 극심할 때 시므온과 레위가 세겜에 들어가 모든 남자를 죽이고 디나를 데리고 나온다. 더불어 야곱의 여러 아들이 그 시체들이 있는 성으로 가서 노략까지 하였다. 딸의 수욕으로 인해 큰 근심에 싸였던 야곱에게 자식들의 살인은 이중삼중의 큰 고통이었다. 특히 거룩한 할례를 잔인한 보복 살인에 이용했을 뿐 아니라, 가증스러운 속임수와 도둑질까지 더했기 때문이었다. 야곱은 시므온과 레위에게 그 큰 살인으로 인하여 집안이 멸망할 것이라면서 크게 나무랐다. 그러자 그들은 아비에게 이렇게 대답하며 대들었다.

"그가 우리 누이를 창녀같이 대우함이 가하니이까"(창 34:31).

그들은 살인을 나무라는 아비에게 대들어, 사랑받지 못한 아들들이 취하는 전형적인 행태를 드러내며 분노를 표출했다. 야곱은 아무런 대꾸도 못하고 속히 그곳을 떠나 벧엘로 거처를 옮긴다. 그 일이 얼마나 심각했던지 그는 가족들이 소지한 모든 이방 신상을 버리고 의복을 갈아 입어 정결케 하였고, 귀고리들을 전부 모아 세겜 근처 상수리나무에 묻었다. 그리고 벧엘에서 단을 쌓고 하나님 앞에 엎드린다. 그들의 잘못된 행동으로 인해 야곱은 궁지에 몰렸던 것이다.

또한 시므온은 아비가 요셉만 사랑하므로 모든 형제들을 주동하여 요셉을 죽이려 하였다(창 37:38). 물론 이때 주동자는 언급되지 않았으나, 장자인 르우벤은 요셉을 구원하려 하였고(창 37:21~22, 29~30), 넷째인 유다 역시 그를 살리려고 이스마엘 사람에게 노예로 팔자고 했던 것을 봤을 때(창 37:26~27), 형제들 중 가장 연장자인 둘째와 셋째인 시므온과 레위가 당연히 이 일을 주동했을 것이다. 그것은 훗날 요셉이 양식을 구하러 온 형제들 중 시므온을 볼모로 잡은 것으로도 확인할 수 있다(창 42:24).

이런 일들로 인해 시므온과 레위는 아비로부터 축복이 아닌 저주를 받는다(창 49:5~7).

야곱이 레아와 84세에 결혼하여 연년생으로 자식을 낳았으므로 레위를 87세에 낳았고, 그러면 레위는 43세쯤 애굽으로 온 것이다. 그때 그에게는 게르손과 고핫과 므라리라는 세 아들이 있었다(창 46:11). 따라서 215년의 애굽 생활 기간에 맞으려면 둘째 고핫이 70세쯤 첫째 아들 아므람을 낳고, 아므람도 70세쯤 둘째 아들 모세를 낳아야만 가능하다[레위는 137세, 아들 고핫은 133세, 손자 아므람은 137세를 살았다(출 6:16~20)]. 이처럼 레위의 후손들은 다른 형제들보다 월등히 늦은 나이에 아들을 보았기 때문에, 215년 동안 레위의 자손은 모세까지 3세대밖에 지나지 않았다. 그래서 **"네 자손은 사 대 만에 이 땅으로 돌아오리니"**(창 15:16)라는 아브라함에게 하셨던 하나님의 예언은 레위를 기준으로 이루어졌다[하나님이 아브라함을 불러 약속을 세울 때부터 율법을 받을 때까지 430년이라 했다(갈 3:17). 즉 아브라함은 75세에 언약을 받아 100세에 이삭을 낳았고, 이삭은 60세에 야곱을 낳았으며, 야곱은 130세에 애굽에 갔으므로(100-75+60+130=215), 이스라엘 민족이 애굽에 거주한 기간은 215년이었다(430-215)].

　반면 다른 형제들은 레위보다 더 많은 세대가 지나갔다. 모세의 형 아론이 유다 지파 아미나답의 딸이며 나손의 누이인 엘리세바를 아내로 취하였는데, 이는 유다 → 베레스 → 헤스론 → 람 → 아미나답 → 나손과 엘리세바로 이어져 유다로부터 무려 5세대나 지난 후손과 치른 혼인이었다. 베레스는 유다가 며느리를 통하여 낳은 아들이었기 때문에, 엘리세바는 6세대 뒤에 태어난 후손과 다름없었다. 즉 출애굽할 때까지 레위의 후손들은 3세대밖에 지나지 않았지만, 유다의 후손들은 무려 5세대나 흘렀고, 요셉의 후손은 여호수아의 아버지 눈까지 무려 9세대나 흘렀다(대상 7:25~27). 그랬기 때문에 출애굽 후 첫 번째 인구조사를 했을 때, 레위 지파의 1개월 이상된 남자들의 숫자는 22,000명에 불과하였고(민 3:39), 20세 이상 50세 미만의 남자들도 8,580명에 불과하였다(민 4:48). 이는 평균적으로 다른 지파의 5분의 1에 해당하는 숫자였다.

　레위는 비록 장수했지만 아들들이 늦은 나이에 자식을 본 것을 안타까워하면서 아비의 저주에 대해 깊이 반성하고 하나님을 섬겼을 것이다. 또 그런 신앙이 있었기에 아므람과 요게벳은 애굽의 왕자가 된 모세의 정체성을 확립시킬 수 있었을 것이다.

　그래서 시내광야에서 금송아지 숭배 사건이 발생했을 때, 레위 지파만 하나님 편에 서서 부모, 형제, 친구를 막론하고 하나님의 뜻을 거역한 모든 자를 제거하는 일에 앞장서서 헌신하였던 것이다(출 32:26~28). 이때 겨우 8천여 명밖에 되지 않은 장정들이 60여만 명의 장정들을 상대하여 일어났다. 적은 무리로 이 같은 일을 행한 것은 대단한 용기였고, 상상할 수 없는 헌신이었다. 하나님 편에 서서 가족과 이웃을 죽였는데, 만약 실패했다면 이스라엘 가운데서 영원히 추방될 수 있었다. 그들은 이렇게 신앙적으로 바로 서 있었고, 이것으로 인해 야곱의 저주에서 해방되고 복을 받게 되었다(출 32:29). 이에 대하여 하나님은 훗날 선지자를 통하여 이렇게 확증하셨다.

> "레위와 세운 나의 언약은 생명과 평강의 언약이라 내가 이것으로 그에게 준 것은 그로 경외하게 하려 함이라 그가 나를 경외하고 내 이름을 두려워하였으며 그 입에는 진리의 법이 있었고 그 입술에는 불의함이 없었으며 그가 화평과 정직한 중에서 나와 동행하며 많은 사람을 돌이켜 죄악에서 떠나게 하였느니라"(말 2:5~6).

또한 광야 40년의 세월이 끝나갈 무렵, 이스라엘은 빠르게 가나안을 향하여 나아가고 있었는데, 모압 평지 싯딤에서 벌어진 간음 사건이 이스라엘의 발목을 잡는다. 모압 여자들이 자기 신들에게 제사할 때 이스라엘 백성을 청하였는데, 그들이 함께 먹고 모압의 신들에게 절하여 하나님의 진노를 사게 된 것이었다(민 25:1~3). 이스라엘에게 진노하신 하나님은 백성의 두령들을 잡아 태양을 향하여 여호와 앞에 목매어 달라고 명하셨다. 모든 이스라엘의 회중이 회막 문 앞에서 슬피 울고 있을 때, 시므온 지파의 두령인 살루의 아들 시므리가 미디안 족속 수르의 딸인 고스비라는 여인을 데리고 막사로 들어갔다. 이에 아론의 손자 비느하스가 막사에 들어가 두 남녀를 창으로 찔러 이스라엘 가운데 하나님의 진노를 그치게 하였다. 하나님의 진노로 이미 24,000명이 염병으로 죽었지만, 비느하스의 행동으로 하나님의 진노가 멈추었다.

> "제사장 아론의 손자 엘르아살의 아들 비느하스가 나의 질투심으로 질투하여 이스라엘 자손 중에서 나의 노를 돌이켜서 나의 질투심으로 그들을 진멸하지 않게 하였도다 그러므로 말하라 내가 그에게 나의 평화의 언약을 주리

니 그와 그 후손에게 영원한 제사장 직분의 언약이라 그가 그 하나님을 위하여 질투하여 이스라엘 자손을 속죄하였음이라"(민 25:11~13).

시내광야에서 하나님 편에 선 것으로 인하여 레위에게 내려진 저주가 풀렸고, 아론의 손자 비느하스의 의로운 행동으로 인하여 아론의 제사장 직분은 후손들에게 영원히 계승되었다. 이 사건의 결과로 야곱의 저주를 받았던 시므온 지파와 레위 지파는 아주 상반된 길을 걷게 된다. 레위 지파는 모든 지파 중에서 작은 지파였지만, 이스라엘의 48개 성읍을 할당받아 각 지역에서 하나님의 말씀을 전하며 이스라엘의 영적인 사명을 감당하게 되었다(수 21:3~42).

시므온은 레위와 다르게 근신하지 않았다. 그에게는 6명의 자녀가 있었는데, 막내 아들 사울은 가나안 여인을 통해 낳았다(창 46:10). 사울이 시므온의 아들이라는 것을 기록하기 위해 짧게 그녀를 언급한 것을 봤을 때, 사울은 외도로 태어난 자식이었을 것이다. 12명의 아들 중 유일하게 첩을 통하여 태어난 것이다. 따라서 시므온은 신앙에서 멀리 있었다. 어쩌면 그는 총리라는 요셉의 정체를 알고 난 후에, 요셉이 자신만 볼모로 잡고 모든 형제들을 그 아비에게로 돌려보낸 것에 대하여 큰 서운함을 간직하고 있었을지도 모른다. 요셉을 죽이는 일에 모든 형제들이 동의하였고, 애굽의 노예로 팔자고 한 것은 유다의 제안이었다고 변명하고 싶었을 것이다.

그럼에도 그의 후손들은 크게 번성하여 애굽을 떠나올 때 59,300명이라는 엄청난 숫자로 불어났다(민 1:23). 그들은 모든 지파 가운데 유다 지파와 단 지파 다음으로 많았다. 그래서 그 후손들은 야곱의 저주에 대해서 유념하지 않았을 것이다. 그런데 광야 40년의 세월이 흘러 모압평지에서 다시 인구조사를 했을 때, 그들의 숫자는 22,200명으로 줄어 있었다(민 26:14). 절반을 넘어 무려 63퍼센트나 감소된 인구였다. 두 번째 인구조사가 있기 전, 싯딤에서 바알브올에게 제사한 우상숭배 사건의 주동자가 시므온 지파의 두령 시므리였고, 그로 인해 24,000명의 사람들이 염병으로 사망했는데, 아마 대부분 시므온 지파 사람이었던 것으로 보인다. 이 사건으로 인하여 모세는 죽을 때 시므온 지파에 대하여는 축복하지 않았다(신 33:6~24). 이것은 진군하던 이스라엘의 발목을 잡아 사기를 떨어뜨린 엄청난 사건이었기 때문이다.

22,200명의 장정으로는 땅을 지킬 수 없었기 때문에, 여호수아는 유다 지파 가운데 그들의 분깃을 배분하였다(수 19:1~9). 어쩌면 출애굽의 마지막 여정에서 이스라엘의 발목을 잡은 그들을 출애굽한 이방 잡족들처럼 대우하여 척박하고 거친 땅으로 보냈을지도 모른다. 그들이 그 땅을 떠난 것에는 부족한 목초로 인한 이유도 있었지만 부당한 대우를 받았다는 생각도 있었을 것이다.

> "또 유다와 베냐민의 무리를 모으고 에브라임과 므낫세와 시므온 가운데서 나와서 저희 중에 우거하는 자를 모았으니 이는 이스라엘 사람들이 아사의 하나님 여호와께서 그와 함께하심을 보고 아사에게로 돌아오는 자가 많았음이더라"(대하 15:9).

이 말씀은 유다 왕 아사의 개혁으로 신앙을 좇아 북이스라엘에서 남유다로 넘어온 사람들을 언급한 내용인데, 그중에 시므온 지파 사람이 있었다. 그들은 이미 이스라엘이 분열되기 전부터 배분된 땅을 떠나 물이 풍부한 에브라임 산지와 이스르엘 평원으로 이주한 것으로 보인다.

또한 히스기야의 개혁 때 멸망한 북이스라엘 땅에서 예루살렘까지 유월절을 지키러 온 무리 중에 시므온 지파가 있는 것을 봤을 때,

그들은 일찍이 북이스라엘 여러 곳으로 흩어졌던 것으로 보인다(대하 34:6). 그들은 북이스라엘뿐 아니라 가나안 땅 밖으로도 이주하였는데, 목초가 풍부한 그돌 지경으로 갔고 일부는 에돔의 거주지인 세일산으로 이주하였다(대상 4:39~43).

이처럼 시므온 지파는 배분된 땅이 척박한 땅이라 하여 다른 지파 가운데 흩어졌거나, 아예 이스라엘을 떠나 그 흔적조차 가물가물해졌다. 어느 누구도 그들에게 분배된 땅을 떠나라고 등 떠밀지 않았다. 유다 지파 역시 함께 출애굽한 다른 이방 잡족과 하나님 말씀에 순종하며 잘 살았다. 그러므로 시므온 지파가 이스라엘 가운데 흩어지거나 이방 땅으로 떠난 것은 자발적인 것이었다.

예수님의 십자가 좌우편에 있던 행악자 중 하나는 회개하여 예수님과 함께 낙원으로 갔지만, 하나는 멸망으로 떨어졌다(눅 23:39~43). 이처럼 시므온과 레위도 모든 이스라엘 가운데 흩어질 것이라는 예언은 번복되지 않고 성취되었으나, 레위는 회개함으로 흩어짐이 전화위복(轉禍爲福)된 반면, 시므온은 회개하지 않음으로 흩어짐이 저주로 성취되었다. 사람들은 누구나 잘못하여 죄를 짓고 하나님을 떠날 수 있다. 그러나 그 길에서 돌아서면 은혜로우시며, 자비하시며, 노하기를 더디하시며, 인자하심이 크신 하나님이 모든 것을 용서하고 받아주신다.

> "악인은 그 길을 불의한 자는 그 생각을 버리고 여호와께로 돌아오라 그리하면 그가 긍휼히 여기시리라 우리 하나님께로 나아오라 그가 널리 용서하시리라"(사 55:7).

# 09
## 이스라엘 민족의 왕권을 받은 유다

유다는 야곱의 넷째 아들로 그의 어미는 레아였다. 야곱은 레아보다 그 동생인 라헬을 더 사랑했다. 그래서 레아는 아들을 낳을 때마다 남편이 자신을 사랑하지 않는 데서 생긴 마음의 한을 담아 자녀의 이름을 지었는데(창 29:32~35), 넷째 아들을 낳은 후에는 "**내가 이제는 여호와를 찬송하리로다**"(창 29:35)라고 하면서 '**유다**'(찬송함)라고 지었다.

유다는 하나님으로부터 이스라엘의 왕권을 받았다. 장남인 르으벤도 아니었고, 차남인 시므온도 아니었으며, 삼남인 레위도 아니었다. 그렇다고 장자권을 부여받은 열한 번째 아들인 요셉은 더더욱 아니었다. 그렇다면 무엇 때문에 그는 하나님의 복을 받을 수 있었을까?

야곱이 헤브론에 거할 때, 열 명의 아들들은 세겜을 거쳐 도단에서 양 떼를 치고 있었다. 야곱은 자식들이 양 떼를 잘 돌보고 있는지 궁금하여 열한 번째 아들인 요셉에게 형들의 안부를 확인하고 으라고 심부름을 보낸다. 이때 요셉의 형들은 멀리서 요셉이 오는 것을 보고 그를 죽이기로 모의한다. 아버지는 요셉만 편애하였고, 요셉드 형들의 과실을 아버지에게 고하였기 때문에 그들은 요셉을 미워하였다. 그러나 맏형 르우벤이 이같이 말하며 그를 구하고자 한다.

> "우리가 그 생명은 상하지 말자…피를 흘리지 말라 그를 광야 그 구덩이에 던지고 손을 그에게 대지 말라"(창 37:21~22).

이에 형들은 요셉의 채색옷을 벗긴 후에 그를 구덩이에 던진다. 그때 그들은 그곳을 지나가는 미디안 상인들을 보았다. 이에 유다는 요셉을 살리기 위해 형제들에게 이같이 제안한다.

> "우리가 우리 동생을 죽이고 그의 피를 은익한들 무엇이 유익할까 자 그를 이스마일 사람에게 팔고 우리 손을 그에게 대지 말자 그는 우리의 동생이요 우리의 골육이니라"(창 37:26~27).

그리하여 요셉은 은 20세겔에 팔린다. 형제들은 숫염소를 죽여 요셉의 채색옷에 그 피를 적신 후 야곱에게 가져다주면서 이것이 아버지의 아들의 옷인가 보라고 한다. 이에 야곱은 그 옷을 보고 악한 짐승이 그를 죽였다고 하면서 오래도록 애통해한다.

> "그 후에 유다가 자기 형제에게서 내려가서 아둘람 사람 히라에게로 나아가니라"(창 38:1).

이 후의 유다의 행동에 대하여 성경은 이렇게 간단하게 기록하였다. 주역 계사전에 '서불진언(書不盡言), 언불진의(言不盡意)' 곧 '**글은 말을 다 담을 수 없고, 말은 뜻을 다 담을 수 없다**'라는 격언이 있다. 또한 성경은 하나님의 책이기 때문에 인간이 무슨 마음을 품었든 그것은 성경에 기록할 만큼 중요하지 않다. 그러므로 우리는 하나님이 주신 지혜로 글로 표현된 유다의 말과 행동을 살피고, 다시 그 속에 감추어진 심경을 이해해야 한다.

> "너희 중에 누구든지 지혜가 부족하거든 모든 사람에게 후히 주시고 꾸짖지 아니하시는 하나님께 구하라 그리하면 주시리라"(약 1:5).

다시 본론으로 돌아가보자.

> "아비가 그것을 알아보고 가로되 내 아들의 옷이라 악한 짐승이 그를 먹었도다 요셉이 정녕 찢겼도다 하고 자기 옷을 찢고 굵은 베로 허리를 묶고 오래도록 그 아들을 위하여 애통하니 그 모든 자녀가 위로하되 그가 그 위로를 받지 아니하여 가로되 내가 슬퍼하며 음부에 내려 아들에게로 가리라 하고 그 아비가 그를 위하여 울었더라"(창 37:33~35).

유다와 그의 형제들은 애통해하는 아버지의 모습을 보고 자신들이 얼마나 큰 잘못을 저질렀는지 깨달았을 것이다. 그들은 피를 나눈 동생을 무엇에 홀린 듯 노예로 팔았다. 이것이 평생 그들의 어깨와 가슴을 짓눌렀다(창 42:21~22). 더구나 유다는 직접 요셉을 팔자고 제안했던 장본인이었기에 죄책감으로 인하여 부모형제를 떠나 가나안 사람 속으로 숨어 버렸다. 요셉을 살리기 위해서였다고 변명할 수 있겠지만, 구덩이에 그대로 두었더라면 요셉은 살았을지도 모른다. 왜냐하면 동생이 없어진 줄 뒤늦게 알게 된 르우벤이 이같이 말했기 때문이다.

> "르우벤이 돌아와서 구덩이에 이르러 본즉 거기 요셉이 없는지라 옷을 찢고 아우들에게로 와서 가로되 아이가 없도다 나는 나는 어디로 갈까"(창

37:29~30).

유다는 일을 아주 엉망으로 만들어 버렸다. 의도야 어떻든 결과적으로 그는 동생을 판 파렴치한이었다. 어떻게 아버지의 얼굴을 똑바로 보고 살아갈 수 있겠는가? 그래서 가족을 떠나면 죄책감에서 벗어나리라 생각했을 것이다. 그는 가족을 떠나 가나안 사람을 친구 삼아 은둔자의 길을 간다. 성경은 그가 가나안 사람 수아의 딸과 결혼했다고 말하지 않고, 그녀를 취하여 동침했다고 기록하고 있는데 그것은 그가 그냥 아무런 생각 없이 몸이 이끄는 대로 살았다는 뜻이다. 그는 그녀에게서 엘과 오난, 그리고 셀라를 낳았다. 요셉을 팔았을 때부터 기근이 있기 전까지 아버지를 떠났으므로, 20여 년이란 긴 세월 동안 은둔자로 살았던 것이다.

물론 요셉의 일은 유다만의 잘못이 아니었다. 르우벤은 장남으로서 동생을 살릴 마음이 있었으면 구덩이에 넣을 것이 아니라 처음부터 떳떳하게 말렸어야 했다. 그런데도 그는 유다처럼 양심의 가책으로 괴로워하지 않았다. 오직 유다만 그 긴 세월을 힘들어했던 것이다.

유다의 삶은 결코 평탄하지 않았다. 엘이 장성하자 가나안 여인 중 다말이라는 여인을 며느리로 취했는데, 엘이 하나님 앞에 악하므로 하나님이 그를 죽이셨다. 그래서 그녀를 다시 둘째인 오난에게로 들어가게 했는데, 오난 역시 여호와의 목전에 악하므로 죽임을 당한다. 그러자 셋째인 셀라마저도 형들처럼 죽을지도 모른다고 생각하여 셋째를 다말의 남편으로 주지 않고, 그녀를 친정으로 보내버린다. 그녀에게는 셀라가 장성하기까지 기다리라고 했지만, 그는 추호도 셀라마저 죽음으로 내몰고 싶지 않았다(창 38:11).

얼마 후 아내인 수아의 딸이 죽자, 그는 위로를 받은 후 양털을 깎기 위해 친구인 아둘람 사람 히라와 함께 딤나에 이른다. 그리고 거기서 다말의 계략에 빠져 그녀와 동침하게 된다. 아마도 아내가 죽었으므로 여인이 그리웠을 것이고, 또 창녀의 의복을 입고 나타난 그녀가 며느리인 줄은 꿈에도 몰랐을 것이다. 그런데 얼마 뒤 다말이 음행하여 잉태했다는 기별을 듣게 된다. 화가 머리끝까지 치밀어 오른 그는 그녀를 끌어내 불태우라고 말한다. 아마도 그는 이렇게 생각했을 것이다.

'며느리라는 것이 음기가 세서 첫째 아들과 둘째 아들을 잡아먹더니 이제는 겁도 없이 저러고 다니는구나! 아, 어찌하여 저런 여자가 내 며느리가 되었을까?'

아버지로부터 떠나면 모든 것을 잊고 잘 살 수 있으리라 생각했는데, 상황은 점점 더 악화되었다. 두 아들이 죽은 것도 슬픈 일인데, 아내가 죽고, 급기야 며느리마저 간음으로 임신을 하다니…. 그는 이 모든 것이 하나님의 역사라는 것을 모른 채 자신의 기구한 운명을 한탄했을 것이다. 그러나 그녀가 보여준 도장과 끈(팔찌)과 지팡이가 창녀에게 준 자신의 약조물인 것을 알아차리고 즉시 자신의 잘못을 시인한다.

> "유다가 그것들을 알아보고 가로되 그는 나보다 옳도다 내가 그를 내 아들 셀라에게 주지 아니하였음이로다 하고 다시는 그를 가까이하지 아니하였더라"(창 38:26).

동서고금(東西古今)을 망라하여 시아버지가 정욕을 못 이겨 며느리를 범한 적은 있어도 며느리가 시아버지를 유혹한 것은 다말이 유일할 것이다. 다말은 의도적으로 시아버지를 유혹했고, 유다는 창녀로 알고 유혹에 넘어갔을 뿐이다. 아무리 셀라를 주지 않았다 해도 그녀의 행동은 이해할 수 없으며 결코 옳지 않았다.

하지만 다말의 입장에서는 억울했다. 그녀 때문에 엘과 오난이 죽은 것이 아니었음에도 시아버지는 셀라마저 죽을까 두려워 그녀에게 주지 않았다. 그래서 천륜을 어겨가며 시아버지에게 접근했던 것이다. 유다는 며느리와 동침했다는 죄를 숨기기 위해 그녀를 죽일 수도 있었다. 며느리가 불륜을 저지른 것을 알았을 때 불태워 죽이려 했기 때문에 충분히 이 죄를 덮을 수 있었다. 그러나 유다는 그녀의 행동을 지혜롭다고 인정했고, 그녀가 자신보다 옳다고 판단했다.

유다가 요셉을 판 것도 천륜을 저버린 것이었다. 핑계 없는 무덤이 없다고, 그는 동생을 살리려 했기 때문이라고, 그렇게 하는 것이 형제들과 원만하게 지내면서 동생을 살릴 수 있는 유일한 방법이었기 때문이라고 변명하고 싶었을 것이다. 그런데 아버지의 슬픔으로 자신이 얼마나 큰 죄를 지었는지 깨달았다. 그럼에도 그는 아버지 앞에 무릎을 꿇지 못했다. 동생을 팔았다는 죄책감이 밀려왔을 것이고, 자백했을 때 아버지와 형제들의 갈등으로 인한 후폭풍을 감당할 수 없다고 생각했을 것이다. 그는 아버지와 형제들 사이에서 고뇌했고, 그리하여 20여 년의 세월을 죄 뒤에 숨어 살았다. 그런데 세월이 흐를수록 죄의 수렁에서 벗어나지 못했고, 급기야 며느리와 동침하는 엄청난 죄악까지 저질렀다. 죄에서 도망할수록 더 큰 죄 속으로 빠져들었던 것이다.

유다는 다말을 통하여 자신의 과거를 보았다. 20여 년 전 그는 용기가 없어 동생을 구하지 못했고, 겨우 동생을 팔자는 제안만 했다. 마음 깊은 곳에서는 동생을 살려 아버지에게 데려가고 싶었지만, 다른 형제들의 눈치를 살피느라 용기 있는 한마디를 던지지 못했다. 그때는 그것이 최선인 줄 알았다. 그렇게 해서라도 요셉을 살리고 싶었다. 그런데 르우벤도 그와 똑같은 생각을 가지고 있었다. 더구나 아버지는 요셉이 죽었다고 생각하여 목놓아 울었다. 그것이 너무도 죄스러워 그 오랜 세월 동안 아버지와 연락을 끊고 살았다.

다말의 행동을 통해 유다가 20여 년 전 요셉을 팔았던 일을 되돌아봤다고 유추한 것이 지나친 상상일까? 그러나 산전수전 다 겪어 본 사람이라면 그것이 결코 지나친 상상이 아님을 인정할 것이다. 누구나 무덤에 들어갈 때까지 회한으로 남아 있는 일들이 있기 마련이다. 동생을 은 20세겔에 판 것이 어찌 가슴에 박은 못이 아니겠는가? 그리고 그 동생은 20여 년이 넘도록 생사를 알 수 없었다. 그것이 가슴에 박은 못이었다는 것은 훗날 애굽으로 양식을 사러 갔을 때 요셉 앞에서 형제들끼리 했던 말로도 확인할 수 있다.

> "그들이 서로 말하되 우리가 아우의 일로 인하여 범죄하였도다 그가 우리에게 애걸할 때에 그 마음의 괴로움을 보고도 듣지 아니하였으므로 이 괴로움이 우리에게 임하도다 르우벤이 그들에게 대답하여 가로되 내가 너희더러 그 아이에게 득죄하지 말라고 하지 아니하였느냐 그래도 너희가 듣지 아니하였느니라 그러므로 그의 피 값을 내게 되었도다 하니"(창 42:21~22).

그때의 상황은 요셉을 판 사건과 전혀 관련이 없었다. 그런데도 그들은 무슨 일이 잘못될 때마다 동생을 판 것으로 인해 그 핏값을 받는다고 생각하고 있었다. 오랜 세월이 흘렀어도 그때의 그 일은 모든 형제들의 가슴 속에 깊은 회한으로 남아 있었다. 하물며 요셉을 팔자고 제안했던 유다의 가슴에는 얼마나 큰 대못이 박혀 있었겠는가?

그는 며느리의 지혜로운 행동으로 인하여 아버지와 형제들에게 돌아간다. 비로소 그는 모든 자아를 내려놓고 하나님 앞에 엎드렸다. 다말이 세라와 베레스를 낳기 전이었을 것이다. 그는 아버지 앞에 가서 자신이 요셉을 팔았으며, 그때는 그것이 최선이라 생각했다고 고백했을 것이다. 그리고 돌아온 탕자처럼 아버지에게 눈물로 죄를 자백하려면서 이렇게 용서를 빌었을 것이다.

> "아버지여 내가 하늘과 아버지께 죄를 얻었사오니 지금부터는 아버지의 아들이라 일컬음을 감당치 못하겠나이다"(눅 15:21).

이제 7년간의 풍년이 끝나고 온 땅에 기근이 찾아왔다. 가나안 땅도 예외는 아니었다. 야곱은 애굽에 양식이 있다는 소식을 듣고, 베냐민을 뺀 열 명의 아들들에게 양식을 사 오라고 명한다. 그들은 거기서 총리가 된 요셉을 만나지만, 그가 요셉이라는 것은 꿈에도 몰랐다. 요셉은 형들을 알아보고 오히려 엄한 소리로 그들을 정탐꾼으로 몰아세운다. 그리하여 요셉의 질문에 순순히 대답하면서 자연스럽게 아버지와 베냐민의 안부도 알려준다. 요셉은 베냐민을 데리고 와야만 그들의 말이 진실하다는 것을 인정하겠다고 말하면서, 베냐민을 데리고 올 때까지 시므온을 볼모로 잡아둔다. 가나안으로 돌아온 형제들은 애굽에서 있었던 일들을 아버지에게 고하면서 또다시 양식을 사기 위해서는 베냐민을 데리고 가서 정탐꾼의 누명을 벗어야 한다고 말한다. 이에 야곱은 다음과 같이 말하며 그 제안을 거절한다.

> "너희가 나로 나의 자식들을 잃게 하도다 요셉도 없어졌고 시므온도 없어졌거늘 베냐민을 또 빼앗아 가고자 하니 이는 다 나를 해롭게 함이로다…내 아들은 너희와 함께 내려가지 못하리니 그의 형은 죽고 그만 남았음이라 만일 너희 행하는 길에서 재난이 그 몸에 미치면 너희가 나의 흰머리로 슬피 음부로 내려가게 함이 되리라"(창 42:36~38).

그렇지만 애굽에서 가져온 양식도 다 떨어지고, 어찌할 수 없는 막다른 길목에 다다르자, 야곱은 다시 애굽으로 가서 양식을 구해오라고 명한다. 이에 유다는 이같이 말하며 베냐민을 데리고 가겠다고 말한다.

> "그 사람이 엄히 우리에게 경계하여 가로되 너희 아우가 너희와 함께하지 아니하면 너희가 내 얼굴을 보지 못하리라 하였으니 아버지께서 우리 아우를 우리와 함께 보내시면 우리가 내려가서 아버지를 위하여 양식을 사려니와 아버지께서 만일 그를 보내지 않으시면 우리는 내려가지 아니하리니 그 사람이 우리에게 말하기를 너희 아우가 너희와 함께하지 아니하면 너희가 내 얼굴을 보지 못하리라 하였음이니이다…저 아이를 나와 함께 보내시면 우리가 곧 가리니 그러면 우리와 아버지와 우리 어린 것들이 다 살고 죽지 아니하리이다 내가 그의 몸을 담보하오리니 아버지께서 내 손에 그를 물으소서 내가 만일 그를 아버지께 데려다가 아버지 앞에 두지 아니하면 내가 영원히 죄를 지리이다 우리가 지체하지 아니하였더면 벌써 두번 갔다 왔으리이다"(창 43:3~10).

이에 야곱은 이렇게 이야기하면서 베냐민을 내어준다.

> "전능하신 하나님께서 그 사람 앞에서 너희에게 은혜를 베푸사 그 사람으로 너희 다른 형제와 베냐민을 돌려보내게 하시기를 원하노라 내가 자식을 잃게 되면 잃으리로다"(창 43:14).

유다는 요셉이 팔려간 이후 20여 년간 아버지를 떠났다 돌아온 탕자였다. 게다가 며느리와 동침하여 자식을 낳은 천하에 몹쓸 다 들이었다. 그런데도 야곱은 그런 유다에게 하나님의 이름으로 베냐민을 의탁한다. 그것은 그가 아버지에게 돌아왔을 때, 요셉을 팔았던 일에 대해 진심으로 회개하고 아버지와의 관계를 회복한 덕분이었을 것이다. 야곱이 베냐민을 형제들과 함께 보내려 하지 않았다는 것은 요셉을 팔았던 그들의 소행을 유다에게서 들었다는 것을 뜻한다. 왜냐하면 소년이었던 요셉은 형들에게 심부름을 보냈으면서도, 장성한 베냐민은 형들과 함께 애굽으로 보내려 하지 않았기 때문이다. 르우벤이 베냐민을 데려오지 못하면 자기의 두 아들을 죽이라고까지 했어도 야곱은 그의 말을 믿지 않았다(창 42:37~38). 그러나 결국 베냐민을 보내야 할 처지에 몰리게 되자, 회개하고 돌아온 유다의 손에 베냐민을 의탁한다.

이제 베냐민을 포함한 열 명의 형제들은 다시 애굽으로 향한다. 요셉은 죽은 친어머니의 유일한 혈육인 베냐민에게 누명을 씌워 자신의 곁에 두고자 한다. 베냐민이 함께 돌아갈 수 없게 되었을 때, 유다는 사력을 다해 호소한다

> "주의 종 우리 아비가 우리에게 이르되 너희도 알거니와 내 아내가 내게 두 아들을 낳았으나 하나는 내게서 나간 고로 내가 말하기를 정녕 찢겨 죽었다 하고 내가 지금까지 그를 보지 못하거늘 너희가 이도 내게서 취하여 가려한즉 만일 재해가 그 몸에 미치면 나의 흰머리로 슬피 음부로 내려가게 하리라 하니 아비의 생명과 아이의 생명이 서로 결탁되었거늘 이제 내가 주의 종 우리 아비에게 돌아갈 때에 아이가 우리와 함께하지 아니하면 아비가 아이의 없음을 보고 죽으리니 이같이 되면 종들이 주의 종 우리 아비의 흰머리로 슬피 음부로 내려가게 함이니이다 주의 종이 내 아비에게 아이를 담보하기를 내가 이를 아버지께로 데리고 돌아오지 아니하면 영영히 아버지께 죄를 지리이다 하였사오니 청컨대 주의 종으로 아이를 대신하여 있어서 주의 종이 되게 하시고 아이는 형제와 함께 도로 올려 보내소서 내가 어찌 아이와 함께하지 아니하고 내 아버지께로 올라갈 수 있으리이까 두렵건대 재해

가 내 아비에게 미침을 보리이다"(창 44:27~34).

유다의 호소는 정말 감동적이다. 그는 베레스와 세라를 보지 못할 수도 있었다. 그렇지만 이제 다시는 20여 년 전 그때처럼 동생을 잃을 수는 없었다. 그때는 자신의 용기 없음으로 인해 동생을 사지로 내몰았었다. 그 일로 인하여 그 긴 세월을 잃어버리지 않았던가? 그리고 옳다고 생각하는 일에 용기 있게 행동하라고 며느리가 온몸으로 가르쳐 주지 않았던가? 그래서 베냐민 대신 자신이 요셉의 종이 되겠다고 호소한다.

요셉은 유다가 호소하면서 다가오는 것을 보면서 감정을 억제하지 못했다. 그리고 모든 사람에게 나가라고 소리친 후 큰 소리로 울면서 자신의 신분을 노출시킨다. 애굽 사람과 바로의 궁이 들었다고 하니 그 울음소리가 얼마나 컸는지 짐작할 수 있을 것이다. 모든 가족이 애굽에서 평안히 살 수 있도록 발판을 마련한 것은 요셉이었지만, 그를 애굽으로 오게 한 것도, 그가 형제들을 용서하고 사랑할 수 있도록 돌이키게 한 것도 모두 유다의 공로였다. 그랬기 때문에 야곱은 가족을 이끌고 애굽으로 내려갈 때 유다를 미리 보내 요셉에게 기별하였다(창 46:28).

훗날 야곱은 죽기 전 자녀들을 불러 그 하나하나에 대하여 후일에 당할 일들을 예언으로 남긴다. 맏아들 르우벤에 대해서는 아버지의 침상을 더럽힌 것을 지적했다. 르우벤은 그 일을 행하고도 수오지심(羞惡之心)이 없었고, 침묵하였다(창 35:22). 시므온과 레위에 대해서는 디나의 일로 세겜의 남자들을 죽이고, 아버지를 곤란에 빠뜨린 일을 지적했다. 그들은 아비의 질책에 대해 오히려 세겜의 남자들이 누이를 창녀같이 대하는 것이 옳으냐고 대들었다(창 34:31). 혹 그들의 말이 맞더라도 아비의 시비지심(是非之心)을 들먹이지는 말았어야 했다.

그러나 유다는 형제들과 달랐다. 그는 요셉을 판 것을 후회하면서 차마 얼굴을 마주할 수 없었던 아버지를 멀리 떠나 젊은 시절을 회한으로 다 허비했다. 아버지의 슬픔 앞에 차마 용기가 없어 동생을 살리기 위해 팔았다는 말을 못 하고 숨어 버렸다. 그러면 잊힐 줄 알았는데, 오히려 두 아들이 죽고, 아내가 죽었으며, 급기야 며느리와 동침할 정도로 상황은 더욱 악화되어 죄악 가운데로 더 깊숙이 빠져들었다. 그는 일련의 사건들을 통해 스스로를 돌아보았고, 그래서 자기를 유혹한 며느리의 행동을 보면서 진정한 용기가 무엇인지 깨달았던 것이다.

> "유다야 너는 네 형제의 찬송이 될찌라 네 손이 네 원수의 목을 잡을 것이요 네 아비의 아들들이 네 앞에 절하리로다 유다는 사자 새끼로다 내 아들아 너는 움킨 것을 찢고 올라갔도다 그의 엎드리고 웅크림이 수사자 같고 암사자 같으니 누가 그를 범할 수 있으랴 홀이 유다를 떠나지 아니하며 치리자의 지팡이가 그 발 사이에서 떠나지 아니하시기를 실로가 오시기까지 미치리니 그에게 모든 백성이 복종하리로다"(창 49:8~10).

야곱의 축복은 당연한 귀결이었다. 그는 며느리를 통해 용기를 배웠으며, 그리하여 고뇌의 긴 터널을 빠져나왔을 때 그의 삶은 180도 달라져 있었다. 그는 아버지를 설득하여 가족을 기근에서 건졌으며, 애굽의 총리 앞에서는 목숨을 내놓고 베냐민을 지켰다. 아버지를 위해 베냐민을 데리고 돌아가려 했던 그의 간절한 모습에서, 하나님을 의지하며 담대히 살아가는 그의 변화된 삶을 확인할 수 있다. 이처럼 그는 모든 형제보다 뛰어났다(대상 5:2). 그래서 그의 후손들은 요셉의 아들들인 에브라임 지파와 므낫세 지파에 버금가는 유력한 가문을 형성하였고, 장자권을 받은 요셉보다 더 귀한 왕권을 받았다.

인간은 어쩔 수 없이 연약한 존재이기 때문에 죄의 유혹에 쉽게 빠진다. 그러나 그 잘못을 바로잡지 않고 피하면 더욱더 깊은 수렁으로 빠져들게 된다. 그래서 성경도 죄 뒤에 숨지 말고, 주 앞에 당당히 나아와 자복하고 거기서 빠져나오라고 말씀한다.

"'오직 나의 의인은 믿음으로 말미암아 살리라 또한 뒤로 물러가면 내 마음이 저를 기뻐하지 아니하리라 하셨느니라 우리는 뒤로 물러가 침륜에 빠질 자가 아니요 오직 영혼을 구원함에 이르는 믿음을 가진 자니라"(히 10:38~39).

# 10

## 이스라엘 민족의 기반을 다진 요셉

요셉은 성경의 인물들 가운데 가장 극적인 삶을 살았던 사람이다. 그는 가장 사랑받는 아들에서 죽음을 거쳐 노예로 전락했으며, 거기서 다시 그보다 못한 죄수의 신분에서 강성대국의 총리가 된 사람이었다. 세상에서 이처럼 극적인 삶을 산 사람은 요셉 말고는 없을 것이다.

요셉은 야곱의 열한 번째 아들이며, 그의 가장 사랑하는 아내 라헬이 낳은 아들이었다. 야곱은 요셉을 장자로 생각했고(창 44:27), 죽을 때 그에게 장자권을 부여했다(창 48:5). 왜냐하면 라헬은 야곱이 가장 사랑한 여인이었고, 야곱이 라반의 꾀임에 빠지지만 않았다면 그의 첫째 부인이 될 수 있었기 때문이다. 요셉은 라헬이 낳은 첫 번째 아들이었다. 그래서 야곱은 요셉에게만 채색옷을 입혀 사랑하였고, 그로 인해 요셉은 다른 형제들의 시기와 미움의 대상이 되었다.

요셉은 두 번의 꿈을 꾼다. 첫 번째 꿈은 들에서 서로 단을 묶었는데, 그의 단은 일어서고, 형들의 단은 그의 단을 둘러서서 절하는 꿈이었고, 두 번째 꿈은 해와 달과 열한 별이 그에게 절하는 꿈이었다. 이 꿈들로 인해 형들은 **"네가 참으로 우리의 왕이 되겠느냐"**(창 37:8) 하며 그를 미워하였고, 야곱도 **"나와 네 모와 형제들이 참으로**

**가서 땅에 엎드려 네게 절하겠느냐**"(창 37:10) 하며 꾸짖는다.

요셉이 17세 때, 헤브론에 거했던 야곱은 그를 불러 형들과 양 떼가 잘 있는지 보고 오라고 세겜으로 심부름을 보냈는데, 그는 세겜에서 형들을 만나지 못하고 도단까지 가서야 형들을 만난다. 형들은 멀리서 그를 보고 죽이려고 의논한다. 그러나 살려달라고 애걸복걸하는 그를 보고 르우벤이 죽이지 말고 산 채로 구덩이에 밀어 넣자고 하는데(창 42:21), 이는 나중에 몰래 살려주기 위함이었다. 르우벤이 잠시 자리를 비운 사이 유다 역시 동생을 죽일 수 없어, 형제들에게 이스마엘 사람에게 동생을 팔고 자기들 손으로 죽이지 말자고 한다. 그리하여 인근을 지나는 미디안 상인들에게 그를 팔았고, 그는 애굽의 시위대장 보디발의 노예로 넘겨진다.

> "한 사람을 앞서 보내셨음이여 요셉이 종으로 팔렸도다 그 발이 착고에 상하며 그 몸이 쇠사슬에 매였으니 곧 여호와의 말씀이 응할 때까지라 그 말씀이 저를 단련하였도다"(시 105:17~19).

어린 나이에 발이 착고에 채워지고, 몸이 쇠사슬에 매여 노예로 팔렸다는 것을 상상해 보면 그 충격과 고통이 얼마나 컸을까 능히 짐작할 수 있다. 겨우 17세인 꿈 많은 소년에게 이처럼 커다란 시련이 닥쳐왔던 것이다. 그는 평생 이 일을 잊을 수 없었을 것이다. 그때부터 그의 삶은 하나님이 아브라함에게 하신 약속과는 상관이 없는 것처럼 보였다.

> "요셉이 십칠 세의 소년으로서 그 형제와 함께 양을 칠 때에 그 아비의 첩 빌하와 실바의 아들들로 더불어 함께하였더니 그가 그들의 과실을 아비에게 고하더라"(창 37:2).

"나의 주인이 가중 제반 소유를 간섭지 아니하고 다 내 손에 위임하였으니 이 집에는 나보다 큰 이가 없으며 주인이 아무것도 내게 금하지 아니하였어도 금한 것은 당신뿐이니 당신은 자기 아내임이라 그런즉 내가 어찌 이 큰 악을 행하여 하나님께 득죄하리이까"(창 39:8~9).

이 말씀은 그가 노예로 팔리기 전이나 후에도 믿음이 흔들리지 않았다는 것을 잘 보여주고 있다. 그는 형제들의 올바르지 못한 행동을 아버지에게 고하여 바르게 살도록 했을 뿐 아니라, 스스로도 심지를 굳게 하고 하나님 앞에 범죄하지 않았다. 보디발의 아내가 유혹해 왔을 때는 스물일곱 또는 스물여덟의 욕정이 끓어오르는 나이였고, 자신만 묵인하면 아무도 모르는 일이 될 수도 있었다. 동서고금을 통틀어 여주인과 건장한 남종의 불륜에 대한 이야기는 많이 있지만, 여주인의 유혹을 거절한 남종에 대한 이야기는 들어보지 못했다. 그러나 그는 여주인의 유혹을 뿌리치고 하나님 앞에 범죄하지 않았다.

그는 죄를 짓는 것이 하나님께 대한 것임을 잘 알고 있었다. 누가복음 15장의 탕자도 이 사실을 인정했고(눅 15:21), 다윗도 우리아의 아내를 범하고 나단 선지자가 그 죄를 지적하자 똑같이 대답했다(삼하 12:13). 오늘날 현대인들은 죄에 대하여 정의를 내릴 때, 자아에 상처를 주거나 이웃에게 상처를 주는 것만 죄라고 생각한다. 한마디로 그들에게는 하나님이 없다.

그가 여주인의 유혹을 뿌리치자 큰 시련이 다가온다. 곧 여주인이 그를 모함하였고, 이에 보디발이 그를 왕의 감옥에 가둔다. 요셉은 비록 노예였지만 최선을 다해 주인을 섬겼고, 여주인의 유혹을 뿌리친 것은 주인의 신뢰를 저버리지 않고 하나님께 죄를 짓지 않기 위함이었는데, 거짓 없이 하나님과 주인을 섬긴 결과가 이것이란 말인가 하는 자괴감도 들었을 것이다.
 그러나 여기서도 하나님을 원망하지 않았기에 하나님은 그에게 커다란 은혜를 베푸셨다.

> "여호와께서 요셉과 함께하시므로 그가 형통한 자가 되어 그 주인 애굽 사람의 집에 있으니 그 주인이 여호와께서 그와 함께하심을 보며 또 여호와께서 그의 범사에 형통케 하심을 보았더라"(창 39:2~3).

> "전옥이 옥중 죄수를 다 요셉의 손에 맡기므로 그 제반 사무를 요셉이 처리하고 전옥은 그의 손에 맡긴 것을 무엇이든지 돌아보지 아니하였으니 이는 여호와께서 요셉과 함께하심이라 여호와께서 그의 범사에 형통케 하셨더라"(창 39:22~23).

 요셉의 주인인 보디발이 하나님이 요셉과 함께하시는 것을 알았고, 감옥에 갇혔을 때도 전옥이 그를 전적으로 믿고 다른 죄수들을 그의 손에 맡긴 것을 봤을 때, 그는 어떠한 상황에 처하든지 상관하지 않고 정기적으로 하나님과 함께하는 시간을 가졌던 것으로 보인다.
 이처럼 요셉이 하나님을 믿는 사람으로 신실하게 주인을 섬겼기에 보디발도 자기가 먹는 식료 외에는 일절 관여하지 않았고, 집안의 모든 대소사를 그에게 맡겼었다. 보디발이 자신의 아내를 범한(요셉은 그렇게 모함받았다) 그를 죽이지 않고 감옥에 가두었던 것은 요셉의 충성과 아내의 행실을 어느 정도 알고 있었기 때문일 것이다.
 그는 할아버지 이삭과 아비 야곱 모두로부터 영적인 영향을 받았다. 그의 나이 16세 또는 17세쯤 헤브론에서 야곱의 가족이 이삭과 합쳤는데, 대부분의 형제들이 아버지의 양을 칠 때, 그는 집에서 채색옷을 입고 아버지의 사랑을 받으며 할아버지 이삭과 함께 있었다.

그러므로 그는 이삭과 야곱으로부터 하나님의 언약에 대하여 귀가 따갑도록 들었을 것이다. 형들이 지극히 육신적이었던 것에 반해 그는 영적이었던 것은, 이삭과 야곱에게서 보고 배웠기 때문이다.

얼마 후 바로의 술 맡은 관원장과 떡 굽는 관원장이 그가 있는 감옥에 갇힌다. 요셉은 그들의 꿈을 정확히 해석했는데, 그 꿈의 해석에 따라 떡 굽는 관원장은 죽게 되었고, 술 맡은 관원장은 풀려나 그 직분을 다시 회복하게 되었다. 그때 그는 술 맡은 관원장에게 자신의 석방에 힘을 써 달라고 하면서 억울한 심정을 이같이 말한다. 그만큼 그는 암울하고, 절박했다.

> "당신이 득의하거든 나를 생각하고 내게 은혜를 베풀어서 내 사정을 바로에게 고하여 이 집에서 나를 건져내소서 나는 히브리 땅에서 끌려온 자요 여기서도 옥에 갇힐 일은 행치 아니하였나이다"(창 40:14~15).

이것이 성경에 기록된 그의 유일한 실패였다. 하나님은 그가 모든 일을 그분께 아뢰며 의지하고 신뢰하기를 원하셨는데, 그는 하나님의 손길이 너무 미약하다고 생각했는지 자신의 처지를 사람의 힘으로 해결하려 하였다. 그러나 술 맡은 관원장은 자신의 지위가 회복되자 한낱 노예이며 죄수에 불과한 요셉의 일은 잊어버렸다. 그 누가 노예를 돌아보겠는가! 더구나 그들이 밥도 함께 먹지 않을 정도로 부정하게 생각하는 히브리인이고(창 43:21) 감옥에 갇힌 비참한 인생인데…. 그렇게 2년의 세월이 흐른다. 성경도 2년의 세월을 지워버렸다.

성경은 죄수로 감옥에 갇힌 요셉의 고통에 대해 기록하지 않았지만, 하나님께 잊힌 그 시간이 얼마나 고통스러웠을지는 능히 짐작할 수 있다. 그의 삶은 끝없는 나락으로 떨어졌다. 노예의 삶도 희망이 없었지만, 죄수의 삶은 더욱 미래가 없었다. 언제 풀려날지, 아니면 죄수로 있다 오늘 죽을지 아니면 내일 죽을지 알 수 없었다. 그는 사람에게 걸었던 모든 희망을 포기하고, 하나님 앞에 자아를 내려놓고 다음과 같은 기도를 드렸을 것이다.

"내가 내 음성으로 하나님께 부르짖으리니 하나님께 내 음성으로 부르짖으면 내게 귀를 기울이시리로다 나의 환난 날에 내가 주를 찾았으며 밤에는 내 손을 들고 거두지 아니하였으며 내 영혼이 위로받기를 거절하였도다 내가 하나님을 생각하고 불안하여 근심하니 내 심령이 상하도다 주께서 나로 눈을 붙이지 못하게 하시니 내가 괴로워 말할 수 없나이다 내가 옛날 곧 이전 해를 생각하였사오며 밤에 한 나의 노래를 기억하여 마음에 묵상하며 심령이 궁구하기를 주께서 영원히 버리실까 다시는 은혜를 베풀지 아니하실까, 그 인자하심이 길이 다하였는가, 그 허락을 영구히 폐하셨는가, 하나님이 은혜 베푸심을 잊으셨는가, 노하심으로 그 긍휼을 막으셨는가 하였나이다"(시 77:1~9).

그러나 하나님은 고난이 왔을 때, "**하나님의 말씀을 너희에게 이르고 너희를 인도하던 자들을 생각하며 저희 행실의 종말을 주의하여 보고 저희 믿음을 본받으라**"(히 13:7)라고 하셨고, 예수님도 "**세상에서는 너희가 환난을 당하나 담대하라 내가 세상을 이기었노라**"(요 16:33)라고 하셨다. 요셉 역시 조상들을 이끄셨던 하나님의 은혜를 깨닫고 이렇게 기도했을 것이다.

"또 내가 말하기를시 이는 나의 연약함이라 지존자의 오른손의 해 곧 여호와의 옛적 기사를 기억하여 그 행하신 일을 진술하리이다 또 주의 모든 일을 묵상하며 주의 행사를 깊이 생각하리이다 하나님이여 주의 도는 극히 거룩하시오니 하나님과 같이 큰 신이 누구오니이까"(시 77:10~13).

그는 2년이란 기간 동안 또다시 하나님을 철저히 신뢰하는 법을 배웠으며, 그리하여 자신의 생명과 삶을 주관하시는 분은 하나님이라는 것을 확실히 깨달았을 것이다.

내가 걷는 이 길이 혹 굽어 도는 수가 있어도
내 심장이 울렁이고 가슴 아파도
내 마음 속으로 여전히 기뻐하는 까닭은 하나님은 실수하지 않으심일세
내가 세운 계획이 혹 빗나갈지 모르며 나의 희망 덧없이 스러질 수 있지만
나 여전히 인도하시는 주님을 신뢰하는 까닭은
주께서 내가 가야 할 길을 잘 아심일세
어두운 밤 어둠이 깊어 날이 다시는 밝지 않을 것 같아 보여도
내 신앙 부여잡고 주님께 모든 것 맡기리니 하나님을 내가 믿음일세
지금은 내가 볼 수 없는 것 너무 많아서 너무 멀리 가물가물 어른거려도
운명이여 오라! 나 두려워 아니하리 만사를 주님께 내어 맡기리

그런 그에게 하나님의 구원이 극적으로 찾아온다. 바로가 이상한 꿈을 꾸게 되고, 술 맡은 관원장은 요셉을 기억하여 바로에게 소개한다. 요셉은 곧 7년의 풍년과 7년의 흉년이 올 것이라고 바로의 꿈을 해석하여 서른 살에 불과한 나이에 총리가 되어 애굽 온 땅을 다스린다.

풍년의 때가 지나고 기근이 온 세상을 뒤덮게 되었을 때, 요셉의 형제들이 애굽으로 와 요셉 앞에 엎드려 양식을 사게 해달라고 요청한다. 그는 그들을 정탐꾼으로 몰아 시므온을 볼모로 삼은 후, 나머지 형제들은 곡식과 함께 보낸다. 이때 그는 그들의 무죄를 증명하

는 조건으로 베냐민을 데리고 다시 올 것을 명하고, 곡식값으로 받은 돈은 그들의 곡식 자루에 몰래 넣어 돌려준다.

애굽에서 가져온 양식이 다 떨어지자, 야곱은 어렵게 베냐민을 형들과 함께 애굽으로 보낸다. 베냐민을 본 요셉은 자신의 감정을 억누르지 못하고 몰래 울기까지 한다. 형들이 지난번 자신들이 알지 못하는 돈이 자루에 들어 있었던 일을 고하자, 그는 다음과 같이 형들을 안심시킨다.

"너희는 안심하라 두려워 말라 너희 하나님 너희 아버지의 하나님이 재물을 너희 자루에 넣어 너희에게 주신 것이니라 너희 돈은 내가 이미 받았느니라"(창 43:23).

그는 형들과 함께 연회를 베푼 후 그들을 돌려보내나, 베냐민에게는 누명을 씌워 자신의 곁에 두려 한다. 베냐민이 함께 돌아갈 수 없는 형편이 되었을 때, 유다는 사력을 다해 호소한다.

"주의 종 우리 아비가 우리에게 이르되 너희도 알거니와 내 아내가 내게 두 아들을 낳았으나 하나는 내게서 나간 고로 내가 말하기를 정녕 찢겨 죽었다 하고 내가 지금까지 그를 보지 못하거늘 너희가 이도 내게서 취하여 가려 한즉 만일 재해가 그 몸에 미치면 나의 흰머리로 슬피 음부로 내려가게 하리라 하니 아비의 생명과 아이의 생명이 서로 결탁되었거늘 이제 내가 주의 종 우리 아비에게 돌아갈 때에 아이가 우리와 함께하지 아니하면 아비가 아이의 없음을 보고 죽으리니 이같이 되면 종들이 주의 종 우리 아비의 흰머리로 슬피 음부로 내려가게 함이니이다 주의 종이 내 아비에게 아이를 담보하기를 내가 이를 아버지께로 데리고 돌아오지 아니하면 영영히 아버지께 죄를 지리이다 하였사오니 청컨대 주의 종으로 아이를 대신하여

있어서 주의 종이 되게 하시고 아이는 형제와 함께 도로 올려 보내소서 내
가 어찌 아이와 함께 하지 아니하고 내 아비에게로 올라갈 수 있으리이까"
(창 44:27~34).

유다의 호소는 정말 감동적이다. 그는 아버지가 자기를 사랑하던 때를 기억하여 감정을 억제하지 못하고 모든 사람에게 나가라고 소리친 후, 애굽 사람과 바로의 궁이 들리도록 큰 소리로 울면서 자신의 신분을 노출시킨다.

"당신들이 나를 이곳에 팔았으므로 근심하지 마소서 한탄하지 마소서 하나님이 생명을 구원하시려고 나를 당신들 앞서 보내셨나이다 이 땅에 이 년 동안 흉년이 들었으나 아직 오 년은 기경도 못 하고 추수도 못 할찌라 하나님이 큰 구원으로 당신들의 생명을 보존하고 당신들의 후손을 세상에 두시려고 나를 당신들 앞서 보내셨나니 그런즉 나를 이리로 보낸 자는 당신들이 아니요 하나님이시라 하나님이 나로 바로의 아비를 삼으시며 그 온 집의 주를 삼으시며 애굽 온 땅의 치리자를 삼으셨나이다"(창 45:5~8).

요셉은 죽음을 통과했으며, 죽음보다 더 비참한 노예가 되었던 사람이었다. 하나님의 은혜가 없었으면 이미 죽었거나 평생 노예로 살아야 하는 신분이었다. 그랬기에 자신을 죽음에 빠뜨리고, 노예로 판 사람에 대한 복수심을 뼛속 깊이 새겼을 것이다. 그러나 양식을 사러 온 형들을 봤을 때, 자신을 노예로 판 것은 형들이 아니라 자신을 연단한 후 하나님의 사람으로 만들어 가족 모두를 구원하기 위한 하나님의 섭리였음을 깨닫게 된다. 그는 형들의 그 모든 허물을 용서하고 화해했으며, 아버지를 포함한 모든 가족을 애굽의 가장 기름진 땅 고센에 거하도록 하여, 215년 만에 무려 남자만 60만 명

이 넘는 대부족으로 자라게 되는 터전을 마련하였다.

그가 애굽에서 얼마나 위대한 사람이었나 하는 것은 그 아비의 장례식으로도 확인할 수 있다.

"요셉이 아비 얼굴에 구푸려 울며 입맞추고 그 수종 의사에게 명하여 향 재료로 아비의 몸에 넣게 하매 의사가 이스라엘에게 그대로 하되 사십 일이 걸렸으니 향 재료를 넣는 데는 이 날수가 걸림이며 애굽 사람들은 칠십 일 동안 그를 위하여 곡하였더라"(창 50:1~3).

"요셉이 자기 아비를 장사하러 올라가니 바로의 모든 신하와 바로 궁의 장로들과 애굽 땅의 모든 장로와 요셉의 온 집과 그 형제들과 그 아비의 집이 그와 함께 올라가고 그들의 어린아이들과 양 떼와 소 떼만 고센 땅에 남겼으며 병거와 기병이 요셉을 따라 올라가니 그 떼가 심히 컸더라 그들이 요단강 건너편 아닷 타작마당에 이르러 거기서 크게 호곡하고 애통하며 요셉이 아비를 위하여 칠 일 동안 애곡하였더니 그 땅 거민 가나안 백성들이 아닷 마당의 애통을 보고 가로되 이는 애굽 사람의 큰 애통이라 하였으므로 그 땅 이름을 아벨미스라임이라 하였으니 곧 요단강 건너편이더라"(창 50:7~11).

야곱의 몸속에 향 재료를 40일간 넣었던 것은 바로에게만 허락된 미라를 만드는 과정이었다. 또한 애굽 사람들이 그의 장례를 국장으로 치르고 70일 동안 애곡하였고, 또다시 모든 고관백작들과 병거와 기병들이 요단 동편의 아닷 타작마당까지 와서 함께 7일간 호곡했다. 장례 행렬은 가까운 해변길을 따라 브엘세바를 거쳐 헤브론으로 간 것이 아니라, 예의를 갖추고 왕의 대로를 따라 가다가 요단 건너편 아닷 타작마당에서 격식을 갖추어 장례식을 치른 후 헤브론으로 갔다. 이 행렬을 따라가던 이스라엘 자손들의 자부심은 하늘을 찔렀을 것이다. 훗날 모세와 아론의 죽음에 온 이스라엘이 30일간 애곡한 것과 비교해 볼 때, 요셉이 애굽 사람들에게 끼친 은혜가 얼마나 컸고, 그 지위가 얼마나 높았는지 짐작할 수 있다. 그는 하나님의 은혜를 받아 근동지방을 휩쓴 7년간의 기근으로부터 애굽의 모든 백성을 구원한 사람이었다(창 47:13~26).

그는 신실함으로 부모와 형제들에 대한 사랑을 굳건히 했다. 야곱이 죽은 후 보복을 두려워한 형들이 전한 아버지의 거짓 유언과 요셉의 대답을 통해 그 진정성을 확인할 수 있다.

> "당신의 아버지가 돌아가시기 전에 명하여 이르시기를 너희는 이같이 요셉에게 이르라 네 형들이 네게 악을 행하였을찌라도 이제 바라건대 그 허물과 죄를 용서하라 하셨다 하라 하셨나니 당신의 아버지의 하나님의 종들의 죄를 이제 용서하소서"(창 50:16~17).

애굽의 총리에게는 그들을 죽일 수 있는 권세가 있었다. 그러나 그는 그 모든 일들이 하나님의 섭리 가운데 이루어졌고, 따라서 자신이 하나님을 대신할 수 없다는 것을 알았다. 그는 이제 형들의 비행을 아버지에게 고하던 과거의 요셉이 아니었으며, 그 모든 허물을 하나님의 사랑으로 넉넉히 감싸안을 수 있는 사람이 되어 있었다. 이에 그는 울면서 다음과 같이 대답한다.

> "두려워 마소서 내가 하나님을 대신하리이까 당신들은 나를 해하려 하였으나 하나님은 그것을 선으로 바꾸사 오늘과 같이 만민의 생명을 구원하게 하시려 하셨나니 당신들은 두려워 마소서 내가 당신들과 당신들의 자녀를 기르리이다"(창 50:19~21).

그는 6세 때까지 밧단 아람에서 살았고, 10여 년을 요단 동편 숙곳에서 살았으며, 17세에 애굽으로 팔려와 거기서 93년을 살았다. 그가 가나안에 거주한 기간은 1년 남짓이었지만, 그는 이스라엘 족속의 거처는 가나안 땅이며, 하나님은 분명 그들을 다시 약속의 땅 가나안으로 이끌 것이라고 믿고 있었다. 항상 하나님의 눈길이 머물러 늦은 비와 이른 비가 적당히 내리지 않으면 가뭄으로 말라버리는 그 땅은 나일강 삼각주 안에 있는 고센 땅보다 거친 땅이었지만, 오직 그곳만이 이스라엘 백성에게 약속한 땅이라는 것을 굳게 믿었기에 요셉은 생전에 장자인 에브라임으로 하여금 세겜을 경영하도록 하였다. 그리고 죽을 때 다음과 같은 유언으로 백성들에게 당부한다.

> "나는 죽으나 하나님이 너희를 권고하시고 너희를 이 땅에서 인도하여 내사 아브라함과 이삭과 야곱에게 맹세하신 땅에 이르게 하시리라 하고 요셉이 또 이스라엘 자손에게 맹세시켜 이르기를 하나님이 정녕 너희를 권고하시리니 너희는 여기서 내 해골을 메고 올라가겠다 하라"(창 50:24~25).

그는 애굽의 총리였기에 자신의 시신을 아버지 곁에 묻도록 유언할 수 있었다. 그것이 그의 간절한 소망이었다. 그러나 그 간절한 소망을 잠시 접어두고, 그는 아브라함과 이삭과 야곱에게 하신 하나님의 언약이 이루어지는 그날까지, 자기 백성 역시 동일한 믿음과 소망 가운데 머물도록 자신을 미라로 만들어 백성 가운데 두게 했다. 하나님이 정녕 그 언약을 지켜 야곱의 후손을 가나안으로 이끌 것이기 때문에, 그때가 되면 자신의 유골을 약속의 땅으로 옮기라고 했다. 그가 야곱의 자손에게 요구한 마지막 맹세는 변치 않는 하나님의 약속을 신뢰한 강력한 의지의 표출이었다(히 11:22). 그리고 오랜 세월이 흘러 애굽을 떠날 때, 모세는 요셉의 미라를 취하여 떠났다(출 13:19). 40년간의 광야 생활 중 출애굽 1세대는 모두 광야에 묻었을지라도, 그의 시신만큼은 세겜의 묘실에 무사히 안착시켰다(수 24:32). 그곳이 원래 그의 아비로부터 물려받은 그의 땅이었기 때문이다(창 48:22, 대상 7:20~24, 요 4:5).

이스마엘의 자녀들과 그두라의 자녀들, 에서의 자녀들 역시 아브라함의 후손이었다. 그러나 그들은 한 세대도 지나지 않아 약속에서 멀어졌을 뿐 아니라, 친족으로서의 관계도 끊어졌다. 그러나 야곱의 자녀들은 몇 세대를 지나도 정체성을 잃지 않았으며, 언약에서도 멀어지지 않았다. 이삭과 야곱의 신앙도 큰 역할을 했겠지만 그 모든 것을 넉넉히 감싸안은 요셉의 희생과 사랑이 컸기 때문이다. 그는 진정으로 이스라엘 민족의 기반을 세운 사람이었다.

## 하나님은 실수하지 않으신다네

내가 걷는 이 길이 혹 굽어 도는 수가 있어도
내 심장이 울렁이고 가슴 아파도
내 마음 속으로 여전히 기뻐하는 까닭은
하나님은 실수하지 않으심일세
내가 세운 계획이 혹 빗나갈지 모르며
나의 희망 덧없이 스러질 수 있지만
나 여전히 인도하시는 주님을 신뢰하는 까닭은
주께서 내가 가야 할 길을 잘 아심일세
어두운 밤 어둠이 깊어 날이 다시는 밝지 않을 것 같아 보여도
내 신앙 부여잡고 주님께 모든 것 맡기리니
하나님을 내가 믿음일세
지금은 내가 볼 수 없는 것 너무 많아서
너무 멀리 가물가물 어른거려도
운명이여 오라! 나 두려워 아니하리
만사를 주님께 내어 맡기리

# 11
## 이스라엘의 중심에 우뚝 선 유다 지파

야곱은 죽을 때 그의 모든 아들 가운데 유다를 가장 많이 축복하여 왕권까지 주었다(창 49:8~12). 그런데 어찌 된 일인지 가나안 정복전쟁을 마치고 땅을 배분받았을 때, 유다 지파는 모든 이스라엘 중에서 가장 거칠고 척박한 가나안 남쪽 땅을 배분받았다. 그곳은 이스라엘 민족이 40년간 거주했던 광야와 가까워 농사짓기 어려운 거친 땅이었다.

그런 지형적 이유 때문인지 유다 지파는 사사 시대 이후 다른 이스라엘 민족과 분리된 공동체를 형성하고 살았다. 그런데 유다 지파가 독립된 공동체를 형성했던 것은 이 같은 지형적 요인 때문만이 아니었다. 왜냐하면 지형적 요인 때문이었다면 요단강으로 분리된 르우벤 지파, 갓 지파, 그리고 므낫세 반 지파가 유다 지파보다 더 큰 지형적 영향을 받아야 했기 때문이다(민 32:33). 유다 지파가 이스라엘 지파와 분리된 공동체를 형성했던 것은 지형적 이유 외에도 그들 가운데 이민족이 많았기 때문이다. 출애굽 때부터 이민족과 어울려 살아야 했던 역사적 선택 때문에 그들 가운데는 이방인이 많았다.

애굽의 총리였던 요셉의 후손을 뛰어넘어 이스라엘의 중심으로 올라선 유다 지파를 이해하기 위해서는 먼저 이스라엘의 출애굽부터 정확히 살펴볼 필요가 있다.

출애굽한 이스라엘 민족은 3월 초하루, 즉, 45일 만에 시내광야에 도착한다(출 19:1). 그들은 여기서 약 11개월간 머물면서 율법을 받고, 성막 제작법과 함께 하나님을 섬기는 예법을 받는다. 그리고 이듬해 제2월 1일에 20세 이상 50세 이하의 남자들을 계수하여 군대를 편성한다(민 1:1). 그들은 부대를 편성한 후 20일간의 짧은 기간 동안 부대 깃발에 따라 숙영할 때와 행군할 때, 그리고 전투에 임할 때 어떻게 일사불란하게 움직여야 하는지에 대해 훈련했다. 지파마다 사용하는 깃발과 두 개의 은나팔에 의한 신호에 따라 지휘관(천부장)의 지휘 아래 일사불란하게 움직이는 전술기동훈련을 실시한 것이다(민 10:2~12). 그리고 제2년 2월 20일에 시내광야를 떠나 가나안으로 향한다(민 10:11). 전투 경험이 없는 그들에게 20일은 너무 짧은 시간이었다.

숙영하여 진을 칠 때는 가운데 성막을 중심으로 동쪽의 유다 지파 74,600명, 잇사갈 지파 54,400명, 스불론 지파 57,400명을 제1군으로 하고, 남쪽의 르우벤 지파 46,500명, 시므온 지파 59,300명, 갓 지파 45,650명을 제2군으로 하였다. 그리고 서쪽의 에브라임 지파 40,500명, 므낫세 지파 32,200명, 베냐민 지파 35,400명을 제3군으로 하고, 북쪽의 단 지파 62,700명, 아셀 지파 41,500명, 납달리 지파 53,400명을 제4군으로 하였다. 그리하여 군인의 총 숫자는 603,550명이었다(민 2:3~31). 100명 이하의 숫자는 절사하거나 절상한 것을 봤을 때 백부장 단위로 군대를 편성한 것으로 보인다. 또한 행군할 때는 제1군과 제2군 사이에 레위 지파 중 게르손 자손과 므라리 자손이 성막을 메고 따라갔으며, 제2군과 제3군 사이에는 레위 지파 중 고핫 자손이 언약궤와 같은 성물을 메고 따라갔다(민 10:14~27).

여기서 잠깐 유다 지파에 속한 군인의 수를 살펴보자. 인구 증가

모델에 대입했을 때, 70쌍(140명)이 애굽으로 들어갔으므로(창 46:27), 215년간 연간 7퍼센트로 증가했다면, 1,290,942명이 되는데(남녀 합계), 고대에 이 정도의 인구증가율은 기적에 가까운 증가율이다. 역대상에 나온 족보를 봤을 때, 연간 7퍼센트 이상 되지 않았을 것이다. 이것을 12지파로 나누면 지파당 남자만 53,789명이 된다. 그런데 유다는 며느리와 엉겹결에 동침하여 자식을 낳았으므로 더는 생산하지 못했고, 다른 형제들에 비하여 한 세대나 늦게 출발했다. 그래서 그들의 자녀 3명 즉, 많이 양보해서 두 살짜리 아이가 배우자가 있어 6명이 215년간 7퍼센트로 증가했다고 해도 약 4,244명의 군인이 나온다(연간 8퍼센트이면 47,314명). 그런데 유다 지파의 군인이 74,600명으로 비정상적으로 많은 것은 쉽게 이해되지 않는다(민 2:4~32). 군인으로 계수되지 않은 레위 지파 8,580명을 빼면 더더욱 이해되지 않는 숫자이다.

구체적으로 따져보자. 야곱이 그의 자손들과 함께 기근을 피해 애굽으로 내려갈 때, 요셉의 나이는 39세였고 유다의 나이는 42세쯤 되었다. 그런데 유다는 애굽으로 가기 전 며느리와 동침하여 쌍둥이 베레스와 세라를 낳았다. 그러므로 애굽으로 떠날 때 쌍둥이의 나이는 두어 살도 안 되었을 것이다. 이때 셀라(유다의 셋째 아들)의 자녀에 대한 언급이 없고, 두어 살 정도밖에 되지 않았던 베레스에게만 헤스론과 하물이라는 두 아들의 이름이 기록된 것을 봤을 때(창 46:12), 이는 후대에 성경을 기록한 누군가가 왕의 후손인 다윗의 계보를 알려주기 위해 첨가한 것이다.

요셉도 유다와 비슷한 시기에 자녀를 낳았다. 요셉의 아들인 므낫세와 에브라임은 7년 풍년의 기간 중 태어났으므로(창 41:50), 그들의 나이는 유다의 쌍둥이보다 네다섯 살 정도 많았을 것이다. 그래서 출애굽 때까지 유다의 후손은 '베레스 → 헤스론 → 람 → 아미나답 → 나손'으로 5세대만 흐른 반면(대상 2:4~10; 민 1:7), 요셉의 후손은 '에브라임 → 브리아(막내 아들) → 레셉 → 델라 → 다한 → 타단 → 암미훗 → 엘리사마 → 눈'으로 9세대가 흘렀다(대상 7:23~27; 민 1:10). 따라서 애굽을 떠날 때 당연히 더 많은 세대가 흐른 에브라임과 므낫세의 병력이 많아야 됨에도 에브라임 지파의 군인들은 고작 40,500명, 므낫세 지파의 군인들은 32,200명이었다. 즉 유다 지파의 군인들이 이 두 지파의 군인을 합한 숫자보다 많았다. 실제로 성막 봉사와 제사에 동원된 30세 이상 50세 이하의 레위 지파의 남자들은 '고핫 → 아므람 → 모세'로 3세대밖에 흐르지 않아 8,580명에 불과했다(민 3:14~39). 유다 지파의 병력이 이처럼 많았던 것은 한 가지 이유밖에 없다. 그것은 그들의 부대에 이민족이 섞였기 때문이다.

실제로 요셉이 애굽의 총리로 있을 때 기근을 피해 애굽으로 왔던 사람들은 이스라엘 민족만이 아니었다. 애굽은 요셉으로 인하여 기근에 대비할 수 있었고, 그로 인해 주변의 많은 민족들이 애굽으로 이주했을 것이다. 그리고 요셉을 알지 못하는 왕조가 애굽을 지배하게 되었을 때, 이스라엘 자손들이 핍박을 받았던 것처럼 애굽에 거주하던 다른 민족들도 어려움을 겪었다. 사람들은 성경에 이스라엘 민족에 대한 이야기만 나오기에 야곱의 후손만 핍박을 받았을 것으로 생각하지만, 새로운 통치자들은 이스라엘 민족만 미워한 것이 아니었다. 그랬기 때문에 이스라엘 민족이 애굽을 탈출할 때 이민족도 이스라엘과 함께 출애굽 여정에 올랐다(출 12:38). 그들은 중다한 잡족(a mixed multitude)이었다. 그래서 하나님은 함께 탈출한 타국인에 대한 유월절 규례도 이스라엘 민족과 동일하게 적용하셨다(출 12:48~49 민 9:14).

그들도 이스라엘과 동일하게 홍해의 기적을 겪었고, 만나와 메추라기를 먹었으며, 광야 40년 동안 같은 어려움에 처했다. 주류가 아니었기에 불만도 컸던 그들은 때때로 여론을 주도하여 이스라엘을 범죄하게 하였다(민 11:4). 그럼에도 큰 무리였던 그들은 이스라엘 가운데 일정 부분 역할을 담당했을 것이다. 즉 군대를 편성할 때 그들도 동일한 임무를 부여받았을 것이다. 구약성경은 이스라엘의 입장에서 기록된 것이기에 그들이 군대에 동원되었다는 내용은 나오지 않는다. 그러나 현실적으로 봤을 때 그들의 젊은이도 군대에 동원될 수밖에 없었다.

이스라엘은 레위 지파를 제외한 열두 지파를 중심으로 군대를 편성하였다. 이스라엘 민족이 출애굽의 주류였기 때문이다. 그리고 나머지 잡족들은 각 지파에 흡수되어 편성되었을 것이다. 그런데 과거부터 전쟁에 참여했던 지휘관들은 다른 민족끼리 부대를 섞지 않는 것을 불문율로 여겼다. 동일한 민족이나 친족으로 부대를 편성해야 서로의 생명을 맡길 수 있기 때문이다. 그렇다면 잡족들을 여러 지파에 흩어 혼잡하게 한 것이 아니라, 하나의 지파 속에 넣어 혼성 부대로 편성했을 가능성이 크다. 그리고 그들을 받아준 지파는 아마 유다 지파였을 것이다. 유다 지파는 다른 지파에 비해 적은 세대만 흘렀기 때문에 상대적으로 타 지파에 비해 적은 무리였다. 따라서 유다 지파는 대부분 이민족으로 편성되었을 것이다.

유다 지파가 잡족으로 구성된 혼성 부대였을 것으로 보는 또 다른 이유는 그들이 부대의 선봉에 섰기 때문이다(민 10:14). 과거로부터 선봉에 서는 것은 두 가지 이유 때문이다.

첫째, 큰 공을 세우기 위해서이다. 큰 공을 세우는 기회는 선봉에 섰을 때 많으며, 목숨을 건 만큼 보상도 크다.

둘째, 주류가 아니기 때문이다. 평범한 군인들은 목숨을 내놓을 정도로 위험한 선봉부대에 서는 것을 두려워한다. 그래서 과거로부터 선봉은 대체로 용병들이 담당하였다.

그들이 선봉에 살 수 있었던 두 가지 가능성을 두고 봤을 때, 그들은 용감해서 선봉에 선 것이 아니라 이민족으로 편성된 부대였기 때문일 가능성이 크다. 왜냐하면 유다 지파의 갈렙은 선봉에 설 정도로 용감했지만 보상을 받은 것이 아니라 네게브 사막에 가까운 거칠고 척박한 땅을 분배받았기 때문이다. 요단 동편의 기름진 땅은 오히려 르우벤 지파, 갓 지파, 그리고 므낫세 반 지파가 차지했다(민 32:1~33). 그들은 심히 많은 가축으로 인하여 요단 동편의 땅을 요구했는데, 이치적으로 따져볼 때 그들의 두 배나 되는 인구를 가진 유다 지파가 더 많은 가축을 소유했을 것이다. 그러나 유다 지파는 잡족들로 구성된 집단이라 감히 요단 동편의 땅을 요구할 수 없었고, 선봉에 서서 전쟁을 치른 후 단독으로 가나안 남방을 개척해야만 했다(수 14:6~13).

실제로 유다 지파에 속한 군인들 가운데 이민족의 이름이 언급되고 있어, 유다 지파가 이민족과 혼합된 부대라는 것을 확인할 수 있다. 유다 지파의 두령인 여분네의 아들 갈렙은 유다 지파 사람이 아니었다. 성경은 그를 유다 지파(에 속한) 그나스(또는 그니스) 사람 여분네의 아들이라고 말한다(민 14:6, 32:12; 수 14:14; 삿 1:13). 그의 딸 악사와 결혼한 이스라엘의 첫 번째 사사인 옷니엘도 그나스의 후손이었다(수 15:17). 그러므로 만약 그나스가 유다 자손이라면 유다의 후손 중에서 그 이름이 언급되어야 한다. 그런데 이스라엘의 족보를 기술한 역대상 1~8장을 아무리 살펴봐도 그나스의 이름은 유다 지파의 족보에서 찾을 수 없다. 오히려 에서의 후손 가운데서 그나스를 확인할 수 있다. 에서는 첫 번째 부인인 헷 족속 엘론의 딸 아다(타스맛)에게서 엘리바스를 낳았고, 엘리바스의 아들 중에 그나스가 있으며, 그 후손을 그나스 족속이라 불렀다(창 36:10~16; 대상 1:36, 53). 또한 이드로의 후손인 겐 족속이 가나안 정복 이후 유다 남방에 거주한 것만 봐도 유다 지파가 이방 민족과 함께한 것을 알 수 있다(삼상 15:6~7, 27:10). 이렇게 유다 지파에 속한 부대가 혼성 부대였다는 것은 군인들의 숫자와 이름을 통하여 확인할 수 있다.

광야 40년의 기간 동안 시내광야에서 계수된 군인들 중 여호수아와 갈렙을 제외한 모든 남자들이 죽은 뒤(민 26:63~65; 신 2:16), 출애굽 2세대는 모압 평지에서 다시 부대를 편성하여 가나안으로 나아갔다. 성경을 읽는 독자들은 애굽을 떠날 때 20세 이상이었던 사람들 중 여호수아와 갈렙을 제외하고 모두 광야에서 죽은 것으로 착각한다. 그러나 성경이 광야에서 죽었다고 언급한 사람들은 군인으로 계수된 남자들만이었다(신 2:16). 그들만 가데스바네아의 저주에 묶여 있었다(민 14:29~30). 그랬기 때문에 애굽을 떠날 때 20세가 넘었던 엘르아살과 이다말은 여호수아, 갈렙과 함께 가나안에 들어갔다. 즉 출애굽 당시 20세가 넘었지만 계수에서 빠진 레위 지파와 여인들 중 많은 사람들이 가나안으로 들어갔을 것이다.

모압 평지에서 군인으로 계수된 출애굽 2세대는 시내광야에서 편제한 형태를 그대로 따랐다. 그들은 가나안에 들어가기 전 주변 부족과의 전쟁을 통해 전투력을 점검했고, 그 과정에서 자연스럽게 담력도 키웠다. 그리고 유다 지파에 속한 군인들은 다른 지파의 도움 없이 스스로 헤브론을 정복한다. 그곳에는 장대한 아낙 자손이 살고 있어 감히 어느 누구도 정복하려고 하지 않았는데, 갈렙의 지휘를 받은 유다 지파에 속한 군인들이 그 땅을 점령하였다(수 14:6~13). 그로 인해 순혈주의를 주장한 이스라엘 민족과 유대인 사이에 조금씩 보이지 않는 간극이 생기게 되었다. 사울 왕 때까지 종종 이스라엘과 유다를 각각 언급하는 구절이 나오는데(삼상 11:8, 15:4, 17:52, 18:16 등), 이는 이미 출애굽 때부터 생겼던 간극이 상당히 커졌음을 뜻한다. 다윗의 강력한 왕권으로 이 간극은 어느 정도 봉합된 것처럼 보였지만, 솔로몬 사후 이스라엘은 이스라엘과 유다로 완전히 갈라서게 된다.

한편 유다 지파의 군인들이 점령한 땅은 넓은 지역이었지만 거칠고 척박한 땅이었다. 아주 넓은 지역이라 출애굽의 마지막 여정에서 이스라엘의 발목을 잡아 미운 털이 박힌 시므온 지파를 그곳으로 보내 함께 살도록 하였다. 그러나 시므온 지파는 목초가 풍부한 그돌 지경으로 갔고, 일부는 세일산으로 떠났다(대상 4:39~43). 그리고 더러는 물이 풍족한 이스르엘 평원이나 에브라임 산지로 이동하였다(대하 15:9). 그럼에도 유다 지파는 광야 40년간 동고동락했던 이방 족속과 함께 그 땅에서 함께 유업을 잇고 살았다(대상 2:50~55, 삼상 15:6, 27:10 등). 훗날 다윗의 용사 중에 이방 사람이 절반에 가까웠던 것도 그들이 유다 지파와 함께 신앙생활을 했기 때문이다(삼하 23:24~39; 대상 11:10~47). 유다 땅에 거했던 사람들은 이방인이 많게는 3분의 2 이상 되었을 것이다. 그래서 그 땅에 거하는 사람들을 유다 자손 또는 유다 지파라 부르지 않고, 이스라엘 자손과 구분하여 유다 사람으로 불렀다(삼상 11:8, 15:4, 17:52 등). 이것은 마치 에브라임 땅에 거하는 사람들을 에브라임 사람이라 불렀던 것과 같은 이치였다 [삼상 1:1(레위인), 17:12(유다인), 삼하 20:21(베냐민인)]. 성경은 분명 에브라임 자손과 에브라임 사람, 유다 자손과 유다 사람을 구분하여 사용하고 있다. 이스라엘 민족은 유다 사람을 별도로 구분하여 마치 이방인처럼 대했던 것이다. 사사기와 사무엘서를 읽으면 계속적으로 거슬리게 구분하는데, 아무도 이를 눈치채지 못하는 듯하다.

이방 민족과 함께 살았던 유다 지파가 이스라엘의 본 지파보다 신앙이 좋았던 것은 그들 가운데 제사장들이 살았기 때문이다. 제사장을 포함한 레위 지파 사람들은 이스라엘의 신앙을 위하여 가나안 땅 곳곳에 흩어져서 백성들의 신앙을 담당하였다. 대체로 모든 지파들이 각각 3~4개의 성읍을 레위 지파를 위해 내놓은 반면, 유다 지파와 베냐민 지파는 제사장들을 위해 13개 성읍을 내놓았다(수 21:4~41). 제사장은 레위 지파 고핫 자손 중 오직 아론의 후손에게만 부여된 직책이었기 때문에 그 숫자는 아주 적었다. 그럼에도 유다 지파는 13개의 제사장 성읍 중 헤브론을 포함하여 무려 9개 성읍을 내놓았던 것이다(수 21:13~16).

그런데 이로 인하여 이 땅에 거주했던 백성들의 신앙은 다른 지역보다 더욱 굳건해졌다. 예배를 준비한 사람들은 레위인이었지만, 예배를 주관한 사람들은 제사장이었기 때문이다. 더구나 제사장들은 다른 지파들에 비하여 더 많은 지역에 퍼졌으므로 유다 사람의 신앙을 굳게 인도할 수 있었다. 유다 지파와 함께 살았던 레갑 족속마저도 제사장의 영향을 받아 서기관 족속으로 불릴 만큼 신앙심이 뛰어났다(대상 2:55). 다윗의 신앙은 이러한 토양 가운데서 자라났다.

훗날 블레셋에 의해 **빼앗긴** 언약궤는 유다 지파의 땅이며 제사장이 거주하던 벧세메스로 돌아왔는데(삼상 6:9~15), 이것으로 인하여 에브라임 지파 가운데 있었던 성막과 언약궤는 자연스럽게 유다 지파로 옮겨지고, 제사장들에 의해 유다 지파 안에서 신정국가의 틀이 하나둘 자리 잡는다. 사무엘에 의해 신앙의 틀이 잡히고, 유다 지파의 다윗과 솔로몬의 출현으로 마침내 이스라엘 전체가 온전히 하나님을 섬기는 신정국가로 완성되었다. 유다 지파로 인하여 이스라엘 전체가 복을 받고 이방인까지 그 복을 누렸던 것이다.

그러나 훗날 바벨론 포로에서 귀환한 유대인들이 이러한 역사적 사실을 무시하고 에스라와 느헤미야를 중심으로 **'사로잡혔던 자의 회(모임)'**(스 10:8)를 조직하여 유대인 우선주의 정책을 시행하였고, 출애굽 이후부터 유대 땅에 함께 살았던 하나님을 믿는 이방인을 배척하기 시작했다. 동시대 선지자인 말라기를 통하여 계속 경고했음에도 그들은 듣지 않았다. 결국 하나님이 더는 계시하지 않으셨고, 예수님이 오실 때까지 400여 년간 침묵하셨다. 신약성경에서 예수님이 말라기는 인용하셨지만 에스라와 느헤미야는 인용하지 않으셨던 것도, 그때 이후로 더더욱 유대인들이 하나님의 뜻을 거스르는 삶을 살았기 때문이다.

만민에게 적용되었던 여호와의 절기가 신약시대에 와서 유대인의 명절로 전락했던 것도 그 때문인데, 그 이유를 잘 모르면서 사람들은 이스라엘이 범죄해서 여호와의 절기가 유대인의 명절로 전락했다고 말하곤 한다.

하나님의 구속 사역에는 어제나 오늘이나 내일도 항상 유대인뿐 아니라 이방인도 포함되어 있다. 그러나 안타깝게도 이 사실을 모르는 유대인과 그리스도인들이 많다.

"또 나 여호와에게 연합하여 섬기며 나 여호와의 이름을 사랑하며 나의 종이 되며 안식일을 지켜 더럽히지 아니하며 나의 언약을 굳게 지키는 이방인마다 내가 그를 나의 성산으로 인도하여 기도하는 내 집에서 그들을 기쁘게 할 것이며 그들의 번제와 희생은 나의 단에서 기꺼이 받게 되리니 이는 내 집은 만민의 기도하는 집이라 일컬음이 될 것임이라"(사 56:6~7).

# 12
## 이스라엘 민족의 장자 에브라임 지파

야곱은 죽기 전 요셉의 두 아들 므낫세와 에브라임을 자기 아들로 삼았고, 둘째 아들인 에브라임을 이스라엘 민족 전체의 장자로 선언하였다(창 48:5). 그리고 자신이 돈으로 사고 싸워 탈취한 땅 세겜을 요셉에게 유산으로 준다(창 48:22; 요 4:5~6). 이스라엘의 장자인 요셉은 약속의 땅으로 자손들을 이끌어야 한다는 사명을 깊이 간직하고 있었다. 그랬기 때문에 그는 아비의 장례 행렬을 왕의 대로로 인도하다 아닷 타작마당에서 요단을 건넜다(창 50:10).

아닷 타작마당은 길갈 맞은편 싯딤일 가능성이 크다. 이곳이 '**왕의 대로**'에서 요단을 건너 헤브론까지 가는 최단 거리이기 때문이다. 요셉이 '**해변길**'을 따라가다 브엘세바를 거쳐 헤브론으로 향하는 '**족장들의 길**'을 버리고, 두 배나 먼 '**왕의 대로**'를 장례 행렬의 길로 택했던 것은 세 가지 이유 때문인 것으로 보인다.

첫째, 요셉 자신의 권세를 인근의 국가들에게 과시하기 위함이었다. 요셉은 애굽뿐 아니라 근동을 휩쓸었던 7년의 기근에서 사람들을 구원한 사람이었다. 그리고 이로 인해 애굽을 강성대국으로 이끌었다. 애굽의 고관백작들을 거느리고 좁은 족장들의 길을 따라 가지 않고 넓은 왕의 대로를 따라 아비의 장례 행렬을 인도했던 것은 이스라엘 자손의 하나님을 선전하기 위함이었을 것이다.

둘째, 큰아버지 에서가 야곱의 장례 행렬을 보고 싶어 했을 가능성이 크다. 아브라함이 175세를 살았고, 이삭이 180세를 살았는데, 야곱은 겨우 147세밖에 살지 못했다. 따라서 에서가 그때까지 생존해 있었을 것이고, 요셉에게 세일을 거쳐가도록 요청했을 것이다.

셋째, 에브라임을 세겜으로 보내어 그 땅을 개척하도록 하기 위함이었을 것이다. 므낫세와 에브라임은 20대 청년이었고, 야곱에 의하 장자의 서열이 바뀐 것 때문에 형제간의 반목이 있을 것이 뻔했다. 장자의 명분을 빼앗은 것으로 인하여 야곱이 당한 고난을 요셉은 직접 눈으로 목격했기 때문에 아들들이 장자의 명분을 두고 싸우는 것을 원치 않았을 것이다. 그리하여 므낫세는 총리 아들의 역할에 충실하도록 애굽에 붙잡아두고, 에브라임에게는 이스라엘의 장자로서 세겜을 개척하도록 했을 것이다. 세겜의 원주민들도 애굽의 고관백작과 함께 온 야곱의 장례 행렬로 인하여 에브라임이 세겜에 거주하는 것에 이의를 제기하지 않았을 것이다.

요셉이 에브라임의 자손 삼 대까지 보았고 므낫세의 아들 마길의 아이들을 자신의 무릎에서 키웠다고 한 것은, 에브라임을 세겜으로 보내고 므낫세의 자손만 자신의 슬하에서 키웠기 때문일 것이다(창 50:23). 그가 죽을 때 자신의 백골을 후손들 가운데 두고, 훗날 가나안에 장사할 것을 유언으로 남긴 것도 하나님의 약속을 믿었기 때문이다.

만약 이스라엘 자손이 하나님과 조상들의 언약에 유념했다면 기근이 끝났을 때나 요셉이 죽었을 때 가나안으로 되돌아갔어야 했다. 그러나 기름진 나일강 삼각주 지역을 떠나 가나안으로 귀환하기는 쉽지 않았을 것이다. 같은 국가 내에서 살던 땅을 떠나 타지로 가는 것도 쉽지 않은데, 민족 전체가 기름진 땅에서 척박한 땅으로 되돌아가는 것은 더더욱 힘들었을 것이다.

오직 에브라임만 기름진 고센을 떠나 세겜에 정착하여 수델라를 포함한 여러 명의 아들들과 딸 세에라와 함께 땅을 넓혀갔다. 그러던 중 두 아들 에셀과 엘르앗이 가드 원주민에게 살해된다. 물론 그들은 가드인의 가축을 빼앗으려다 살해된 것이지만, 이는 가나안 개척의 어려움을 보여주는 사건이었다. 이때 에브라임이 여러 날 슬퍼하자 형제들이 가나안으로 와서 그를 위로하였다(대상 7:21~22). 사실 그는 강성대국 애굽 총리의 장자라는 권세로 세겜에서 가나안으로 땅을 넓혀갔을 것이다. 그런데 두 아들이 살해당했을 때, 세상의 권세가 아무리 뛰어나다 할지라도 하나님이 함께하시지 않는다면 안전하지 않다는 것을 깨닫고, 하나님 앞에 자아를 내려놓고 엎드렸을 것이다. 그 뒤로 막내 아들 브리아가 태어나자 그는 더욱 심기일전하여 민족의 터전을 건축하는 데 전념했다. 더불어 딸 세에라도 아래와 윗 벧호론과 우센세에라를 개척하여 에브라임에게 힘을 보탰다(대상 7:24).

에브라임이 개척한 땅은 세겜, 벧엘, 벧호론, 에브랏(베들레헴) 등 에브라임 산지를 포함하는 땅, 훗날 에브라임과 베냐민 및 유다 지파 일부에게 배분된 땅이었다. 이스라엘 백성이 출신과 상관없이 그 땅에 거한 사람을 에브라임 사람이라 불렀던 것은 애굽에 거할 때부터 에브라임 지파가 이 땅들을 개척했기 때문이다[삼상 1:1(레위인), 17:12(유다인), 삼하 20:21(베냐민인)]. 유다 땅에 거했던 이방인을 포함한 모든 사람을 유다 사람이라 부른 것처럼(삼상 11:8, 15:4, 17:52 등), 에브라임 땅에 거했던 사람들을 지파와 상관없이 에브라임 사람이라 불렀던 것이다.

가나안을 개척한 에브라임 지파는 이스라엘의 출애굽 때 여호수아를 앞세워 홍해를 건넌 백성들과 시내산 인근에서 합류한다. 이때 이스라엘은 큰 어려움에 직면해 있었다. 아말렉이 이스라엘의 연약한 후미를 쳤기 때문이다(신 25:18). 이에 모세는 여호수아로 하여금 아말렉과 싸우라고 한다. 여호수아는 군대를 조직하여 칼을 들그 나아가 아말렉과 싸워 이겼다(출 17:9~13).

이스라엘은 애굽을 탈출할 때 애굽 사람에게서 은금 패물과 의복 같은 물품은 취하였으나, 무기는 받지 않았다(출 12:35~36). 그런데 르비딤에서 아말렉이 무기도 없는 이스라엘을 괴롭혔던 것이다. 이스라엘을 추격했던 애굽 군대의 무기는 홍해에 수장되었으며(출 14:30), 홍해를 건넌 지 약 한 달 만에 르비딤에 도착했기 때문에 무기를 만들 시간도 없었다. 그 기간 동안 이스라엘은 물과 양식이 없다고 불평만 했을 뿐이다.

여호수아가 순식간에 칼을 들고 아말렉과 싸울 수 있었던 것은 그와 함께 나섰던 에브라임 지파 브리아 자손의 도움이 있었기 때문일 것이다(민 1:10, 대상 7:25~27). 이후 여호수아는 가나안으로 귀환하지 않고 광야 40년 동안 이스라엘 백성과 동고동락하였다.

만약 요셉이 에브라임으로 하여금 세겜을 관리하게 한 선견지명(先見之明)이 없었다면, 이스라엘은 애굽 군대에서 벗어나자마자 또다시 큰 타격을 받아 시내산에 이르기도 전에 백성의 많은 부분을 잃었을지도 모른다. 군대와 전투에 대한 아무런 기반이 없었던 이스라엘에게 여호수아의 출현은 가뭄의 단비와 같았다. 모세가 '**호세아**'(구원)라는 그의 이름을 '**여호수아**'(여호와는 구원이시다)라고 바꾸었는데(민 13:16), 아말렉으로부터 이스라엘을 구원한 여호수아는 진정 하나님의 선물이었다. 하나님이 아말렉에 대하여 그토록 분노하셨던 것은 군대도 없는 이스라엘을 괴롭혔기 때문이다(출 17:8~16; 신 25:18; 삼상 15:2~3).

참고로 훗날 이스라엘 왕국이 세워지자, 하나님은 사울을 향하여 아말렉을 멸망시키라고 명하신다(삼상 15:2~3). 그때 소집한 병력이 이스라엘에서 20만 명이었고, 유다에서 1만 명이었다. 이 전쟁은 유다 남부에 거주하는 이드로의 후손인 겐 족속까지 소개할 정도로 엄청난 전쟁이었다. 사울은 아라비아 땅 하월라까지 먼 거리를 이동하면서 아말렉을 토벌하였다. 얼마나 크고 대단한 승리였던지 사울은 길갈에서 갈멜까지 이동하여 자기를 위한 기념비를 세웠다(삼상 15:12). 이 큰 승리의 영광을 하나님께 돌리지 않고 전리품마저 자신의 영광을 위해 활용했던 사울은 이 사건을 계기로 완전히 하나님으로부터 버림받는다.

또한 가데스바네아에서 열두 명의 정탐꾼이 돌아와 보고했을 때, 여호수아와 갈렙이 하나님 말씀에 순종하여 가나안 입성을 주장하였는데, 하나님은 이때 오직 갈렙만 언급하셨다.

> "오직 내 종 갈렙은 그 마음이 그들과 달라서 나를 온전히 좇았은즉 그의 갔던 땅으로 내가 그를 인도하여 들이리니 그 자손이 그 땅을 차지하리라"
> (민 14:24).

여호수아는 가나안에 터전이 있었기 때문에 '**그 땅을 차지하리라**'라고 언급할 필요가 없었다.

그리고 모세는 가나안에 입성하기 전 모압 평지에서 마지막으로 장정들을 지파별로 계수한다. 이때 에브라임 지파는 수델라 자손, 베겔 자손, 다한 자손만 언급된다. 눈의 아들 여호수아는 에브라임의 막내 아들 브리아의 자손인데, 그들이 백성의 계수에서 빠졌다(민 26:35~37). 실제로 에브라임 지파의 군인이 40년의 세월이 흘렀을 때, 40,500명에서 32,500명으로 8,000명이나 줄었다(민 2:18~19, 26:35~37). 므낫세 지파의 군인은 32,200명에서 52,700명으로 20,500명이나 는 데 반해(민 2:20~21, 26:29~34), 에브라임 지파는 광야에서 이렇다 할 사고를 치지 않았음에도 군인의 수가 크게 줄었다. 그것은 여호수아의 조부인 엘리사마를 따라왔던 브리아 자손이 광야 40년의 기간 중 자신들의 본토인 가나안으로 돌아갔기 때문일 것이다.

가나안에 입성한 이스라엘은 아이성을 점령한 후, 20마일(32km)이나 떨어진 세겜 골짜기까지 주변 민족의 저항 없이 일사천리로 들어갔다. 그것은 아마도 아이성에서 세겜까지가 에브라임 지파의 관할이었기 때문일 것이다. 그리고 여호수아는 에발산 아래 단을 쌓고 번제와 화목제를 드리고 회칠한 돌에 모세의 율법을 기록한다. 더불어 이스라엘 백성과 본토인, 이방인까지 절반으로 나누어 시므온과 레위와 유다와 잇사갈과 요셉과 베냐민 지파 등 여섯 지파를 그리심산에 세워 백성을 축복하게 하고, 르우벤과 갓과 아셀과 스불론과 단과 납달리 지파 등 여섯 지파를 에발산에 세워 백성을 저주하기 한다(신 27:12~28:68; 수 8:33~35). 더불어 긴 시간에 걸쳐 모세의 율법 전체를 낭독한다. 여기서 처음으로 본토인을 이스라엘 백성 및 이방인과 구별하여 기록한 것은 이곳에 이스라엘 족속, 즉 에브라임 지파가 있었기 때문이다. 므낫세와 에브라임을 구별하지 않고 요셉으로 기록한 것도 민족의 동질성을 위해서였을 것이다.

가나안에서 정복전쟁을 치르는 것만도 마음이 급할 텐데, 모세는 왜 이런 명령을 내렸고, 여호수아는 왜 한 달 가까운 시간을 들여 이 같은 행사를 진행했을까?

모세는 시내산에서 출애굽 1세대를 위하여 율법을 반포했고, 출애굽 1세대가 광야에서 모두 죽자 하나님을 보지 못한 출애굽 2세대를 위하여 모압평지에서 약 두 달을 머물며 또 한 번 동일한 율법을 반포하였다. 그런데 본토에 거주한 에브라임 지파는 출애굽 2세대에게 반포한 율법을 듣지 못했기 때문에, 죽음을 앞둔 모세는 그들을 위하여 세겜에서 이 같은 행사를 진행하라고 명령했었다. 본토인에게 모세의 율법을 처음부터 끝까지 선포함으로써, 그들이 출애굽 2세대와 연합하여 하나의 민족으로 동일한 민족 정체성을 간직하는 것이 무엇보다 가장 중요했기 때문이다. 아직 정복해야 할 땅이 남아 있고 주위에 수많은 적들이 있어 마음이 조급했지만, 이 일은 가장 우선적으로 해야 할 일이었다. 본토에 흩어져 있던 온 에브라임 지파가 세겜으로 모여 행사에 참여했을 것이다. 그곳이 장자의 유업으로 야곱에게 받았던 에브라임 지파의 출발지였기 때문이다(창 48:22). 이 행사는 아브라함과 이삭과 이스라엘에게 주신 하나님의 약속이 완성되었음을 선포하는 것이었으며, 요셉과 그 아들 에브라임이 그토록 간절히 원했던 소망을 이루었다는 선언이었다. 이때 그들의 민족적 자부심은 하늘을 찔렀을 것이다.

가나안 땅에서 출애굽한 이스라엘 민족의 터전을 마련했고, 모세와 함께 이스라엘의 출애굽을 도왔던 에브라임 지파는 이스라엘의 장자로서의 우월감이 무척이나 강했다. 눈의 아들 여호수아가 흔들림 없이 모세를 지지했던 것도 요셉의 유언을 가슴 깊이 새기고 있었기 때문이며, 사사 시대 때 자신들에게 말하지 않고 전쟁을 치른 기브온과 입다에게 따졌던 것도 이스라엘의 리더십이 그들에게 있었기 때문이다(삿 8:1, 12:1). 또한 솔로몬 사후에 쉽게 에브라임 지파를 중심으로 북이스라엘 왕국이 떨어져 나갔던 것도 이처럼 그들의 자만심이 하늘을 찔렀기 때문이다. 그들의 리더십에 대하여 이스라엘 백성 중 어느 누구도 토를 달지 않았다.

그들은 가나안에 입성한 후, 요셉의 해골을 조상들의 묘실인 헤브론에 안치하지 않고, 야곱으로부터 유산으로 받은 세겜에 안치했다(수 24:32). 그리고 언약궤는 벧엘(삿 20:26~27)에 두었다가 실로(삿 18:31)로 옮겼는데 이 모두가 에브라임 지파에게 배분된 땅이었다(수

16:1). 그들은 세겜에 있는 회칠한 돌에 새긴 율법판과 실로에 있는 성막과 언약궤를 매우 소중한 보물로 다루었을 것이다. 그래서 성막의 경비를 담당하는 고핫 자손 고라의 후손을 자기들 가운데 두었고 예배를 주관하는 제사장들은 유다와 베냐민 지파 가운데로 보냈다(수 21:4~5). 그런데 정작 성막과 언약궤를 고핫 자손이 거주하는 땅에 두지 않았기 때문에, 고라의 후손 역시 성막과 언약궤를 경비할 수 없었다[고핫 자손은 세겜, 게셀, 깁사임, 벧호론에 살았고(수 21:21~22), 성막은 벧엘 또는 실로에 있었다]. 그들은 아니라고 하겠지만, 그들의 이러한 망령된 조치로 인하여 사사 시대 내내 이스라엘 전체가 예배에서 멀어졌고 우상숭배에 빠졌으며, 결과적으로 이스라엘을 암흑으로 인도하였다. 모세와 여호수아는 결코 이러한 상황을 기대하지 않았을 것이다.

에브라임 지파는 예배보다 언약궤라는 눈에 보이는 것에 집착했기에 이것을 전쟁터에 끌고 다녔고, 결국 블레셋에 빼앗기게 된다. 큰 재앙을 받은 블레셋이 마부 없는 우마차로 언약궤를 돌려보냈는데, 하나님은 원래 장소가 아닌 블레셋에서 가까운 제사장 거주지인 벧세메스로 인도하셨다(수 21:16; 삼상 6:12). 이는 예배를 주관하는 제사장에게 보내는 것이 옳았기 때문이다. 훗날 사무엘과 사울, 다윗으로 이어지는 기간 동안 예배가 회복될 수 있었던 것은 성막과 언약궤가 제사장에게 있었기 때문이다. 그로 인해 이스라엘의 리더십은 자연스럽게 에브라임 지파에서 베냐민 지파, 그리고 유다 지파로 옮겨졌다. 그리고 성막과 언약궤를 경비하는 고라의 후손도 사무엘과 다윗에 의해 언약궤가 있는 기브온과 예루살렘으로 이주하였다(대상 9:22).

성막과 언약궤라는 하드웨어가 아니라, 예배하는 제사장이라는 소프트웨어가 중요했는데, 에브라임 지파는 그것을 간과했다. 요셉은 말씀을 마음에 간직하고 따랐기에 하나님 앞에 굳게 서서 민족의 기반을 세울 수 있었으나, 그 후손들은 예배에서 멀어졌기에 이스라엘의 리더십은 자연스럽게 유다 지파로 옮겨졌다. 에브라임 지파 여로보암이 솔로몬 사후에 열 지파를 규합하여 북왕국을 세웠으나, 올바른 예배가 무엇인지 깨닫지 못했기에 그의 행동은 오히려 백성을 더 타락하게 만들었고, 2대를 넘기지 못하고 바아사에게 왕권을 빼앗겼다.

야곱의 유언에 따라 요셉은 자기 후손 중에 이스라엘의 반석인 목자가 나올 것이라는 복을 받았지만, 올바른 예배를 버린 요셉의 후손들은 오히려 전복위화(轉福爲禍)되어 유다 지파와 전혀 다른 길을 걸어야 했다. 그리하여 요셉과 에브라임, 그리고 여호수아에 의해 세워진 지파의 영광은 자만에 빠진 후손들에 의해 점차 소멸되어 갔다. 애굽에서 탈출한 이스라엘 백성에게 큰 힘이 되었던 에브라임 지파 여호수아의 후손들은 그렇게 역사의 뒤안길로 사라져 갔다.

만약 그들의 이야기가 여기서 끝난다면 이스라엘 족속을 위하여 모든 것을 희생했던 요셉과 에브라임의 수고가 헛되고 안타까울 것이다. 그러나 우리가 잊지 말아야 할 것은 이스라엘(야곱)은 요셉을 장자로 삼았고, 요셉의 아들 중 차남인 에브라임을 이스라엘 전체의 장자로 삼았다는 것이다(대상 5:1~2; 창 48:5, 17~20). 야곱은 열두 아들을 낳아 이스라엘 민족의 초석을 마련했지만, 그 형제들을 하나로 묶어 민족적 기반을 확립한 것은 요셉이었다. 그리고 아비의 뜻을 받들어 약속의 땅 가나안에 민족의 터전을 개척한 사람은 에브라임이었다. 야곱이 요셉에게 내린 복은 여호수아 사사 시대 때 누렸던 이스라엘 전체에 대한 에브라임 지파의 리더십이나 북이스라엘 왕국에 대한 여로보암의 왕권으로 성취되었다고 할 수 없는 복이었다. 그래서 하나님도 범죄로 인하여 열국 가운데 흩으셨던 에브라임과 북왕국에 대하여 이렇게 예언하셨다.

"인자야! 너는 막대기 하나를 취하여 그 위에 유다와 그 짝 이스라엘 자손이라 쓰고 또 다른 막대기 하나를 취하여 그 위에 에브라임의 막대기 곧 요셉과 그 짝 이스라엘 온 족속이라 쓰고 그 막대기들을 서로 연합하여 하나가 되게 하라 네 손에서 둘이 하나가 되리라 네 민족이 네게 말하여 이르기를 이것이 무슨 뜻인지 우리에게 고하지 아니하겠느냐 하거든 너는 곧 이르기를 주 여호와의 말씀에 내가 에브라임의 손에 있는바 요셉과 그 짝 이스라엘 지파들의 막대기를 취하여 유다의 막대기에 붙여서 한 막대기가 되게 한즉 내손에서 하나가 되리라 하셨다 하고 너는 그 글 쓴 막대기들을 무리의 목전에서 손에 잡고 그들에게 이르기를 주 여호와의 말씀에 내가 이스라엘 자손을 그 간바 열국에서 취하며 그 사면에서 모아서 그 고토로 돌아가게 하고 그 땅 이스라엘 모든 산에서 그들로 한 나라를 이루어서 한 임금이 모두 다스리게 하리니 그들이 다시는 두 민족이 되지 아니하며 두 나라로 나누이지 아니할찌라"(겔 37:16~22).

이처럼 에브라임 지파가 비록 범죄했을지라도 하나님은 요셉과 에브라임의 헌신을 결코 잊지 않으셨다. 그러므로 요셉에 대한 야곱의 축복을 다시 한 번 짚어봐야 한다.

"요셉은 무성한 가지 곧 샘 곁의 무성한 가지라 그 가지가 담을 넘었도다 활 쏘는 자가 그를 학대하며 그를 쏘며 그를 군박하였으나 요셉의 활이 도리어 견강하며 그의 팔이 힘이 있으니 야곱의 전능자의 손을 힘입음이라 그로부터 이스라엘의 반석인 목자가 나도다 네 아비의 하나님께로 말미암나니 그가 너를 도우실 것이요 전능자로 말미암나니 그가 네게 복을 주실 것이라 위로 하늘의 복과 아래로 원천의 복과 젖먹이는 복과 태의 복이리로다 네 아비의 축복이 내 부여조의 축복보다 나아서 영원한 산이 한없음같이 이 축복이 요셉의 머리로 돌아오며 그 형제 중 뛰어난 자의 정수리로 돌아오리로다"(창 49:22~26).

요셉에 대한 야곱의 축복은 다분히 예수 그리스도를 생각나게 한다. 어떻게 유다 지파의 왕으로 오신 다윗의 자손 예수 그리스도에 대한 예언이 요셉에 대한 축복과 연결되는 것일까?

유다 지파 지역 안에 베들레헴이라는 작은 고을이 있다. 사람들은 이 땅을 에브랏이라고도 불렀다(룻 4:11). 그리고 다윗은 베들레헴 에브랏 사람 이새의 아들이었다(삼상 17:12). 예수님도 베들레헴 에브라다에서 태어나셨다(미 5:2; 마 2:5~6). 에브랏(또는 에브라다)은 '**에브라임 땅**' 또는 '**에브라임 사람**'이라는 뜻을 가지고 있다. 에브라임 땅이 에브라임 산지를 포함하여 꽤 넓은 지역이었는데, 특별히 이곳을 지목하여 베들레헴 에브랏이라고 한 것은, 에브라임이 이곳에 살면서 요셉의 뜻을 받들어 라헬의 묘소를 관리했기에 붙여진 지명일 수 있다(창 35:19). 사사 시대부터 이곳 베들레헴에는 갈렙의 후손들과 모세의 장인 이드로의 후손인 겐 족속이 다수 살고 있었다(대상 2:50~55). 즉 하나님을 따르는 이방 족속들이 섞여 살던 곳이었다. 따라서 다윗은 유다 지파의 후손이었지만, 에브라임 사람이면서 하나님을 신실하게 섬기던 이방인들이 살았던 땅 출신의 왕이었다. 성경은 다윗이 에브라임 사람이라는 것을 굳이 여러 번 강조하고 있다(삼상 17:12; 미 5:2 등). 더구나 다윗은 다말, 라합, 룻이라는 이방 여인들을 모계에 둔 왕이었다.

그러므로 요셉으로부터 이스라엘의 반석인 목자가 태어나신다는 예언을, 베들레헴 에브라다에서 예수 그리스도가 태어나실 것으로 받아들인다면 야곱의 예언은 성취되었다. 왜냐하면 예수님은 다윗의 가계를 따라 나셨지만, 혈통적으로는 다윗의 씨를 받은 것이 아니었기 때문이다. 즉 예수님은 다윗의 가계만 빌리셨을 뿐 성령으로 마리아에게 잉태되어 에브라임 땅에서 태어나셨다(마 1:16, 18~25). 그리고 **"네게서 한 다스리는 자가 나와서 내 백성 이스라엘의 목자가 되리라"**(마 2:6)라고 한 대제사장과 서기관들의 대답은 미가의 예언(미 5:2)보다 야곱의 예언(창 49:24)에 더 가깝다. 이것은 다윗을 염두에 둔 예언이 아니라, 다분히 요셉과 에브라임을 염두에 둔 예언이었다. 그러므로 요셉에게 주어진 야곱의 축복은 이스라엘의 장자로서 이스라엘 전체에 대한 축복이었을 가능성이 크다.

야곱의 축복에 따라 베들레헴 에브라다에서 시작된 복음은 사탄의 방해를 뚫고 전능자의 힘을 입어 무성한 가지로 뻗어 스불론과 납달리 땅에 터전을 마련했고(사 9:1; 마 4:15), 예루살렘과 온 유대와 사마리아와 땅끝까지 전파되었다(행 1:8). 이것이 바로 요셉을 향한 이스라엘(야곱)의 축복이었고, 이스라엘 족속의 장자인 에브라임에 대한 축복이었다. 에브라임은 애굽 총리의 아들이라는 영화를 버리고 두 아들이 살해당하는 고난 속에서도 민족의 터전인 가나안을 개척한 진정한 이스라엘의 장자였다.

> "내가 유다로 당긴 활을 삼고 에브라임으로 먹인 살을 삼았으니 시온아 내가 네 자식을 격동시켜 헬라 자식을 치게 하며 너로 용사의 칼과 같게 하리라"(슥 9:13).

# 13
## 이스라엘 민족의 영원한 친구 이드로 후손

모세의 장인 이드로와 그 후손들은 이방인이었지만 하나님을 섬겨 이스라엘의 중심으로 들어와 약속을 받은 민족이 되었다. 마치 이방인인 그리스도인들이 약속 안으로 들어온 것과 같다.

우선 그가 누구인지, 출신과 이름 등을 살펴보고 몇 가지 의문스러운 점을 정리하고자 한다.

첫째, 이드로는 어느 민족 사람인가?

이드로는 모세의 장인으로 미디안 족속의 제사장이었다(출 2:16~22, 3:1; 민 10:29). 미디안은 아브라함이 아내 사라의 죽음 뒤에 맞이한 후처 그두라에게서 얻은 넷째 아들이었다(창 25:1~4). 아브라함은 그의 생전에 자기의 모든 소유를 이삭에게 주었고, 서자들에게도 분깃을 준 후 이삭을 떠나 동방으로 건너가 살게 하였다. 그리하여 미디안 족속은 지금의 시나이 반도 건너편 사우디아라비아 인근에 거주하게 된다. 이드로 역시 거기에 살고 있었다.

또한 그는 겐 족속 사람으로도 불렸다(삿 1:16, 4:11). 이 말씀에 따라 혹자는 미디안 족속인 이드로가 훗날 가나안 땅에 정착하여 겐 족속을 형성했다고 설명한다. 그런데 여기에는 한 가지 오류가 있는데 겐 족속은 원래 가나안에 살고 있었던 토착 민족이었다(창 15:19).

가나안 땅에 살고 있던 민족은 겐 족속 외에도 그니스 족속, 갓몬 족속, 헷 족속, 브리스 족속, 르바 족속, 아모리 족속, 가나안 족속, 기르가스 족속, 여부스 족속 등 열 족속이 있었다(창 15:19~21). 그런데 이스라엘의 출애굽 당시, 가나안 땅에 살고 있던 민족은 가나안 족속, 헷 족속, 아모리 족속, 브리스 족속, 히위 족속, 여부스 족속, 기르가스 족속 등 일곱 족속뿐이었다(신 7:1; 수 3:10, 9:1, 24:11; 행 13:19).

이것을 봤을 때, 모세 때에 이르러 겐 족속, 그니스 족속, 갓몬 족속, 르바 족속은 가나안 땅에서 벗어났든지 멸망한 것으로 보인다. 아르에 거주했던 르바 족속은 모압 족속과 암몬 족속에 의해 멸망했고(신 2:10~11, 18~20), 그니스 족속은 가나안을 떠난 뒤 유다 지파에 흡수되었다(민 32:12). 유다 지파에 속한 갈렙이 그니스 족속이었다. 그리고 이드로의 후손을 겐 족속이라고 했는데(대상 1:16, 4:11, 2:55), 아마도 가나안을 떠나 미디안 족속과 함께 살았기 때문일 것이다. 겐 족속인 모세의 장인 이드로가 그 민족을 데리고 이스라엘 백성과 함께 가나안으로 들어왔던 것으로 보인다(삿 1:16). 마지막으로 갓몬 족속의 행방은 알 수 없는데, 모세는 갓몬 족속 대신 히위 족속을 언급했다.

참고로 겐 족속은 항상 이스라엘과 우호적인 관계를 유지했던 반면, 겐 족속과 함께 살았던 미디안 족속은 언제나 이스라엘과 적대적 관계에 있었다(민 22:2~8, 25:6~9; 삿 6~8장). 마찬가지로 그니스 족속과 아말렉 족속도 똑같이 에서와 아다 사이에서 태어난 엘리바스의 아들들이었지만, 그니스 족속은 유다 지파에 속하여 하나님의 백성이 되었고, 아말렉 족속은 출애굽 때부터 바사 제국 때까지 하나님과 적대 관계에 있었다(출 17:8~17; 삼상 15:1~9; 에 1~10장).

둘째, 호밥은 르우엘인가, 르우엘의 아들인가? 즉 그의 진짜 이름은 무엇인가?

그와 관련된 이름은 세 개이다. 즉 르우엘(출 2:18, 민 10:29), 이드로(출 3:1, 18:6), 호밥(민 10:29; 삿 4:11)인데, 민수기에서는 '**모세의 장인 미디안 사람 르우엘의 아들 호밥**'(민 10:29)이라 말하고 있고, 사사기에서는 '**모세의 장인 호밥**'(삿 4:11)이라 말하고 있어, 호밥이 모세의 장인인 르우엘인지, 아니면 르우엘의 아들인지 명확하지 않다. 킹 제임스 성경에는 '**모세의 장인 미디안 사람 라구엘의 아들 호밥**'(민 10:29)이라고 기록되어 있어 혹자는 다음과 같이 주장하기도 한다.

'**라구엘의 아들 = 르우엘 = 호밥 = 이드로**'

이렇게 보면 전혀 모순이 없어 보인다. 그런데 르우엘과 라구엘은 모두 '**하나님의 친구**'라는 뜻을 갖고 있으며, 오직 킹 제임스 성경만 '**라구엘**'이라고 기록하고 다른 역본은 모두 '**르우엘**'이라고 기록하고 있다. 그러므로 르우엘이 가진 뜻을 봤을 때, 미디안 사람들이 제사장 직책을 '**르우엘**'(또는 라구엘)이라는 명칭으로 사용했다고 보는 것이 더 타당하다. 즉 호밥도 '**르우엘**'(제사장)이고 호밥의 아버지도 '**르우엘**(제사장)'이라는 것이다. 미디안 족속도 아브라함과 그두라 사이에서 태어난 자손이기 때문에 그들 나름의 하나님을 섬겼을 것이다. 더구나 모세가 그를 처음 만나 그 이름을 알 수 없었을 때는 르우엘이라고 불렀지만, 미디안 족속을 떠난 이후로는 더 이상 르우엘이라고 하지 않았기 때문이다(출 2:18; 민 10:29 vs 삿 4:11).

민수기와 사사기에서 그를 '**호밥**'(사랑하는 자)이라고 부르고 아랍 사람들도 그를 '**쇼합**'(호밥)이라고 부른 것을 봤을 때, 이것이 그의 본명인 것으로 보인다. 이로 보아 그는 미디안 사람들로부터 사랑과 존경을 한몸에 받는 제사장이었던 것 같다.

모세는 그의 사위가 되었을 때부터 그를 '**이드로**'(탁월한 자)라고 불렀다(출 3:1). 아마도 모세가 결혼한 후에 존경의 뜻을 담아 장인을 그렇게 불렀던 것으로 보인다. 이 모든 것을 종합해 봤을 때, 모세는 장인인 '**미디안 르우엘**(제사장) **호밥**'을 '**이드로**'로 불렀다고 보는 것이 맞다.

셋째, 이드로는 처음부터 하나님을 믿었는가?

르우엘이라는 이름과 모세와의 관계를 봤을 때, 그가 하나님을 믿는 것처럼 보이기 때문이다.

> "이드로가 여호와께서 이스라엘에게 모든 은혜를 베푸사 애굽 사람의 손에서 구원하심을 기뻐하여 가로되 여호와를 찬송하리로다 너희를 애굽 사람의 손에서와 바로의 손에서 건져내시고 백성을 애굽 사람의 손 밑에서 건지셨도다 이제 내가 알았도다 여호와는 모든 신보다 크시므로 이스라엘에게 교만히 행하는 그들을 이기셨도다 하고 모세의 장인 이드로가 번제물과 희생을 하나님께 가져오매 아론과 이스라엘 모든 장로가 와서 모세의 장인과 함께 하나님 앞에서 떡을 먹으니라"(출 18:9~12).

모세는 이스라엘 백성을 이끌어 홍해를 건너고 신 광야를 거쳐 르비딤에 이르러 아말렉과의 전투에서 이긴 후, 아내와 아들들을 데리고 찾아온 이드로를 만난다. 모세는 장인을 맞으면서 여호와께서 이스라엘을 위하여 바로와 애굽 사람에게 행하신 모든 일과 길에서 당한 모든 고난과 여호와께서 그들을 구원하신 일들을 그에게 고한다. 위의 말씀은 그 이야기를 다 듣고 난 후, 이드로가 모세에게 한 답변과 행동이었다. 그가 하나님의 큰 능력을 말하는 모세의 이야기를 들은 후 "**이제 내가 알았도다**"(출 18:11)라고 응답하면서 하나님을 찬양하고 번제물과 희생을 가져와 예배한 것을 봤을 때, 그때 비로소 살아 계신 하나님을 올바로 알았던 것으로 보인다.

이제 본격적으로 그의 이야기를 살펴보자.

모세가 자기 백성을 바로의 손에서 구원하기 위해 애굽으로 떠난 뒤부터 이드로의 삶은 모세에게 초점이 맞춰져 있었다. 이드로는 모세가 이스라엘 백성과 함께 시내 광야에 올 때까지 그의 아내 십보라와 두 자녀를 돌보면서 그가 하나님의 일을 하는 데 거침이 없도록 하였다.

또한 시내광야에서 모세와 재회한 그는 천부장, 백부장, 오십부장, 십부장을 두어 백성을 다스리도록 권고하였다(출 18:13~27). 광야에서 진을 치는 방법을 잘 알고 있었던 그는(민 10:31), 군사(軍師)의 자격으로 천부장 등을 세워 부대를 편제하였고, 은나팔과 부대기를 만들어 체계적으로 전술기동훈련도 시킨 것으로 보인다(민 10:1~28). 그리하여 모세는 약 11개월 동안 율법을 받고, 성막과 제사장을 세우는 등 하나님 일에 전념할 수 있었다. 그는 진정 **'탁월한 자'**였다. 그랬기에 모세는 시내 광야를 떠날 때 그에게 함께 가자고 요청한다. 그는 이렇게 대답한다.

"나는 가지 아니하고 내 고향 내 친족에게로 가리라"(민 10:30).

이에 모세는 다시 이렇게 간청한다.

"청컨대 우리를 떠나지 마소서 당신은 우리가 광야에서 어떻게 진 칠 것을 아나니 우리의 눈이 되리이다 우리와 동행하면 여호와께서 우리에게 복을 내리시는 대로 우리도 당신에게 행하리이다"(민 10:31~32).

그들의 대화는 이렇게 끝난다. 성경에는 이드로가 모세의 요청을 거절한 내용만 있고, 다시 모세의 간청을 듣고 그와 함께 가나안으로 떠났는지 아니면 자기 고향으로 돌아갔는지 아무런 기록이 없다.

그리고 이드로의 이야기도 여기서 끝을 맺는다.

그런데 결과적으로 이드로는 모세의 간절한 요청을 뿌리치지 못했다. 모세는 가나안 정복을 위해서 책사(策士)인 이드로의 도움이 절실했던 것이다. 그리하여 그와 후손들은 모세를 따라 가나안에 들어와 유다 지파 가운데 거하게 된다. 성경은 그들을 본래 이름인 겐 족속으로 불렀다(삿 1:16).

이스라엘의 광야 길은 정말 험난한 여정이었다. 그곳은 광대하고 위험한 광야, 곧 불뱀과 전갈이 있고, 물이 없는 건조한 땅이었다(신 8:15). 얼마나 지긋지긋했으면 이스라엘 백성이 애굽의 노예 생활로 다시 돌아가겠다고 반란을 일으켰겠는가!(민 16:12~14) 더구나 이드로에게는 약속도 없었고, 분깃도 없었다. 그가 돌아가겠다고 말하면 붙잡을 사람이 아무도 없었다. 그런데도 그는 그곳에서 40년을 이스라엘과 동고동락했다. 생각해 보면 이것은 보통 사람으로서는 상상할 수 없는 결정이었다. 그는 약속을 받은 백성도 아니면서 그렇게 약속을 받은 백성처럼 살았다. 그는 이스라엘에게 일어났던 기적을 들으면서 살아 계신 하나님을 봤던 것이다. '르우엘'은 결코 허투루 붙여진 이름이 아니었다.

이후 겐 족속은 잊을 만하면 이스라엘의 역사 가운데 등장하여 경각심을 불러일으킨다.

사사 시대 때 이스라엘은 20년간 가나안 족속의 압제에 시달린 적이 있었다. 그때 이스라엘에서 바락과 드보라가 일어나 가나안 족속의 하솔 왕 야빈과 그의 군대장관인 시스라를 상대로 전투를 벌였다. 시스라는 병거와 군대를 다볼산 밑 기손 강으로 이동시켰는데, 이는 기손의 넓은 평원에서 병거들을 효과적으로 움직이고자 했기 때문이다. 그러나 기손 강의 물이 불어 병거를 제대로 움직일 수 없었고, 바락이 이끄는 이스라엘 군대에 패하여 급히 겐 족속 헤벨의 장막으로 몸을 피한다. 그때 헤벨의 아내 야엘은 시스라가 잠든 사이 그의 머리에 천막 말뚝을 박아 죽여버린다(삿 4:10~22, 5:20~21).

또한 사울 왕이 술광야에서 하윌라까지 퍼져 있던 아말렉 족속을 멸하려 할 때, 그 땅 인근에 살던 겐 족속에게 먼저 그 땅을 떠나라고 한 후에 아말렉을 쳤다(삼상 15:6~7). 이때 사울은 출애굽 때 겐 족속이 이스라엘을 선대하였기 때문이라고 말한다. 겐 족속과 아말렉 족속은 이스라엘의 출애굽 당시 하나님의 백성을 어떻게 대했느냐에 따라 한쪽은 구원을 받고, 한쪽은 멸망을 당했던 것이다.

왕정시대에 들어오면서 그들은 점차 이스라엘의 중심에 들어와 중추적인 역할을 담당하기 시작한다. 특별히 겐 족속 중 레갑의 후손들은 야베스(길르앗 야베스와 다름)에 거하며 율법에도 익숙하여 서기관 족속으로 불렸다(대상 2:55). 유다 지파가 거주했던 땅에 제사장을 위한 성읍이 널리 분포되어 있어, 그 땅에 거했던 겐 족속이 지근거리에서 하나님의 율법을 접할 수 있는 기회가 많았기 때문일 것이다. 그들이 연구한 율법은 고스란히 후손들에게 전수되었으며, 그 후손 중 하나인 여호나답이 아합 왕을 무너뜨리고 정권을 잡은 예후를 도와 이스라엘 왕국을 개혁했다(왕하 10:15~21).

엘리사로부터 기름부음을 받은 후에 반란을 일으킨 예후는, 백성들의 신망을 받고 있던 레갑 족속인 여호나답을 앞세워 바알을 섬기는 모든 사람을 죽인다. 예후는 우상숭배한 아합 집안과 모든 관료를 멸절하였고, 그리하여 하나님은 그의 집안과 이스라엘의 부흥을 약속하셨다(왕하 10:30). 이처럼 하나님의 약속에 따라 하나님을 진심으로 섬긴 여호나답의 개혁 덕분에 예후 왕조는 89년간 가장 길게 북이스라엘을 다스렸고, 여로보암 2세 때에는 크게 부흥하여 하맛 어귀에서부터 아라바 바다까지 이르는 큰 영토를 차지하였다(왕하 14:25).

유다 왕국이 멸망할 즈음, 이드로의 후손은 또다시 이스라엘의 역사 가운데 등장한다. 하나님은 예레미야에게 성전의 한 방에 레갑 족속을 데려와 포도주를 마시게 하라고 명하신다. 그래서 예레미야가 레갑 족속 사람들 앞에 포도주가 가득한 사발과 잔을 놓고 마시라 권하는데 뜻밖에 그들은 마시지 않고 이같이 대답한다.

> "우리는 포도주를 마시지 아니하겠노라 레갑의 아들 우리 선조 요나답이 우리에게 명하여 이르기를 너희와 너희 자손은 영영히 포도주를 마시지 말며 집도 짓지 말며 파종도 하지 말며 포도원도 재배치 말며 두지도 말고 너희 평생에 장막에 거처하라 그리하면 너희의 우거하는 땅에서 너희 생명이 길리라 하였으므로 우리가 레갑의 아들 우리 선조 요나답의 우리에게 명한 모든 말을 순종하여 우리와 우리 아내와 자녀가 평생에 포도주를 마시지 아니하며 거처할 집도 짓지 아니하며 포도원이나 밭이나 종자도 두지 아니하고 장막에 거처하여 우리 선조 요나답의 우리에게 명한 대로 다 준행하였노라 그러나 바벨론 왕 느부갓네살이 이 땅에 올라왔을 때에 우리가 말하기를 갈대아인의 군대와 수리아인의 군대가 두려운즉 예루살렘으로 가자 하고 우리가 예루살렘에 거하였노라"(렘 35:6~11).

당시 사회가 부패할 대로 부패하고 부조리와 불의가 관영하였기 때문에, 요나답은 부패한 삶으로부터 후손의 신앙을 보존하기 위해 이와 같은 가훈을 제정하였던 것이다. 그 덕분에 그는 사람들로부터 존경을 받았고 그로 인해 예후의 개혁은 힘을 받았다. 예후의 통치 시작부터 여호야김 때까지 무려 240여 년이 흘렀음에도 레갑 족속은 선조의 가훈을 충실히 지키고 있었다. 그들은 일종의 나실인 서약을 한 것이다. 실로 가슴 뭉클한 장면이 아닐 수 없다.

"레갑의 아들 요나답이 그 자손에게 포도주를 마시지 말라 한 그 명령은 실행되도다 그들은 그 선조의 명령을 순종하여 오늘까지 마시지 아니하거늘 내가 너희에게 말하고 부지런히 말하여도 너희는 나를 듣지 아니하도다 나도 내 종 모든 선지자를 너희에게 보내고 부지런히 보내며 이르기를 너희는 이제 각기 악한 길에서 돌이켜 행위를 고치고 다른 신을 좇아 그를 섬기지 말라 그리하면 너희가 나의 너희와 너희 선조에게 준 이 땅에 거하리라 하여도 너희가 귀를 기울이지 아니하며 나를 듣지 아니하였느니라 레갑의 아들 요나답의 자손은 그 선조가 그들에게 명한 그 명령을 준행하나 이 백성은 나를 듣지 아니하도다 그러므로 나 만군의 여호와 이스라엘의 하나님이 이같이 말하노라 보라 내가 유다와 예루살렘 모든 거민에게 나의 그들에게 대하여 선포한 모든 재앙을 내리리니 이는 내가 그들에게 말하여도 듣지 아니하며 불러도 대답지 아니함이니라 하셨다 하라"(렘 35:14~17).

이것이 레갑 족속의 대답을 들으신 하나님이 이스라엘 사람들에게 하신 말씀이다. 하나님은 그들에게 **"내 앞에 설 사람이 영영히 끊어지지 아니하리라"**(렘 35:19)라는 복을 주셨다.

레갑의 후손은 느헤미야에 의한 예루살렘 성벽 재건공사 때 다시 등장한다. 벧학게렘 지방을 다스리는 레갑의 아들 말기야가 가장 지저분한 분문(똥문)을 중수하는 역할을 담당했다고 기록된 것이 그 족속에 대한 마지막 발자취이다(느 3:14). 영적으로 분문은 내 안에 있는 모든 더러운 것을 주 앞에 쏟아내는 것을 의미하는데, 하나님 앞에 열심이었던 그 민족다운 역할이었다.

예수님이 제자들에게 이런 비유를 든 적이 있다.

"그러나 너희 생각에는 어떠하뇨 한 사람이 두 아들이 있는데 맏아들에게 가서 이르되 얘 오늘 포도원에 가서 일하라 하니 대답하여 가로되 아버지여 가겠소이다 하더니 가지 아니하고 둘째 아들에게 가서 또 이같이 말하니 대답하여 가로되 싫소이다 하더니 그 후에 뉘우치고 갔으니 그 둘 중에 누가 아비의 뜻대로 하였느뇨"(마 21:28~31).

예수님의 비유에 나오는 둘째 아들처럼, 처음에는 함께 떠나자 간청했던 모세의 요청을 거절했던 이드로는 그 요청을 끝내 뿌리치지 못하고 광야 40년의 세월을 하나님의 백성과 동고동락하였다. 아브라함의 약속으로 멸망이 예정된 겐 족속이 그들이라면(창 15:19), 그들은 하나님을 열심히 섬김으로 멸망에서 벗어나 약속 안으로 들어와 약속을 받은 백성과 동행하게 된 것이다. 약속의 백성과 동행했을 뿐 아니라, 범죄한 이스라엘을 대신하여 하나님의 율법에 익숙한 서기관 족속이 되어 영원한 복을 받았다. 이스라엘의 10개 지파가 하나님께 범죄한 불신앙 때문에 앗수르에 멸망하여 멀리 이방에 흩어져 존재조차 희미해진 것과 대조적으로(왕하 17:4), 이들은 굳건한 신앙 덕분에 다윗의 자손과 운명을 함께했던 것이다.

자신의 일생을 걸고 하나님만 바라보면서 약속의 백성을 좇아 광야 40년의 고난길을 자처했던 '**하나님의 친구**'는 진정한 하늘의 신(神)인 하나님을 찾아 그 직책에 걸맞은 믿음을 고스란히 후손에게 물려주었다. 이스라엘 구속사의 주변에서 희미한 발자취밖에 남아있지 않지만, 하나님을 굳건히 신뢰함으로 인해 "**우리와 동행하면 여호와께서 우리에게 복을 내리시는 대로 우리도 당신에게 행하리이다**"(민 10:32)라고 했던 처음 맹세는 지켜졌다. 이방인이었던 우리가 예수 그리스도를 믿음으로 말미암아 그리스도 예수 안에서 그리스도의 피로 가까워진 것처럼(엡 2:13), 그들도 아브라함의 약속 밖에 있었지만 하나님을 신실하게 믿음으로 말미암아 약속 안으로 들어왔던 것이다.

# 14

## 이스라엘 민족을 형성한 모세

모세는 이스라엘을 애굽의 압제에서 건져낸 민족의 지도자였으며, 하나님의 율법을 완성한 성경의 중심인물이다. 모세가 태어날 때쯤 애굽을 기근에서 구한 요셉을 알지 못하는 새로운 왕조가 일어나 나라를 다스렸다. 그로 인해 히브리인은 국고성 비돔과 라암셋을 건축하는 일에 동원되어, 흙 이기기와 벽돌 굽기, 농사의 여러 가지 일 등 매우 엄한 일로 시달렸다(출 1:11~14). 그 모든 압제에도 히브리인의 숫자가 계속 늘어나자, 바로는 히브리인 산파들에게 새로 태어나는 사내아이를 모두 죽이라는 명을 내린다.

레위 지파인 모세의 아버지 아므람과 어머니 요게벳은 하나님을 신실히 섬기는 자들이었다. 그래서 모세가 태어났을 때 그 아들을 믿음으로 석 달 동안 숨겨 키운다. 그러나 더는 아이를 숨겨 키울 수 없게 되자, 어머니는 갈대상자에 아이를 넣고 나일강 갈대 사이에 놓아둔다. 아이는 바로의 딸에게 발견되어 요게벳의 젖을 먹으며 애굽의 왕자로 자란다. 바로의 딸은 아이의 이름을 '**모세**'(물에서 건진 자)라고 지었다(출 2:10).

"모세가 애굽 사람의 학술을 다 배워 그 말과 행사가 능하더라"(행 7:22).

모세의 애굽의 왕자로서의 삶에 대해 성경은 이렇게 간단히 기록했지만, 요세푸스는 그가 애굽의 왕자로서 에티오피아와의 싸움에서 승리한 훌륭한 장군이었다고 기록했다. 이처럼 통치자로서의 교육을 받은 그의 학문과 지혜와 권력은 하늘을 찌를 듯 높았다. 애굽의 왕들은 혈통 유지를 위해 남매간 근친 결혼도 했기 때문에 훗날 그가 살인으로 도망치지만 않았으면 애굽의 바로가 되었을 것이다. 그러나 그는 친모에 의해 히브리인의 정체성을 확고히 간직하여 바로의 딸의 아들이라 칭함도 거절하고 백성을 압제에서 구원할 때만 기다리고 있었다(히 11:24~25).

> "저는 그 형제들이 하나님께서 자기의 손을 빌어 구원하여 주시는 것을 깨달으리라고 생각하였으나 저희가 깨닫지 못하였더라"(행 7:25).

즉 그는 하나님이 말과 행사에 능하고 애굽의 왕자라는 큰 권력을 가진 자신의 손을 빌려 애굽의 압제에서 이스라엘을 구원하실 것이라 믿었다. 정상적으로는 결코 애굽의 압제에서 벗어날 수 없었기에, 요셉을 애굽의 총리로 세워 이스라엘을 기근에서 구원하셨던 것처럼 자기를 애굽의 2인자로 키워 그 백성을 바로의 압제에서 구원하실 것으로 생각했다. 요셉은 30세에 총리가 되어 이 일을 이루었지만, 자신은 그보다 10년이나 더 지난 40년의 세월을 애굽의 왕자로 살았으면서도 자기 백성을 압제에서 구원하지 않았다는 사실이 그를 힘들게 했을 것이다.

그러나 그가 간과한 것이 있었다. 요셉은 13년의 세월을 비참한 노예로 살면서 충분히 하나님의 사람으로 다듬어져 있었지만, 그는 40년을 애굽의 왕자로 부족함이 없는 삶을 살았다. 아무리 요게벳이 민족적 정체성을 잃지 않도록 훈육했다 하더라도 하나님의 사람으로 다듬어지지 않은 사람은 쓰임받을 수 없다. 더구나 하나님의 뜻은 애굽 땅에서 해방되어 사는 것이 아니라 애굽을 떠나는 것이었다(창 46:4).

애굽 사람을 죽인 그의 행동은 하나님의 뜻이 아니었기에 그에 대한 동족의 시선은 싸늘했고, 더구나 정치적 라이벌인 바로에게 발각되어 그는 모든 것을 버리고 미디안 땅에서 도망자로 살아야 했다. 그렇게 그는 살아온 세월만큼이나 긴 세월을 은둔자로 살면서 하나님의 사람으로 다듬어져 갔다. 그리고 바로가 죽자 무덤이나 바라볼 볼품없는 80세의 늙은 나이에 비로소 하나님의 부르심을 받는다.

그는 하나님의 부르심에 대하여 갖가지 핑계를 댄다. 이스라엘 백성이 자신을 믿지 않고, 자기 말을 듣지도 않을 것이며, 심지어 하나님이 그에게 나타나지도 않으셨다고 할 것이라고 말한다. 이에 하나님은 모세 앞에서 지팡이를 뱀으로 만드시고, 그의 손에 나병이 들게 하며 설득하신다. 또한 물을 피로 만드는 이적도 베풀게 하겠다는 약속도 하신다. 그는 자신은 입이 뻣뻣하고 혀가 둔한 자라 말하고, 급기야 보낼 만한 자를 보내라고 애원한다. 그러자 하나님은 큰 노를 발하시고 **"누가 사람의 입을 지었느뇨"**(출 4:11)라고 하시면서 '네 형 아론이 말을 잘하니 아론과 함께 가라'고 명하신다.

어찌하여 하나님은 애굽의 왕자로 권세 있고 말과 학술에 능했을 때 그를 사용하지 않으시고, 80세에 볼품없는 늙은이가 된 그를 부르셨는가? 사실 엄밀히 말하자면 그는 이스라엘 사람이 아니었다. 40년을 애굽의 왕자로 살았고, 또 40년을 미디안 사람으로 살았기 때문이다. 더구나 그는 미디안에서 도망자로 살면서 이방 여인과 결혼까지 했다. 그럼에도 그는 큰아들 게르솜에게 할례를 행할 만큼 히브리인의 정체성을 간직했을 뿐 아니라(둘째 아들 엘리에셀은 애굽으로 돌아올 때쯤 낳았는데(출 18:4), 그때 다급하게 출발하느라 엘리에셀의 할례를 행하지 못하여 애굽으로 오는 길에 급히 할례를 행해야 했다(출 4:25)], 40년간 광야에 살면서 철저히 자아를 내려놓는 훈련을 받은 사람이었다. 그리고 그는 학식이 풍부한 왕자 출신이었다.

모세와 아론은 이스라엘 장로들에게 하나님의 말씀을 전하고, 바로에게 가서 하나님의 백성을 놓아주라고 한다. 이에 바로는 그들이 게으르다고 하면서 짚도 주지 않고 만들 벽돌의 수량은 그대로 하라고 명한다. 이에 모세와 아론은 길에서 만난 이스라엘 자손의 패장들로부터 **"너희가 우리로 바로의 눈과 그 신하의 눈에 미운 물건이 되게 하고 그들의 손에 칼을 주어 우리를 죽이게 하는도다 여호와는 너희를 감찰하시고 판단하시기를 원하노라"**(출 5:21)라는 원망을 듣는다.

그는 이스라엘 가운데 갑자기 들어온 자였으며, 그가 바로에게 요청한 사항은 애굽과 이스라엘의 관계를 무시한 일방적인 요구였다. 누가 그의 말을 듣겠는가?

이에 모세는 이렇게 하나님께 아뢰며 모든 상황에서 도망치고자 한다.

> "주여 어찌하여 이 백성으로 학대를 당케 하셨나이까 어찌하여 나를 보내셨나이까 내가 바로에게 와서 주의 이름으로 말함으로부터 그가 이 백성을 더 학대하며 주께서도 주의 백성을 구원치 아니하시나이다"(출 5:22~23).

> "이스라엘 자손도 나를 듣지 아니하였거든 바로가 어찌 들으리이까 나는 입이 둔한 자니이다"(출 6:12).

하나님은 능력이 크신 분이므로 열 가지 재앙을 내릴 필요 없이 즉시 바로를 죽이고 이스라엘 민족을 가나안으로 이끄실 수도 있었다. 아니, 그가 애굽의 왕자로 권력이 있었을 때 이 일을 행했으면 훨씬 수월했을 것이다. 그런데 하나님은 그가 가장 연약할 때 그를 들어 쓰셨다. 자아가 완전히 무너져야 하나님이 그 안에서 일하실 수 있기 때문이다.

하나님이 그의 믿음을 어떻게 키워 가셨는지는 그가 처음 바로를 만났을 때와 아홉 번째 재앙을 예언하러 갔을 때를 비교해 보면 잘 알 수 있다. 그는 처음 바로에게 갔을 때, "**히브리인의 하나님이 우리에게 나타나셨은즉 우리가 사흘 길쯤 광야에 가서 우리 하나님 여호와께 희생을 드리려 하오니 가기를 허락하소서 여호와께서 온역이나 칼로 우리를 치실까 두려워하나이다**"(출 5:3)라고 말한다. 이같이 그는 바로에게 하나님의 정확한 메시지를 전하지 못하고 '우리가 하나님께 예배하지 않으면, 우리(애굽이 아닌)를 하나님이 벌할 수 있다'는 말로 얼버무린다. 그러나 온 애굽 땅에 흑암이 있었던 아홉 번째 재앙 때는 이같이 담대히 전한다.

> "왕이라도 우리 하나님 여호와께 드릴 희생과 번제물을 우리에게 주어야 하겠고 우리의 생축도 우리와 함께 가고 한 마리도 남길 수 없으니 이는 우리가 그 중에서 취하여 우리 하나님 여호와를 섬길 것임이며 또 우리가 거기 이르기까지는 어떤 것으로 여호와를 섬길는지 알지 못함이니이다" (출 10:25~26).

이에 바로가 이제는 자기 앞에 나타나지 말라 하고, 다시 얼굴을 보는 날에는 죽을 것이라고 말하자 모세는 다시는 그 앞에 나타나지 않을 것이라고 응수한다. 그는 하나님의 능력을 맛보면서 점점 믿음이 커져갔다. 하나님의 이적은 오히려 그의 믿음을 굳건히 하기 위한 것이었다.

애굽 땅에 마지막 재앙인 장자의 죽음이 있자, 바로는 이스라엘이 애굽 땅을 떠나는 것을 허락한다. 그들이 주야로 진행하여 비하히롯에 도착했을 때, 이때까지 겪었던 상황과는 차원이 다른 아주 절박한 위험에 처한다. 이스라엘 민족 전 백성이 말살될 위기에 놓인 것이다.

> "애굽에 매장지가 없으므로 당신이 우리를 이끌어 내어 이 광야에서 죽게 하느뇨 어찌하여 당신이 우리를 애굽에서 이끌어 내어 이같이 우리에게 하느뇨 우리가 애굽에서 당신에게 고한 말이 이것이 아니뇨 이르기를 우리를 버려 두라 우리가 애굽 사람을 섬길 것이라 하지 아니하더뇨 애굽 사람을 섬기는 것이 광야에서 죽는 것보다 낫겠노라"(출 14:11~12).

백성의 아우성은 절규에 가까웠다. 이를 듣고 있던 모세의 심정이 어떠했을지는 능히 짐작할 수 있다. 그는 벼랑 끝에 서 있었다. 그들에게는 바로와 홍해 사이의 선택 외에는 다른 것이 없었다. 그가 얼마나 절박했는지는 하나님이 모세에게 **"너는 어찌하여 내게 부르짖느뇨"**(출 14:15)라고 하신 말씀에서도 확인할 수 있다. 그는 이러한 절탁한 상황에서 하나님을 100퍼센트 신뢰한다. 아니, 이제는 오직 하나님만 신뢰할 수밖에 없었다. 그는 백성들에게 이같이 외친다.

> "너희는 두려워 말고 가만히 서서 여호와께서 오늘날 너희를 위하여 행하시는 구원을 보라 너희가 오늘 본 애굽 사람을 또 다시는 영원히 보지 못하리라 여호와께서 너희를 위하여 싸우시리니 너희는 가만히 있을지니라" (출 14:13~14).

이러한 위급한 상황에서 구원받았을 때, 하나님에 대한 모세의 호칭이 드디어 바뀌게 된다. 그전까지 하나님에 대한 그의 호칭은

'히브리인의 하나님', '우리 하나님 여호와'였다. 그러나 홍해를 무사히 건넌 후 그는 '**나의 하나님**'이라 부르며 하나님을 찬양한다.

> "내가 여호와를 찬송하리니 그는 높고 영화로우심이요 말과 그 탄 자를 바다에 던지셨음이로다 여호와는 나의 힘이요 노래시며 나의 구원이시로다 그는 나의 하나님이시니 내가 그를 찬송할 것이요 내 아비의 하나님이시니 내가 그를 높이리로다 여호와는 용사시니 여호와는 그의 이름이시로다"
> (출 15:1~3).

이 큰 구원에 대해 그는 백성과 함께 여호와를 찬양하면서 처음으로 '나의 하나님'을 힘껏 소리 높여 부른다. 이 얼마나 가슴 벅차오르는 구원이었겠는가! 물론 그 뒤로도 그는 힘든 광야 생활 가운데 백성들의 불평으로 인해 외로운 삶을 살아야 했다. 백성들은 그 뒤로도 어려움이 올 때마다 그를 원망했다. 마라에서 원망했고, 신 광야와 르비딤에서 하나님을 원망하고 불평했다. 그렇지만 그는 그들의 불평 속에서도 하나님의 대변자로 이스라엘을 이끌어 나간다.

이스라엘 민족이 시내광야에 도착했을 때, 하나님이 불평하는 백성에게 율법을 주겠다고 말씀하시자, 그들은 일제히 "**여호와께서 명하신 대로 다 행하리이다**"(출 19:8)라고 응답한다.

출애굽기 19장의 내용을 보면 그들은 2일간 옷을 빨고 기다려 3일을 예비하고, 예비하는 동안에는 여인과 가까이하지 못했고, 그 외의 어떤 부정한 행동도 하지 못했다. 제3일에 우레와 번개와 빽빽한 구름이 산 위에 있고, 나팔 소리가 크게 들려 얼마나 무서웠던지 모든 백성이 다 떨었다. 모세가 백성을 데리고 진에서 나와 산기슭에 서서 하나님을 맞이하자, 하나님은 시내산 주변에 지경을 세워 그 지경을 침범하지 못하도록 하신다. 그가 백성을 단속하고 시내산에 올랐음에도 하나님은 그에게 내려가 백성이 지경을 침범할 경우 돌격하여 죽일 것이라고 경고하게 하신다. 율법을 주겠다고 하신 것은 하나님의 진정한 뜻이 아니었기 때문이다.

훗날 예레미야를 통하여 하나님은 율법을 주겠다고 하신 것은 진정 하나님의 뜻이 아니었다고 분명히 말씀하신다(렘 7:22~24). 하나님은 단지 **"내 목소리를 들으라 그리하면 나는 너희 하나님이 되겠고 너희는 내 백성이 되리라"**(렘 7:23)라고 말씀하셨다. 그런데 이스라엘이 하나님의 은총보다 지킬 수 없는 율법을 받겠다고 했기 때문에 하나님이 격노하셨던 것이다.

이에 모세는 백성을 단속하고 다시 시내산에 올라 십계명과 그 외의 율법을 받아 내려온다. 그는 율법을 반포하면서 다시 한 번 물어본다. 이에 대해 이스라엘은 **"여호와의 명하신 모든 말씀을 우리가 준행하리이다"**(출 24:3)라고 한소리로 응답한다. 이에 그는 모든 율법을 기록한 후, 하나님이 명하신 대로 산 아래에 단을 쌓고, 이스라엘의 12지파대로 열두 기둥을 세운다. 그리고 이스라엘의 청년들을 보내 번제와 화목제를 드리고 기록한 언약서를 백성에게 낭독하며 드다시 그들에게 묻는다. 그들은 세 번째로 **"여호와의 모든 말씀을 우리가 준행하리이다"**(출 24:7)라고 대답한다. 세 번째 대답은 두루마리에 기록한 것이고, 피로써 한 맹세였다. 두루마리에 기록하고 피르한 맹세는 하늘이 두 쪽이 나도 반드시 지켜야 하는 것이었다.

> "네가 애굽 땅에서 나오던 날부터 이곳에 이르기까지 늘 여호와를 거역하였으되 호렙산에서 너희가 여호와를 격노케 하였으므로 여호와께서 진노하사 너희를 멸하려 하셨느니라 그때에 내가 돌판들 곧 여호와께서 너희와 세우신 언약의 돌판들을 받으려고 산에 올라가서 사십 주야를 산에 거하며 떡도 먹지 아니하고 물도 마시지 아니하였더니"(신 9:7~9).

이 내용을 보면 하나님이 그들의 맹세를 불순종으로 보셨다는 것을 알 수 있다. 그랬기 때문에 모세가 시내산에 올라 백성을 위해 40일간 금식하며 기도했던 것이다. 이에 하나님은 십계명을 기록한 돌판과 함께 무한하신 하나님의 은혜를 대변하는 성막 제사와 제사장 예법을 동시에 계시하셨다(출 25~31장). 그러나 엄격하고 무서운 율법과 계명에 대해 세 번씩이나 **"여호와의 모든 말씀을 우리가 준행하리이다"**(출 19:8, 24:3, 7)라고 대답한 이스라엘은 정작 모세가 40일간 산 위에 있는 기간도 기다리지 못하고 금으로 송아지 우상을 만들어 섬긴다.

이때 하나님은 이스라엘을 쓸어 없애 버리고, 모세의 후손으로 다시 나라를 세우겠다고 다짐하신다. 그전까지는 백성이 모세 자신과 하나님께 불평과 비난을 하면 참고 견디면 되었다. 정말로 견디기 어려울 때는 하나님을 붙잡고 하소연하면 되었다. 물론 이것도 견디기 힘든 일이었지만, 이제는 거꾸로 그가 도움을 요청했던 분께서 노를 발하신 것이었다.

그는 이 백성을 한가지로 죽이시면 애굽 사람들이 하나님이 이 백성을 산에서 죽이려고 인도하여 내었다고 조롱하여 하나님의 권위가 땅에 떨어질 것이기 때문에 이들을 살려야 한다고 말할 뿐 아니라, 아브라함과 이삭과 야곱에게 하신 약속도 상기시키며 사력을 다해 하나님께 간구하여 하나님이 뜻을 돌이키시게 한다(출 32:11~14). 그리고 십계명 돌판을 깨뜨리고, 금송아지도 가루로 만들어 물에 뿌려 이스라엘로 마시게 한다. 또한 레위 지파로 하여금 칼을 들고 이스라엘을 치게 하여 백성 중 3천 명가량을 죽인다. 그리고 이렇게 하나님께 간청한다.

"슬프도소이다 이 백성이 자기들을 위하여 금 신을 만들었사오니 큰 죄를 범하였나이다 그러나 합의하시면 이제 그들의 죄를 사하시옵소서 그렇지 않사오면 원컨대 주의 기록하신 책에서 내 이름을 지워버려 주옵소서"(출 32:31~32).

그가 이렇게 간절히 애원하자 하나님은 사자를 앞서 보내 길을 평탄케 하겠으나 친히 함께 가지는 않겠다고 말씀하신다(출 33:1~3). 그는 간구하고 또 간구하여 이런 답변을 받아낸다.

"내가 친히 가리라 내가 너로 편케 하리라"(출 33:14).

그래도 모세는 미덥지 않아 그 증거로 주의 영광을 보여달라고 간청한다(출 33:18). 하나님은 모세를 위하여 그 영광까지 보여주신다. 그러자 그는 또다시 시내산에 올라 물도 마시지 않고 40일간 금식기도에 임하면서 다시 십계명의 돌판을 받아온다(출 34:28). 참으로 하나님과 백성을 향한 모세의 간절함은 세상 그 어느 누구도 따라올 자가 없었다.

이후 그는 시내광야에서 장인 이드로의 제안에 따라 출애굽 1세대 중 지파별로 20세 이상의 장정을 군대로 선발하여 전술기동훈련을 실시하며 가나안 정복전쟁을 준비했다(민 1:1~46, 10:1~8). 그리하여 평안한 마음으로 백성들을 이끌고 시내광야를 떠나 가나안을 향하여 나아갔고, 가데스바네아에 이르렀다. 거기서 그는 지파별로 12명의 선발대를 가나안으로 보내 40일 동안 탐지하도록 한다. 그런데 선발대의 보고는 백성들의 간담을 녹게 하였다. 그 땅에 거주하는 네피림의 후손 아낙 자손과 이스라엘 백성을 비교하면 이스라엘 사람들은 메뚜기와 같다는 보고였다. 결국 선발대의 보고를 들은 백성들은 밤새도록 울며 하나님과 모세를 원망한다. 백성들의 원망으로 인하여 하나님이 진노하시자, 모세는 **"여호와가 이 백성에게 주기로 맹세한 땅에 인도할 능이 없는 고로 광야에서 죽였다"**(민 14:16)라고 세상 열국 백성이 조롱할 것이니, 광대하신 주의 인자로 용서해 달라고 간청하면서 다시 40일간 금식하며 기도한다(민 14:13~19; 신 9:23~29).

이처럼 그는 하나님의 영광과 이스라엘의 용서를 구하기 위하여 세 번씩이나 40일간 물도 마시지 않고 금식하며 기도했다(신 9:8~9, 18~20, 23~29).

첫 번째는 시내산까지 오는 동안 불평하는 이스라엘을 위하여, 두 번째는 우상숭배에 빠졌던 이스라엘을 위하여, 세 번째는 가데스에서 하나님을 원망하는 이스라엘을 위하여 금식하며 기도했던 것이다. 하나님의 모든 용서는 그의 금식 덕분에 확증된 것이었다. 그는 이스라엘의 불평과 원망, 그리고 하나님의 진노 사이에서 수많은 갈등과 외로움을 견뎌야 했다. 성경을 아무리 뒤져봐도 백성을 위하여 세 번씩이나 물도 마시지 않고 40일간 금식하며 기도한 지도자는 모세 외에 아무도 없다. 그래서 하나님은 주의 영광을 보여달라는 그의 소원도 들어주셨던 것이다(출 33:18~23).

> "너희 중에 선지자가 있으면 나 여호와가 이상으로 나를 그에게 알리기도 하고 꿈으로 그와 말하기도 하거니와 내 종 모세와는 그렇지 아니하니 그는 나의 온 집에 충성됨이라 그와는 내가 대면하여 명백히 말하고 은밀한 말로 아니하며 그는 또 여호와의 형상을 보겠거늘"(민 12:6~8).

이것이 모세에 대한 하나님의 평가였다. 바로가 무서워 하나님의 명령을 회피했던 그는 어느새 하나님의 각별한 사랑을 받는 친구로 변해 있었다(출 33:11).

나 무엇과도 주님을 바꾸지 않으리 다른 어떤 은혜 구하지 않으리
오직 주님만이 내 삶의 도움이시니 주의 얼굴 보기 원합니다
주님 사랑해요 온 맘과 정성 다해
하나님의 신실한 친구 되기 원합니다

광야 생활 40년이 끝나갈 즈음, 제40년 1월에 그는 가데스에 도착한다. 거기서 미리암이 죽고, 아론도 호르산에서 죽음을 맞이한다(민 20:1, 28). 그는 이스라엘의 전진을 막은 아모리 왕 시혼을 죽이고, 에드레이에서 바산 왕 옥을 쳐 죽인 후에 제40년 11월에 다시 모압 평지로 돌아온다(민 21:1~35; 신 1:4). 그 후에 싯딤에 머물며 가나안 정복을 위하여 지파별로 군대를 다시 정비한다(민 26:2~51). 그리고 싯딤에서 지파별로 1천 명씩 특공대를 조직하여 이스라엘을 범죄케 한 미디안 족속을 멸한다(민 31:2~8). 출애굽 1세대는 겨우 20일간의 전술기동훈련으로 가나안을 치려 했지만, 출애굽 2세대는 이렇게 크고 작은 전투를 치르게 하여 충분한 경험을 쌓도록 하였다. 그런데 하나님이 그의 가나안 입성을 허락하지 않으셨다. 그것은 그가 가데스에서 하나님의 말씀을 어기고 반석을 쳐서 물을 냈기 때문이었다(민 20:8~12, 24, 27:13~14). 두 번째 반석은 영광스러운 예수 그리스도의 재림을 상징하기 때문에 절대로 쳐서는 안 되었다. 그는 가나안 땅에 들어가고 싶은 간절한 마음을 이렇게 하나님께 고한다.

"주 여호와여 주께서 주의 크심과 주의 권능을 주의 종에게 나타내시기를 시작하셨사오니 천지간에 무슨 신이 능히 주의 행하신 일 곧 주의 큰 능력으로 행하신 일같이 행할 수 있으리이까 구하옵나니 나로 건너가게 하사 요단 저편에 있는 아름다운 땅 아름다운 산과 레바논을 보게 하옵소서" (신 3:24~25).

그는 정말 가나안에 들어가고 싶었다. 가나안에 들어가는 것을 평생의 꿈으로 간직하면서 모든 것을 인내하고 민족의 지도자로 지루하고 피곤한 삶을 살았다. 그러나 하나님은 **"그만해도 족하니 이 일로 다시 내게 말하지 말라"**(신 3:26)라고 단호하게 말씀하셨다.

그러자 이스라엘 민족이 하나님의 말씀 안에서 하나님을 섬기는 백성으로 살아가기를 누구보다 간절히 원했던 그는, 두 달간 모압 평지에 머물며 출애굽 2세대를 위하여 시내광야에서 반포했던 율법을 다시 한 번 설파한다. 다시는 시내광야에서처럼 하나님을 배반하지 않도록 하나님을 만나지 못했던 출애굽 2세대를 잡도리하기 위함이었다. 그들이 애굽을 떠나 가나안으로 향한 목적은 아브라함과 이삭과 야곱에게 하신 하나님의 약속을 이루기 위함이었기 때문에, 하나님의 백성으로서 민족의 정체성 확립을 위해서는 반드시 율법을 가슴 깊이 새겨야 했다. 그래서 자기가 죽더라도 이스라엘 민족이 하나님의 백성으로 살 수 있도록 그는 모든 전투를 접고 두 달간 모압 평지에 머물며 다시 한 번 율법을 반포했던 것이다(신 4:1~26:19).

그리고 그는 율법의 말미에 이스라엘 장로들과 여호수아에게 요단을 건너 가나안에 들어가면 가장 먼저 에발산에 큰 돌들을 세우고 석회를 바른 후에 모든 율법을 거기에 기록하라고 명령한다. 또한 거기에 단을 쌓고 번제와 화목제를 드리고 모든 백성을 지파별로 두 무리로 나누어 한 무리는 그리심산 쪽에 세워 백성을 축복하게 하고, 한 무리는 에발산 쪽에 세워 백성을 저주하는 의식을 치르도록 명하였다(신 27:1~28:68).

가나안에 입성하면 정복전쟁을 치르기도 벅찰 텐데 그는 왜 유언처럼 이런 명령을 내렸을까?

그것은 거기에 일부 에브라임 지파가 본토인으로 있었기 때문이다. 여러 정황상 브리아 자손일 가능성이 크다. 본토인은 같은 민족이었음에도 하나님을 직접 체험하지 않았기 때문에 그들의 본거지인 세겜에서 이와 같은 행사를 진행할 것을 명령했던 것이다(신 27:2~8; 수 8:33). 그들에게 모세의 율법을 처음부터 끝까지 선포함으로써, 그들도 출애굽 2세대와 연합하여 하나의 민족으로 동일한 정체성을 간직하게 하는 것이 무엇보다 중요했기 때문이다. 그래서 그는 피를 토하는 심정으로 모든 이스라엘을 향하여 머리로 깨닫고 가슴에 새기도록 당부하고 또 당부했던 것이다.

그는 이스라엘 민족의 정체성을 잃지 않게 하기 위해 마지막으로 이같이 당부한다.

> "매 칠 년 끝 해 시내광야에서 곧 정기 면제년의 초막절에 온 이스라엘이 네 하나님 여호와 앞 그 택하신 곳에 모일 때에 이 율법을 낭독하여 온 이스라엘로 듣게 할찌니 시내광야에서 곧 백성의 남녀와 유치와 네 성안에 우거하는 타국인을 모으고 시내광야에서 그들로 듣고 배우고 시내광야에서 네 하나님 여호와를 경외하며 시내광야에서 이 율법의 모든 말씀을 지켜 행하게 하고 시내광야에서 또 너희가 요단을 건너가서 얻을 땅에 거할 동안에 이 말씀을 알지 못하는 그들의 자녀로 듣고 네 하나님 여호와 경외하기를 배우게 할찌니라"(신 31:10~13).

그리고 백성들을 축복한 후에 느보산에 올라 가나안을 바라보며 생을 마감한다(신 34:5~6).

그는 평생 민족과 하나님을 위해 살았다. 애굽의 왕자로 있었을 때나, 미디안 광야에 있었을 때나 그의 마음은 항상 민족과 하나님께 있었다. 하나님은 그런 그를 미디안 광야에서 40년간 훈련시켜 애굽의 왕자로서 높아진 자아를 버리게 하였고 그를 통하여 하나님의 뜻을 펼치셨다. 그 뜨거운 마음이 이스라엘을 출애굽으로 이끌었으며, 광야에서의 그 어렵고 힘든 삶 속에서도 굳건히 하나님과 이스라엘을 이어주었다. 그는 백성의 원망을 다 감내하면서 하나님의 진노를 돌이키기 위해 목숨을 걸고 40일간의 금식을 세 번이나 했던 진정한 민족의 지도자였다. 그가 있었기에 이스라엘은 광야 40년의 세월을 극복하고 가나안으로 들어갈 수 있었다. 그로 인해 이스라엘은 민족을 형성했으며, 에벨 족속(히브리인)에서 야곱 족속(이스라엘인)이라 불릴 수 있었다.

이스라엘 백성들은 그의 죽음에 대하여 모든 일을 중지하고 30일간 애곡하였고(신 34:8), 하나님은 그의 시체를 감추어 아무도 찾지 못하게 하셨다(신 34:6; 유 1:9). 훗날 변화산에서 모세와 엘리야가 나타나 예수님과 함께한 것을 봤을 때, 하나님이 그를 죽음에서 부활시키신 것이 분명하다. 이것은 평생 하나님과 그 민족을 위해 살았던 사람에 대한 당연한 보상이었다.

참고로 성경을 읽는 성도들은 모세에 대하여 흔히 두 가지 오해를 한다.

첫째, 모세는 광야에서 할례를 행하지 않았다는 것이다. 그들이 주장하는 근거는 이것이다.

> "여호와께서 길의 숙소에서 모세를 만나사 그를 죽이려 하시는지라 십보라가 차돌을 취하여 그 아들의 양피를 베어 모세의 발 앞에 던지며 가로되 당신은 참으로 내게 피 남편이로다 하니 여호와께서 모세를 놓으시니라 그때에 십보라가 피 남편이라 함은 할례를 인함이었더라"(출 4:24~26).

모세는 하나님의 명을 받아 아내와 자식들을 데리고 애굽으로 가다가 길의 숙소에 머문다. 그때 하나님이 모세(또는 그 아들)를 죽이려 하셨는데, 그의 아내 십보라가 아들의 할례를 행하여 위기를 모면한다. 그래서 사람들이 모세는 할례를 행하지 않았고, 그가 다시 이스라엘 백성 가운데로 들어가려 했을 때 하나님이 강제로 할례를 하도록 했다고 이야기한다. 그러나 이것은 잘못된 생각이다. 모세는 친모인 요게벳으로부터 민족적 정체성을 배우고 자랐다. 그가 애굽의 왕자라는 자리를 박차고 광야로 들어간 것도 민족적 정체성을 잃지 않았기 때문이다.

그는 첫째 아들을 낳고 이름을 '**게르솜**'이라고 지었는데, 이는 '**이방에서 객이 되었다**'라는 뜻이다(출 2:22). 그리고 둘째 아들은 그를 찾던 바로가 죽은 후 낳은 아들이라 '**엘리에셀**'로 지었는데, 이는 '**하나님께서 나를 도와 바로의 칼날에서 구원하셨다**'라는 뜻이다(출 18:4). 즉 그 아들들의 이름은 하나님과 모세의 관계에서 지어진 이름이었다. 첫째 아들은 미디안에 정착한 후에 태어난 자식이었고, 둘째 아들은 애굽으로 돌아올 즈음에 태어난 아들이었다. 두 아이의 나이 차이는 열 살 이상이었을 것이다. 둘째 아들이 태어나고 즉시 하나님의 명령이 내려졌던 것이다. 그는 급하게 애굽으로 가느라 미처 둘째 아들의 할례를 행하지 못했다. 성경이 '그의 아들들'이라고 하지 않고 '그의 아들'이라고 했으므로, 둘째인 엘리에셀의 할례를 길의 숙소에서 행했던 것이다. 만약 십보라가 이스라엘의 자손은 할례를 해야 한다는 관습에 유념하지 않았다면, 하나님의 사자가 나타났을 때 할례를 행하는 임기응변으로 대처하지 못했을 것이다. 모세와 십보라는 어찌 된 영문인지 할례를 행한 후 다시 미디안 광야로 되돌아갔다(출 18:1~4). 그래서 하나님이 아론을 보내 모세를 만나게 했던 것이다(출 4:27~28).

둘째, 모세가 구스 여인을 취한 것이 잘못된 행동이라는 지적이다(민 12:1).

그래서 사람들은 모세를 대변하기 위해 아내인 십보라가 죽었기 때문에 후처를 취한 것이라고 말한다. 왜냐하면 하나님이 모세를 두둔했기 때문이다. 그런데 정말 십보라가 죽은 뒤 후처를 취했다면 미리암이 왜 비난했을까?

　모세는 분명 첩을 취했다. 그런데 그 당시 남자가 첩을 취하는 것은 율법에서 허락한 사항이었다(출 21:7~11). 그것은 결코 흠이 아니었다. 더구나 모세는 민족적 지도자였다. 율법에서도 허락한 것을 미리암이 비난해서는 안 되는 것이었다. 첩을 취한 행위는 지금의 잣대로 판단할 사항이 아니다. 율법을 범한 것이 아니었기에 비난해서는 안 되는 것이다. 이것을 기록한 목적은 모세가 하나님으로부터 받은 권위를 설명하기 위해서이지, 구스 여자를 취한 것을 변명하기 위함이 아니었다(민 12:6~8). 그의 유일한 실패는 정욕을 참지 못하여 구스 여인을 취한 것이 아니라 가데스바네아에서 분을 못 이겨 반석을 친 것이었다(민 20:8~11, 24, 27:13~14).

## 나 무엇과도 주님을

나 무엇과도 주님을 바꾸지 않으리
다른 어떤 은혜 구하지 않으리
오직 주님만이 내 삶의 도움이시니
주의 얼굴 보기 원합니다
주님 사랑해요 온 맘과 정성 다해
하나님의 신실한 친구 되기 원합니다

# 15

## 율법 속에 깃든 하나님의 깊은 사랑

　모세는 이스라엘을 이끌고 시내산에 이르러 하나님과 새로운 언약을 체결한다. 그것은 십계명을 포함한 율법이었다. 이 율법은 하나님과 세운 법령이기 때문에 오늘날 하나님을 믿는 많은 그리스도인들에게까지 큰 영향을 미치고 있다. 물론 많은 그리스도인들은 예수 그리스도가 오시어 이 율법을 완성했기에 '365개의 ~**하지 말라**'와 '**248개의** ~**하라**'라는 율법을 지키지 않아도 된다고 말하기도 한다. 여기서는 '**율법을 지켜야 하느냐**'라는 관점이 아니라, '**율법 속에 하나님의 사랑이 어떻게 나타났나**'라는 관점에서 살펴보고자 한다.

　하나님은 헌법과 같은 십계명을 반포하신 후, 정식으로 율법을 반포하기 전에 토단을 쌓고 번제와 화목제를 드릴 것을 명하셨다. 그리고 토단 위에 돌을 쌓더라도 다듬은 돌로 하지 말고, 그 단을 높이 만들어 계단으로 그 단에 오르지 말 것을 명하셨다(출 20:24~26).

　하나님은 이스라엘과의 소통을 위해 가장 먼저 죄를 정결케 하는 의식인 번제와 화목제를 명하셨지만, 그 제단은 장차 권력의 상징이 될 수 있기에 멋있게 다듬거나 계단을 만드는 것을 금하셨다. 그래서 성소와 지성소의 높이도 동일했고, 성막과 안뜰, 바깥뜰의 높이도 동일했다. 현대의 사람들은 의식하지 않지만, 고대에는 권력을 나타내기 위해 제단을 화려하게 하고 계단으로 높였던 것이다. 고대의 신전이 랜드마크인 것도 이와 같은 이유 때문이었다.

그리고 **"네가 백성 앞에 세울 율례는 이러하니라"**(출 21:1)라는 선언으로 율법을 시작하셨다.

"네가 히브리 종을 사면 그가 육년 동안 섬길 것이요 제 칠 년에는 값없이 나가 자유할 것이며 그가 단신으로 왔으면 단신으로 나갈 것이요 장가 들었으면 그 아내도 그와 함께 나가려니와 상전이 그에게 아내를 줌으로 그 아내가 자녀간 낳았으면 그 아내와 그 자식들은 상전에게 속할 것이요 그는 단신으로 나갈 것이로되 종이 진정으로 말하기를 내가 상전과 내 처자를 사랑하니 나가서 자유하지 않겠노라 하면 상전이 그를 데리고 재판장에게로 갈 것이요 또 그를 문이나 문설주 앞으로 데리고 가서 그것에다가 송곳으로 그 귀를 뚫을 것이라 그가 영영히 그 상전을 섬기리라 사람이 그 딸을 여종으로 팔았으면 그는 남종 같이 나오지 못할찌며 만일 상전이 그를 기뻐 아니하여 상관치 아니하면 그를 속신케 할 것이나 그 여자를 속임이 되었으니 타국인에게 팔지 못할 것이요 만일 그를 자기 아들에게 주기로 하였으면 그를 딸같이 대접할 것이요 만일 상전이 달리 장가들찌라도 그의 의복과 음식과 동침하는 것은 끊지 못할 것이요"(출 21:2~10).

율법은 노예의 인권을 보호하는 것으로 시작하고 있다. 비슷한 시기에 제정된 함무라비 법전에도 노예에 관한 조항이 나온다. 그런데 맨 마지막에 나올 뿐 아니라 주인의 입장에서 소유권에 관한 부분을 언급했을 뿐, 노예의 인권에 대한 내용은 없다. 이 당시 노예제도는 이미 경제적인 문제로 인하여 공동체 깊숙이 자리 잡아 부정할 수 없는 사회적 관습이었다. 어차피 시대적으로 노예제도를 막을 수 없다면 노예의 인권을 보호하기 위한 조치가 필요했기 때문에 하나님은 그들을 보호하기 위해 율법으로 제정하셨고, 그것도 가장 첫 부분에서 언급하셨다.

당시 종이 되는 것은 오직 경제적인 이유 때문이었다. 하나님은 종들의 인권을 보호하기 위해 남종은 7년째에 자유인이 되도록 배려하셨다. 또한 그가 장가들었으면 그의 아내도 함께 나가도록 하셨다(출 21:3). 다만 노예가 된 후 주인이 아내를 주어 자녀들이 출생했으면 가족들은 주인에게 속한 채로 두고 단신으로 나가야 했다. 만약 그가 가족을 사랑하여 종으로 영원히 살겠다고 선언하면 주인은 그 종을 재판장에게로 데려가 귀를 뚫고 종신토록 주인을 섬기게 하였다. 이처럼 종살이에 대한 모든 선택권은 주인이 아니라 노예에게 주어졌다. 세상의 모든 종들은 평생 노예로 살아야 했지만, 이스라엘의 종들은 비인간적인 대우를 받지 않았을 뿐 아니라 평생의 굴레를 벗을 수 있다는 희망까지 가지고 있었다. 그 시대에 이 같은 대우는 가히 혁명과도 같은 조치였다.

여종은 남종과 달리 자유인이 될 수 없었는데 여종은 첩이기 때문이었다. 그래서 여종은 세 가지의 경우를 들어 인권을 보호하셨다. 첫째로 주인이 첩으로 데리고 살다가 싫어졌을 경우에는 속량하도록 했고, 둘째로 며느리로 맞았을 경우에는 딸같이 대우해 주어야 했으며, 셋째로 다른 여인을 아내로 맞이할 경우에도 그녀에게 의복과 음식을 제공하는 것은 물론이고 동침의 의무도 다하도록 하셨다(출 21:8~10). 만약 이 세 가지를 시행하지 않으면 그 여종은 몸값을 지불하지 않고 거저 나갈 수 있도록 하셨다.

그뿐 아니라 아무리 주인이라도 종을 때려 죽게 하면 주인은 사형죄를 면치 못하였다. 당시 세상의 어떤 법률도 종을 죽인 상전에 대해 처벌하지 않았지만, 하나님은 종에 대한 살인도 살인죄로 처벌하도록 하셨다. 다만 종의 체벌에 대하여는 경중을 두었다. 만약 종이

매를 맞은 즉시 죽었다면 이는 살인의 의도를 가진 것으로 보아 살인죄로 처벌했지만, 하루나 이틀을 연명하였다면 형벌을 면하도록 하였다(출 21:20~21). 이는 주인의 동기가 살인에 있지 않고 체벌에 있었기 때문이다. 단지 그 강도를 조절하지 못해 실수로 죽인 것이며, 주인도 이로 인하여 노동력을 상실하는 경제적 손실을 보았기 때문에 이것으로 형벌을 대신하였다.

그와 더불어 종이 주인에게서 도망치면 그 주인에게 돌아가게 하지 않도록 하셨고(신 23:15~16), 주인이 종을 쳐서 눈을 다치거나 이가 빠지면 그 종을 자유인으로 풀어주도록 하셨다(출 21:26~27). 종은 일반인과 같이 동해보복법(同害報復法)에 따른 보상을 요구할 수 없지만, 이로 인하여 자유를 얻게 됨으로써 더 큰 이득을 얻었다. 이처럼 하나님은 노예도 인격적으로 대우하도록 하셨던 것이다.

율법의 그다음 조항부터는 당시의 일반 법전과 동일하게 살인죄, 절도죄로 이어진다.

첫째는 사람을 죽인 살인죄, 둘째는 부모를 치는 죄, 셋째는 사람을 납치한 죄, 넷째는 부모를 저주하는 죄이다. 그리고 네 가지 모두 '반드시 죽일지니라'로 끝을 맺는다(출 21:12~17). 특히 사람을 죽인 자에 대해서는 제단에서라도 반드시 죽이라고 하셨다.

살인은 고의가 아닌 살인과 고의로 저지른 살인으로 나뉜다. 그래서 고의로 저지른 살인이 아닌 경우에는 일단 도피성으로 피한 후, 살인의 고의성 여부를 조사받게 하셨다(신 19:1~13; 민 35:10~34; 수 20:2~9). 또한 사형 집행에 대해서는 또 다른 사람의 목숨을 빼앗는 것이므로 반드시 재판의 절차를 거쳐, 한 증인의 증거로 판단하지 말고, 두세 증인의 입으로 그 사건을 확정하도록 하셨다(민 35:30, 신 19:15). 더불어 고의로 행한 살인죄에 대해서는 속전을 받지 말고 반드시 사형을 집행하도록 하셨다(민 35:31).

실수로 살인한 자를 보호하시기 위해 세운 도피성은 여섯 개의 레위인 성읍으로 요단 동쪽의 바산골란, 길르앗라못, 베셀과 요단 서쪽의 게데스, 세겜, 헤브론에 두었다(민 35:11~32).

더불어 동성애, 근친상간 등을 포함한 다양한 형태의 간음에도 당사자 모두를 돌로 치는 사형으로 다스렸다(레 20:10~21; 신 22:23~27). 간음죄는 십계명에서도 언급될 정도로 창조의 질서를 어지럽히는 엄중한 죄였다. 그 외에 무당, 수간(獸姦), 우상숭배도 사형에 처하도록 하셨고(출 22:18~20), 안식일을 범한 자도 사형에 처하도록 하셨는데(출 31:15, 35:2), 이것들은 모두 하나님의 신성을 모독하는 행위에 해당했다.

살인죄와 함께 살펴볼 것이 동해보복법(同害報復法)이다(출 21:23~25; 레 24:19~20; 신 19:21). 즉, 모든 사람이 알고 있는 바와 같이 **"생명은 생명으로, 눈은 눈으로, 이는 이로, 손은 손으로, 발은 발로"** (신 19:21)라는 율법이다.

동해보복법은 두 가지의 목적을 이루기 위한 합리적인 법이다. 첫째로 피해자의 억울함을 신원하기 위한 것이며, 둘째로 가해자 또한 자신의 잘못 이상의 형벌을 받지 않도록 하기 위함이다. 이처럼 동해보복법은 피해자와 가해자 모두를 보호하기 위한 법인 것이다. 즉 많은 사람들이 오해하고 있는 것처럼 동해보복법은 개인의 복수를 위한 법이 아니라, 범법자에 대한 규제를 통해 사회정의와 질서를 유지하기 위한 법으로, 재판장이 형벌의 기준을 정하는 법이다. 그래서 하나님은 이 법을 제정하기 전에 이같이 말씀하셨다.

> "그가 그 형제에게 행하려고 꾀한 대로 그에게 행하여 너희 중에서 악을 제하라 그리하면 그 남은 자들이 듣고 두려워하여 이후부터는 이런 악을 너희 중에서 다시 행하지 아니하리라"(신 19:19~20).

즉 동해보복법은 복수에 대한 것이 아니라, 사람들이 죄의 형벌을 두려워하여 다른 사람에게 상해를 끼치지 않게 하려는 예방의 목적으로 제정한 예방법이었다. 다시 말해 일벌백계를 보여줌으로써 다시는 그와 같이 사람을 해치는 악이 발생하지 않게 하기 위함이었다. 그랬기 때문에 원수의 길 잃은 소나 나귀를 만나면 반드시 그 사람에게 돌려주고, 미워하는 자의 나귀가 짐을 싣고 엎드러짐을 보거든 그를 도와 그 짐을 부리라고 하셨다(출 23:4~5).

따라서 이 법의 집행에는 개인적인 보복을 금지하였고, 반드시 저 판장이 관여토록 하였으며, 재판장은 한 사람의 증인이 아니라 반드시 두세 증인의 말로 확증하도록 하셨다. 또한 증인에 대해서는 **"그 본 일이나 아는 일을 진술치 아니하면 죄가 있나니 그 허물이 그에게로 돌아갈 것"**(레 5:1)이라 하셨고, **"그 형제를 거짓으로 무함한 것이 판명되거든 그가 그 형제에게 행하려고 꾀한 대로 그에게 행하여"**(신 19:18~19)라고 하여 거짓 증인에 대한 처벌을 엄명하셨다.

하나님은 이처럼 모든 범죄에 있어서 증인의 역할을 강조하시어 증인에게 막중한 책임을 지우셨고, 반드시 재판관으로 하여금 잘잘못을 살펴 사사로이 복수하지 못하도록 하셨다(출 23:1; 레 5:1; 딘 35:30; 신 17:7, 19:18~19 등). 그래서 이웃에 대한 거짓 증거를 하지 말라는 것을 십계명의 아홉 번째 계명으로 제정할 정도로 위증죄를 중요하게 여기셨다(출 20:16).

이 동해보복법은 예수님에 의해 사랑과 용서의 법으로 승화되었다.

"또 눈은 눈으로 이는 이로 갚으라 하였다는 것을 너희가 들었으나 나는 너희에게 이르노니 악한 자를 대적지 말라 누구든지 네 오른편 뺨을 치거든 왼편도 돌려 대며 또 너를 송사하여 속옷을 가지고자 하는 자에게 겉옷까지도 가지게 하며 또 누구든지 너로 억지로 오 리를 가게 하거든 그 사람과 십리를 동행하고 네게 구하는 자에게 주며 네게 꾸고자 하는 자에게 거절하지 말라 또 네 이웃을 사랑하고 네 원수를 미워하라 하였다는 것을 너희가 들었으나 나는 너희에게 이르노니 너희 원수를 사랑하며 너희를 핍박하는 자를 위하여 기도하라 이같이 한즉 하늘에 계신 너희 아버지의 아들이 되리니 이는 하나님이 그 해를 악인과 선인에게 비취게 하시며 비를 의로운 자와 불의한 자에게 내리우심이니라"(마 5:38~45).

예수님은 이 율법이 오용되어 복수의 법으로 남용되는 것을 막고, 하나님의 말씀이 더욱더 적극적으로 적용될 수 있도록 하셨다. 그리하여 강요가 아니라 스스로 자원하여 형제를 용서하고 사랑하라고 말씀하셨다. 즉 선으로 악을 극복하라고 하셨다.

"아무에게도 악으로 악을 갚지 말고 모든 사람 앞에서 선한 일을 도모하라 할 수 있거든 너희로서는 모든 사람으로 더불어 평화하라 내 사랑하는 자들아 너희가 친히 원수를 갚지 말고 진노하심에 맡기라 기록되었으되 원수 갚는 것이 내게 있으니 내가 갚으리라고 주께서 말씀하시니라 네 원수가 주리거든 먹이고 목마르거든 마시우라 그리함으로 네가 숯불을 그 머리에 쌓아 놓으리라 악에게 지지 말고 선으로 악을 이기라"(롬 12:17~21).

하나님은 절도 행위에 대해서도 율법에 언급하셨다. 하나님은 도둑질을 십계명의 제8계명에서 다루실 정도로 일반 범죄보다 엄중하게 다루셨다. 그래서 일반적으로는 도둑질한 대상의 두 배로 배상하도록 하셨지만, 타인에게 팔아 증거를 없애고 사적으로 경제적 이득을 취한 경우에는 일반적인 배상보다 강한 4~5배의 배상을 명령하셨다(출 22:1~4). 이것은 의도성과 계획성을 감안한 조치였다. 소 한 마리에 대해서는 다섯 마리로, 양 한 마리에 대해서는 네 마리로 배상하도록 하셨다. 이처럼 하나님은 결과보다 내면의 동기를 더욱 중요하게 생각하셨다.

더불어 도둑질하는 과정에서 도둑을 살해했을 경우 그 살인에 대해서는 죄가 없었지만, 만약 그 살인이 낮에 발생한 경우에는 책임을 물으셨다(출 22:2~3). 아무리 도둑이라도 생명은 중요했기 때문이다. 즉 죄는 미워하되 죄를 지은 사람은 사랑하라는 뜻이 숨어 있었다.

다음으로 살펴볼 것은 간음과 이혼에 관한 율법의 입장이다.

> "사람이 아내를 취하여 데려온 후에 수치되는 일이 그에게 있음을 발견하고 그를 기뻐하지 아니하거든 이혼 증서를 써서 그 손에 주고 그를 자기 집에서 내어보낼 것이요"(신 24:1).

당시 제도에 의하면 여인들은 남자들과 달리 한 번 결혼하여 남편에게 버림을 받으면 결혼제도에 묶여 있는 한, 다른 남자와 혼인할 수 없었다. 법적으로는 여전히 남편에게 속해 있었기 때문에 그 상태에서 다른 남자와 살게 되면 간음죄로 징벌을 받았다. 그로 인해 그 여인은 평생 남편 없는 불행한 삶을 살아야 했다. 그래서 하나님은 고육지책으로 그런 여인들에게 이혼증서를 주어 행복한 삶을 누릴 수 있도록 하셨던 것이다(신 24:2). 하나님이 이 법을 제정한 근본적인 목적은 사회적 약자인 여인들을 보호하기 위함이었는데, 사람들은 오히려 이 법을 악용하여 싫증난 아내를 쫓아내는 방편으로 활용했다. 그래서 예수님은 이 법의 오용을 막고자 수치되는 일은 음행한 연고라고 못 박았으며, 본래 하나님의 뜻은 남자와 여자가 연합하여 한 몸을 이루는 것이라고 하셨다(마 19:4~9). 예수님의 말씀을 들은 제자들은 맘대로 이혼할 수 없다면 장가들지 않는 것이 좋을 것 같다고 대답한다(마 19:10). 이것을 봤을 때, 당시 남자들의 혼인관이 어떠했는지 짐작할 수 있으며, 이와 반대로 사회적 약자를 배려하는 하나님의 뜻을 엿볼 수 있다. 참고로 신약 시대에 와서는 간음 외에 믿지 않는 배우자와의 이혼을 추가하였다(고전 7:13~15).

여인의 인권을 보호하는 또 다른 규례로서 홀로 남겨진 과부의 삶을 위한 제도가 있다.

"형제가 동거하는데 그중 하나가 죽고 아들이 없거든 그 죽은 자의 아내는 나가서 타인에게 시집가지 말 것이요 그 남편의 형제가 그에게로 들어가서 그를 취하여 아내를 삼아 그의 남편의 형제 된 의무를 그에게 다 행할 것이요 그 여인의 낳은 첫 아들로 그 죽은 형제의 후사를 잇게 하여 그 이름을 이스라엘 중에서 끊어지지 않게 할 것이니라 그러나 그 사람이 만일 그 형제의 아내 취하기를 즐겨하지 아니하거든 그 형제의 아내는 그 성문 장로들에게로 나아가서 말하기를 내 남편의 형제가 그 형제의 이름을 이스라엘 중에 잇기를 싫어하여 남편의 형제 된 의무를 내게 행치 아니하나이다 할 것이요 그 성읍 장로들은 그를 불러다가 이를 것이며 그가 이미 정한 뜻대로 말하기를 내가 그 여자 취하기를 즐겨 아니하노라 하거든 그 형제의 아내가 장로들 앞에서 그에게 나아가서 그의 발에서 신을 벗기고 그 얼굴에 침을 뱉으며 이르기를 그 형제의 집 세우기를 즐겨 아니하는 자에게는 이같이 할 것이라 할 것이며 이스라엘 중에서 그의 이름을 신 벗기운 자의 집이라 칭할 것이니라"(신 25:5~10).

지금은 존재하지 않는 형사취수(兄死娶嫂) 제도이다. 유다의 아들 엘이 죽자 며느리인 다말은 시동생인 오난에게 시집갔고, 오난마저 죽자 그 아래 시동생인 셀라에게 시집을 가고자 하였으나, 셀라마저 죽을까 두려워한 유다는 며느리를 본가로 보냈었다(창 38:6~11). 형사취수 제도는 다분히 남자 쪽의 가업을 잇게 하여, 죽은 남편의 재산이 과부를 통하여 외부로 빠져나가지 않도록 하는 관습이었다. 그래서 율법이 주어지기 훨씬 전부터 존재한 관습이었다. 율법이 노예제도를 인정한 것처럼 형사취수도 과거부터 자리 잡은 관습이었기 때문에 이를 거스르지 않았다. 그런데 단순히 가업을 잇는 것이라면 굳이 이런 관습을 택하지 않고 양자를 들이는 것으로 대신할 수 있었다. 그럼에도 하나님이 아들 없는 과부에게만 제한적으로 이 규례를 적용했다는 것은 가업 때문이 아니라 홀로된 여인의 경제적 삶을 염려했기 때문이었다. 율법은 남은 형제가 아들 없이 죽은 형제의 아내에게 장가들게 함으로 그 여인들이 경제적 어려움에 빠지는 것을 방지하였다.

안식일 규정에도 하나님의 사랑이 숨어 있다. 출애굽기에서는 안식일을 네 번 언급하였다.

첫 번째는 십계명에서 안식일을 언급하셨다(출 20:8~11). 십계명은 헌법과 같은 것으로 언약 백성으로서 지켜야 할 의무조항에 해당하는데, 하나님께 대한 마지막 조항인 네 번째 계명에 안식일을 지킬 것을 명하셨다. 여기서 하나님은 안식일에 종들과 가축, 그리고 함께 거하는 나그네에게도 일하지 말도록 하셨다. 이것은 창조주 하나님이 엿새 동안 세상을 창조하시고 제7일에 쉬시며 그날을 거룩하게 하셨으므로 언약 백성도 이날을 예배하며 거룩하게 지켜야 한다는 의미였다.

두 번째는 가축이나 종과 같은 약자들을 쉬게 하기 위한 긍휼의 관점에서 안식일을 지키라고 하셨다(출 23:12). 실제로 근대에 이르기까지 노예들은 1년 365일 쉼 없이 일했다. 죽어야만 일을 쉴 수 있었다. 그런데 하나님은 이미 율법에서 종들과 가축들을 위해 제7일에는 하나님의 율법 아래 있는 모든 생명으로 하여금 일하지 말고 쉬게 하셨다. 이것 역시 하나님이 안식일을 제정하신 목적이 인간에게 있다는 것을 여실히 보여주는 조항이라 할 수 있다.

세 번째는 다른 민족과 거룩하게 구별되는 언약 백성의 표징으로 안식일을 언급하셨다(출 31:12~17). 그렇기 때문에 안식일을 지키지 않는 것은 스스로 그 거룩을 부정하는 것이 되므로 그로 인해 죽임을 당하게 될 것이라고 강력히 경고하셨다(출 31:15).

마지막으로 안식일에 일하지 말 것을 다시 한 번 강조하고, 특히 이번에는 불을 피우지 말라는 규정을 언급하셨다(출 35:1~3). 불을 피움으로 생명 유지에 필요한 모든 활동이 시작된다. 그러나 언약 백성으로서 이날만큼은 하나님이 내게 필요한 것을 채워주시는 것을 경험함으로써 내 생명이 하나님의 은혜로 존속됨을 고백하는 것이다.

따라서 안식일에 대한 규례는 크게 네 가지인 것을 알 수 있다. 즉 **'거룩하게 지키라', '평안히 쉬라', '아무 일도 하지 말라', '불을 피우지 말라'**이다.

그런데 안식일 규례가 레위기에 와서 개정된 것을 확인할 수 있다. 하나님은 분명 안식일에 일하는 자는 죽임을 당한다고 하셨다(출 31:15, 35:2). 그럼에도 막상 안식일에 나무하는 사람에 대하여 모세와 아론은 하나님으로부터 지시하심을 받지 못하였다며 그를 가두었다(민 15:34). 모세와 아론이 지시하심을 받지 못했다고 한 것은 안식일 규례가 개정됨으로 징벌 조항이 삭제되어 어떤 벌을 내려야 할지 몰랐기 때문이며(레 19:30, 26:2), 하나님이 죽이라 하신 것은 그들이 명령체계에 따라 일사불란하게 움직여야 하는 군인이었기 때문이다.

사실 광야에서는 만나와 메추라기를 공급받았기 때문에 일할 이유가 없었다. 더욱이 안식일에는 그 전날 이틀분의 양식을 받았기 때문에 지키지 못할 이유도 없었다. 그리고 그들은 가나안 정복에 나서야 하는 군인들이었다. 따라서 광야에서의 안식일과 가나안 정착지에서의 안식일은 다르게 적용되어야 한다. 그래서 가나안 정착 이후의 규례를 정한 레위기에서는 징벌 규정을 없앴던 것이다(레 19:30, 26:2). 유대인들도 안식일 규례가 개정된 것을 알았기 때문에 간음한 여자는 돌로 쳤지만(레 20:10; 요 8:5), 안식일을 범한 것으로는 돌을 던지지 않았다.

훗날 율법과 다르게 안식일의 규례가 왜곡된 것을 보신 예수님은 이에 대한 오해를 지적하셨다(마 12:1~12). 주께서는 생명을 살리는 일과 선을 행하는 것에 대해서는 안식일에도 해야 할 일이라고 하셨다. 즉 여기서도 하나님이 안식일을 제정하신 뜻이 사람에 대한 사랑이라는 것을 알 수 있다(현 시대에 그리스도인이 안식일 대신 일요일을 지키는 이유는 주제와 상관없으므로 논외로 한다).

그 외에도 율법에는 새로 아내를 취한 자는 1년간 군대도 보내지 말고, 아무런 직무도 맡기지 말고, 집에 한가히 거하며 아내를 즐겁게 해주게 하였고(신 24:5), 연좌제를 금지하였으며(신 24:16), 가난한 자를 위하여 이자를 받지 못하게 하셨다(신 24:10~13). 또한 고아와 과부, 그리고 나그네를 선대할 것을 명하시어 사회적 약자를 보호하셨다(신 10:18, 16:11 등).

이 모든 율법들을 보면 인권을 가장 우선시했으며, 그 근간에는 사랑이 있다.

사람들은 하나님을 오해하여 제사에 대해서도 잘못 이해하고 있다. 예를 들면 대제사장이 1년에 한 번만 들어가 드리는 지성소 제사에 대하여 다음과 같이 오해하고 있다.

하나님의 영이 머무시는 곳은 지성소의 속죄소인데, 지성소는 오직 1년에 1차식 속죄일에 대제사장만 들어갈 수 있는 곳이었다. 그런데 대제사장이 지성소에 들어갈 때 발목(또는 허리)에 밧줄을 매고 들어갔다는 것이다. 대제사장의 에봇에는 방울이 붙어 있었고(출 28:33~34), 성소에서 제사를 드릴 때는 반드시 이 옷을 입었는데, 만약 방울 소리가 나지 않으면 대제사장이 지성소에서 하나님의 거룩을 범하여 죽었다는 것을 뜻한다고 하였다. 그때 죽은 대제사장의 시신을 끌어내기 위해서 사슬이나 밧줄을 허리 또는 발목에 묶었다는 것이다.

대제사장이 성소에서 제사를 집전할 때 에봇을 입었다는 것과 지성소에는 대속죄일에 오직 대제사장만 들어갔다는 것(레 16:29, 34), 그리고 아론의 두 아들인 나답과 아비후가 여호와 앞에 다른 불을 드려 죽었다는 것(레 10:1~2)을 조합하여 이 같은 잘못된 상상력을 발휘한 듯하다. 그러나 대제사장이 지성소에서 죽는 일은 없었다. 또한 대제사장은 대속죄일에 지성소에 들어갈 때 에봇을 입지 않았고, 오직 세마포 고의에 세마포 띠를 띠고 세마포 관만 쓰고 들어갔다(레 16:1~5). 그렇기 때문에 지성소에서 제사를 드리는 대제사장의 방울소리는 들을 수 없었다. 더군다나 발목이나 허리에 사슬 또는 밧줄을 매었다는 것은 율법 어디에도 없다.

하나님은 이러한 오해처럼 살생을 즐겨하시는 분이 아니다. 오히려 하나님은 제사에 있어서도 그 사랑을 여실히 드러내셨다.

> "그 범과를 인하여 여호와께 속건제를 드리되 양 떼의 암컷 어린 양이나 염소를 끌어다가 속죄제를 드릴 것이요 제사장은 그의 허물을 위하여 속죄할지니라 만일 힘이 어린 양에 미치지 못하거든 그 범과를 속하기 위하여 산비둘기 둘이나 집비둘기 새끼 둘을 여호와께로 가져가되 하나는 속죄 제물로 삼고 하나는 번제물을 삼아 제사장에게로 가져갈 것이요 제사장은 그 속죄 제물을 먼저 드리되 그머리를 목에서 비틀어 끊고 몸은 아주 쪼개지 말며

그 속죄 제물의 피를 단 곁에 뿌리고 그 남은 피는 단 밑에 흘리찌니 이는 속죄제요 그 다음 것은 규례대로 번제를 드릴찌니 제사장이 그의 범과를 위하여 속한즉 그가 사함을 얻으리라 만일 힘이 산비둘기 둘이나 집비둘기 둘에도 미치지 못하거든 그 범과를 인하여 고운 가루 에바 십 분 일을 예물로 가져다가 속죄 제물로 드리되 이는 속죄제인즉 그 위에 기름을 붓지 말며 유향을 놓지 말고 그것을 제사장에게로 가져갈 것이요 제사장은 그것을 기념물로 한 움큼을 취하여 단 위 여호와의 화제물 위에 불사를찌니 이는 속죄제라 제사장이 그가 이 중에 하나를 범하여 얻은 허물을 위하여 속한즉 그가 사함을 얻으리라"(레 5:6~13).

하나님 앞에 죄를 지은 사람은 반드시 죽어야 하고, 죄 사함을 얻기 위해서는 속죄제물을 바쳐야 했다. 속죄제물은 양이나 염소의 피로 드려야 했다(레 5:6). 그런데 경제적인 힘이 양이나 염소에 미치지 못할 경우에는 산비둘기나 집비둘기 둘로 이를 대신하도록 하셨다. 사실 비둘기는 곡식의 가격보다 훨씬 저렴했기 때문에 웬만한 사람이면 이를 감당할 수 있었다. 그런데 너무도 가난하여 비둘기도 감당할 수 없을 때 하나님은 이를 면제한 것이 아니라 곡식의 고운 가루 에바 10분의 1로 이를 대신하도록 하셨다. 1에바는 약 22L에 해당하므로 10분의 1에바는 약 2.2L이다. 사실 가격으로 치자면 곡식의 가격보다 비둘기 가격이 훨씬 저렴했다. 비둘기는 속죄제물의 용도 외에는 아무짝에도 쓸모없었다. 그런데 하나님은 값싼 비둘기 대신 곡식 가루를 요구하셨다. 곡식은 이삭 줄기를 통해서 누구나 거저 얻을 수 있었지만, 비둘기는 돈을 주고 구입해야 했기 때문이다.

그리고 하나님은 가난한 자들을 위하여 또 한 번 배려하셨다. 원래 소제는 기름에 섞어 구운 다음에 불에 태워야 했는데(레 2:1~4), 가난한 자들이 소제로 드리는 것에 대해서는 기름을 섞지 말고 그대로 불사르도록 하셨다(레 5:11~12). 비둘기조차 살 수 없었던 가난한 자들은 기름도 버거웠기 때문이다. 이것이 창조주 하나님의 진정한 사랑이었다. 범죄하는 영혼은 반드시 죽으리라는 법은 절대 변할 수 없는 하나님의 공의였고 죄를 사하기 위해서는 반드시 피를 흘려야 했지만, 하나님은 가난한 사람을 위하여 짐승의 피 대신 곡식 가루로 대신하도록 했으며, 경제적인 것을 고려하여 속죄제의 소제에는 기름조차 섞지 말라고 하셨다.

하나님은 제사에 있어서 가난한 자를 배려하셨듯이, 여행 중이거나 부정한 일로 인하여 여호와의 유월절을 지킬 수 없었던 자들도 배려하셨다. 율법에서 정한 여호와의 유월절은 어떠한 경우에도 지켜야 했지만, 시체로 인하여 부정케 되었거나 먼 여행 중에 있어서 지킬 수 없었을 때에는 다음 달 14일에 어린 양에 무교병과 쓴 나물을 먹고, 어린 양의 뼈를 꺾지 말도록 하여 유월절의 율례를 지키도록 하셨다(민 9:10~12).

이처럼 율법에는 빈부귀천을 막론한 엄격한 공의가 있지만(출 23:2~3, 6; 레 19:15), 그 하나하나에는 하나님의 깊은 사랑이 깃들어 있어 양심에 따라 행동한다면 지키기 어려운 것도 아니다. 그래서 하나님은 율법의 반포를 마친 후에 이같이 말씀하셨다.

"내가 오늘날 네게 명한 이 명령은 네게 어려운 것도 아니요 먼 것도 아니라 하늘에 있는 것이 아니니 네가 이르기를 누가 우리를 위하여 하늘에 올라가서 그 명령을 우리에게로 가지고 와서 우리에게 들려 행하게 할꼬 할 것이 아니요 이것이 바다 밖에 있는 것이 아니니 네가 이르기를 누가 우리를 위하여 바다를 건너가서 그 명령을 우리에게로 가지고 와서 우리에게 들려 행하게 할꼬 할 것도 아니라 오직 그 말씀이 네게 심히 가까워서 네 입에 있으며 네 마음에 있은즉 네가 이를 행할 수 있느니라"(신 30:11~14).

이처럼 율법은 인간의 본성 가운데 자연스럽게 심겨진 양심의 기반에 자리잡고 있다. 그래서 사도 바울도 **"율법 없는 이방인이 본성으로 율법의 일을 행할 때는 이 사람은 율법이 없어도 자기가 자기에게 율법이 되나니, 이런 이들은 그 양심이 증거가 되어, 그 생각들이 서로 혹은 송사하며, 혹은 변명하여, 그 마음에 새긴 율법의 행위를 나타내느니라"**(롬 2:14~15)라고 하면서 하나님을 모르는 사람도 본성 가운데 있는 양심이 율법의 역할을 한다고 하였다. 그러므로 율법 없는 사람도 율법이 없어 지킬 수 없었다고 핑계할 수 없는 것이다(롬 1:20). 그런데 욕심이 사람을 시기하게 만들고, 결국 죄에 빠지게 만든다(약 1:15). 그러므로 성숙한 그리스도인이라면 하나님과 이웃을 사랑하게 되어 자연스럽게 율법은 지켜지게 되는 것이다.

실제로 율법은 신약에 와서 많이 간소화되었다. 하나님을 섬기는 예배도 간소화되었고, 안식일도 점진적으로 주의 첫날로 바뀌었다. 그리고 예수님은 간음과 이혼에 대한 규례도 보다 합리적으로 바꾸셨다. 이로 인하여 예수님의 부활 이후로 예루살렘 교회에서 사도와 장로들이 율법에 대하여 많은 논쟁을 한 후에 다음과 같은 결론을 도출하였다.

"우상의 제물과 피와 목매어 죽인 것과 음행을 멀리할찌니라 이에 스스로 삼가면 잘 되리라 평안함을 원하노라"(행 15:29).

이 네 가지 정도도 강제한 것이 아니라, 스스로 삼가면 잘되고 다음의 평안을 얻을 수 있다는 권고사항이었다. 사도 바울은 우상의 제물에 대해서는 거리낌 없이 행하되, 믿음이 약한 자를 위하여 양심에 따라 행동하라고 하였다(고전 8:1~13). 비록 권고사항이었지단 율법의 굴레에 매여 있던 이들에게 이 정도는 아무런 짐이 되지 않앉을 것이다. 또한 인권이 우선시되는 현대에 이르러 대부분의 율법은 사회규범과 법률에 반영되어 애써 지키려 하지 않아도 자연스럽게 지킬 수밖에 없도록 되었으며, 정조의 의무도 남녀 모두가 지켜야 하는 것으로 바뀌었고, 동해보복법과 노예에 대한 규례 등 율법의 많은 부분은 일반 사회규범이나 법률에서도 용납하지 않는다. 이처럼 현대의 법률 체계가 율법보다 더 엄격한 것도 많아 모세의 율법의 많은 부분이 현대에 와서 무용지물이 되었다.

예수님은 세상에 오시어 안식일이나 간음에 대한 규례 등의 예를 들면서 하나님이 율법을 통하여 진정으로 원하시는 것이 무엇인지 말씀하셨다. 따라서 율법을 통하여 하나님이 말씀하시고자 한 것이 무엇인지 그 근본적인 것을 파악해야 하는 것이다. 즉 율법이 모세의 때에는 맞는 율법이었지만, 세월이 흘러 많은 부분이 무용지물이 되었기 때문에, 예수님도 율법의 궁극적인 목적은 단 두 가지로 요약할 수 있다고 말씀하셨다.

> "네 마음을 다하고 목숨을 다하고 뜻을 다하여 주 너의 하나님을 사랑하라 하셨으니 이것이 크고 첫째 되는 계명이요 둘째는 그와 같으니 네 이웃을 네 몸과 같이 사랑하라 하셨으니 이 두 계명이 온 율법과 선지자의 강령이니라"(마 22:37~40).

또한 예수님은 **"나는 자비(긍휼)를 원하고 제사를 원치 아니하노라 하신 뜻을 너희가 알았더면 무죄한 자를 죄로 정치 아니하였으리라"** (마 12:7)라는 호세아의 말씀을 인용하시면서, 하나님이 율법을 주신 진정한 목적은 하나님과 이웃을 사랑하게 하는 것이라고 하셨다. 이처럼 율법의 궁극적인 목적이 하나님과 인간을 사랑하는 것임에도 근본적으로 마귀의 자녀인 인간은 죄 가운데 살 수밖에 없어 그 범죄를 판단할 근거가 필요했던 것이다. 즉 하나님이 율법을 주신 궁극적인 목적은 모든 사람의 입을 막고 세상을 하나님의 심판 아래 두고, 사람으로 하여금 율법을 통하여 죄를 깨달아 예수 그리스도께 나아오게 하기 위함이었다(롬 3:19~20). 그러기 위해서는 온 세상이 하나님 안에서 질서가 잡히고 공의가 바로 서야 했다. 즉 하나님은 율법을 통하여 엄위하심(공의)과 자비하심(사랑)을 나타내시기를 원하셨다.

> "그러므로 하나님의 인자와 엄위를 보라 넘어지는 자들에게는 엄위가 있으니 너희가 만일 하나님의 인자에 거하면 그 인자가 너희에게 있으리라"(롬 11:22).

자기가 질서와 공의를 깨뜨렸음을 깨닫지 못한 사람은 아무리 사랑을 베풀어도 그것이 사랑인 줄 모른다. 하나님의 율법은 시대의 관습을 인정하면서 무엇보다 사람을 위한 질서와 공의를 세우는 것이었고, 모든 사람을 공평하게 대하시면서 사랑으로 감싸안은 법이었다. 그런데 시간이 흐르면서 유대인에게 그 율법은 오직 율법만을 위한 법이 되었고, 급기야 변질되어 오히려 하나님의 공의와 사랑을 가리게 되었다. 그래서 선지자들도 하나님의 사랑을 깨닫는 것이 율법을 지키는 것이라고 했던 것이다.

> "대저 내가 너희 열조를 애굽 땅에서 인도하여 낸 날에 번제나 희생에 대하여 말하지 아니하며 명하지 아니하고 오직 내가 이것으로 그들에게 명하여 이르기를 너희는 내 목소리를 들으라 그리하면 나는 너희 하나님이 되겠고 너희는 내 백성이 되리라 너희는 나의 명한 모든 길로 행하라 그리하면 복을 받으리라 하였으나"(렘 7:22~23).

"나는 인애를 원하고 제사를 원치 아니하며 번제보다 하나님을 아는 것을 원하노라"(호 6:6).

"내가 무엇을 가지고 여호와 앞에 나아가며 높으신 하나님께 경배할까 내가 번제물 일년 된 송아지를 가지고 그 앞에 나아갈까 여호와께서 천천의 수양이나 만만의 강수 같은 기름을 기뻐하실까 내 허물을 위하여 내 맏아들을 내 영혼의 죄를 인하여 내 몸의 열매를 드릴까 사람아 주께서 선한 것이 무엇임을 네게 보이셨나니 여호와께서 네게 구하시는 것이 오직 공의를 행하며 인자를 사랑하며 겸손히 네 하나님과 함께 행하는 것이 아니냐"(미 6:6~8).

그러므로 예수님은 율법을 폐하러 오신 것이 아니라 온전히 이루기 위해 오셨다(마 5:17). 이처럼 율법을 주신 진정한 취지를 안다면 오늘날과 맞지 않는 그 규례에 담긴 의도와 사랑을 깨달을 수 있다. 이것이 온 율법과 선지자의 강령이다(마 22:37~40).

# 16

# 하나님의 것으로 드리는 십분의 일

"너희를 위하여 보물을 땅에 쌓아 두지 말라 거기는 좀과 동록이 해하며 도적이 구멍을 뚫고 도적질하느니라 오직 너희를 위하여 보물을 하늘에 쌓아 두라 거기는 좀이나 동록이 해하지 못하며 도적이 구멍을 뚫지도 못하고 도적질도 못 하느니라 네 보물 있는 그곳에는 네 마음도 있느니라"(마 6:19~21).

하나님과의 친밀한 관계를 유지하기 위해서 세 가지 중요한 요소가 있는데, 곧 예배와 연보(십일조), 그리고 기도이다. 이것들은 구원과 전혀 관계 없으나, 우리가 하나님과 동행하고 친밀한 관계를 유지하기 위해서는 반드시 필요한 신앙의 3대 요소이다. 이 3대 요소 중 성도들에게 걸림이 되는 것은 바로 연보이며, 그중에서도 소득의 십분의 일을 드리는 십일조이다.

십일조에 대하여 세 가지 오해가 있는데, 하나는 십일조를 바치지 않으면 구원을 잃어버린다는 것이며, 또 하나는 그보다 더 심각한 것으로 십일조를 하면 복을 받고, 십일조를 하지 않으면 저주를 받는다는 것이다. 마지막으로 십일조를 율법적 의무로 인식한다는 것이다.

구원과 관련된 첫 번째 오해는 이단 사역자들이 성도들의 재물을 빼앗기 위해 하는 말이다. 성경 어디에도 십일조를 바치면 천국으로 가고, 바치지 않으면 지옥에 들어간다는 말이 없다. 실제로 구원받지 않은 사람은 십일조를 낼 자격이 없다. 이것은 마치 대학에 입학하지도 않은 사람이 등록금을 내는 것과 같은 상황이다. 그런데 예수님의 부활 이후로 많은 이단들이 재물을 바쳐야 구원을 받고 유지할 수 있다고 가르쳐왔는데, 성경 어디에서도 십일조는 구원과 관련이 없다.

성도들도 착각하는 것은 두 번째 오해이다. 율법에 이르기를, 율법을 지켜 행하면 복을 받고 불순종하면 저주를 받는다고 했기 때문에(신 28:2, 15), 율법에 기록된 십일조도 복 또는 저주와 연관하여 생각한다. 그러나 십일조는 복이나 저주와는 아무런 관련이 없다. 실제로 모세는 율법에서 다섯 번에 걸쳐 십일조를 언급했지만(레 27:30; 민 18:20~31; 신 12:4~19, 14:22~29, 26:1~13), 그 어디에서도 이를 지키지 않으면 저주를 받을 것이라고 하지 않았다. 십일조는 광야의 규례가 아니라 가나안에 들어가서 지켜야 하는 규례였다. 그뿐 아니라 성경 전체를 봐도 그런 내용은 찾아볼 수 없다. 아니, 딱 한 곳에서 복과 저주를 언급했는데, 그 내용과 배경을 살펴보면 십일조의 근본적 취지와는 거리가 있는 것을 알 수 있다.

> "사람이 어찌 하나님의 것을 도적질하겠느냐 그러나 너희는 나의 것을 도적질하고도 말하기를 우리가 어떻게 주의 것을 도적질하였나이까 하도다 이는 곧 십일조와 헌물이라 너희 곧 온 나라가 나의 것을 도적질하였으므로 너희가 저주를 받았느니라 만군의 여호와가 이르노라 너희의 온전한(perfect가 아닌 all) 십일조를 창고에 들여 나의 집에 양식이 있게 하고 그것으로 나를 시험하여(test가 아닌 proof) 내가 하늘 문을 열고 너희에게 복을 쌓

을 곳이 없도록 붓지 아니하나 보라"(말 3:8~10).

이 내용을 보면 분명 십일조를 도적질했기 때문에 그들이 저주를 받았다고 기록하고 있다. 그래서 십일조를 통한 복과 저주를 외치는 성도들은 이 말씀으로 십일조를 하지 않으면 저주를 받고, 십일조를 하면 복을 받는다고 믿는다.

그러나 이 말씀에 대한 역사적 배경을 보면 이 구절이 일반 백성들의 복 또는 저주와는 하등의 관련이 없다는 것을 알 수 있다. 하나님은 명백히 제사장들을 향하여 이 말씀을 하셨다(말 1:6, 2:1).

말라기 시대 때, 백성들은 절대로 십일조를 떼어먹을 수 없었다. 느헤미야는 총독으로 부임하면서 유다의 신앙 부흥을 주도하였고, 그 일환으로 율법을 지키게 하고, 온전한 예배를 위하여 이방인과의 혼인을 금지하였으며, 율법에서 정한 십일조를 바치도록 하였다(느 10:28~39). 혹시 십일조를 바치지 않을 사람이 있을 것 같아 추수하기 전 성읍 밭에서부터 십일조를 거두어 곳간에 쌓게 하였다(느 12:44). 절대 십일조를 떼어먹을 수 없는 구조였다. 그런데 느헤미야가 떠나가자 제사장들과 관원들이 성전 곳간에 들이기 전에 십일조를 도적질하여 하나님 앞에 죄를 지었다. 그래서 말라기는 그들이 하나님의 것을 도적질하였다고 지적하였고, 모든(all) 십일조를 착복하지 말고 곳간에 들이라고 했던 것이다. 한글 성경에는 '**온전한**'(perfect) 십일조라고 했지만, 영어 성경에는 '**모든**'(all) 십일조라고 하였다. 그렇게 함으로써 하나님이 내리시는 복을 '**시험**'(test)하는 것이 아니라 '**증명**'(proof)하라고 했던 것이다.

따라서 이 말씀을 올바로 해석하면 "**너희 제사장과 관원들은 하나님이 주신 축복의 결과대로 원래의 모든 십일조를 하나도 떼어먹지 말고 하나님의 성전 창고에 들여 레위인과 고아와 과부와 나그네의 덕**

을 양식으로 예비하라 그리하면 정말로 하나님이 하늘의 복으로 모든 백성의 삶을 윤택하게 하셨다는 것을 증명하게 된다"라는 것이다.

이어지는 말씀을 보면 십일조를 지켰다고 하나님이 복을 주시는 것이 아님을 알 수 있다.

> "만군의 여호와가 이르노라 내가 너희를 위하여 황충을 금하여 너희 토지 소산을 멸하지 않게 하며 너희 밭에 포도나무의 과실로 기한 전에 떨어지지 않게 하리니 너희 땅이 아름다와지므로 열방이 너희를 복되다 하리라 만군의 여호와의 말이니라"(말 3:11~12).

즉 십일조를 함으로써 하나님이 그들의 기도를 들으시어 그들을 평안 가운데 거하게 하시겠다는 것이지, 결코 부자로 만드시겠다는 것이 아니다. 즉 십일조를 하면 원래 약속된 복을 누리고, 그렇지 않으면 당연히 받을 복을 놓치게 된다는 의미이다. 그러므로 복을 받으려고 십일조를 내는 것이 아니라, 원래 약속된 복을 누리기 위해 온전한 십일조를 하는 것이다.

마지막으로 살펴볼 것은 십일조를 율법적 의무로 인식한다는 것이다. 이에 먼저 율법에서 정한 십일조의 종류와 그것의 사용처부터 살펴보려 한다.

첫째, 모든 소득의 십일조가 있다.

> "여호와께서 또 아론에게 이르시되 너는 이스라엘 자손의 땅의 기업도 없겠고 그들 중에 아무 분깃도 없을 것이나 나는 이스라엘 자손 중에 네 분깃이요 네 기업이니라 내가 이스라엘의 십일조를 레위 자손에게 기업으로 다 주어서 그들의 하는 일 곧 회막에서 하는 일을 갚나니 이후로는 이스라엘 자손이 회막에 가까이 말 것이라 죄를 당하여 죽을까 하노라 오직 레위인은

회막에서 봉사하며 자기들의 죄를 담당할 것이요 이스라엘 자손 중에는 기업이 없을 것이니 이는 너희의 대대에 영원한 율례라 이스라엘 자손이 여호와께 거제로 드리는 십일조를 레위인에게 기업으로 준 고로 내가 그들에 대하여 말하기를 이스라엘 자손 중에 기업이 없을 것이라 하였노라 여호와께서 모세에게 일러 가라사대 너는 레위인에게 고하여 그에게 이르라 내가 이스라엘 자손에게 취하여 너희에게 기업으로 준 십일조를 너희가 그들에게서 취할 때에 그 십일조의 십일조를 거제로 여호와께 드릴 것이라 내가 너희의 거제물을 타작 마당에서 받는 곡물과 포도즙 틀에서 받는 즙 같이 여기리니 너희는 이스라엘 자손에게서 받는 모든 것의 십일조 중에서 여호와께 거제로 드리고 여호와께 드린 그 거제물은 제사장 아론에게로 돌리되 너희의 받은 모든 예물 중에서 너희는 그 아름다운 것 곧 거룩하게 한 부분을 취하여 여호와께 거제로 드릴찌니라 이러므로 너는 그들에게 이르라 너희가 그중에서 아름다운 것을 취하여 드리고 남은 것은 너희 레위인에게는 타작 마당의 소출과 포도즙 틀의 소출같이 되리니 너희와 너희 권속이 어디서든지 이것을 먹을 수 있음은 이는 회막에서 일한 너희의 보수임이니라"
(민 18:20~31).

  이것은 제사장과 레위인을 위한 것이었다. 하나님은 모든 이스라엘 지파에게 땅을 배분하여 그 땅의 소산으로 살게 하셨다. 그 기업을 통하여 대대손손 먹고살 수 있게 하셨던 것이다. 그러나 레위인에게는 땅의 배분이 이루어지지 않았고, 그 대신 이스라엘 지파로부터 받은 십일조를 레위인의 기업이 되게 하셨다. 또한 레위인조차도 그가 받은 것에서 십일조를 내게 하셨다. 그럼으로써 그들로 하여금 하나님의 성전에서 봉사하고 예배에 충실하도록 하셨던 것이다.
  신약성경에도 연보의 목적이 말씀을 전하는 사도들의 생계를 위한 것이라고 기록되어 있다.

"모세 율법에 '곡식을 밟아 떠는 소에게 망을 씌우지 말라' 기록하였으니 하나님께서 어찌 소들을 위하여 염려하심이냐 전혀 우리를 위하여 말씀하심이 아니냐 가연 우리를 위하여 기록된 것이니 밭 가는 자는 소망을 가지고 갈며 곡식 떠는 자는 함께 얻을 소망을 가지고 떠는 것이라 우리가 너희에게 신령한 것을 뿌렸은즉 너희 육신의 것을 거두기로 과하다 하겠느냐 다른 이들도 너희에게 이런 권을 가졌거든 하물며 우리일까 보냐 그러나 우리가 이 권을 쓰지 아니하고 범사에 참는 것은 그리스도의 복음에 아무 장애가 없게 하려 함이로라 성전의 일을 하는 이들은 성전에서 나는 것을 먹으며 제단을 모시는 이들은 제단과 함께 나누는 것을 너희가 알지 못하느냐 이와 같이 주께서도 '복음 전하는 자들이 복음으로 말미암아 살리라' 명하셨느니라"(고전 9:9~14).

그 외 목회서신에서도 성도들의 수고로 사도들의 생계를 책임지게 하셨다(딤전 5:18; 딤후 2:6).

둘째, 해마다 드리는 토지 소산의 십일조가 있다.

"너는 마땅히 매년에 토지 소산의 십일조를 드릴 것이며 네 하나님 여호와 앞 곧 여호와께서 그 이름을 두시려고 택하신 곳에서 네 곡식과 포도주와 기름의 십일조를 먹으며 또 네 우양의 처음 난 것을 먹고 네 하나님 여호와 경외하기를 항상 배울 것이니라 그러나 네 하나님 여호와께서 그 이름을 두시려고 택하신 곳이 네게서 너무 멀고 행로가 어려워서 그 풍부히 주신 것을 가지고 갈 수 없거든 그것을 돈으로 바꾸어 그 돈을 싸서 가지고 네 하나님 여호와의 택하신 곳으로 가서 무릇 네 마음에 좋아하는 것을 그 돈으로 사되 우양이나 포도주나 독주 등 무릇 네 마음에 원하는 것을 구하고 거기 네 하나님 여호와의 앞에서 너와 네 권속이 함께 먹고 즐거워할 것이며 네 성읍에 거하는 레위인은 너의 중에 분깃이나 기업이 없는 자니 또한 저버리지 말찌니라"(신 14:22~27).

모든 소득의 십일조 외에 해마다 드리는 십일조가 있었는데, 이것은 하나님이 복을 주신 것에 감사하는 축제로 드리는 것이었다. 즉, 하나님은 이스라엘 백성이 매년 추수가 끝났을 때 토지 소산의 십분의 일을 가지고 성전에 와서 함께 하나님이 주신 복을 감사할 것을 명하셨다. 그리고 함께 즐거워할 때 분깃이 없는 레위인에게도 베풀 것을 명하셨다. 즉, 이것은 십분의 일을 가지고 하나님 앞에 드리는 감사제였다. 이스라엘 민족은 장막절의 8일간 이 축제를 즐겼다.

셋째, 3년마다 바치는 십일조가 있다.

> "매 삼년 끝에 그 해 소산의 십분 일을 다 내어 네 성읍에 저축하여 너의 중에 분깃이나 기업이 없는 레위인과 네 성중에 우거하는 객과 및 고아와 과부들로 와서 먹어 배부르게 하라 그리하면 네 하나님 여호와께서 너의 손으로 하는 범사에 네게 복을 주시리라"(신 14:28~29).

이것은 분깃이 없는 모든 자를 위하여 예비한 것이었다. 레위인이 땅의 분깃이 없다는 것은 앞서 언급하였다. 그 외 과부도 분깃이 없었다. 이스라엘은 조상들에게 배분된 땅을 팔 수 없었다. 팔았더라도 희년(매 50년)에는 반드시 주인에게 되돌려주게 되어 있었다(레 25:28). 따라서 과부는 남편 집안의 기업 무를 자와 재혼하여 주거와 음식을 해결하도록 하였다. 그러나 재혼하지 못한 과부는 가난할 수밖에 없었고, 하나님은 이들을 위하여 십일조를 사용하도록 하셨다. 고아와 나그네 역시 분깃이 없으므로 그들을 위하여 십일조를 사용하도록 하셨던 것이다.

율법에서는 십일조를 어떻게 준비해야 하는지 구체적으로 기록하고 있다. 곡식과 과실은 십분의 일을 드리고, 소나 양의 십분의 일은 막대기 아래로 통과하는 것의 열 번째 것마다 드렸다. 또한 곡식의 십분의 일을 속하려면 그것의 오분의 일을 더했고, 짐승은 좋고 나쁨을 따지거나 바꾸어서는 안 되었으며, 일단 바꾸었으면 그것 모두를 바치도록 하셨다(레 27:30~33).

예수님도 물질의 십일조는 당연히 하라고 하셨고, 이에 더하여 정의와 긍휼과 믿음도 저버리지 말라고 언급하셨다.

> "화 있을찐저 외식하는 서기관들과 바리새인들이여 십분 일 너희가 박하와 회향과 근채의 십일조를 드리되 십분 일 율법의 더 중한바 의와 인과 신은 버렸도다 십분 일 그러나 이것도 행하고 저것도 버리지 말아야 할찌니라" (마 23:23).

이것이 율법에서 정한 십일조의 종류와 사용 방법이다. 그런데 율법에서 정한 십일조의 면면을 살펴보면 거기에는 율법적 의무가 아닌 하나님의 사랑과 긍휼이 묻어 있음을 알게 된다.

하나님이 십일조를 주신 것은 그들이 아직 광야 생활을 하고 있을 때였다. 따라서 그들에게는 기업이 없었다. 당연히 소출의 십일조를 드릴 명분이 없었고, 드릴 상황도 아니었다. 다른 율법은 광야 생활 중에도 지킬 수 있었지만, 십일조는 지킬 수 없는 율법이었다. 그럼에도 이런 십일조를 규정하신 것은 십일조를 통하여 어떻게 하나님과 친밀한 관계를 맺을 수 있는지 알게 하기 위함이었다.

그들은 광야에서 하루하루 일용할 양식으로 살았다. 하나님이 만나와 메추라기를 주시지 않으면, 단 하루도 생존할 수 없는 삶이었다. 그래서 아무것도 가질 수 없었지만, 그것이 오히려 하나님과의 친밀함을 유지시켰다. 하나님이 없으면 단 하루도 살 수 없기에 하나님만 신뢰하고 의지하며 살았다. 마치 아이들이 독립할 때까지 온전히 부모의 손을 의지하여 사는 것과 같다. 그때만큼은 부모와 자식 간의 관계가 더없이 돈독하다. 자식들은 온전히 부모에게 의지하고, 부모는 온전히 자식들을 위해 살아간다.

그런데 가나안에 들어가서는 광야의 삶과 완전히 다르다. 그때부터는 모든 것을 하나님께 의지하는 삶이 아니라, 농사를 지어 얻은 소출로 살아가는 삶이고, 오히려 내일을 위해 저축하는 삶이 된다. 자기 힘으로 먹고살 수 있기 때문에 광야에서처럼 전적으로 하나님을 의지하지 않아도 된다. 그래서 하나님과의 친밀감은 약해질 수밖에 없었다. 자녀들이 독립하면 부모와의 친밀감이 낮아지는 것처럼 이것은 아주 자연스러운 일이다.

그래서 하나님은 가나안에서의 첫 번째 소득 전체를 십일조로 가져가셨다. 즉 가장 먼저 점령한 여리고 성의 탈취물 전부를 가져가셨던 것이다.

"이 성과 그 가운데 모든 물건은 여호와께 바치되 기생 라합과 무릇 그 집에 동거하는 자는 살리라 이는 그가 우리의 보낸 사자를 숨겼음이니라 너희는 바칠 물건을 스스로 삼가라 너희가 그것을 바친 후에 그 바친 어느 것이든지 취하면 이스라엘 진으로 바침이 되어 화를 당케 할까 두려워하노라 은금과 동철 기구들은 다 여호와께 구별될 것이니 그것을 여호와의 곳간에 들일지니라"(수 6:17~19).

이스라엘 민족이 가나안에 들어가 처음 공략한 여리고 성은 손가락 하나 까딱하지 않고, 언약궤를 멘 제사장이 7일간 성을 돌았기에 무너졌다. 이것은 오로지 하나님의 능력에 의한 것이었는데, 여기에서 탈취한 모든 것을 하나님께 바쳤다. 그런데 이 명령을 어기고 유다 지파의 아간이 시날산의 아름다운 외투 한 벌과 은 이백 세겔과 오십 세겔 중의 금덩이 하나를 훔쳐 간직했다. 이로 인하여 아이성 공략에 실패하였고, 아간은 모든 백성의 돌에 맞아 죽는다(수 7:1~26).

여리고 성은 가나안 땅에 입성하여 얻은 첫 번째 소산이었기에 하나님께 당연히 바쳐야 하는 십일조였다. 이스라엘은 가나안 땅에서 영원히 하나님을 섬겨야 하는 백성이었기 때문에 처음부터 하나님을 섬기는 예를 따라야 했다. 그리하여 아이 성을 점령했을 때부터 하나님은 거기서 얻은 모든 것을 마음껏 탈취하여 가지라고 하셨던 것이다(수 8:1~2).

실제로 이스라엘은 여리고를 포함하여 아이, 예루살렘, 헤브론, 야르뭇, 라기스, 에글론, 립나, 게셀, 드빌 등 10개 성읍을 연이어 점령하였다(수 10장). 그러므로 하나님은 이스라엘이 점령한 것 중 가장 처음 것으로 십일조의 경배를 받으셨고, 이것을 기념하기를 원하셨다. 그래서 여리고 성은 다시 사람의 손으로 재건될 수 없도록 저주를 내려 후대의 교훈으로 삼았다.

> "여호수아가 그때에 맹세로 무리를 경계하여 가로되 이 여리고성을 누구든지 일어나서 건축하는 자는 여호와 앞에서 저주를 받을 것이라 그 기초를 쌓을 때에 장자를 잃을 것이요 문을 세울 때에 계자[막내아들]를 잃으리라 하였더라"(수 6:26).

그리하여 이 성은 그대로 방치되어 이스라엘 민족의 교훈이 되었으나, 아합 때 이르러 벧엘 사람 히엘이 성을 재건하여 저주를 받는다.

"그 시대에 벧엘 사람 히엘이 여리고를 건축하였는데 저가 그 터를 쌓을 때에 맏아들 아비람을 잃었고 그 문을 세울 때에 말째 아들 스굽을 잃었으니 여호와께서 눈의 아들 여호수아로 하신 말씀과 같이 되었더라"(왕상 16:34).

이렇게 예언은 정확하게 지켜지고 완성되었다. 그럼 왜 성이 다시 재건될 수 없도록 저주를 내리신 것일까? 여리고 사람이 더 많이 범죄했기 때문이었을까?

사람은 망각의 동물이다. 더구나 후대로 내려갈수록 하나님이 이루신 위대한 일들을 잊어버린다. 이스라엘은 유월절의 큰 구원을 잊어버리고, 홍해의 구원도 잊어버리고 광야에서 하나님을 원망하였다. 그랬기 때문에 그날을 잊지 말라고 기념하여 대대로 절기로 지키도록 하셨던 것이다. 인간이란 원래 그런 것이다. 현재가 조금이라도 힘들고 고통스러우면 과거의 은혜를 잊어버리고 하나님을 원망한다. 또 너무 평안하면 나태해져 하나님께 감사하지 않는다. 하나님은 자신의 것으로 십일조를 가져가셨고, 이스라엘이 그것을 기억하기를 바라셨다. 여리고를 폐허로 놓아둔 것은 하나님의 은혜를 대대로 기억하도록 하기 위함이었다.

그래서 하나님은 이스라엘 백성들에게 이같이 당부하셨다.

"너희가 요단을 건너 너희 하나님 여호와께서 너희에게 기업으로 주시는 땅에 거하게 될 때 또는 여호와께서 너희로 너희 사방의 모든 대적을 이기게 하시고 너희에게 안식을 주사 너희로 평안히 거하게 하실 때에 너희는 너희 하나님 여호와께서 자기 이름을 두시려고 한 곳을 택하실 그곳으로 나의 명하는 것을 모두 가지고 갈찌니 곧 너희 번제와 너희 희생과 너희 십일조와 너희 손의 거제와 너희가 여호와께 서원하는 모든 아름다운 서원물을 가져가고 너희와 너희 자녀와 노비와 함께 너희 하나님 여호와 앞에서 즐거워할 것이요 네 성중에 거하는 레위인과도 그리할찌니 레위인은 너희 중에 분깃이나 기업이 없음이니라"(신 12:10~12).

이처럼 비록 율법에서 십일조를 언급했지만 이것의 실천 여부가 복 또는 저주와 관련 있는 것이 아니라, 이것을 행함으로 하나님 앞에서 즐거워하고 친밀감을 유지하라는 것이었다. 즉 하나님을 만나는 통로로 여기라는 것이었지 율법적 의무로 부과된 것이 아니었다.

십일조는 이스라엘에게만 국한된 것이 아니라 창세 이후로 하나님을 믿는 성도들은 모두 지켰다.

가인과 아벨의 경우, 하나님 앞에 예배하면서 가인은 땅의 소산으로 제물을 삼아 여호와께 드렸고 아벨은 양의 첫 새끼와 그 기름으로 드렸는데, 하나님이 아벨의 제사는 열납했지만 가인의 제사는 열납하지 않으셨다.

혹자는 아벨이 속죄를 의미하는 피의 제사를 드렸기 때문에 열납했고, 가인은 그러한 피의 제사를 드리지 않았기 때문에 열납하지 않았다고 이야기한다. 그러나 율법에서도 짐승으로 드릴 수 없을 때는 곡식으로 속죄제를 드릴 수 있도록 하셨기 때문에 이 같은 해석은 잘못된 해석이다(레 5:6~13). 가인과 아벨의 제사를 보면 하나님은 가인의 제사를 열납하지 않으신 것이지 그것으로 저주한 것이 아니었다. 오히려 가인이 아벨을 죽임으로 스스로 저주를 받았던 것이다. 아벨의 예물이 열납된 것은 양의 첫 새끼, 즉 십일조를 드렸기 때문이다.

아브라함이 가나안에 들어오기 전, 메소보다미아의 시날 왕 아므라벨(함무라비)과 엘라살 왕 아리옥과 엘람 왕 그돌라오멜과 고임 왕 디달의 동맹이 가나안에 쳐들어와 소돔 왕 베라와 고모라 왕 비르

사와 아드마 왕 시납과 스보임 왕 세메벨과 소알 왕 벨라의 동맹과 전쟁을 치렀다. 그 전쟁으로 가나안 땅에 거주하던 나라들이 12년간 그돌라오멜을 섬기다 배반했는데, 이로 인하여 또다시 메소보다미아의 침략을 받게 된다. 이때 아브라함의 조카 롯이 소돔에 거하다가 포로로 끌려간다. 이에 아브라함은 사병 318명을 이끌고 단까지 쫓아가 롯을 구출한다. 그때 지극히 높으신 하나님의 제사장인 살렘 왕 멜기세덱이 떡과 포도주를 가지고 나와 아브라함을 축복했는데, 아브라함은 그 축복에 감사하여 탈취한 것의 십분의 일을 그에게 바쳤다(창 14:1~20).

또한 아브라함의 손자 야곱은 팥죽 한 그릇으로 장자의 축복을 훔친 후 형 에서의 미움을 받아 밧단 아람으로 도망한다. 그때 벧엘에서 돌베개를 베고 잠들었는데, 꿈속에서 하나님이 야곱을 축복한다. 잠에서 깨어난 그는 하나님께 십일조를 드리겠다고 서원하였다.

> "하나님이 나와 함께 계시사 내가 가는 이 길에서 나를 지키시고 먹을 양식과 입을 옷을 주사 나로 평안히 아비 집으로 돌아가게 하시오면 여호와께서 나의 하나님이 되실 것이요 내가 기둥으로 세운 이 돌이 하나님의 전이 될 것이요 하나님께서 내게 주신 모든 것에서 십분 일을 내가 반드시 하나님께 드리겠나이다"(창 28:20~22).

이것이 십일조에 대한 최초의 기록들이다. 이것을 봤을 때 창세 이후로 하나님을 섬기는 예배 장소와 거기서 봉사한 제사장과 그들의 생계를 위한 십일조가 있었다는 것을 알 수 있다. 그런데 아브라함과 그 자녀들은 정해진 장소를 갖지 못했기에 정기적인 예배와 십일조를 행할 수 없었다. 아브라함의 후손이 정기적으로 예배를 드린 것은 성막을 완성한 광야 생활 때였고, 십일조는 가나안에 들어가 기업을 받았을 때 실천할 수 있었다.

그러면 우리가 십일조를 드리는 근본적인 목적은 무엇일까?

첫째, 십일조는 존경과 축복에 대한 감사의 표현이다. 아브라함이 멜기세덱에게 십일조를 바친 이유는 그가 지극히 높으신 하나님의 제사장이었고, 자신을 축복했기 때문이다(창 14:20). 십일조가 율법 이전부터 있었던 것은 어떤 대상에게 존경과 사랑, 그리고 감사의 마음을 표현하는 도구였기 때문이다(잠 3:9~10). 그래서 십일조는 율법을 지키기 위해 드리는 것이 아니라, 이러한 감사의 마음을 행동으로 보여주는 것이다.

둘째, 십일조는 자기보다 높은 자에게 서원을 표현하는 행위이다. 야곱은 하나님의 약속을 신뢰하였고, 십일조는 자신의 모든 것을 하나님께 서원한 것을 실천하는 행위였다(창 28:20~22). 야곱에게 십일조는 얽매는 의무사항이 아니었다. 오히려 야곱 스스로 십일조를 서원하여 하나님과 자신의 관계를 묶은 것이다.

셋째, 십일조는 내 삶의 주인이 누구인지 고백하는 행위이다. 예수님은 '네 보물이 있는 곳에 네 마음이 있다'고 하시면서, 사람이 하나님과 재물을 겸하여 섬길 수 없다고 하셨다(마 6:19~24). 하나님은 성도들에게 재물보다 더 소중한 대상이 되기를 원하신다. 왜냐하면 하나님이 그 무엇보다 우리를 사랑하시어 친히 대속물이 되셨기 때문이다. 그래서 우리가 하나님을 사랑한다는 그 마음을 우리가 드리는 물질로 판단하신다.

이렇게 중요한 십일조를 십계명에 포함시키지 않고, 율법적 의무사항에도 포함시키지 않았을 뿐 아니라, 신약성경에서도 중요하게 다루지 않은 것은, 앞서 언급한 세 가지 사항이 모두 자원하는 마음으로 이루어지기를 원하셨기 때문이다. 이것이 바로 '너희 보물이 있는 곳에 너희 마음도 있다'고 하신 예수님의 말씀의 의미이다(마

6:21). 부모와 자식을 연결하는 것이 물질인 것처럼, 우리가 하나님을 사랑하고 있다는 것을 표현하는 것 역시 물질이다. 다윗은 성전 건축을 준비하기 위해 힘에 부치도록 재물을 모아 솔로몬에게 넘겨주었다.

힘이 없고 가난한 부모들도 자식이 주는 용돈을 쓰지 않고 훗날 자녀들이 목돈이 필요할 때 그것을 고스란히 돌려준다. 부모는 경제적 능력이 있다면 자녀들이 준 것보다 더 많은 것으로 돌려준다. 그렇다면 우주 만물을 창조하시고 주관하시는 하나님은 그 자녀를 더욱 풍성하게 하실 것이다.

그러므로 십일조는 율법 수여 이전부터 행해졌던, 사랑과 존경의 대상에게 그 마음을 표현하는 것이다. 다만 앞서 언급한 대로 십일조의 실천 여부는 구원과 관련된 것이 아니고, 복과 저주에 관련된 것도 아니며, 더더욱 율법의 의무사항도 아니므로 그 마음이 원하는 대로 그리고 믿음대로 행하면 된다.

"네 재물과 네 소산물의 처음 익은 열매로 여호와를 공경하라 그리하면 네 창고가 가득히 차고 네 즙틀에 새 포도즙이 넘치리라"(잠 3:9~10).

# 17

## 모세가 신명기를 기록한 배경

이스라엘은 제40년 정월에 가데스바네아에 도착한다(민 20:1). 여기서 미리암이 죽고 물이 없어 백성들이 자기를 원망하자 모세가 바위를 쳐서 물을 내었다(민 20:8~11). 하나님은 반석에 명하여 물을 내라고 하셨는데, 모세는 백성들의 원망에 감정을 주체하지 못하고 격분하여 지팡이를 들어 반석을 두 번이나 쳤다. 반석은 예수 그리스도의 모형이었다. 첫 번째 호렙산 반석은 고난받는 예수님의 초림을 예표하고, 두 번째 가데스바네아 반석은 영광받으시는 예수님의 재림을 예표한다. 그런데 모세는 그 하나님의 섭리를 어기고 가데스바네아에서 반석을 쳤던 것이다. 이것으로 인해 하나님은 분노하셨고, 그의 가나안 입성을 허락하지 않으셨다.

에돔을 돌아 호르산에 이르러 아론도 죽음을 맞이한다(민 20:24~26). 30일간 애곡하는 기간이 끝나고 이스라엘의 가나안 남방에 거하는 아랏 왕이 괴롭히자 그들과 전쟁하여 그들을 죽인다(민 21:1~3). 그리고 아모리 왕 시혼과 바산 왕 옥과의 전투에서 승리한 후 모압평지 싯딤에 머무른다(민 21:26~34). 그때 이스라엘은 모압 왕 발락의 꾀에 빠져 모압 여인과의 음행에 빠지고, 그로 인해 모압의 신들에게 절하는 사건이 발생한다. 그 사건으로 이스라엘은 무려

24,000명의 사람들이 염병에 걸려 죽게 된다.

모세가 제40년 11월 1일부터 모압평지에 두 달간 머물면서 신명기를 반포했던 것은 이러한 배경이 있었기 때문이다(신 1:3~5). 즉 하나님의 능력을 경험하지 못한 출애굽 2세대가 아모리 왕 시혼과 바산 왕 옥과의 전투에서 승리한 후, 이에 도취되어 모압 여인과 음행하고 우상을 숭배하는 일이 발생하자 그들의 마음을 다잡을 필요성을 느꼈던 것이다. 그리하여 가나안으로 들어가기 전 군대를 편성하여 기강을 잡고, 이들 중 12,000명의 별동대를 선발하여 이스라엘로 범죄하게 한 미디안을 친 후에(민 31:2~12) 거기서 율법을 새롭게 반포했던 것이다.

하나님은 미디안과의 전투를 끝으로 그를 데려가겠다고 하셨다(민 31:2). 그 때문에 모세는 아주 절박했다. 그는 하나님의 징계를 받아 40년간 공들인 수고의 결실을 볼 수 없었다. 이스라엘 백성들의 형태를 보니, 가나안을 정복할 수 있을지에 대한 확신도 없었고, 설사 가나안을 정복한다 해도 우상숭배에 빠져 하나님을 멀리한다면 그의 모든 수고와 노력이 물거품이 될 수밖에 없었다.

그는 신명기를 시작하면서 열하룻길밖에 되지 않는 이 길을 38년이나 걸렸다고 말하며, 또다시 율법을 반포해야 하는 이유를 장황하게 늘어놓는다. 그는 이스라엘 백성이 광야에서 38년을 거하게 된 것은 가데스바네아에서 열두 명의 정탐꾼으로부터 받은 보고를 듣고 하나님을 원망한 것 때문이라고 언급한다(신 1:20~37). 백성들이 정탐꾼을 보내자는 의견을 내었고 모세도 그것을 좋게 여겼기 때문에 그 의견에 따랐는데, 여호수아와 갈렙만 제외하고 모든 백성들이 아낙 자손의 장대함을 듣고서 절망하여 하나님을 원망했다고 말한다.

모세는 그 사건을 언급한 다음에 모압과 암몬, 에돔을 지나가면서 하나님이 그들과 다투지 말라고 명령했다고 이야기한다. 가나안으로 향하는 길가 아르와 그 변경에는 원래 아낙 자손처럼 장대하여 르바임이라 불린 엠 사람(에밈)과 삼숨 사람(삼숨밈)이 살았는데, 이들은 하나님의 능력으로 롯 자손(모압과 암몬)에게 정복당했고, 세일에 거주했던 호리 사람들 역시 하나님의 능력으로 에서 자손(에돔)에게 정복당했다(신 2:4~22). 그가 굳이 아낙 자손으로 인하여 하나님을 원망한 사건 다음에 이것을 언급한 것은, 하나님이 그들의 땅을 허락했기 때문에 싸우지 말라는 사실을 알려주기 위함이 아니었다. 그는 아낙 자손처럼 장대한 엠 사람과 삼숨 사람들도 하나님이 함께하셔서 롯 자손에게 정복당했는데, 하나님의 백성이라고 하는 출애굽 1세대는 롯 자손만도 못한 신앙을 가졌다고 질책하는 것이었다.

사실 출애굽 1세대는 스스로의 의지로 애굽을 탈출한 사람들이 아니었다. 홍해를 건넌 것도 하나님의 능력으로 인한 것이었기에 무슨 불편한 문제라도 생기기만 하면 그들은 하나님과 모세를 원망하기만 했을 뿐 그들 스스로 무언가를 하려 하지 않았다. 이런 사람들을 데리고 무슨 일을 도모하겠는가? 스스로 열망하지도 않는데 하나님의 능력이 무슨 소용이 있겠는가?

그래서 하나님은 간절히 열망하지 않는 출애굽 1세대를 광야에 묻고, 광야에서 태어난 출애굽 2세대로 하여금 가나안 입성을 도모하도록 하셨다. 광야로 들어간 사람들은 애굽의 삶을 동경하여 불평불만을 일삼았지만, 광야의 척박한 땅에서 태어난 사람들은 그 삶을 타개하기 위해 의지를 불태울 수밖에 없었다. 가나안 남방 아랏 왕과의 전투와 아모리 왕 시혼과 바산 왕 옥과의 전투를 통하여 그들은 자신감을 획득했고, 군대를 편성한 이후에는 별동대를 선발하여 미디안 다섯 왕과의 전투에서 승리하면서 부대 전술을 점검하고 전투 경험을 쌓을 수 있었다(민 31:1~8).

그런 다음 그는 신명기를 써야 했던 근본적인 이유를 이야기한다. 하나님은 모세의 불순종 때문에 그의 가나안 입성을 허락하지 않으셨다(신 3:23~26). 그런데 발람이 발락을 가르쳐 이스라엘로 하여금 음행하고 우상숭배에 빠지도록 한 것을 보면서(계 2:14), 신명기를 반포해서 출애굽 2세대의 신앙을 굳건히 할 필요를 느꼈다는 것이다(신 4:1~4). 그리고 모세는 도입부 마지막에 이르러 이스라엘 민족이 하나님을 따르고 신뢰해야 하는 이유를 설명한다(신 4장). 모세는 이렇게 1장부터 4장에 이르기까지 신명기를 써야 했던 배경에 대하여 장황하게 늘어놓는다.

신명기는 가나안 정복을 앞두고 기록했기 때문에 다른 율법서에는 없는 내용, 즉 전투에 임하는 자세와 가나안 주변 백성들과의 관계에 대해서도 기록하였다(신 20장 등). 더불어 율법 선포를 마치기 전에 가나안 본토에 거주하는 에브라임 지파를 위해서 에발산에 큰 돌을 세우고 거기에도 율법을 기록할 것을 명하였다(신 27:3~5).

# 18

## 이름 없는 성전 봉사자들 고라 자손

　레위 지파 고핫의 손자이며, 이스할의 아들인 고라와 르우벤 지파 엘리압의 아들 다단, 아비람과 벨렛의 아들 온이 주동하여 당을 짓고, 이스라엘의 총회에서 택함을 받은 유명한 족장 250명과 함께 모세를 거슬러 광야에서 반란을 일으킨다(민 16:1~50).

　잠시 애굽에서 탈출했던 때로 되돌아가 보면, 그들의 출애굽은 역사상 전례를 찾을 수 없는 큰 사건이었다. 이것은 하나님의 능력이 없었다면 불가능한 일이었다. 따로 전략이 수립된 것도 없었고, 전략이 없으니 전술 또한 있을 수 없었다. 말씀에 의지하여 무작정 떠났던 길에서 그들의 양식은 발효되지 못한 반죽, 즉 무교병 반죽이 전부였다. 요세푸스는 그것이 한 달치 식량이었다고 하였다. 적어도 한 달이면 가나안까지 갈 수 있기에 그렇게 가나안으로 들어가면 전능하신 하나님이 거할 땅을 주실 것이라고 생각했다. 그래서 뒤쫓아오는 애굽 군대를 뿌리치기 위해 밤낮으로 길을 달려 3일 만에 광야 끝 에담에 도착했고, 하루를 쉬면서 예배도 드렸다. 조금만 더 가면 엘랏이 나오고, 그러면 애굽의 지배권에서 완전히 벗어날 수 있었다. 그런데 하나님은 온 길을 되돌려 다시 애굽 땅으로 그들을 인도했으며, 급기야 막다른 길 홍해 앞 비하히롯으로 그들을 이끄셨다(출

14:2). 그들은 이러한 상황을 상식적으로 이해할 수 없었을 것이다.

그러나 홍해의 기적을 겪으면서 그들은 전능하신 하나님을 몸으로 체험할 수 있었다. 물이 없는 광야를 지나 시내산에 도착할 때까지, 쓴 물이 달게 되는 기적과 만나와 메추라기를 양식으로 얻는 놀라운 일도 경험하였다. 하나님은 늘 불평만 일삼는 백성들의 믿음을 확인하기 위해 신 광야에서 만나와 메추라기를 내리실 때 처음으로 그들에게 아주 간단한 율법을 주셨다. 하나님에 대한 그들의 믿음을 확인하기 위해 안식일에 관한 규례를 주셨는데, 그것은 그들이 말씀을 따르는지 따르지 않는지를 확인하기 위함이었다. 결국 많은 사람들이 따르지 않는 모습을 보이자 시내 광야에서 약 1년간 그들을 훈련시키신다.

그들은 성막을 통하여 하나님을 섬기는 예법을 배웠고, 율법을 통하여 본격적으로 신정국가로서의 제도를 정비하였다. 또한 지파별로 20세 이상의 장정을 소집하여 군대도 편성하였다. 장정들의 숫자를 10명 단위로 절사한 것은 이드로의 조언을 받아들여 군대 단위를 천부장, 백부장, 오십부장, 십부장 체계로 정비했기 때문이다(출 18:21). 모든 준비를 마쳤을 때, 유월절을 지내고 은나팔 두 개와 지파의 깃발을 사용하여 20일간의 짧은 전술기동훈련까지 마친 후 바란 광야 가데스바네아를 향하여 출발한다(민 10:1~28). 1년 전 출애굽 때는 오합지졸에 허겁지겁 애굽에서 도망치기에 바빴지만, 1년이 지난 지금은 어엿한 군대를 이끌고 진영에 맞춰 질서정연하게 움직였기에 그 모습은 장관을 이루었을 것이다.

그들은 호렙산(시내산)에서 세일산을 지나 가데스바네아까지 열하룻길을 질서정연하게 갔다(신 1:2). 그런데 가데스바네아에서 하나님을 원망한 일로 그들은 회정하여 광야로 돌아올 수밖에 없었다. 다시 광야로 돌아왔을 때 그들은 자신들의 믿음 없음을 반성하고 근신했을 것이다. 그런데 시간이 흐를수록 막막한 삶에 대한 불만이 쏟아졌다. 가나안에 들어가지 못하고 광야에서 죽을 것이라는 불안감과 아무런 희망 없는 팍팍한 삶은 그들을 지치게 했다.

사실 홍해를 건너기까지 백성들의 불만은 생명에 대한 것이었다. 그들은 잘 훈련된 애굽 군대를 두려워했다. 홍해를 건너고 시내산까지 오는 동안에는 죽음에 대한 공포가 사라지자 물과 음식에 대하여 불만을 토로했다. 그런데 광야를 방황하던 38년 동안에는 또 다른 불만이 그들의 입에서 터져나왔다. 애초에 출애굽이 그들의 의지대로 행했던 것이 아니었기 때문이다.

그때는 쫓아오는 애굽 군대도 없었고, 만나와 메추라기로 인하여 양식에 대한 문제도 없었다. 하나님의 능력으로 의복과 신발도 해어지지 않았으며 발도 부르트지 않았다(신 8:3). 그러나 그들의 삶의 질은 너무도 형편없었다. 만나는 꿀 섞은 과자 맛이었는데 물려서 박한 음식이 되었고(출 16:31; 민 11:8, 21:5), 메추라기는 코에서 냄새가 날 정도로 질리게 되었다(민 11:20). 그들은 생선과 외와 수박과 부추와 파와 마늘 같은 음식이 필요했다(민 11:5).

백성들은 시간이 지날수록 그 잘못을 지도자에게 돌렸다. 실제로 모세와 아론은 38년간 광야를 방황하는 것 이외에 아무런 조치를 취할 수 없었다. 이것은 지도자에게나 따르는 백성에게나 정말 미치는 노릇이었다. 홍해를 마른 땅처럼 건넜고, 만나와 메추라기를 먹었으며, 므리바 반석에서 쏟아지는 물도 마셨지만, 그것이 지금의 백성들에게는 그 어떤 힘과 능력도 되지 못했다. 하나님의 명령으로 인하여 가나안 입성은 뒤로 미뤄졌고, 매일같이 100여 명의 사람들이 죽어 나가는 지긋지긋한 고통에 대해서 모세와 아론은 아무런 계획도, 대책도 없었다. 이런 지도자를 누가 믿고 따르겠는가?

이때 이 틈을 비집고 들어온 사람들이 있었다. 하나님의 선택에 대한 주권을 인정하지 않고 불만에 가득 찬 백성들의 마음을 비집고 들어온 교활한 사람들이었다. 항상 민족적으로나 국가적으로 이렇게 위기에 처하면, 불안한 백성들을 선동하여 우두머리가 되고자 하는 사람들이 나오기 마련이다.

레위 지파 이스할의 아들인 고라와 르우벤 지파 엘리압의 아들 다단, 아비람과 벨렛의 아들 온이 주동하여 당을 짓고, 이스라엘의 총회에서 택함을 받은 유명한 족장 250명과 함께 모세를 거슬러 반란을 일으킨 때가 바로 목적 없이 광야를 떠돌고 있던 그때였다.

그들은 아주 논리적으로 모세와 아론에게 대들었다.

"너희가 분수에 지나도다 회중이 다 각각 거룩하고 여호와께서도 그들 중에 계시거늘 너희가 어찌하여 여호와의 총회 위에 스스로 높이느뇨"(민 16:3).

즉 고라는 그러한 불안한 백성들을 선동하여 우두머리가 되겠다고 했던 것이다. 사실 고라는 모세와 아론의 통치권에 불만이 많았다. 그 역시 레위의 아들인 고핫의 손자였다. 고핫에게는 아들로 아므람과 이스할과 헤브론과 웃시엘이 있었는데, 모세와 아론이 아므람의 아들이었다면, 고라는 이스할의 장남이었다. 즉 모세와 아론의 사촌이었다. 또한 고핫 자손은 성막에서 가장 중요한 언약궤를 담당했기에 그는 스스로 하나님과 가장 가까이 있다고 생각했을 것이다(민 3:29~32). 어느 국가나 리더십에 균열이 생기면 대체로 그 친족 중에서 반기를 들기 마련이다.

이에 모세는 고라의 선동에 대하여 이렇게 대답한다.

"너희 레위 자손들아 들으라! 이스라엘의 하나님이 이스라엘 회중에서 너희를 구별하여 자기에게 가까이하게 하사 여호와의 성막에서 봉사하게 하시며 회중 앞에 서서 그들을 대신하여 섬기게 하심이 너희에게 작은 일이겠느냐 하나님이 너와 네 모든 형제 레위 자손으로 너와 함께 가까이 오게 하신 것이 작은 일이 아니어늘 너희가 오히려 제사장의 직분을 구하느냐 이를 위하여 너와 너의 무리가 다 모여서 여호와를 거스리는도다 아론은 어떠한 사람이관대 너희가 그를 원망하느냐"(민 16:8~11).

즉 아론의 제사장 권위는 하나님으로부터 받은 것이고, 고라가 받았던 성막 봉사도 결코 작은 것이 아닌데, 교만이 지나쳐 제사장이 되겠다는 것에 대한 경고였다. 또한 모세는 사건을 수습하기 위해 고라와 함께 반란을 주도했던 엘리압의 아들 다단과 아비람을 부르러 보냈는데, 그들도 이렇게 말하면서 모세를 거역한다.

"우리는 올라가지 않겠노라! 네가 우리를 젖과 꿀이 흐르는 땅에서 이끌어 내어 광야에서 죽이려 함이 어찌 작은 일이기에 오히려 스스로 우리 위에 왕이 되려 하느냐 이뿐 아니라 네가 우리를 젖과 꿀이 흐르는 땅으로 인도하여 들이지도 아니하고 밭도 포도원도 우리에게 기업으로 주지 아니하니 네가 이 사람들의 눈을 빼려느냐 우리는 올라가지 아니하겠노라!" (민 16:12~14).

많은 사람들이 그들의 선동에 따랐다. 민초들이야 마음이 불안하면 선동에 쉽게 휩쓸리기 마련이다. 그들은 신념이 있었기 때문에 애굽에서 탈출했던 것이 아니었다. 그들의 출애굽은 아무런 계획도 없이 갑자기 이루어진 사건이었다. 요셉을 모르는 자가 애굽의 왕조를 새롭게 이룩하였고, 그래서 고센에 거하는 히브리인을 탄압했기 때문이었다. 그들은 그 탄압에 절망하여 참하나님인 여호와께 부르짖었다. 그러나 애굽의 왕자로 자란 모세가 봉기했을 때, 정작 그들은 침묵했다. 그러므로 그들은 애굽에서 탈출하는 동안 체험했던 하나님의 능력과 모세와 아론의 리더십에 순종했어야 했다.

하나님은 모세와 아론에게 회중에게서 떠나라 명령하고, 이스라엘 백성 모두를 멸하려 하셨다. 이에 모세와 아론이 하나님께 엎드려 이렇게 간구한다.

> "하나님이여 모든 육체의 생명의 하나님이여 한 사람[고라]이 범죄하였거늘 온 회중에게 진노하시나이까"(민 16:22).

그리하여 하나님은 모든 백성에게 고라와 다단과 아비람의 장막에서 떠나라 하셨고, 백성이 떠나자 그들의 장막이 있는 땅을 갈라 그들을 따랐던 250명의 두령들과 그 모든 소속을 산 채로 삼켜 버리게 하셨다. 그리고 또다시 백성들이 와서 모세와 아론을 향하여 '당신들이 여호와의 백성을 죽였다'고 원망하자 염병을 보내시어 14,700명의 생명을 앗아 가셨다. 실로 엄청난 사건이었다.

이러한 반역은 이스라엘 가운데 큰 교훈으로 남았으며, 많은 사람들이 고라의 무리와 관련된 어떠한 연계성도 피하려는 의식으로 각인되었다. 실제로 므낫세 지파 슬로브핫의 딸들이 모세에게 나아와 다음과 같이 말했는데, 이것을 통하여 이 당시 이스라엘 사람들이 고라와 그 무리에 대해 어떻게 생각하고 있었는지를 엿볼 수 있다.

> "우리 아버지가 광야에서 죽었으나 여호와를 거스려 모인 고라의 무리에 들지 아니하고 자기 죄에 죽었고 아들이 없나이다"(민 27:3).

자신들의 아버지가 아들 없이 죽었던 것이 고라의 죽음과 조금이라도 관련 있지 않을까 의심받는 것이 두려워 아예 그러한 가능성을 배제하고 자신들의 논지를 전개시켜 나간 것에서 당시의 사고방식과 사회적 정서를 엿볼 수 있다. 즉 백성들의 마음 속에는 고라와 그 무리들의 반역이 지탄받아 마땅한 사건으로 깊이 박혀 있었던 것이다.

> "엘리압의 아들은 느무엘과 다단과 아비람이라 이 다단과 아비람은 회중 가운데서 부름을 받은 자러니 고라의 무리에 들어가서 모세와 아론을 거스려 여호와께 패역할 때에 땅이 그 입을 열어서 그 무리와 고라를 삼키매 그들이 죽었고 당시에 불이 이백오십 명을 삼켜 징계가 되게 하였으나 그러나 고라의 아들들은 죽지 아니하였더라"(민 26:9~11).

그런데 고라의 아들인 앗실과 엘가나와 아비아삽(출 6:24)은 모두 아비의 반역을 따르지 않았고, 그리하여 죽음에서 벗어났다. 그들은 평생 아비의 길을 따르지 않았다. 그렇지만 이스라엘의 사회적 정서로 인하여 그들이 받은 심적 고통은 이루 헤아릴 수 없이 컸을 것이다.

그들은 아비의 죄와 상관없이 비느하스의 지도 아래 성막의 경비를 맡는 일을 수행하였다(대상 9:19~20). 그 아비의 반역을 생각했을 때 매우 이례적인 직책이 아닐 수 없다. 또한 가나안에 들어갔을 때, 그들은 고핫 자손이었으므로 에브라임 지파, 단 지파, 요단 서편의 므낫세 반 지파에 속한 레위인 거주지를 배정받았을 것이다. 특별히 고라 자손은 **"택함을 입어 문지기 된 자가 모두 이백열둘이니 이는 그 향리에서 그 보계대로 계수된 자요 다윗과 선견자 사무엘이 전에 세워서 이 직분을 맡긴 자"**(대상 9:22)라 했으므로, 성막이 있는 실로 인근 에브라임 지파의 게셀이나 벧호른에 거주했을 가능성이 크다. 그것은 베냐민 땅 라마에 거주한 고라 자손 엘가나를 에브라임 사람이라고 한 것으로도 확인할 수 있다(삼상 1:1).

고라의 아들 중 아비아삽의 후손인 숩이 하나님을 열심히 섬기기 위해 자신들에게 배정된 땅을 떠나 제사장이 거하는 땅으로 이주한다. 즉 베냐민 지파의 제사장 거주지인 기브온과 게바 사이에 있는 라마에 정착한 것이다(삼상 9:5). 그의 현손 중에 사무엘의 아버지인 엘가나가 있었다. 이스라엘에 왕이 없으므로 각기 자기 소견에 옳은 대로 행했던 시대, 그래서 여호와의 말씀도 희귀하여 이상도 흔치 않았던 시대(삿 17:6, 21:25; 삼상 3:1)에 그는 해마다 실로에 있는 성막에 가서 매년제를 드렸다. 그러한 신앙이 있었기에 그에게서 이스라엘의 기둥과 같았던 사무엘이 태어난다. 사무엘의 신앙이 뛰어난 것은 그 어미 한나의 신앙교육 때문인 것이 사실이지만, 그에 못지않게 매년 하나님 앞에 나아갔던 엘가나의 신앙심이 컸기 때문이다.

비록 사무엘의 아들인 요엘과 아비야는 불량한 자로 브엘세바에서 사사로 있으면서 뇌물을 취하고 판결을 굽게 하여 이스라엘에 왕의 제도가 도입되는 빌미를 제공하였지만(삼상 8:2~3), 요엘의 아들 헤만은 오히려 하나님의 회막 앞에서 찬송하는 자가 되었다(대상 6:33).

다윗은 음악에 관심이 많은 왕이었다. 일찍이 수금을 타서 사울 왕에게 임한 악귀를 쫓았고, 언약궤가 다윗성으로 왔을 때 그 앞에서 춤추고 노래하였다. 그래서 **"언약궤가 평안한 곳을 얻은 후에 다윗이 이 아래의 무리를 세워 여호와의 집에서 찬송하는 일을 맡게 하매"**(대상 6:31)라고 했듯 본격적으로 성가대를 조직하였다. 그는 성가대를 조직할 때 상징적으로 그 우두머리를 하나님 앞에서 봉사하는 레위 지파의 세 자손 가운데서 선출하였다. 중앙에는 고핫 자손의 헤만(대상 6:33), 그 오른쪽에 게르손 자손의 아삽(대상 6:39), 왼쪽에 므라리 자손의 에단(대상 6:44)을 두었다. 그런데 놀랍게도 성가대의 중심에 고핫 자손을 세웠고, 고핫 자손 중에서도 고라의 후손인 헤만을 세웠던 것이다.

가장 놀라운 사건은 언약궤와 관련된 것이었다. 블레셋에 빼앗겼다 돌아온 언약궤는 제사장의 도시 벧세메스를 거쳐 성막을 관리했던 히위 족속의 도시 기럇여아림의 아비나답의 집에 70여 년간 머물러 있었다(삼상 7:2). 다윗이 국가의 안정을 찾은 후 언약궤를 예루살렘으로 옮기려 하였으나, 웃사가 언약궤를 붙잡는 바람에 죽임을 당하는 일이 발생한다. 그 일로 인해 언약궤는 가드(립몬) 사람 문지기인 오벧에돔의 집에 석 달 동안 머물게 된다(삼하 6:10~11). 가드립몬이 단(므낫세 반) 지파 그핫 자손에게 배분된 도시이며, 그가 문지기인 것을 봤을 때 그 역시 고라 자손이었다(대상 26:1~4). 하나님은 언약궤를 정성껏 보관하여 그 임무를 훌륭히 수행한 오벧에돔에게 복을 주시어 8명의 아들을 포함한 62명의 자손을 주셨다(대상 26:8).

오벧에돔 외에 많은 고라 자손이 성전의 문지기를 천직으로 알고 수행하였다.

> "문지기는 살룸과 악굽과 달몬과 아히만과 그 형제들이니 살룸은 그 두목이라 이 사람들은 전에 왕의 문 동편 곧 레위 자손의 영의 문지기며 고라의 증손 에비아삽의 손자 고레의 아들 살룸과 그의 종족 형제 곧 고라의 자손이 수종드는 일을 맡아 성막 문들을 지켰으니 그 열조도 여호와의 영을 맡고 그 들어가는 곳을 지켰으며"(대상 9:17~19).

이 말씀을 보면 고라 자손이 성막의 문을 지킨 것은 그 당시에 부여된 임무가 아니라, 그들의 조상들 때부터 수행한 임무였다. 즉 고라 자손의 문지기로서의 임무는 이미 광야 시대 때부터 부여되었으며, 그래서 다윗과 선견자 사무엘도 그들에게 동일한 임무를 맡겼다고 하였다(대상 9:22). 문지기의 임무는 매우 중요한 임무였는데, 이스라엘에서 가장 중요한 언약궤를 지키고, 솔로몬 이후에는 성전의 보물을 지키는 막중한 임무였다. 그래서 성경은 특별히 문지기들의 중요성을 언급하는데, 그 이름 중에 꼭 고라 자손을 명시하고 있다(대상 9:19, 26:1~9).

더불어 문지기의 우두머리였던 살룸의 맏아들은 성전에서 전병 굽는 일을 맡았던 요리사의 역할도 수행하였다.

> "고라 자손 살룸의 장자 맛디댜라 하는 레위 사람은 남비에 지지는 것을 맡았으며 또 그 형제 그핫 자손 중에 어떤 자는 진설하는 떡을 맡아 안식일마다 준비하였더라"(대상 9:31~32).

그 후로도 하나님에 대한 그들의 충성은 대를 이어 변함이 없었으며, 그리하여 왕과 선지자를 도와 이스라엘을 믿음 가운데 굳건히 세우는 일에 일조하였다.

여호사밧 때 모압 자손과 암몬 자손들이 마온 사람들과 함께 유다를 치러 왔다. 그때도 고핫 자손과 고라 자손이 예복을 입고 군대 앞에서 행진하며 **"여호와께 감사하세 그 자비하심이 영원하도다"**(대하 20:21)라고 찬송하였다. 그랬더니 침입자들이 오히려 세일산 사람들을 쳐서 멸하고 그들끼리 싸워 쓰러지는 일이 발생하였다. 아무런 무기도 들지 않고 군대 앞에서 예복을 입고 하나님을 찬송하며 나아갔던 그들의 믿음은 실로 상상을 초월한 것이었다.

그들이 예배를 위해 쓴 많은 시편들이 아직도 성경 가운데 남아 있다. 150편의 시편 중 열두 편이 고라 자손들과 연결되어 있다(시 42~49편, 84~85편, 87~88편). 그들의 조상이 비록 하나님께 반역했지만 그들은 여전히 부끄러운 조상의 이름을 버리지 않았다. 그리고 고라의 반역에도 하나님은 회막을 지키는 문지기와 성가대로서의 그들의 임무를 폐하지 않으셨다. 그들이 기록한 시편 84편은 그들이 믄

지기로서의 직무를 얼마나 사모했는지를 잘 나타내주고 있다.

"만군의 여호와여 주의 장막이 어찌 그리 사랑스러운지요 내 영혼이 여호와의 궁정을 사모하여 쇠약함이여 내 마음과 육체가 생존하시는 하나님께 부르짖나이다…주의 궁정에서 한 날이 다른 곳에서 천 날보다 나은즉 악인의 장막에 거함보다 내 하나님 문지기로 있는 것이 좋사오니 여호와 하나님은 해요 방패시라 여호와께서 은혜와 영화를 주시며 정직히 행하는 자에게 좋은 것을 아끼지 아니하실 것임이니이다 만군의 여호와여 주께 의지하는 자는 복이 있나이다"(시편 84편).

하나님은 고라 자손과 같은 신앙인에 대하여 에스겔을 통하여 이렇게 말씀하셨다.

"또 가령 그가 아들을 낳았다 하자 그 아들이 그 아비의 행한 모든 죄를 보고 두려워하여 그대로 행하지 아니하고 산 위에서 제물을 먹지도 아니하며 이스라엘 족속의 우상에게 눈을 들지도 아니하며 이웃의 아내를 더럽히지도 아니하며 사람을 학대하지도 아니하며 전당을 잡지도 아니하며 억탈하지도 아니하고 주린 자에게 식물을 주며 벗은 자에게 옷을 입히며 손을 금하여 가난한 자를 압제하지 아니하며 변이나 이식을 취하지 아니하여 내 규례를 지키며 내 율례를 행할찐대 이 사람은 그 아비의 죄악으로 인하여 죽지 아니하고 정녕 살겠고 그 아비는 심히 포학하여 그 동족을 억탈하고 민간에 불선을 행하였으므로 그는 그 죄악으로 인하여 죽으리라 그런데 너희는 이르기를 아들이 어찌 아비의 죄를 담당치 않겠느뇨 하는도다 아들이 법과 의를 행하며 내 모든 율례를 지켜 행하였으면 그는 정녕 살려니와 범죄하는 그 영혼은 죽을찌라 아들은 아비의 죄악을 담당치 아니할 것이요 아비는 아들의 죄악을 담당치 아니하리니 의인의 의도 자기에게로 돌아가고 악인의 악도 자기에게로 돌아가리라"(겔 18:14~20).

"아들이 어찌 아비의 죄를 담당치 않겠느뇨"(겔 18:19)라고 했던 것은 슬로보핫의 딸들을 포함한 광야에 있었던 모든 이스라엘 사람들의 생각이었다. 그러나 하나님의 생각은 "**아들은 아비의 죄악을 담당치 아니할 것이요 아비는 아들의 죄악을 담당치 아니하리니**"(겔 18:2))라는 것이었다.

오늘날은 '**하나님이 어디 계신가?**'라고 외치는 목소리가 크게 들리고, 하나님을 믿는다는 사람들조차 광야에서처럼 갈 길 몰라 헤매이며 자기 소견에 옳은 대로 살아가는 때이다. 그러한 가운데서 고라 자손처럼 믿음을 지키고 사는 것이 희귀해졌다. 그럼에도 하나님은 여전히 믿음에 굳게 선 사람들을 찾으시고, 굽어 살핀다는 것을 알아야 한다. 이스라엘을 통하여 하나님이 다스리는 제사장 나라를 세우고자 하셨던 하나님의 꿈은 다윗과 솔로몬을 통하여 실현되었다. 그리고 그 중심에 이름 없이 봉사하며 하나님의 꿈이 실현되도록 온 힘을 다했던 사람들, 고라 자손이 있었다. 그들의 이름이 생명책에서 빛나고 있다.

# 19

## 이스라엘 민족을 고토로 이끈 여호수아

여호수아는 에브라임 지파 눈의 아들이자, 에브라임의 막내 아들인 브리아의 8대손이었다(대상 7:23~27). 그의 원래 이름 호세아는 '**구원**'이라는 뜻을 가지고 있는데, 모세가 그의 이름 앞에 '여호와'의 생략형인 '**여**'를 붙여 여호수아라 불렀다(민 13:16). 그래서 여호수아라는 이름은 '**여호와는 구원이시다**'라는 뜻을 가지고 있다. 여호수아란 이름은 신약에서 예수라는 이름과 동일하며, 그래서 예수라는 이름도 '**여호와는 구원이시다**'라는 뜻을 가지고 있다.

여호수아는 출애굽기 17장에서 갑자기 등장한다(수 17:9). 이때 이스라엘 민족은 홍해를 건넌 후 마라와 엘림, 신 광야를 거쳐 르비딤에 도착했을 때였다. 이스라엘이 르비딤에서 물이 없어 모세를 원망하자 하나님은 바위를 쳐 물을 내라고 하셨고, 이로 인해 그들은 갈증을 해소할 수 있었다. 그리고 이스라엘은 애굽에서 탈출한 후 처음으로 이민족인 아말렉의 공격을 받게 된다.

이때는 아직 아직 시내산에 도착하기 전이었으므로 이스라엘에는 어떤 체계도 잡혀 있지 않았다. 모세가 그들을 끌고 나왔지만 이스라엘은 온전히 모세를 따르지는 않았고, 아론 역시 아직까지는 그저 모세의 형에 불과할 뿐이었다. 모세가 나가 싸우라 한들 그 말에 얼마나 큰 힘이 실렸겠는가? 그것은 모세가 기도드릴 때 그를 도운 사람이 아론과 훌이었다는 것만으로도 잘 알 수 있다. 요세푸스에 의하면 훌은 미리암의 남편이었다는데, 그것이 사실이라면 시내산에 도착하기 전까지 모세는 하나님 외에 겨우 가족의 도움만 받고 있었을 뿐이었다.

바로가 노예였던 이스라엘 백성에게 무기를 가지고 애굽을 떠나라 했을 리는 만무했다. 더구나 애굽을 떠나라 했던 바로의 명령은 한밤중 장자의 죽음 이후 갑작스럽게 내려진 것이었다. 이스라엘 백성이 홍해를 건넜을 때, 홍해에 빠져 죽은 애굽 군대의 시체는 다시 물 위로 떠올랐지만, 무기들은 홍해 속으로 가라앉았다(출 14:30). 그래서 이스라엘은 죽은 애굽 군대의 무기로도 무장할 수 없었다. 더구나 이스라엘은 르비딤까지 오는 한 달간 부족한 물과 음식으로 인해 불평하기에 급급했기에 무기를 만들 수도 없었다. 따라서 이스라엘의 전투력은 전무했다.

그때 가나안에서 이스라엘을 마중 나온 여호수아는 모세의 명령을 받아 군인을 선발하여 칼을 들고 아말렉과 싸운다. 여호수아의 승리는 전적으로 아론과 훌의 도움을 받은 모세의 기도에 응답한 하나님의 능력에 기인한 것이었지만, 하나님을 경외하여 담대히 전투에 임한 여호수아가 있었기에 가능했다. 하나님도 아말렉과의 전쟁에서 승리한 후에 **"이것을 책에 기록하여 기념하게 하고 여호수아의 귀에 외워 들리라 내가 아말렉을 도말하여 천하에서 기억함이 없게 하리라"**(출 17:14)라고 하셨던 것은 이미 여호수아를 지도자로 인정하셨기 때문이었다.

시내산에 도착하여 모세는 하나님으로부터 십계명과 율법을 받아 이스라엘과 짐승의 피로써 언약을 체결한 후에, 아론과 나답과 아비후 및 이스라엘 장로 칠십 인과 더불어 시내산에 올라 하나님 앞에서 먹고 마셨다. 그러자 하나님은 모세에게 친히 산으로 올라와 율법과 계명이 적힌 돌판을 받아갈 것을 명하셨다. 이에 모세는 오직 여호수아만 데리고 시내산 꼭대기에서 하나님과 마주한다. 이를 볼 때 여호수아는 충성된 군인이었다. 하나님은 산 위에 올라온 모세와 여호수아의 접근을 6일 동안 막았고, 제7일이 되어서야 모세만 구름 속으로 끌어들였다. 모세는 이곳에서 이스라엘을 위하여 40주야를 금식하며 하나님께 간구한다(신 9:8~9).

이때 여호수아는 모세와 함께 구름 속으로 들어가지도 못하고, 산 아래로 내려가지도 못하는 어정쩡한 상태에서 모세가 40일간의 기도를 마칠 때까지 하염없이 기다리고 있었다. 모세는 하나님과 만나 이스라엘에 대한 하나님의 진노를 되돌려야 하는 절박한 목적이 있었기에 40일의 시간을 온전히 거기에 매달릴 수 있었겠지만, 여호수아는 혼자서 40일간 외롭고, 무섭고, 긴장되고, 지루하기 그지없는 시간을 보내야 했다(출 24:13). 물론 그저 멍하니 있었던 것이 아니라 기도로써 모세를 도왔겠지만, 그것이 결코 쉬운 일은 아니었다. 왜냐하면 모세는 산 위에서 함께 먹고 마셨던 칠십 인의 장로에게도 산 아래에서 기다리라고 했으나(출 24:14), 40일 후 돌판을 받아 내려왔을 때 그들은 기다리지 못하고 금송아지를 만들어 섬겼기 때문이다. 그에게 비범한 인내심이 없었더라면 혼자서 외로움과 무서움, 지루함을 견디면서 기다릴 수 없었을 것이다.

그 후 이스라엘이 금송아지를 만들어 범죄하자 모세는 진영에서 멀리 떨어진 곳에 회막을 치고 하나님과 대화하고, 대화가 끝나면 진영으로 돌아왔다. 여호수아는 모세가 회막에서 하나님과 대화할 때나 회막을 떠나 진영으로 돌아올 때도 한결같이 하나님의 회막에서 떠나지 않고 혼자 그곳을 지켰다(출 33:11). 그는 하나님을 위한 공적인 삶을 위해 전적으로 자신의 모든 것을 희생한 사람이었다. 모세가 훌륭한 사람임에는 틀림없지만, 그의 곁에는 항상 그림자처럼 말없이 그를 지켰던 여호수아가 있었던 것이다.

그가 모든 일 가운데 특별히 빛을 발했던 것은 가데스바네아에서 12명의 정탐꾼에 포함되어 가나안 땅을 정탐했을 때였다. 이때 에브라임 지파의 여호수아와 유다 지파의 갈렙을 제외한 나머지 10명의 정탐꾼들은 모세와 이스라엘 앞에서 절망적인 보고를 한다(민 13:28~33).

> "그와 함께 올라갔던 사람들은 가로되 우리는 능히 올라가서 그 백성을 치지 못하리라 그들은 우리보다 강하니라 하고 이스라엘 자손 앞에서 그 탐지한 땅을 악평하여 가로되 우리가 두루 다니며 탐지한 땅은 그 거민을 삼키는 땅이요 거기서 본 모든 백성은 신장이 장대한 자들이며 거기서 또 네피림 후손 아낙 자손 대장부들을 보았나니 우리는 스스로 보기에도 메뚜기 같으니 그들의 보기에도 그와 같았을 것이니라"(민 13:31~33).

이에 여호수아와 갈렙은 자기들의 옷을 찢으며 온 이스라엘을 설득하지만, 그들은 이런 여호수아와 갈렙을 돌로 치려 한다(민 14:7~10). 이때의 사건으로 하나님은 대단히 노하셨고, 이스라엘을 진멸하고자 한다. 모세가 다시 40주야를 금식하면서 하나님께 간구하여 용서를 받지만, 이로 인해 이스라엘은 40년이란 긴 세월 동안 광야에서 유리하게 되고, 여호수아와 갈렙을 제외하고 계수된 사람들은 광야에서 모두 죽음을 맞이한다(신 2:14~16).

세월이 흘러 이스라엘은 출애굽한 후 제40년 1월에 다시 가데스바네아를 거쳐 11월 1일에 드디어 전초기지인 모압평지 싯딤에 도착한다. 하나님은 모세에게 가데스바네아에서 바위를 쳐서 물을 낸 사건으로 인해 가나안 땅에 들어가지 못하고, 아론이 죽은 것같이 그 역시 조상에게로 돌아갈 것이라고 말씀하신다. 그리고 여호수아를 지도자로 세우신다.

가나안 정복을 눈앞에 두고 지도자를 잃은 이스라엘 민족의 심정이 어떠했을까?

출애굽 2세대들은 유월절의 능력도, 홍해 횡단의 기적도 보지 못한 사람들이 대부분이었다. 잃어버린 38년간의 기록이 전혀 없을 정도로 하나님은 그들과 멀리 있었다. 비록 레위 지파와 여인들이 저주에서 제외되었다 하더라도 60만 명의 남자들이 38년(13,870일) 동안 하루 평균 44명씩이나 좀비처럼 죽어 나갔다(민 26:63~65; 신 2:14~16). 그들은 삶이 너무나 괴로웠다.

그들에게 무슨 소망이 있었겠는가? 먹을 것이라고는 아침에 내리는 만나와 저녁에 내리는 메추라기뿐이었다. 또한 만나도 처음 먹었을 때는 '**꿀 섞은 과자**'와 같은 맛이라고 좋아했으나(출 16:31), 하나님을 원망하면서 애굽에서 값없이 먹었던 생선과 외와 수박과 부추와 파와 마늘을 그리워할 때는 '**기름 섞은 과자**'와 같은 맛이라고 그 가치를 떨어뜨렸다(민 11:8). 그런데 광야 생활이 거의 끝나갈 무렵, 그들은 감사하기보다 오히려 만나를 '**이 박한 식물**'(하찮은 음식)이라며 멸시하였다(민 21:5).

그렇게 출애굽 1세대들이 수십 명씩 죽어 나갈 때마다 그들의 소망도 하나둘 스러져 갔다. 급기야 유일한 희망이라 생각했던 모세마저 가나안 입성을 앞두고 모압평지에서 죽었을 때, 그들의 절망은 말로 표현할 수 없었다. 그런 백성을 이끌고 나갈 막중한 책임을 받았을 때 여호수아는 그 중압감에 모세의 하나님을 붙들고 늘어졌다. 그런 그에게 하나님은 이렇게 응답하신다.

"너의 평생에 너를 능히 당할 자 없으리니 내가 모세와 함께 있던 것같이 너와 함께 있을 것임이라 내가 너를 떠나지 아니하며 버리지 아니하리니 마음을 강하게 하라 담대히 하라 너는 이 백성으로 내가 그 조상에게 맹세하여 주리라 한 땅을 얻게 하리라 오직 너는 마음을 강하게 하고 극히 담대히 하여 나의 종 모세가 네게 명한 율법을 다 지켜 행하고 좌로나 우로나 치우치지 말라…그리하면 네 길이 평탄하게 될 것이라 네가 형통하리라 내가 네게 명한 것이 아니냐 마음을 강하게 하고 담대히 하라 두려워 말며 놀라지 말라 네가 어디로 가든지 네 하나님 여호와가 너와 함께 하느니라"
(수 1:5~9).

모세가 죽은 뒤 이스라엘 백성을 이끌고 가나안으로 들어가려는 여호수아의 두려움이 얼마나 컸으면, 하나님이 여호수아를 불러 세워 **"마음을 강하게 하라 담대히 하라"**(수 1:6), **"오직 너는 마음을 강하게 하고 극히 담대히 하여"**(수 1:7), **"내가 네게 명한 것이 아니냐 마음을 강하게 하고 담대히 하라 두려워 말며 놀라지 말라"**(수 1:9)라고 세 번씩이나 강조하셨겠는가?

이제 여호수아는 두려움에 가득 찬 이스라엘을 이끌고 요단을 건너 여리고 성을 공격한다. 그런데 하나님이 지시한 공격 방법은 참으로 상식 밖이었다. 먼저 제사장들이 언약궤를 메고, 다른 일곱 제사장이 양각나팔을 불면서 언약궤 앞서 행하여 여리고성을 6일간 매일 한 바퀴씩 도는 것이 전부였다. 물론 무장한 군사들이 제사장들의 앞과 뒤에서 함께 움직였지만, 그들의 행동은 전혀 성을 공격하고자 하는 행동처럼 보이지 않았다. 그리고 제7일에 성을 일곱 바퀴 돌고 양각나팔을 불고 백성이 소리 쳤을 때 성이 무너졌다.

여리고 성에 대한 공격은 가나안 정복의 첫 번째 과업이었다. 이 공격이 여호수아와 이스라엘에게는 얼마나 중요한 싸움이었는지 모른다. 보통의 지도자라면 온갖 작전 계획을 세우고 모든 역량을 집중하여 전투에 임했을 것이다. 만약 싸움에서 실패라도 하면, 그들은 길갈로 물러나는 것이 아니라 다시 요단을 건너 광야로 들어가야 했기 때문이다. 제사장들이 성을 돌 때 여리고 사람들이 성문을 열고 공격했더라면 그 얼마나 위험했겠는가? 이것이 그냥 우려에 불과한 일이었을까? 아니다. 두 번째로 아이 성을 공격하여 패했을 때, 이스라엘 백성의 마음이 녹아 물같이 되었다고 성경은 말하고 있기 때문이다(수 7:5). 아이 성에서의 패배 후에 그는 이렇게 기도한다.

> "슬프도소이다 주 여호와여 어찌하여 이 백성을 인도하여 요단을 건너게 하시고 우리를 아모리 사람의 손에 붙여 멸망시키려 하셨나이까 우리가 요단 저편을 족하게 여겨 거하였더면 좋을 뻔하였나이다 주여 이스라엘이 그 대적 앞에서 돌아섰으니 내가 무슨 말을 하오리이까 가나안 사람과 이 땅 모든 거민이 이를 듣고 우리를 둘러싸고 우리 이름을 세상에서 끊으리니 주의 크신 이름을 위하여 어떻게 하시려나이까"(수 7:7~9).

이미 여리고 성에서 하나님의 능력을 맛보았음에도 아이 성에서 패하자 이스라엘은 마음이 녹아 물같이 되었고, 그 마음이 돌아서 버렸다. 여리고 성에서 패했으면 그들은 정말 요단을 건너 되돌아가는 것에서 끝나는 것이 아니라 광야로 다시 들어가려고 했을 것이다. 창조주 하나님이 함께하신 덕분에 가나안 정복이 가능한 일이었다 할지라도, 여호수아의 흔들리지 않는 믿음과 불굴의 용기와 인내심이 없었으면 불가능한 일이었다.

아이 성에서 잠시 주춤하기는 했지만, 그는 아이 성을 점령한 후 세겜으로 가서 모세가 명한 대로 이스라엘을 둘로 나누어 복과 저주를 선포하였다(수 8:33). 그리고 항복한 기브온이 남부 아모리 연합군의 공격을 받자, 길갈에서 야간 행군을 강행하여 벧호른 언덕에서 남부 아모리 연합군인 예루살렘, 헤브론, 아르뭇, 라기스, 에글론 군대를 기습 공격하여 기브온에서 크게 도륙하고 아세가와 막게다까지 이르러 대승을 거둔다. 이때 하나님은 적들에게 큰 우박을 내리셨고, 이에 적들은 이스라엘 자손의 칼에 맞아 죽은 자보다 우박에 맞아 죽은 자들이 더 많았다. 이때 여호수아는 하나님께 기도를 드리고 이스라엘의 목전에서 이렇게 호령한다.

"태양아 너는 기브온 위에 머무르라 달아 너도 아얄론 골짜기에 그리할찌어다"(수 10:12).

이 얼마나 멋지고 당당한 외침인가? 한 사람의 생애와 그 사람의 기도는 일치한다. 위대하고 대범한 인생은 위대하고 대범한 기도를, 초라하고 빈약한 인생은 초라하고 빈약한 기도를 만든다. 치열한 전투 가운데 우뚝 서서 드린 여호수아의 기도는 다섯 왕과의 치열한 전투에서 이기게 해달라는 기도가 아니었다. 전투가 제아무리 치열하다 할지라도 주께서 함께하시면 그것은 이미 이긴 전투였다. 전쟁은 여호와께 속한 것이다(삼상 17:47; 대하 20:15). 그는 그것을 믿고 있었다. 주께서는 이미 그가 가나안 땅에 발을 들여놓기 전에 이렇게 약속하셨다.

"내가 모세에게 말한 바와 같이 무릇 너희 발바닥으로 밟는 곳을 내가 다 너희에게 주었노니"(수 1:3).

하나님은 그들이 발바닥으로 밟는 곳을 그들에게 주실 것이라고 하지 않고 이미 모두 다 주셨다고 말씀하셨으며, 이 전투에 임하기 전에도 승리를 약속하셨다(수 10:8). 그랬기 때문에 그는 아모리 연합군을 이기게 해달라고 기도하지 않았다. 그의 기도는 그들을 진멸시키기에는 시간이 부족하니, 그들이 어둠 속으로 숨어 버리지 않도록 시간을 연장해 달라는 기도였다. 그래서 이를 굳게 확신한 팔십의 노지도자는 이스라엘 앞에 우뚝 서서 천지를 향해 이같이 호령했던 것이다.

"태양아 너는 기브온 위에 머무르라 달아 너도 아얄론 골짜기에 그리할찌어다"(수 10:12).

그러자 태양이 중천에 머물러 거의 종일토록 내려오지 않았다. 그는 천지를 불러 세웠던 것이다. 생각만 해도 심장이 뜨거워지지 않는가? 예수님도 살아생전 천지를 멈추어 세우지는 않으셨다. 이는 홍해와 요단을 마르게 한 것보다 더 엄청난 일이었으며, 하나님이 사람의 목소리를 이같이 들으신 때는 이전에도 없었고, 이후에도 없었다(수 10:12~14).

"과연 내 손이 땅의 기초를 정하였고 내 오른손이 하늘을 폈나니 내가 부르면 천지가 일제히 서느니라"(사 48:13).

"너희에게 겨자씨 한 알만 한 믿음이 있었더면 이 뽕나무더러 뿌리가 뽑혀 바다에 심기우라 하였을 것이요 그것이 너희에게 순종하였으리라"(눅 17:6).

그리고 여세를 몰아 립나와 게셀과 드빌을 공격하여 성읍과 모든 사람들을 쳐서 멸망시키고 길갈의 진으로 돌아온다. 다시 북부 하솔왕 야빈이 소집한 북방 가나안 연합군이 메롬 물가에 진을 쳤다는 소식을 접하자 그는 다시 군사를 이끌고 그들을 급습하여 대승을 거둔다. 그리고 하솔 성을 불사르고 모든 적들을 쳐서 멸망시킨다.

이제 여호수아는 이스라엘 지파의 땅 배분을 시작한다. 유다 지파의 갈렙을 선두로 하여 모든 지파에게 땅이 배분된 후에야 그는 맨 마지막에 자신의 땅을 요구한다. 그곳은 에브라임 지파에 속한 에브라임 산지 딤낫세라였다(수 19:49~50). 이 땅의 위치는 정확하지 않지만, 에브라임의 딸 세에라가 세운 우센세라 근처일 가능성이 크다(대상 7:24). 여호수아가 이 성읍을 중건했다고 기록된 것을 볼 때 조상들의 땅에서 이스라엘을 위해 남은 여생을 보낸 듯싶다. 그는 사양지심(辭讓之心)의 마음으로 자기의 몫을 백성들에게 기꺼이 내어주고, 모든 땅의 배분을 마친 후에야 고향으로 돌아가 그곳에 성읍을 건설하고 살았던 것이다. 지극히 겸손하고 평생을 하나님과 민족밖에 몰랐던 노지도자의 당연한 선택이었다.

그는 아이 성에서의 패배라든지, 기브온 사람들의 술수에 빠져 그들을 치지 못하는 우를 범하기도 했지만, 평생 하나님이 모세에게 명하고 모세가 죽기 전에 유언으로 남겼던 그 모든 것들을 단 하나도 남김없이 지켜 행했다(수 11:15). 그는 모세의 유언에 따라 본토에 거주했던 에브라임 지파를 위하여 에발산에서 율법을 낭독했고, 그리심산과 에발산에 올라 이스라엘 자손을 두 개의 그룹으로 나누어 복과 저주를 외쳤다. 또한 땅의 배분과 레위 지파의 성읍 배분을 하였고, 도피성을 설치하는 등 하나님이 모세를 통하여 율법에 명한 것들을 다 지켜 행했다.

그리고 죽기 전 백성을 실로에 불러 모은 뒤 긴 고별연설을 하면서 이렇게 말을 맺는다.

"그러므로 이제는 여호와를 경외하며 성실과 진정으로 그를 섬길 것이라 너희의 열조가 강 저편과 애굽에서 섬기던 신들을 제하여 버리고 여호와만 섬기라 만일 여호와를 섬기는 것이 너희에게 좋지 않게 보이거든 너희 열조가 강 저편에서 섬기던 신이든지 혹 너희의 거하는 땅 아모리 사람의 신이든지 너희 섬길 자를 오늘날 택하라 오직 나와 내 집은 여호와를 섬기겠노라"(수 24:14~15).

이에 이스라엘은 여호와를 버리고 다른 신들을 섬기는 일을 결단코 하지 않을 것이라 대답한다. 그리고 그가 죽은 뒤에도 여호와께서 이스라엘을 위하여 행하신 모든 일을 아는 자의 사는 날 동안, 그들은 여호수아와의 약속을 지켜 오직 여호와만 섬기고 살았다(수 24:16~31).

타성에 젖은 이스라엘을 애굽에서 이끌어 낸 모세도 위대하지만, 절망에 가득 찬 오합지졸을 이끌고 실제로 전투를 하면서 땅을 정복하여 국가의 터전을 세운 여호수아도 그에 못지않게 위대하다. 이 일은 하나님이 함께하셨기에 가능했던 일이지만, 그 하나님의 뜻을 온전히 받들 수 있었던 여호수아라는 그릇이 있었기에 이룰 수 있었다. 이렇게 위대한 일을 수행한 그는 진정 이스라엘의 영웅이자 그리스도인의 영웅이고 하나님의 큰 그릇이었다.

# 20
## 유다 지파의 기반을 세운 갈렙

 갈렙은 가데스바네아에서 가나안을 정탐하러 떠났던 12지파의 두령들 가운데 유다 지파의 대표로 여호수아와 함께 하나님 편에 섰던 족장이다. 그런데 그의 출신이 아리송하다. 왕의 계보인 유다 지파에 대해서는 성경 여러 곳에서 족보를 언급하는데, 유다 지파 안에서 그의 조상에 대한 언급이 없기 때문이다.

 갈렙은 유다 지파 그나스(또는 그니스) 사람 여분네의 아들이었다(민 14:6, 32:12; 수 14:14; 삿 1:13). 그의 딸 악사와 결혼한 옷니엘도 갈렙의 아우이며 그나스의 아들이라고 했으므로(수 15:17), 그나스는 유다 지파 안에서 그의 조상인 것이 분명하다. 그런데 이스라엘의 족보를 기술한 역대상 1~8장을 아무리 살펴도 그나스는 유다 지파의 후손으로 언급되지 않는다.

 결론적으로 그나스는 에서의 후손이었다. 에서는 첫 번째 부인인 헷 족속 엘론의 딸 아다(바스맛)에게서 엘리바스를 낳았고, 엘리바스의 아들 중에 그나스가 있으며, 그 후손을 그나스 족속이라 불렀다(창 36:10~16, 대상 1:36, 53). 그들이 에돔을 떠나 야곱의 가족과 합류한 것으로 보인다.

 갈렙이 유다의 직계 후손이 아닐 것이라고 보는 또 다른 이유는

215년만에 애굽을 떠날 때, 유다 지파의 장정이 74,600명으로 다른 지파보다 월등히 많은 인구를 가졌다는 것 때문이다.

야곱이 그의 자녀들과 함께 애굽으로 내려갈 때, 요셉의 나이가 39세였으므로 유다의 나이는 42세쯤 되었다. 그런데 그는 애굽으로 가기 전 며느리와 동침하여 쌍둥이 베레스와 세라를 낳았다. 그러므로 애굽으로 떠날 때 쌍둥이의 나이는 두어 살도 안 되었을 것이다.

요셉도 7년 풍년의 기간 중 에브라임과 므낫세를 낳았으므로(창 41:50), 그들의 나이는 유다의 쌍둥이보다 한두 살 정도 많았을 것이다. 더구나 출애굽 때까지 유다 자손은 '베레스 → 헤스론 → 람 → 아미나답 → 나손'으로 5세대만 흐른 반면(대상 2:4~10), 요셉 자손은 '에브라임 → 브리아(막내 아들) → 레셉 → 델라 → 다한 → 라단 → 암미훗 → 엘리사마'로 8세대가 흘렀다(대상 7:23~27). 애굽을 떠날 때 더 많은 세대가 흐른 에브라임과 므낫세의 병력이 많아야 됨에도 에브라임 지파의 군인들은 40,500명이었고, 므낫세 지파의 군인들은 32,200명이었던 것에 비하면 74,600명이나 되던 유다 지파의 군인들은 그 두 지파를 합한 것보다 수가 많았다.

그러므로 유다 지파 안에는 함께 애굽에서 탈출한 잡족들이 섞여 들어왔을 것이며(출 12:38), 그중에 에서의 후손인 그나스 족속이 있었을 것이다. 잡족들이 유다 지파 안에 섞였던 것은 그들이 군대의 선두를 담당하여 많은 군인이 필요했기 때문이다(민 10:14).

참고로 아브라함이 그나스 족속을 언급했을 때는 아직 에서의 후손인 그나스가 태어나지 않았기 때문에 창세기 저자가 언급한 그나스 족속은 에서의 후손이 아닌 다른 민족이라고 할 수 있을 것이다. 그러나 아말렉 족속 역시 에서의 후손이었는데(창 36:16), 그돌라오멜과 동맹한 왕들이 가나안을 침략했을 때 아말렉 족속의 땅을 쳤다고 언급하였다(창 14:7). 또한 아브라함과 이삭 모두 가나안에 흉년이 들었을 때 그랄 땅에 잠시 머물렀는데, 아브라함 때는 그랄 왕 아비멜렉이라 하였고(창 20:2), 이삭 때는 블레셋 왕 아비멜렉이라고 하였다(창 26:1). 블레셋은 갑돌(크레타)섬에 거주했던 민족으로 이스라엘보다 조금 먼저 가나안에 정착하였기에(신 2:23; 암 9:7) 이삭의 때에도 블레셋 왕 아비멜렉이 아니라 그랄 왕 아비멜렉이었다('아비멜렉'은 왕의 칭호). 이처럼 창세기는 독자의 이해를 돕기 위해 기록할 당시의 지명과 부족명을 사용했다.

애굽에서 탈출한 이스라엘은 바란광야에서 지파별로 12명의 드령을 선택하여 40일간 가나안 땅을 정탐하도록 했는데, 갈렙은 유다 지파의 두령으로 선택되었다. 12지파의 두령들이 가나안을 정탐한 후 가데스바네아에 돌아와 보고한 내용은 실로 기가 막힌 내용이었다. 그 성읍은 심히 크고 견고할 뿐 아니라, 아낙 자손과 아말렉인, 헷인, 여부스인, 아모리인, 가나안인이 산지와 해변, 요단 가에 거하여 도저히 이길 수 없다고 보고한다. 또한 아낙 자손은 신장이 장대하여 그들이 보기에 자신들은 메뚜기 같을 거라고 말한다(민 13:28~33).

아낙 자손이 얼마나 장대했기에 스스로 메뚜기 같다는 표현을 했을까? 가드 사람 골리앗이 아낙 자손의 후손이었는데 그 키가 므려 여섯 규빗 한 뼘(약 280cm)이었으니(수 11:22; 삼상 17:4), 그들이 얼다나 크고 무서웠는지 능히 상상할 수 있다. 반면 이스라엘 백성은 애굽에서 노예로 살았기에 60만명의 장정이 전투에는 무능한 오합지졸에 불과했다. 그들은 출애굽 제2년 2월 1일에 군대로 편성되어 단 20일간의 전술기동훈련을 받았을 뿐이었다(민 1:1, 10:11). 이렇게 훈련도 부족하고, 전투 경험도 없는 부대였기 때문에 그들의 행동을 탓할 수만은 없다. 그럼에도 흔들리지 않는 믿음을 보였던 갈렙의 신앙이 이에 찬란하게 빛나는 것이다.

> "우리가 애굽 땅에서 죽었거나 이 광야에서 죽었더면 좋았을 것을 어찌하여 여호와가 우리를 그 땅으로 인도하여 칼에 망하게 하려 하는고 우리 처자가 사로잡히리니 애굽으로 돌아가는 것이 낫지 아니하랴 이에 서로 말하되 우리가 한 장관을 세우고 애굽으로 돌아가자"(민 14:2~4).

얼마나 겁을 먹고 무서워했는지 그들은 다음 날 다른 지도자를 세워 애굽으로 돌아가겠다고 선언하기에 이른다. 이때 여호수아와 갈렙은 옷을 찢으면서 이스라엘 사람들에게 오직 하나님만 신뢰하라고 호소하지만, 그들은 오히려 여호수아와 갈렙을 돌로 쳐 죽이려 했다.

그들은 가데스바네아까지 오는 동안 계속해서 하나님을 신뢰하지 않았다. 그럼에도 하나님은 모세의 중보로 인하여 그때마다 그들을 용서하셨다. 그들은 시내산에서 지파별로 군대를 편성하고 전술훈련도 마쳤기 때문에 마땅히 하나님의 말씀을 믿고 담대하게 나아가야 했다. 그러나 그들은 정탐꾼을 냄으로 오히려 더 하나님을 신뢰하지 못했다. 모세는 훗날 이 사건에 대해 이렇게 회고한다.

> "우리 하나님 여호와께서 우리에게 명하신 대로 우리가 호렙산에서 발행하여 너희의 본바 크고 두려운 광야를 지나 아모리 족속의 산지 길로 가데스바네아에 이른 때에 내가 너희에게 이르기를 우리 하나님 여호와께서 우리에게 주신 아모리 족속의 산지에 너희가 이르렀나니 너희 하나님 여호와께서 이 땅을 너희 앞에 두셨은즉 너희 열조의 하나님 여호와께서 너희에게 이르신 대로 올라가서 얻으라 두려워 말라 주저하지 말라 한즉 너희가 다 내 앞으로 나아와 말하기를 우리가 사람을 우리 앞서 보내어 우리를 위하여 그 땅을 정탐하고 어느 길로 올라가야 할 것과 어느 성읍으로 들어가야 할 것을 우리에게 회보케 하자 하기에 내가 그 말을 선히 여겨 너희 중에서 매 지

파에 한 사람씩 열둘을 택하매 그들이 앞으로 가서 산지에 올라 에스골 골짜기에 이르러 그곳을 정탐하고 그 땅의 과실을 손에 가지고 우리에게로 돌아와서 우리에게 회보하여 이르되 우리의 하나님 여호와께서 우리에게 주시는 땅이 좋더라 하였느니라"(신 1:19~25).

모세는 두려워하지 말고 담대히 나아가 그 땅을 취하라고 했는데, 이스라엘 민족은 자신들의 지혜대로 선발대를 보내자고 제안했고, 모세는 그들의 뜻대로 이 일을 허락했다. 가나안 땅을 정탐했던 목적은 그 땅 사람들과의 전쟁에서 이길 수 있는 방법을 살펴서 그 길을 평탄케 하고, 그 땅의 실과를 가져와 이스라엘 백성에게 보임으로 소망을 갖게 하기 위함이었다. 그런데 그 땅을 보고 돌아온 그들은 오히려 겁을 먹고 하나님을 원망할 뿐이었다. 뛰는 가슴으로 진정한 소망을 간직한 자는 오직 에브라임 지파의 여호수아와 유다 지파의 갈렙뿐이었다.

광야에서의 삶은 정말 힘들었다. 민수기 16장의 배반 사건을 통하여 그 힘든 삶을 조금은 엿볼 수 있다. 이때 고라와 다단과 아비람과 온이 당을 짓고 이스라엘 총회의 족장 250명과 합세하여 모세를 대적한다. 모세가 다단과 아비람을 부르러 보내자 그들은 모세에게 이렇게 대적한다.

"우리는 올라가지 않겠노라 네가 우리를 젖과 꿀이 흐르는 땅에서 이끌어 내어 광야에서 죽이려 함이 어찌 작은 일이기에 오히려 스스로 우리 위에 왕이 되려 하느냐 이뿐 아니라 네가 우리를 젖과 꿀이 흐르는 땅으로 인도하여 들이지도 아니하고 밭도 포도원도 우리에게 기업으로 주지 아니하니 네가 이 사람들의 눈을 빼려느냐 우리는 올라가지 아니하겠노라"
(민 16:12~14).

가데스바네아 사건 이후, 비참한 광야의 삶 가운데 있던 그들의 이 말 속에는 비장함이 숨어 있다. 비록 애굽에서 노예로 살았지만 나일강 삼각주에 있는 고센 땅은 정말 젖과 꿀이 흐르는 땅이었다. 그래서 그들은 애굽에 있을 때는 값없이 생선과 외와 수박과 부추와 파와 마늘을 먹었지만, 광야로 들어와 만나밖에 먹지 못하여 정력이 쇠하였다고 불평했던 것이다(민 11:5~6). 그들은 심한 부역으로 힘들었던 삶은 잊은 채 오직 먹는 것에만 마음이 팔려 있었다. 자유인으로서 매일 먹는 만나와 노예로서 먹는 고기 중 그들은 후자를 선호하고 있었다. 그들의 말 속에서 광야에서의 삶이 얼마나 고달프고 팍팍했는지가 여실히 드러난다.

모세는 후일 그들이 살았던 광야에 대하여 **"광대하고 위험한 광야 곧 불뱀과 전갈이 있고 물이 없는 간조한 땅"**(신 8:15)이라고 말한다. 이 땅은 출애굽한 이스라엘 민족이 거주한 이후 최근까지 빈 땅으로 있다가, 지금은 베두인들이 장막을 치면서 아주 근근이 삶을 이어가고 있는 삭막한 광야였다. 현재 와디 시르한(Wadi Sirhan)으로 불리는 모압 광야길은 지금도 계곡 곳곳에 독사들과 코브라, 흑사들이 득실거려 한 걸음 내디딜 때마다 막대기로 주변 덤불을 내리치면서 걸어야 한다. 그래서 베두인들은 신이 허락한 자만 이 사막을 건널 수 있다고 말한다. 그들은 이와 같이 험악한 광야에서 40년을 살았다.

그러나 그들은 애굽으로 돌아갈 수 없었다. 그들은 이미 홍해를 건넜다. 그리고 그곳에 애굽의 군대와 바로를 묻었다. 돌아가면 어떤 삶이 이어질지 불을 보듯 뻔했다. 이제 이스라엘 민족 앞에는 **"광대하고 위험한 광야 곧 불뱀과 전갈이 있고 물이 없는 간조한 땅"**(신 8:15)에 거하며 비참한 삶을 이어가는 것과 **"젖과 꿀이 흐르는 땅"**(민 14:8)을 정복하여 약속의 땅에 거하는, 오직 두 개의 길밖에 없었다. 광야에서 살아가는 길은 근근이 목숨은 이어가겠지만 그 목숨이 살아 있다고 장담할 수 없는 삶이었고, 아무런 소망이 없는 길이었다. 만약 하나님이 만나와 메추라기로 먹이시지 않았으면 살아날 수 없는 길이었다. 반면 가나안 땅을 정복하러 가는 길은 비록 일부 희생이 따르는 길이라 할지라도 소망을 가질 수 있는 길이었다.

이 당시 세일(에돔)에 거하던 에서 자손과 아르와 그 인근에 거하던 롯 자손인 모압 족속과 암몬 족속이 아낙 자손처럼 장대하여 르바임이라 불린 엠 사람(에밈)과 삼숨 사람(삼숨밈)을 물리치고 그 땅에 살고 있었다. 또한 에서의 후손도 호리 사람을 쫓아내고 세일을 차지하였다. 하나님은 모세에게 에서의 자손과 모압 족속, 암몬 족속에게 그 땅을 주었으니 그들과 싸우지 말라고 하셨다(신 2:4~22). 사람들은 이 부분을 읽으며 하나님이 에서와 롯 자손을 보호하고 있다는 것만 생각한다. 그러나 이 말씀 속에는 하나님이 에서 및 롯 자손과 함께하신 덕분에 장대한 민족인 호리 사람과 르바임을 물리치고 그 땅을 차지할 수 있었던 것처럼, 아낙 자손이 아무리 장대하더라도 하나님이 함께하시면 걱정할 것이 없다는 뜻도 내포되고 있다. 그래서 갈렙은 어려워도 주께서 함께하시면 그 땅을 정복할 수 있다는 소망을 가지고 있었다.

> "우리가 두루 다니며 탐지한 땅은 심히 아름다운 땅이라 여호와께서 우리를 기뻐하시면 우리를 그 땅으로 인도하여 들이시고 그 땅을 우리에게 주시리라 이는 과연 젖과 꿀이 흐르는 땅이니라 오직 여호와를 거역하지 말라 또 그 땅 백성을 두려워하지 말라 그들은 우리의 밥이라 그들의 보호자는 그들에게서 떠났고 여호와는 우리와 함께하시느니라"(민 14:7~9).

여호수아와 갈렙은 **"여호와께서 우리를 기뻐하시면"**(민 14:8)이라는 표현을 쓰면서 이스라엘을 설득한다. 하나님은 이미 이 일을 기뻐하셨으며, 함께하시겠다고 약속까지 하셨다. 여호와께서는 애굽에서 행하신 것같이 이제도 그들을 위하여 싸우실 것이라 약속하셨다(신 1:30~31).

그러나 여호수아와 갈렙의 생각과 다른 생각을 가진 이스라엘 민족은 불평하며 불순종하였고, 이로 인하여 하나님은 크게 노하셨다. 땅을 탐지한 후 악평하여 온 회중으로 모세를 원망케 한 열 명은 여호와 앞에서 그 즉시 죽었고, **"너희가 사로잡히리라 하던 너희의 아이들과 당일에 선악을 분변치 못하던 너희 자녀들 그들은 그리로 들어갈 것이라"**(신 1:39)라고 선언하면서, 이스라엘의 계수된 자 중 여호수아와 갈렙을 제외하고 모두 광야에서 죽게 하셨다. 이로써 가나안 정복 시기는 38년이나 뒤로 물러나게 된다. 모세오경에서의 갈렙의 이야기는 여기서 끝나 그의 마음을 자세히 알 수는 없다. 그러나 지금까지의 말씀만으로도 그의 심정을 어렵지 않게 살펴볼 수 있다.

그는 **"우리가 두루 다니며 탐지한 땅은 심히 아름다운 땅이라…이는 과연 젖과 꿀이 흐르는 땅이니라"**(민 14:7~8)라고 하며 이 땅에 대한 간절한 소망을 가졌다. 그는 이 척박한 광야에서 아름다운 가나안을 꿈꾸며 하루빨리 그곳에 가고 싶었다. 모세도 훗날 **"구하옵나니 나로 건너가게 하사 요단 저편에 있는 아름다운 땅, 아름다운 산과 레바논을 보게 하옵소서"**(신 3:25)라고 하여 가나안에 대한 간절한 소망을 나타냈는데, 그 마음이 갈렙의 마음이었다. 비록 광야의 죽음에서 비켜났더라도 광야에서 나머지 삶을 살아야 하는 갈렙에게는 정말 참기 어려운 일이었을 것이다.

'주께서 허락하시면 내일이라도 가나안을 차지할 수 있을 텐데, 앞으로 40년의 세월을 어떻게 기다려야 하나? 80세가 넘어 가나안에 들어간들 무슨 소망을 기대할 수 있을까?'

그러나 갈렙은 모든 아쉬움을 접고 하나님의 결정에 따랐으며 인내하며 기다렸다. 하나님은 그런 그에게 다음과 같은 말로 위로하시고 복을 주신다.

"오직 내 종 갈렙은 그 마음이 그들과 달라서 나를 온전히 좇았은즉 그의 갔던 땅으로 내가 그를 인도하여 들이리니 그 자손이 그 땅을 차지하리라" (민 14:24),

하나님은 갈렙에게 가나안 땅을 차지할 수 있는 복도 주셨지만, 무엇보다 큰 복은 하나님의 종으로 인정하셨다는 것이다. 야곱의 후손도 아니고 에서의 후손인 그에게 하나님은 '**나는 갈렙의 하나님**'이라고 선언하셨다. 이 얼마나 놀라운 일인가! 이방인인 그가 전능하신 하나님을 '나의 하나님'으로 모시고 산다는 것은 엄청난 복을 받은 것이다.

후일 가나안 정복전쟁 기간 중 갈렙은 길갈에 있는 여호수아를 찾아가 과거 가데스바네아에서 모세가 한 약속을 상기시키며 다음과 같이 이야기한다.

"내 나이 사십 세에 여호와의 종 모세가 가데스바네아에서 나를 보내어 이 땅을 정탐케 하므로 내 마음에 성실한 대로 그에게 보고하였고 나와 함께 올라갔던 내 형제들은 백성의 간담을 녹게 하였으나 나는 **나의 하나님 여호와**를 온전히 좇았으므로 그날에 모세가 맹세하여 가로되 네가 나의 하나님 여호와를 온전히 좇았은즉 네 발로 밟는 땅은 영영히 너와 네 자손의 기업이 되리라 하였나이다…싸움에나 출입에 감당할 수 있사온즉 그날에 여호와께서 말씀하신 이 산지를 내게 주소서 당신도 그 날에 들으셨거니와 그곳에는 아낙 사람이 있고 그 성읍들은 크고 견고할찌라도 여호와께서 혹시 나와 함께하시면 내가 필경 여호와의 말씀하신 대로 그들을 쫓아내리이다"
(수 14:7~12).

그는 나이 85세라는 무덤을 바라볼 나이에 광야에서 온전히 주님을 의뢰했던 그 모습 그대로 헤브론을 달라고 요청한다. 그 땅은 아낙 자손의 세 아들 세새와 아히만과 달매가 거했던 땅이었다(민 13:22, 33, 수 15:14). 그런데 그는 감히 크고 두려운 아낙 자손의 땅 헤브론을 차지하겠다는 꿈을 펼친다. 헤브론은 해발 930m에 이르는 산지였다.

**주님이 주신 땅으로 한 걸음씩 나아갈 때에**
**수많은 적들과 견고한 성이 나를 두렵게 하지만**
**주님을 신뢰함으로 주님을 의지함으로**
**주님이 주시는 담대함으로 큰 소리 외치며 나아가네**
**이 산지를 내게 주소서 그날에 주께서 말씀하신**
**이제 내가 주님의 이름으로 그 땅을 취하리니**
**이 산지를 내게 주소서 그날에 주께서 말씀하신**
**이제 내가 주님의 이름으로 그 땅을 취하리니**

그는 헤브론에서 아낙 자손을 쫓아낸 후, 그 땅을 다시 도피성과 아론의 후손인 제사장이 거하는 땅으로 내어놓았다(수 20:7, 21:11). 그리고 헤브론뿐 아니라 추가로 8개 성읍을 제사장이 거하는 땅으로 내어놓았다. 제사장이 거하는 성읍 13개 중 무려 9개 성읍을 기꺼이 바쳤던 것이다(이 중 아인은 시므온 지파에게 분배된 땅이다). 나머지 4개 성읍은 베냐민 지파 중에서 분배되었다(수 21:13~19). 13개의 제사장 성읍이 모두 유다 지파와 베냐민 지파 가운데 있었기 때문에, 훗날 이스라엘의 왕이 베냐민 지파와 유다 지파 가운데서 나왔으며, 솔로몬 사후 유다 지파와 베냐민 지파가 동일한 신앙으로 뭉쳐 하나의 왕국을 이룰 수 있었던 것이다. 유다 지파가 배분받은 땅은 비록 넓은 지역이었지만 이스라엘 지파 가운데 가장 거칠고 척박한 땅이었다. 너무 척박하여 함께 배분받은 시므온 지파는 그 땅을 떠나 다른 곳으로 이주하였다. 그들은 그 척박한 땅을 개척하였고, 훗날 이스라엘을 이끄는 다윗을 배출하였다.

갈렙과 대조적으로 요셉 지파는 땅을 분배받을 때 여호수아에게 아주 나약하게 말한다. 그들은 여호와께서 복을 주시어 큰 민족이 되게 하셨는데 왜 자기들에게 한 분깃만 주느냐고 원망한다. 즉 에브라임 지파와 므낫세 지파의 두 분깃을 달라는 것이었다. 이에 여호수아가 '너희는 큰 민족이므로 브리스 사람과 르바임 사람을 쳐서 스스로 개척하라'고 명령했지만, 그들은 가나안 사람들은 철병거가 있으므로 이길 수 없다고 푸념한다(수 17:14~16). 그들에게 있어 하나님은 모세의 하나님, 여호수아의 하나님에 불과하였다.

요셉 지파뿐 아니라 다른 지파들도 자기 땅을 제대로 차지하지 못하여 여호수아로부터 질책을 받는다. 여호수아 18장을 보면 그 당시 이스라엘 민족 중 땅을 차지한 지파는, 가나안 정복전쟁 이전에 요단 동편 땅을 분배받은 르우벤 지파와 갓 지파, 므낫세 반 지파, 그리고 갈렙이 이끄는 유다 지파, 여호수아로부터 책망을 받아 땅을 차지한 요셉 지파(에브라임 지파와 므낫세 지파)뿐이었다. 나머지 일곱 지파는 요단 동편에 거한 르우벤 지파, 갓 지파, 므낫세 반 지파를 포함한 모든 이스라엘 민족과 함께 7년 동안이나 정복전쟁을 치렀음에도 그때까지 땅을 온전히 차지하지 못했다. 그들은 가나안 정복전쟁 초기에 여리고 성과 아이 성에서 하나님의 능력을 경험했지만, 그들의 조상들처럼 하나님을 온전히 신뢰하지는 않았던 것이다. 그러자 여호수아는 실로에서 이스라엘 회중을 모은 후 "**너희가 너희 열조의 하나님 여호와께서 너희에게 주신 땅을 취하러 가기를 어느 때까지 지체하겠느냐**"(수 18:3)라고 질책한다.

갈렙의 강한 믿음으로 인해 유다 지파는 아낙 자손이 거주했던 헤브론 땅을 차지했을 뿐 아니라, 남쪽으로는 에돔 경계에서 가데스 바네아까지, 그리고 서쪽으로는 애굽시내에서 대해(지중해)에 이르렀으며, 동쪽으로는 염해(사해)에 이르는 큰 땅을 차지한다. 유다 지파가 차지한 땅이 얼마나 컸는지 그 땅의 일부가 시므온 지파의 분깃으로 분배되었다(수 19:9).

갈렙은 말년에 첩 마아가로부터 딸 악사를 낳았는데(대상 2:48~49), 기럇 세벨(드빌)을 정복하는 자에게 이 딸을 주겠다고 약속한다(수 15:16). 이 전쟁을 자원한 자가 그나스 사람 옷니엘이었다. 악사는 아버지의 마음에 합한 딸이었던 것으로 보이며, 그래서 갈렙은 자기처럼 담대한 믿음을 소유한 자에게 딸을 주고 싶었을 것이다. 그랬기 때문에 악사가 출가할 때 나귀에서 내려 "**아버지께서 나를 남방[네겝] 땅으로 보내시오니 샘물[들]도 내게 주소서**"(수 15:19)라고 하자, 윗샘(들)과 아랫샘(들) 모두를 사랑하는 딸에게 주었던 것이다. 그녀는 밭을 구한 것이 아니라, 사막에서 견딜 수 있게 하는 샘을 구하여 아비와 마음을 합했다(수 15:18~19).

훗날 여호수아와 갈렙이 모두 죽자 이스라엘은 메소보다미아 왕 구산 리사다임에게 8년간 지배를 받는데, 이때 이스라엘을 구원하여 40년간 통치한 첫 번째 사사가 바로 옷니엘이다. 그의 담대한 믿음은 그렇게 자식에게까지 이어졌다. 비록 유다 지파에 흡수된 그나스 족속의 후예인 갈렙이었지만, 그 믿음만큼은 이스라엘 민족의 그 누구보다 뛰어났다. 그 믿음 덕분에 유다 지파는 이스라엘 민족 중에서 가장 강력한 지파로 성장할 수 있었다.

## 주님이 주신 땅으로

주님이 주신 땅으로 한 걸음씩 나아갈 때에
수많은 적들과 견고한 성이 나를 두렵게 하지만
주님을 신뢰함으로 주님을 의지함으로
주님이 주시는 담대함으로 큰 소리 외치며 나아가네
이 산지를 내게 주소서 그날에 주께서 말씀하신
이제 내가 주님의 이름으로 그 땅을 취하리니
이 산지를 내게 주소서 그날에 주께서 말씀하신
이제 내가 주님의 이름으로 그 땅을 취하리니

# 21

## 하나님의 종으로 살아간 히위 족속

이스라엘이 애굽에서 탈출하여 가나안에 들어섰을 때, 그 땅에는 가나안 족속, 헷 족속, 아모리 족속, 브리스 족속, 히위 족속, 여부스 족속, 기르가스 족속 등 일곱 족속이 살고 있었다(신 7:1; 수 3:10, 9:1, 24:11; 행 13:19). 가나안에 거했던 모든 민족이 이스라엘에 대항하여 싸웠지만, 아이보다 크고 왕도와 같았던 큰 성인 기브온에 거주한 히위 족속은 막강한 군사력을 보유했음에도 다른 생각을 가지고 있었다(수 10:2). 여리고와 아이가 함락되자, 그들은 여호와께서 이스라엘을 위해 싸우고 계시기 때문에 저항해도 전쟁에서 이길 수 없다는 것을 깨달았다. 이에 기브온 사람들은 서둘러 히위 족속의 다른 세 도시인 그비라, 브에롯 및 기럇여아림을 대표하여 길갈에 있는 여호수아에게 평화사절단을 보내 화친을 청하였다(수 9:6, 17).

기브온 사절단은 낡은 옷을 입고, 낡아 기운 신을 신고, 마르고 곰팡이 난 떡과 해어지고 찢어져서 기운 가죽 포도주 부대를 나귀에 싣고 여호수아를 찾아와 화친을 청한다. 그들은 여호수아의 물음에 다음과 같이 이야기한다.

"종들은 당신의 하나님 여호와의 이름을 인하여 심히 먼 지방에서 왔사오니 이는 우리가 그의 명성과 그가 애굽에서 행하신 모든 일을 들으며 또 그가 요단 동편에 있는 아모리 사람의 두 왕 곧 헤스본 왕 시혼과 아스다롯에 있는 바산 왕 옥에게 행하신 모든 일을 들었음이니이다 그러므로 우리 장로들과 우리 나라의 모든 거민이 우리에게 일러 가로되 너희는 여행할 양식을 손에 가지고 가서 그들을 맞아서 그들에게 이르기를 우리는 당신들의 종이니 청컨대 이제 우리와 약조하사이다 하라 하였나이다 우리의 이 떡은 우리가 당신들에게로 오려고 떠나던 날에 우리들의 집에서 오히려 뜨거운 것을 양식으로 취하였더니 보소서 이제 말랐고 곰팡이 났으며 또 우리가 포도주를 담은 이 가죽 부대도 새것이더니 찢어지게 되었으며 우리의 이 옷과 신도 여행이 심히 길므로 인하여 낡아졌나이다"(수 9:9~13).

사실 그들이 이스라엘을 찾아온 결정적인 이유는 여리고와 아이가 함락되었기 때문이었다(수 9:3). 지혜롭게도 그들은 이전에 발생한 출애굽 사건과 아모리 사람의 두 왕 곧 헤스본 왕 시혼과 바산 왕 옥에게 닥친 일에 대해서만 하나님의 손이 작용했음을 인정하였고, 여리고와 아이의 멸망에 대해서는 일언반구 언급하지 않았다. 그 소식은 그들이 길을 떠났다고 한 때까지, 또 그들이 사는 심히 먼 지방까지 아직 알려지지 않았을 것이기 때문이었다. 그들이 얼마나 절박했고, 그래서 얼마나 머리를 쥐어짰을지 상상할 수 있다.

이스라엘은 그들이 최근에 승리한 여리고와 아이의 전투 결과를 모른다고 생각하여 그 결과도 덧붙여 자랑했을 것이다. 그랬기 때문에 여호수아와 이스라엘의 족장들은 그들의 말을 흘려듣고 증거도 제대로 살피지 않고 화친의 조약을 맺었을 것이다. 실상 조약 자체는 문제 될 것이 없었다. 율법에도 "**네가 어떤 성읍으로 나아가서 치려 할 때에 그 성에 먼저 평화를 선언하라 그 성읍이 만일 평화하기로 회답하고 너를 향하여 성문을 열거든 그 온 거민으로 네게 공을**

**바치고 너를 섬기게 할 것이요**"(신 20:10~11)라고 하셨기 때문이다. 다만 그들이 여호와께 묻지 않고 조약을 맺었다는 것이 문제였다(수 9:14~15).

조약을 맺은 후 3일이 지나 이스라엘은 기브온, 그비라, 브에롯 및 기랏여아림에 도착하였고, 모든 진상이 밝혀졌다. 이스라엘은 속은 것을 알고 기브온 사람들에게 항의했으나, 이미 맺은 계약을 파기할 수는 없었다. 하나님의 이름을 걸고 맹세했기 때문이다(수 9:18~19). 여호와께 서약한 것은 반드시 지켜야 했다(민 30:2; 신 23:21~22). 계약을 파기하면 주의 이름이 열국 가운데서 멸시받을 것이기 때문이었다. 여호수아가 기브온 사람들의 부정직한 방법을 힐난하자, 그들은 여전히 여호와께서 이스라엘과 관계하심을 인정하면서 **"보소서 이제 우리가 당신의 손에 있으니 당신의 의향에 좋고 옳은 대로 우리에게 행하소서"**(수 9:25)라고 하며 여호수아에게 그 처분을 맡긴다. 그리하여 그들은 하나님의 집을 위하여 나무 패며 물 긷는 자가 되었다.

기브온 사람들을 포함한 히위 족속이 이스라엘과 화친하였다는 소식을 들은 아모리 족속 예루살렘 왕 아도니세덱은 분개하면서 헤브론 왕 호함과 야르뭇 왕 비람과 라기스 왕 야비아와 에글론 왕 드빌과 동맹하여 기브온을 응징하려고 올라간다. 기브온 사람들은 아모리 동맹군과 싸우면서 길갈에 있는 여호수아에게 도움을 요청하였고, 이에 여호수아는 그 요청을 거절하지 않고 아모리 족속의 동맹군을 치기 위하여 밤새도록 올라간다(수 10:5~9).

숫적으로 열세였음에도 이스라엘과 기브온 사람들은 아모리 족속의 다섯 왕을 크게 무찔렀다. 그 격렬한 전투에서 그들은 하나님의 능력을 직접 목도(目睹)하였다. 그동안 소문으로만 들었던 하나님의 명성이 허명(虛名)이 아니었음을 그들은 알았을 것이다.

그들은 하늘에서 큰 우박이 내려 칼에 찔려 죽은 자보다 우박에 맞아 죽은 자들이 더 많은 것을 보았으며, 우박을 피해 도망가는 적들을 잡도록 태양이 중천에 떠서 종일 멈춰 선 것과 달도 멀리 아얄론 골짜기에 머물러 있는 것을 두 눈으로 똑똑히 보았다(수 10:13). 그들이 얼마나 가슴을 쓸어내렸을지는 보지 않아도 능히 상상할 수 있다. 그런데 은혜를 갈구한 기브온을 포함한 네 도시의 히위 족속은 엄청난 재앙으로부터 구원을 받았지만(수 11:19~20), 레바논의 헤르몬산에 거주한 히위 족속은 여전히 이스라엘에 대항하였다(수 11:3; 삿 3:3).

이후 그들은 이스라엘 가운데 거주하면서 성막과 성전에서 봉사하는 종의 역할을 충실히 이행하면서 살아갔다. 솔로몬에 의해 성전이 세워지기 전까지 이스라엘의 성막이 기브온 산당에 있었던 것도 그 땅이 기브온 사람들의 거주지였기 때문일 가능성이 크다.

사실 길갈에 있었던 성막은 가나안 정복전쟁을 마쳤을 때 에브라임 지파의 세겜과 벧엘을 거쳐 실로에 있었다. 그러나 엘리 사사 때 블레셋의 침략으로 실로가 파괴되었고, 언약궤는 빼앗겼으며, 성막의 나머지 부분은 사무엘에 의해 라마로 옮겨졌다가 사울에 의해 놉으로 옮겨졌다. 그 후 사울이 다윗의 일 때문에 분노하여 대제사장 아히멜렉과 85명의 제사장을 살해한 후 놉을 파괴하였고, 거기에 있던 성막을 기브온 산당으로 옮겨 솔로몬 때까지 있었다(대하 1:3~6). 그 땅이 베냐민 지파에게 분배된 제사장 성읍인 이유가 컸겠지만(수 21:17~19), 무엇보다 성막에서 봉사할 기브온 사람들이 그곳에 거주해 있었기 때문일 것이다.

또한 이때 블레셋에 빼앗긴 언약궤는 7개월 동안 블레셋의 도시 아스돗을 거쳐 가드, 에그론으로 옮겨 다닌다. 아스돗에서는 언약궤를 다곤 신전에 두었으나, 다곤의 머리와 두 손목이 끊어지는 사태가 일어났고, 가드로 옮긴 후에는 모든 성읍 사람에게서 독종이 발생하였다. 그래서 에그론으로 옮겼더니 에그론 사람들이 부르짖어 블레셋의 방백들이 언약궤를 이스라엘로 돌려보내기로 결정한다. 그리하여 언약궤를 새 수레에 실어 멍에를 메어 보지 않은 젖소 두 마리로 끌게 하여 이스라엘로 떠나보내고 송아지는 떼어 집으로 돌려보낸다. 즉 멍에로 길들여지지 않았고, 더구나 송아지까지 떼어낸 암소가 얌전히 수레를 끌고 이스라엘로 간다면 언약궤가 참하나님의 성물이라는 것을 인정하겠다고 결정한 것이다(삼상 6:1~16).

언약궤는 제사장 거주지인 벧세메스로 돌아왔으나, 사람들이 기뻐한 나머지 언약궤를 들여다보았고, 율법을 어긴 그들은 일흔 명이나 죽음을 맞이하였다. 그러자 그들은 곧바로 기럇여아림 거민들에게 언약궤를 가져가라고 명령한다. 그것은 그동안 히위 족속들이 성막에서 허드렛일을 하면서 섬겼기에 벧세메스에서 가장 가까이 사는 기럇여아림의 히위 족속들에게 언약궤를 가져가라고 했던 것이다. 기럇여아림 사람들이 언약궤를 산에 사는 레위인 아비나답의 집에 들여놓았고(그는 아마 제사장 자손이었을 것이다), 그 아들 엘리아살을 거룩히 구별하여 지키게 하였다(삼상 7:1). 그리고 그 언약궤는 사무엘과 사울을 거쳐 다윗의 왕권이 온전히 굳건해져서 다윗 성으로 옮겨질 때까지 무려 70여 년의 기간 동안 기럇여아림의 히위 족속이 돌보았다.

그리하여 솔로몬에 의해 성막의 놋단과 언약궤가 모두 예루살렘에 안착될 때까지 성막과 놋단은 기브온 산당에 거주한 히위 족속이, 언약궤는 기럇여아림에 있는 히위 족속이 돌보았다. 그들은 그렇게 성막과 언약궤의 운명과 함께했다.

참고로 산당은 원래 가나안 족속의 우상숭배 장소였으나, 이스라엘이 정복한 후에 이것을 없애지 않고 성막으로 오지 못하는 사람들의 예배처로 활용하였다(삼상 9:12; 왕상 3:2~4; 왕하 18:22). 그 예배를 인도한 사람들은 이스라엘 땅 48개 성읍에 흩어져 살았던 레위인들이었다. 하나님을 잘 섬긴 유다의 선한 왕들이 산당을 없애지 못했던 것도 이곳이 하나님을 위한 예배처였기 때문이다(왕상 15:14, 22:43; 왕하 12:3 등). 그러나 이방 여인을 아내로 삼았던 왕들에 의해 이곳이 점진적으로 이방신을 위한 예배 장소로 변질되기 시작하였다. 이에 히스기야가 여호와를 위한 산당이라 할지라도 모든 산당을 헐었고, 예루살렘 성전에서만 예배하도록 하였으며(왕하 18:22), 요시야는 북이스라엘 땅의 모든 산당을 헐어 잿더미로 만들었다(왕하 23:5~20).

그런데 사울이 하나님의 종으로 이름 없이 살았던 기브온 족속을 죽이는 범행을 저지른다(삼하 21:1). 성경에는 정확히 기록되지 않았지만, 어쩌면 사울이 아히멜렉을 포함한 85명의 제사장을 죽였을 때, 기브온 사람들의 피까지 흘린 사건이었는지도 모른다. 다윗의 대 연이어 3년 기근이 있었는데, 하나님은 그것이 기브온 사람들의 원한 때문이라고 하셨다. 이스라엘의 선조들이 하나님 앞에서 기브온 사람들과 언약하였고, 그들이 그 언약을 저버리지 않았기 때문에, 아무리 이스라엘을 위한 일이라 할지라도 사울의 처사는 부당했다. 또한 율법에 이르기를, **"타국인이 너희 땅에 우거하여 함께 있거든 너희는 그를 학대하지 말고 너희와 함께 있는 타국인을 너희 중에서 낳은 자같이 여기며 자기같이 사랑하라 너희도 애굽 땅에서 객이 되었더니라 나는 너희 하나님 여호와니라"**(레 19:33~34)라고 했기 때문에 율법에도 위배되는 행위였다.

기브온 사람들은 하나님이 갚아 주시기를 참을성 있게 기다렸다. 다윗의 통치 때, 하나님이 3년간 기근을 내리신 것은 그들의 원한을 갚아 주시기 위함이었다(롬 12:17~19). 다윗은 즉시 그들에게 어떻게 해야 원한을 풀 수 있는지 물었다. 이에 그들은 **"사울과 그 집과**

**우리 사이의 일은 은금에 있지 아니하오나, 이스라엘 가운데서 사람을 죽이는 일은 우리에게 있지 아니하니이다**"(삼하 21:4)라고 대답한다. 살인자에 대해서는 그 어떤 대속물도 받아들일 수 없었다(민 35:30~31). 또한 이스라엘 사람을 죽이는 것이 그들에게 허락되지 않아 마음의 한으로 남아 있다고 대답한다. 그리하여 다윗의 거듭된 물음에 그들은 이같이 요구한다.

> "우리를 학살하였고 또 우리를 멸하여, 이스라엘 경내에 머물지 못하게 하려고 모해한 사람의 자손 일곱을 내어 주소서 여호와의 빼신 사울의 고을 기브아에서 우리가 저희를 여호와 앞에서 목매어 달겠나이다"(삼하 21:5~6).

참으로 기막힌 요구였다. 종으로 살아가는 사람들이 자신들의 원한을 갚기 위해 감히 한때 왕손이었던 사람의 목숨을 요구했던 것이다. 그런데 다윗은 그들의 요구를 받아들여 요나단의 아들인 므비보셋은 아껴 제외하고, 사울과 아야의 딸 리스바에게서 난 두 아들과 사울의 딸 메랍에게서 난 다섯 아들을 기브온 사람에게 주어 목매달게 하였다. 그리고 길르앗 야베스에 묻힌 사울과 요나단의 뼈를 가져다 베냐민 땅 셀라에 있는 기스의 묘에 장사하였다. 그제야 하나님도 그 땅을 위한 기도를 들으시고 비를 내리셨다. 자식들의 죄로 인하여 아비를 죽이지 말고 아비의 죄로 인하여 자식들을 죽이지 말라고 율법에 기록되었으나, 어찌 된 영문인지 하나님은 기브온 사람들을 위해 이 일을 허락하셨다(신 24:16).

성막과 언약궤가 예루살렘으로 돌아온 후, 다윗은 기브온의 성막과 기럇여아림의 언약궤에 봉사했던 히위 족속의 임무를 제도화하여 성막과 언약궤에서 레위 사람을 수종들도록 하였다(스 8:20). 그리고 그들은 성전이 건축된 이후에도 레위 사람을 도와 성전에서 봉사하였다. 사람들은 특별히 그들을 느디님 사람이라 불렀는데, 제사장 및 레위 사람과 함께 고레스 왕의 귀환령에 가장 먼저 응답하여 귀환할 만큼 하나님 앞에 충성하였다(대상 9:2).

바벨론에서 돌아온 첫 번째 귀환자들의 명단을 보면 기브온 사람들이 95명이었고, 기럇여아림, 그비라와 브에롯 사람들이 743명이었다(느 7:25, 29). 이들 모두는 여호수아에게 항복했던 히위 족속의 후손이었다. 이와 별도로 성전에서 봉사하던 느디님 사람들과 왕궁에서 봉사하던 솔로몬의 신복의 자손의 숫자는 392명이었다(느 7:60). 이들이 모두 이스라엘에 투항했던 히위 족속의 후손이었는지는 명확하지 않지만, 성경은 대를 이어 하나님 앞에 충성한 이들의 숫자를 명확히 구분하여 기록하였다. 그들은 두 번째 귀환에서도 레위인과 함께하였다. 레위인은 38명에 불과했지만, 느디님 사람들은 220명이나 되었다(스 8:15~20).

예루살렘으로 돌아온 기브온 사람들은 성전 공사와 예루살렘 성 건축에도 열심히 참여하였다. 그들은 느헤미야 총독이 주도한 성벽 공사에서 옛문과 골짜기문 사이의 일부 성벽 공사를 미스바 사람들과 함께 담당하였으며(느 3:7), 이와 별도로 느디님 사람들 역시 수문과 마주 대한 곳에서부터 내어민 망대까지 중수하였다(느 3:26).

> "주의 궁정에서 한 날이 다른 곳에서 천 날보다 나은즉 악인의 장막에 거함보다 내 하나님 문지기로 있는 것이 좋사오니 여호와 하나님은 해요 방패시라 여호와께서 은혜와 영화를 주시며 정직히 행하는 자에게 좋은 것을 아끼지 아니하실 것임이니이다"(시 84:10~11).

이것이 진정 험한 일을 하면서도 그 믿음을 저버리지 않았던 그들의 찬송이었을 것이다. 그들은 믿음을 지키며 자손대대로 하나님의 성전에서 가장 낮은 신분으로 험한 일을 하면서 그 은혜에 보답하였다. 그들이 아니었다면 블레셋에서 돌아온 언약궤는 갈 곳을 찾지 못한 채 이스라엘 땅 어느 곳에 방치되었을지도 모른다. 비록 변변한 이름조차 남기지 않은 그들이었지만, 이처럼 그들은 대를 이어 하나님의 종으로 충성하면서 살았다.

> 은혜 아니면 살아갈 수가 없네 호흡마저도 다 주의 것이니
> 세상 평안과 위로 내게 없어도 예수 오직 예수뿐이네
> 크신 계획 다 볼 수도 없고 작은 고난에 지쳐도
> 주께 묶인 나의 모든 삶 버티고 견디게 하시네
> 은혜 아니면 살아갈 수가 없네 나의 모든 것 다 주께 맡기니
> 참된 평안과 위로 내게 주신 주 예수 오직 예수뿐이네

하나님은 우주 만물을 창조하신 조물주이시다. 그렇기 때문에 하나님은 그 해를 악인과 선인에게 비추게 하시며, 비를 의로운 자와 불의한 자에게 내리시는 분이시다(마 5:45). 하나님은 유대인의 하나님일 뿐 아니라, 어제나 오늘이나 내일이나 언제나 변함없이 온 인류와 우주 만물의 하나님이시다. 그래서 인간이 비록 하나님을 떠났을지라도 영세 전부터 그들을 구원할 계획을 가지고 계셨다(롬 16:25~26). 하나님이 아브라함을 부르신 것도 그 목적 때문이라고 일관되게 말씀하셨다(창 12:3, 17:5, 22:17~18 등). 하나님이 이스라엘을 향하여 **"너희가 내게 대하여 제사장 나라가 되며 거룩한 백성이 되리라"** (출 19:6)라고 하셨던 것도 이스라엘을 통하여 세상을 구원할 계획을 가지셨기 때문이었다. 그래서 아브라함과 다윗의 자손으로 예수님이 탄생하셨을 때도 천사들은 주님이 세상 온 백성을 위하여 오셨

다고 하였던 것이다.

> "내가 온 백성에게 미칠 큰 기쁨의 좋은 소식을 너희에게 전하노라 오늘
> 날 다윗의 동네에 너희를 위하여 구주가 나셨으니 곧 그리스도 주시니라"
> (눅 2:10~11).

하나님이 그 많은 사람 중 아브라함을 선택하신 것은 그가 비옥한 초승달 지역인 메소보다미아를 떠나라는 하나님의 말씀에 순종하였고, 100세 되어 낳은 독자라도 기꺼이 하나님 앞에 바칠 만큼 신실한 믿음을 소유했기 때문이었다. 독자 이삭을 하나님 앞에 바쳤을 때 하나님은 자기를 가리켜 맹세하셨기에 그것은 영원히 변할 수 없는 약속이었다(창 22:16). 물론 아브라함의 후손은 궁극적으로 예수 그리스도를 가리키는 것이지만, 예수님이 오시기 전에도 이처럼 이스라엘 백성과 어울려 하나님을 함께 섬기며 구원받은 이방인들이 참으로 많았다.

성문을 열고 이스라엘에 항복한 기브온을 포함한 그비라, 브에롯 및 기럇여아림에 거주했던 히위 족속 외에 이드로의 후손인 겐 족속은 이스라엘에 동화되어 훗날 서기관 족속이 될 만큼 하나님의 율법에 능통하였고, 그나스 족속은 유다 지파에 흡수되어 갈렙과 옷니엘 같은 훌륭한 지도자를 배출하며 이스라엘의 중추에 들어왔다. 그 외에도 많은 이방인들이 개별적으로 이스라엘과 동고동락하면서 하나님을 섬겼다. 하나님은 그들을 포함하여 함께 우거하는 타국인을 학대하지 말고 이스라엘 중에서 낳은 자같이 사랑하라고 하셨다(레 19:33~34). 그들 모두는 약속과는 거리가 먼 이방인이었지만, 하나님 앞에 나아온 덕분에 구원을 받았던 것이다.

그렇게 많은 이방인들이 이스라엘의 주변에 거하면서 그들에게

역사하신 하나님을 보았고 구원을 받았다. 그러나 예수님이 오신 이후로 그 역할이 그리스도인에게로 옮겨졌다. 그것은 그들이 선민의식에 사로잡혀 제사장 나라로서의 역할을 수행하지 못했고, 궁극적으로는 아브라함과 다윗의 자손인 예수 그리스도를 배척했기 때문이다.

> "그러므로 너희는 가서 모든 족속으로 제자를 삼아 아버지와 아들과 성령의 이름으로 세례를 주고 내가 너희에게 분부한 모든 것을 가르쳐 지키게 하라"(마 28:19~20).

만약 그리스도인 역시 그 역할을 수행하지 못한다면 성령의 촛대가 옮겨질 것이다(계 2:5).

## 은혜 아니면

은혜 아니면 살아갈 수가 없네 호흡마저도 다 주의 것이니
세상 평안과 위로 내게 없어도 예수 오직 예수뿐이네
크신 계획 다 볼 수도 없고 작은 고난에 지쳐도
주께 묶인 나의 모든 삶 버티고 견디게 하시네
은혜 아니면 살아갈 수가 없네 나의 모든 것 다 주께 맡기니
참된 평안과 위로 내게 주신 주 예수 오직 예수뿐이네

# 22

## 리브가와 요게벳, 한나의 신앙 교육

성경 가운데 크게 쓰임을 받았던 믿음의 선진들은 어린 시절부터 그 부모에게서 남다른 신앙 교육을 받았다. 그 교육 내용이 성경에 자세히 기록되지는 않았지만, 그들의 이름과 성장배경 등을 봤을 때 그 부모가 아이에게 어떤 희망을 가지고 훈육했는지 미루어 짐작할 수 있다.

특별히 유대인들은 젖 떼기 전까지의 교육에 많은 노력을 기울였는데, 젖을 뗄 때는 잔치를 베풀고 사람들을 초청하여 축복했다. 아브라함이 이삭이 젖 떼는 날 대연을 배설한 것을 볼 때(창 21:8), 이것은 아브라함 때부터 있었던 유대인의 풍습이었다. 잔치를 베푸는 것은 유아사망률이 높은 고대에 만 3세가 되어 젖을 뗄 때까지 건강하게 자란 것에 대한 축하의 의미가 더 컸겠지만, 어머니의 손을 떠나 또 다른 성장 교육을 받아야 한다는 의식의 일종이었을 것이다.

젖 떼기까지 어머니가 가르치는 사랑의 신앙 교육은 아이의 성장에 지대한 영향을 끼친다. 특히 여기서 소개하는 세 여인의 자녀들의 삶과 신앙은 전적으로 그 어머니의 신앙으로부터 출발하였다. 그리하여 그 자녀를 이스라엘 중에 기둥처럼 우뚝 선 큰사람으로 키울 수 있었다.

리브가는 어려서부터 하나님에 대한 신앙이 남달랐다. 그녀는 하란의 우물가에서 이름 모를 나그네에게 물을 길어 목을 축이게 하였을 뿐 아니라, 10마리나 되는 낙타에게 물을 먹일 만큼 심성이 곱고 인내심이 대단한 소녀였다. 낙타 1마리가 먹는 물의 양이 120리터나 되므로, 그녀는 2시간이 넘는 시간 동안 최소한 1톤의 물을 길었다(창 24:18~21). 그녀는 남편 될 사람의 얼굴도 몰랐고, 하다못해 이름도 들어보지 못했다. 그러나 아브라함의 종이 와서 하나님의 이름으로 말할 때, 며칠을 머물다 가라는 부모의 요청도 뿌리치고 흔쾌히 그리고 지체 없이 아브라함의 종을 따라 나섰다(창 24:55~61). 더구나 비옥한 메소보다미아에 비해 가나안 땅은 척박하기 그지없는 땅이었다. 그렇게 그녀는 오직 하나님만 믿고 거친 가나안으로 와서 이삭의 아내가 되었다. 아브라함과 떨어져 사라와 함께 살았던 이삭의 신앙은 평범했을 것이다. 그런 이삭을 하나님과 굳건히 맺어준 것은 리브가였으며, 그녀는 결혼 후 20년이 지나서야 태어난 에서와 야곱도 굳건한 신앙으로 돌보았을 것이다.

훗날 에서가 나이 40세가 되어 헷 족속의 딸들로 아내를 삼자, 그녀는 그가 하나님을 향한 신앙이 없는 여인들을 골라 아내를 삼은 것에 대해 많은 근심을 한다(창 26:34~35). 결국 그녀는 계략을 써서 장남인 에서를 대신하여 야곱이 아버지의 축복을 가로채도록 하였다. 이로 인해 야곱은 형 에서의 미움을 받는다. 이에 리브가는 야곱을 불러 에서의 노가 풀릴 때까지 자신의 오라비 라반에게 가 있으라고 한다. 어쩌면 친정으로 보내 신앙훈련을 시키기 위함이었는지도 모른다. 또한 그녀는 남편인 이삭에게도 이렇게 말하여 야곱의 여행을 허락해 줄 것을 요청한다.

"내가 헷 사람의 딸들을 인하여 나의 생명을 싫어하거늘 야곱이 만일 이 땅의 딸들 곧 그들과 같은 헷 사람의 딸들 중에서 아내를 취하면 나의 생명이 내게 무슨 재미가 있으리이까"(창 27:46).

에서는 그 부모가 단지 가나안 여인들을 싫어하는 줄 알고, 또다시 이스마엘의 딸인 마할랏을 후처로 맞이했다(창 28:8~9). 그의 실패는 바로 여기에 있었다. 리브가가 헷 사람의 딸들을 싫어했던 것은 그들이 하나님을 믿지 않았기 때문이다. 그는 믿는 자와의 결혼이 얼마나 중요한지 모르고 있었던 것이다. 그것이 그를 언약들로부터 멀어지게 한 결정적인 이유였다.

아무튼 그녀는 야곱의 신앙을 위해 밧단 아람으로 보내 오라비 라반의 딸과 결혼하게 한다.

> 너는 담장너머로 뻗은 나무 가지의 푸른 열매처럼
> 하나님의 귀한 축복이 삶에 가득히 넘쳐날 거야
> 너는 어떤 시련이 와도 능히 이겨낼 강한 팔이 있어
> 전능하신 하나님께서 너와 언제나 함께하시니
> 너는 하나님의 사람 아름다운 하나님의 사람
> 나는 널 위해 기도하며 네 길을 축복할 거야
> 너는 하나님의 선물 사랑스런 하나님의 열매
> 주의 품에 꽃 피운 나무가 되어줘

이것이 아들을 기약 없는 먼 길로 떠나보내며 어미가 부른 소망의 노래였을 것이다. 이 당시 야곱의 나이를 계산해 보면 밧단 아람으로 떠난 때가 77세였고, 두 아내와 결혼한 때는 84세였던 것을 알 수 있다(요셉은 30세에 애굽의 총리가 되었고, 7년의 풍년과 2년의 흉년이 지난 39세에 야곱과 재회했다. 그때 야곱의 나이는 130세였다. 그러므로 야곱은

91세에 요셉을 낳았으며, 이때는 밧단 아람에서 아내를 맞이하기 위한 14년의 봉사가 끝날 즈음이었다. 여기서 7년을 빼면 야곱이 레아와 라헬을 아내로 맞았던 84세가 되며, 그보다 7년 전인 77세에 밧단 아람으로 온 것이 된다). 잔꾀가 많고 거짓말을 잘하는 야곱을 하나님이 끝까지 사랑으로 다루어 가셨던 것도 바로 그가 그 나이가 될 때까지 결혼하지 않고 믿음의 여인을 기다렸기 때문이다. 그의 신앙은 하나님을 경외하고 섬겼던 그 어머니 리브가로부터 시작되었던 것이다.

모세가 태어날 때쯤, 애굽의 바로는 모든 히브리인의 남자아이를 하수에 던져 죽이라 명령하였다. 모세의 어머니 요게벳은 모세를 낳고 석 달을 숨겨 기른다. 그러나 더는 숨길 수가 없게 되자 그 모든 것을 하나님의 능력에 맡기고 갈대상자를 만들어 역청과 나무진을 칠한 후 거기에 아이를 담아 하숫가 갈대 사이에 두고 그 누이 미리암에게 살피게 한다.

자식이 죽기를 바라는 부모는 없다. 더구나 모세는 태어날 때 준수하였고(출 2:2), 하나님과 부모에게 아름다운 아이였다(행 7:20; 히 11:23). 그 사랑스러움이 이루 말할 수 없었을 것이다. 그녀는 더 이상 아이를 키울 수 없게 되자 온 밤을 새워 기도했을 것이다. 그리고 바로의 공주가 목욕을 하는 시간과 장소를 파악한 후 주도면밀하게 계획했을 것이다. 만약 아무에게도 발견되지 않거나, 애굽의 남자들에게 발견된다면 아이의 목숨은 담보될 수 없었기 때문이다.

> 작은 갈대상자 물이 새지 않도록 역청과 나무진을 칠하네
> 어떤 맘이었을까 그녀의 두 눈엔 눈물이 흐르고 흘러
> 동그란 눈으로 엄말 보고 있는 아이와 입을 맞추고
> 상자를 덮고 강가에 띄우며 간절히 기도했겠지
> 정처 없이 강물에 흔들흔들 흘러 내려가는 그 상잘 보며

눈을 감아도 보이는 아이와 눈을 맞추며 주저앉아 눈물을 흘렸겠지
너의 삶의 참 주인 너의 참 부모이신 하나님 그 손에 너의 삶을 맡긴다
너의 삶의 참 주인 너를 이끄시는 주 하나님 그 손에 너의 삶을 드린다

"아이를 살려만 주신다면, 그의 일생을 하나님 앞에 바치겠습니다." 이것이 아이를 강물에 흘려보내며 눈물로 드린 기도였을 것이다. 그리하여 그 상자는 바로의 딸의 눈에 띄었다. 공주는 그 아이가 히브리인의 아이라는 것을 단번에 알아차렸다. 그녀가 연민의 눈으로 목청이 터져라 우는 아이를 보고 있을 때 미리암이 다가와 이렇게 이야기한다.

"내가 가서 히브리 여인 중에서 유모를 불러다가 당신을 위하여 이 아이를 젖 먹이게 하리이까"(출 2:7).

우는 아이를 버려둘 만큼 모진 여인은 없다. 미리암이 요게벳을 불러오자, 공주는 **"이 아이를 데려다가 나를 위하여 젖을 먹이라 내가 그 삯을 주리라"**(출 2:9)라고 말한다.

결국 모세는 히브리인임에도 바로의 공주의 아들이 되어 합법적으로 그의 친모 밑에서 자라게 된다. 모든 어머니들이 자신의 돈으로 아이를 키우고, 더구나 모든 사내아이를 죽이라는 명령 가운데 불안하게 자식을 돌보고 있을 때, 그녀는 바로의 공주로부터 삯을 받고 다른 어머니들이 받는 고통 없이 모세에게 전념할 수 있었다.

젖을 떼면 당연히 바로의 딸에게 가야 하는 아들을 위해 그녀가 할 수 있는 일이 무엇이었을까? 그냥 막연히 헤어질 때만 생각하면서 슬픔을 안고 젖만 먹였을까?

자식이 충분히 장성할 때까지 내 품에 있는 것이 아니라, 젖 떼기

전까지 단 3년 내지 5년만 내 품에 있을 거라 생각하면, 그 하루하루, 분초마다 아이의 마음 깊숙이 심어주어야 할 신념들을, 그래서 내 손을 떠나더라도 스스로 자신의 정체성을 잃지 않고 살 수 있도록 사랑으로 훈육했을 것이다. 그 최상의 것, 그것은 조상 대대로 믿었던 하나님을 향한 신앙, 그리고 아브라함과 이삭과 야곱에게 주셨던 언약이었을 것이다. 이때가 지나면 다시는 이것에 대해 말할 수 없기 때문에 아이의 인지능력과 상관없이 반드시 해야 하는 교육이었다. 그것이 어린 모세의 마음속 깊은 곳에 각인되었다.

> "모세가 장성한 후에 한번은 자기 형제들에게 나가서 그 고역함을 보더니 어떤 애굽 사람이 어떤 히브리 사람 곧 자기 형제를 치는 것을 본지라 좌우로 살펴 사람이 없음을 보고 그 애굽 사람을 쳐죽여 모래에 감추니라 이튿날 다시 나가니 두 히브리 사람이 서로 싸우는지라 그 그른 자에게 이르되 네가 어찌하여 동포를 치느냐 하매 그가 가로되 누가 너로 우리의 주재와 법관을 삼았느냐 네가 애굽 사람을 죽임같이 나도 죽이려느냐"(출 2:11~14).

이 사건에 대해 성경은 이렇게 부연 설명을 하고 있다.

> "모세가 애굽 사람의 학술을 다 배워 그 말과 행사가 능하더라 나이 사십이 되매 그 형제 이스라엘 자손을 돌아볼 생각이 나더니 한 사람의 원통한 일 당함을 보고 보호하여 압제받는 자를 위하여 원수를 갚아 애굽 사람을 쳐 죽이니라 저는 그 형제들이 하나님께서 자기의 손을 빌어 구원하여 주시는 것을 깨달으리라고 생각하였으나 저희가 깨닫지 못하였더라 이튿날 이스라엘 사람이 싸울 때에 모세가 와서 화목시키려 하여 가로되 너희는 형제라 어찌 서로 해하느냐 하니 그 동무를 해하는 사람이 모세를 밀뜨려 가로되 누가 너를 관원과 재판장으로 우리 위에 세웠느냐 네가 어제 애굽 사람을

죽임과 같이 또 나를 죽이려느냐"(행 7:22~28).

이것이 요게벳이 젖 떼기까지 가르쳤던 사랑의 훈육에 대한 결과였다. 오히려 다른 히브리 사람들은 서로 싸우면서 스스로의 정체성을 잃어버렸지만, 모세의 마음속 깊은 곳에서는 히브리인의 정체성이 확고하게 자리 잡고 있었던 것이다. 애굽 사람의 학술을 다 배워 그 지혜가 출중했지만, 젖 떼기까지 그 어머니에게 배웠던 것을 넘어서지 못했다.

정상적인 방법으로는 결코 애굽의 압제에서 벗어날 수 없었기에, 하나님이 요셉을 애굽의 총리로 세워 이스라엘을 기근에서 구원하셨던 것처럼 그는 하나님이 자기를 애굽의 2인자로 키워 그 백성을 바로의 압제에서 구원하실 것으로 생각했다. 그랬기 때문에 애굽에서 화려한 왕자로서의 생활을 포기하고 나이 40이 되어 그 형제 이스라엘을 돌아볼 생각이 났던 것이며, 바로의 공주의 아들이라 칭함도 거절하고, 도리어 하나님의 백성과 함께 고난받기를 잠시 죄악의 낙을 누리는 것보다 더 좋아했던 것이다(히 11:24~25). 그래서 압제받는 자를 위하여 원수를 갚아 애굽 사람을 쳐 죽였던 것이다. 그러면 그 백성이 하나님이 자기의 손을 빌려 이스라엘을 구원하여 주시리라는 것을 깨닫고 함께 봉기할 줄 알았다.

그러나 그가 간과한 것이 있었다. 요셉은 13년의 세월을 비참한 노예로 살면서 충분히 하나님의 사람으로 다듬어져 있었지만, 그는 40년을 애굽의 왕자로 부족함이 없는 삶을 살았다. 더구나 하나님의 뜻은 애굽 땅에서 해방되어 사는 것이 아니라, 애굽을 떠나는 것이었다(창 46:4). 그랬기 때문에 사람들의 시선은 싸늘했고, 오히려 이일이 발각되어 미디안으로 도망가서 애굽의 왕자로 살았던 기간만큼이나 긴 세월을 은둔자로 살면서 하나님의 사람으로 다듬어져 갔다.

비록 처음에는 하나님의 진정한 뜻을 깨닫지 못하여 실패했을지라도, 어려서 그 어미에게 배운 하나님에 대한 신앙은 그의 마음속 깊이 자리 잡아 평생을 함께하였다. 그가 훗날 이스라엘 백성을 이끌고 애굽에서 탈출할 수 있었던 것도, 광야 40년간의 기나긴 고통 속에서도 흔들림 없이 백성을 이끌고 나갈 수 있었던 것도, 그 첫걸음은 젖 떼기 전까지 요게벳이 사력을 다해 애틋한 사랑으로 가르쳤던 신앙으로부터 출발했던 것이다.

한나는 자녀를 낳지 못함으로 인해 괴로워하다가 실로에 있는 하나님의 집에서 통곡하며 기도하고 서원한다.

> "만군의 여호와여 만일 주의 여종의 고통을 돌아보시고 나를 생각하시고 주의 여종을 잊지 아니하사 아들을 주시면 내가 그의 평생에 그를 여호와께 드리고 삭도를 그 머리에 대지 아니하겠나이다"(삼상 1:11).

즉 그녀는 하나님이 자식을 주시면 그를 나실인으로 바치겠다고 서원했던 것이다.

> 어제와 다른 괴롬과 슬픔 깊은 탄식에 기도할 수 없고
> 처연한 내 안의 속사람은 주를 보지만 말하지 못하네
> 나를 악한 자로 보지 않고 나의 원통함 그 맘을 아시니
> 오직 나의 주 내 주의 사랑이 나의 속사람을 고쳐주시네
> 주의 사랑이 목마름 채우고 주의 위로가 눈물을 닦으니
> 주님의 은혜가 필요한 이 땅에서 이곳에서 주와 함께 노래하리라

그래서 그녀는 잉태하여 아들을 낳자, 그 이름을 사무엘(하나님이 나의 기도를 들으신 바 되었다)이라 지었다. 그리고 그녀는 아이가 젖을

떼기까지 해마다 드리는 매년제에도 참석하지 않고 그 시로부터 사무엘의 신앙 교육에 전념한다.

> "아이를 젖 떼거든 내가 그를 데리고 가서 여호와 앞에 뵈게 하고 거기 영영히 있게 하리이다"(삼상 1:22).

한나는 하나님께 서원하고 사무엘을 얻었다. 이에 하나님께 간절히 기도하고 얻은 아들, 그래서 눈에 넣어도 아프지 않을 사랑하는 아들을 하나님께 드려야 했다. 한나가 아들을 얻었다고 진정으로 기뻐할 수 있었을까? 그녀가 아들을 보듬고, 바라보고, 기뻐할 수 있는 시간은 젖 떼기까지로 정해져 있었다. 그것은 누가 명령한 것이 아니라 하나님 앞에 그녀가 서원한 것이었다. 그녀가 사무엘을 나실인으로 키우겠다고 했으므로, 신앙 교육도 당연히 그녀의 몫이었다. 그래서 매년제를 드리러 가는 시간도 아까워하면서 온 정성을 다해 자식의 신앙 교육에 매진한다. 그리고 그 남편 엘가나는 한나의 그 생각에 적극적으로 동조하고 협력한다.

> "그 남편 엘가나가 그에게 이르되 그대의 소견에 선한 대로 하여 그를 젖 떼기까지 기다리라 오직 여호와께서 그 말씀대로 이루시기를 원하노라"(삼상 1:23).

한나는 사무엘이 젖을 떼는 날, 그를 데리고 실로에 올라가 엘리 앞에서 이렇게 맹세한다.

> "나의 주여 당신의 사심으로 맹세하나이다 나는 여기서 나의 주 당신 곁에 서서 여호와께 기도하던 여자라 이 아이를 위하여 내가 기도하였더니 여호

와께서 나의 구하여 기도한 바를 허락하신지라 그러므로 나도 그를 여호와
께 드리되 그의 평생을 여호와께 드리나이다"(삼상 1:26~28).

그리하여 사무엘은 젖을 떼자마자 그렇게 부모와 떨어져 하나님 앞에서 섬기는 자가 되었다. 그는 어렸을 때부터 세마포 에봇을 입고 하나님 앞에 섬기는 일을 게을리하지 않았는데, 한나는 매년제를 드리러 갈 때마다 대제사장이 입는 작은 겉옷을 지어 그에게 입혔다. 성경은 그렇게 담담하게 기록하고 있지만, 겉옷을 만드는 한나의 마음속에 1년에 한 번밖에 볼 수 없는 아들에 대한 그리움과 애틋한 사랑, 그리고 소망이 얼마나 강렬했을지 능히 짐작할 수 있다. 그녀는 사무엘을 낳은 후 하나님께 복을 받아 세 아들과 두 딸을 더 낳았지만, 그녀의 눈과 귀, 그리고 하나님께 하는 기도는 오직 실로에 있는 사무엘을 향해 있었을 것이다.

사무엘을 이야기할 때마다 빠지지 않고 등장하는 사람이 동시대를 살았던 삼손이다. 삼손의 어머니 역시 생산치 못하는 여자였다. 그러나 그녀는 하나님께 엎드리지 않았다. 그녀는 엉겁결에 천사를 만나 마음의 준비 없이, 태어날 삼손을 나실인으로 키우라는 하나님의 계시를 받았다. 나실인의 서원은 당사자나 부모의 자발적인 의사에 의해 드리는 것인데, 거꾸로 하나님의 명령에 의해 나실인으로 드려졌던 것이다(민 6:2~21). 하나님의 명령에 의해 삼손의 겉사람은 단지 머리를 자르지 않는 것만으로 나실인이었는지 모르지만, 삼손의 어머니는 나실인에 합당한 삶을 가르치지 않았고, 자식을 위한 기도도 부족하였다. 이를 통해 젖 떼기 전까지의 어머니의 신앙 교육이 어떻게 자식의 미래를 결정하는지를 잘 알 수 있다.

야곱(이스라엘)으로 인하여 히브리인(에벨 족속)에서 이스라엘 족속이 탄생되었고, 모세에 의해 이스라엘 민족으로 발전되었으며, 사무

엘에 의해 이스라엘 국가가 건설되었다. 그들이 그처럼 위대한 신앙인으로 성장할 수 있었던 것은 그들 뒤에서 눈물로 기도하며 키운 어머니들의 헌신이 있었기 때문이다.

열왕기와 역대기에 기록된 많은 유다의 왕들 중 선한 왕과 악한 왕이 나오는데 그들의 신앙에도 어김없이 어머니의 역할이 컸다.

선한 왕인 요아스는 어린 나이에 보위에 올랐던 왕이다. 그의 고모가 악한 아달랴의 학살에서 그를 건져 몰래 키웠는데, 그녀의 남편이 대제사장인 여호야다였다(왕하 11:2). 대제사장 여호야다와 그 아내 여호세바가 그를 신앙으로 굳건하게 키웠기에 선한 왕이 되었던 것이다.

히스기야의 어머니는 대제사장 스가랴의 딸 아비야였는데, 스가랴는 웃시야가 하나님을 잘 섬기는 바른 정치를 하도록 도왔던 사람이었다(대하 26:5). 그런 아버지 밑에서 신앙을 다진 아비야였기에 악한 왕이었던 아하스의 아들인 히스기야를 굳건한 신앙인으로 키울 수 있었다.

성전을 건축하고, '나의 하나님'을 부르며 기도했던 솔로몬은 처음 바로의 딸을 아내로 맞이했을 때, 별도의 궁을 지어 머물게 하였고, 언약궤가 있는 다윗궁에는 머물지 못하게 할 정도로 하나님을 향한 믿음이 철저했다(대하 8:11). 그러나 계속해서 맞아들인 이방인 아내들로 인하여 그는 우상숭배자가 되었으며(왕상 11:4), 그의 아들 르호보암 역시 그 어미가 하나님을 모르는 암몬 족속의 여인 나아마였기에 하나님으로부터 떠났던 것이다(왕상 14:21, 31).

오므리의 아들 아합은 시돈 왕 엣바알의 딸 이세벨과 결혼하여 이스라엘 역사상 가장 악한 왕이 되었다(왕상 16:31). 또한 오므리의 딸 아달랴는 엘리사가 인정할 정도로 선했던 유다 왕 여호사밧과 결혼했는데, 여호사밧의 아들인 여호람이 죽자 여호사밧과 결혼하기 전에 낳았던 아들 아하시야를 왕으로 세웠다. 그리고 그 아들이

1년 만에 죽자 왕의 자식들을 모두 죽이고 스스로 여왕이 되어 6년 간이나 유다를 하나님 없는 나라로 만들었다. 이처럼 우상숭배자였던 이세벨과 아달랴에 의해 북이스라엘과 남유다는 오랫동안 하나님 없는 암흑기를 보내야 했다.

하나님을 온전히 섬겼던 히스기야가 덤으로 얻은 15년의 기간 중에 얻은 귀한 아들인 므낫세도 악한 왕이었다. 히스기야가 15년의 기간 동안 하나님을 온전히 섬겼음에도 그 기간에 태어난 므낫세는 장성하여 갈릴리 욧바 출신 하루스의 딸인 므술레벳을 아내로 맞이했다(왕하 21:19). 유다 왕국의 히스기야 때에 이미 이스라엘 왕국은 앗수르에 멸망했기 때문에 그 땅에는 이방 신들이 득실거리고 있었다. 므낫세는 이미 망한 이스라엘 왕국을 통합하고 싶은 욕심에 하나님을 떠난 백성의 땅, 갈릴리 욧바 지주의 딸을 아내로 맞이했던 것이다. 그리고 그의 아들 아몬 역시 악한 길을 걸음으로 신복들에 의해 암살당했다(왕하 21:20~23).

신약 시대에 들어와 어머니로서의 귀감이 되는 사람 중에는 야고보와 요한의 어머니가 있다. 그녀는 예수님의 이모인 살로메였다(마 27:56; 막 15:40). 그녀는 자식들과 함께 예수님을 좇아다니면서 예수님의 시중을 들었고, 더불어 자식들의 미래를 예수님께 의탁했다(마 20:20~21). 물론 그것은 지나친 자식에 대한 기대와 열정이었기에 바람직하지는 않지만, 어머니의 그러한 열정이 있었기에 그들은 베드로와 함께 예수님이 가시는 곳 어디든 함께하는 비중 있는 제자들이 되었다. 그러한 어머니의 사랑이 그들을 신약 교회의 기둥으로 만들었다.

또 다른 어머니로 신약에 언급된 여인은 디모데의 모친인 유니게와 외조모인 로이스가 있다(딤후 1:5). 유니게는 유대인이면서 헬라인 남편을 얻어 얼핏 하나님의 백성으로부터 떨어진 것처럼 보였다. 그러나 로이스는 딸 유니게를 신앙 가운데 교육했으며, 유니게 역시 디모데를 신앙 가운데 훌륭하게 키웠다. 그럼으로써 그는 사도 바울의 가장 큰 조력자가 되었다.

실제로 인류의 탄생 때부터 여인들은 가족의 신앙에서 큰 역할을 해왔다. 아브라함과 롯의 처를 봤을 때, 그녀들이 자녀들의 신앙에 어떤 역할을 했는지 알 수 있으며, 이스마엘과 이삭, 그리고 에서와 야곱을 보더라도 그들의 아내들이 가족의 신앙에 어떤 영향을 끼쳤는지 가늠할 수 있다. 아브라함과 이삭과 야곱이 훌륭한 신앙인이었던 것은 분명하지만, 그들의 아내들 역시 그 신앙을 간직할 수 있도록 보이지 않는 곳에서 도움을 주었던 것이다.

세상에는 수많은 민족들이 있고, 그들의 종교는 수세기를 거쳐 오면서 조상들이 믿었던 신앙에서 벗어나지 못하고 있다. 또한 서로 다른 신을 믿는다 하여 목숨을 내어놓고 싸우기까지 한다. 문명이 발달한 현대인들에게 그것은 참으로 불가사의한 일이 아닐 수 없다. 그러나 아이의 인격이 5세 이전에 모두 형성되고, 그래서 그 부모의 신앙이 아이의 평생의 삶을 결정한다고 생각할 때 그것은 전혀 이상한 일이 아니다.

그러므로 **"아버지 날 낳으시고, 어머니 날 기르시니"**란 말을 통해서도 알 수 있듯이, 자녀에 대한 소망을 가지고 믿음과 사랑으로 교육하는 것이 어머니가 받은 가장 큰 사명이라 할 것이다. 어머니로부터 그렇게 훌륭한 신앙의 유산을 물려받은 모세와 사무엘이 그 자녀교육에서는 실패한 것만 봐도 어머니의 신앙 교육이 얼마나 중요한지 알 수 있다. 모세의 손자, 즉 장남 게르솜의 아들인 요나단은 단 지파 가운데 거하며 우상숭배자들의 제사장이 되었고(삿 18:30), 사무엘의 두 자녀 요엘과 아비야는 브엘세바에서 사사로 있으면서 뇌물을 취하고 판결을 굽게 하여 이스라엘에 왕의 제도가 도입되는 빌미를 제공하였다(삼상 8:2~3). 또한 하나님의 큰 사랑을 받았던 다윗의 자녀인 암논과 압살롬, 아도니야가 하나같이 실패한 것을 봐도 어머니의 신앙 교육이 얼마나 중요한지 알 수 있다.

그렇기 때문에 참하나님, 창조주를 믿는 우리에게도 어머니의 신앙 교육이 다시금 중요하게 부각된다. 그것은 교회 가운데 어머니에게 주신 가장 중요한 사명이며, 교회 전체를 통틀어도 그 어떤 것보다 가장 큰 일이라 할 것이다. 그리고 한나가 자식 교육에 전념하도록 엘가나가 모든 것을 배려했던 것처럼, 우리의 아버지들도 자녀교육을 함께하는 조력자가 되어야 할 것이다.

"마땅히 행할 길을 아이에게 가르치라 그리하면 늙어도 그것을 떠나지 아니하리라"(잠 22:6).

## 너는 담장 너머로

너는 담장너머로 뻗은 나무 가지의 푸른 열매처럼
하나님의 귀한 축복이 삶에 가득히 넘쳐날 거야
너는 어떤 시련이 와도 능히 이겨낼 강한 팔이 있어
전능하신 하나님께서 너와 언제나 함께하시니
너는 하나님의 사람 아름다운 하나님의 사람
나는 널 위해 기도하며 네 길을 축복할 거야
너는 하나님의 선물 사랑스런 하나님의 열매
주의 품에 꽃 피운 나무가 되어줘

## 작은 갈대상자

작은 갈대상자 물이 새지 않도록 역청과 나무진을 칠하네
어떤 맘이었을까 그녀의 두 눈엔 눈물이 흐르고 흘러
동그란 눈으로 엄말 보고 있는 아이와 입을 맞추고
상자를 덮고 강가에 띄우며 간절히 기도했겠지
정처 없이 강물에 흔들흔들 흘러 내려가는 그 상잘 보며
눈을 감아도 보이는 아이와 눈을 맞추며 주저앉아
눈물을 흘렸겠지
너의 삶의 참 주인 너의 참 부모이신 하나님
그 손에 너의 삶을 맡긴다
너의 삶의 참 주인 너를 이끄시는 주 하나님
그 손에 너의 삶을 드린다

## 어제와 다른

어제와 다른 괴롬과 슬픔 깊은 탄식에 기도할 수 없고
처연한 내 안의 속사람은 주를 보지만 말하지 못하네
나를 악한 자로 보지 않고 나의 원통함 그 맘을 아시니
오직 나의 주 내 주의 사랑이 나의 속사람을 고쳐주시네
주의 사랑이 목마름 채우고 주의 위로가 눈물을 닦으니
주님의 은혜가 필요한 이 땅에서
이곳에서 주와 함께 노래하리라

# 23

## 삼손과 입다, 그리고 사무엘의 신앙

"내가 무슨 말을 더 하리요 기드온, 바락, 삼손, 입다와 다윗과 사무엘과 및 선자자들의 일을 말하려면 내게 시간이 부족하리로다"(히 11:32).

히브리서 11장은 믿음의 선진들과 그들의 믿음에 대해 열거하고 있어 믿음장이라 불린다. 그런데 다른 사람들은 그렇다 해도 삼손과 입다에 대해서도 '과연 그럴까?'라는 의문이 든다. 물론 기드온, 바락, 다윗 등도 불순종한 때가 있었기 때문에, 삼손과 입다 이 두 사람에 대해서만 이의를 제기하는 것은 불공평하다고, 세상에 완전한 신앙을 가진 사람이 어디 있냐고 말하는 사람도 있을 것이다. 그렇지만 이방 여인을 쫓아다니다가 블레셋 사람들에게 붙잡힌 삼손이나, 헛된 맹세로 무남독녀를 하나님께 바친 입다를 믿음의 사람이었다고 평가하기에는 무리가 있다. 그런데도 하나님은 성경을 통해 그들이 믿음의 선진들이었다고 말씀하셨다.

특별히 동시대를 살았던 삼손과 입다, 그리고 사무엘의 믿음의 분량과 그릇의 크기에는 큰 차이가 있다. 그렇기 때문에 그들을 서로 동급으로 비교하는 것은 불합리할 수 있다. 그럼에도 이들 세 사람에게만 있는 공통점을 찾아보고, 출발부터 시작된 작은 차이가 어떻게 그들의 삶과 신앙에 영향을 끼쳤는지 살펴보고자 한다.

먼저 그들의 공통점은 다음과 같다.

첫째, 그들은 모두 자식이 없었던 부모로부터 어렵게 태어난 아들이었다.

소라 땅에 살던 삼손의 아버지 마노아는 단 지파 사람으로 그의 아내는 생산치 못하는 여자였다. 그럼에도 그들은 하나님께 엎드리지 않았다. 그들은 엉겁결에 계시를 받았고, 마음의 준비 없이 아들을 나실인으로 키우라는 하나님의 명령을 받았다. 민수기 6장을 보면 나실인의 서원은 당사자나 부모의 자발적인 의사에 의해 드리는 것인데, 거꾸로 하나님의 명에 의해 나실인으로 드려졌던 것이다. 하나님의 명령에 의해 삼손의 겉사람은 나실인으로 키워졌을지 모르지만, 그의 부모는 나실인에 합당한 삶을 가르치지 못했고, 자식을 위한 기도도 부족하였다. 삼손의 뜻은 '**태양과 같음**' 또는 '**태양의 아들**'인데, 그 이름 자체가 다분히 이교적이다.

소라 땅 인근의 유다 지파와 단 지파에게 주어지고, 다시 제사장에게 배분된 벧세메스(이르세메스, 수 15:10, 19:41, 21:16)에는 가나안의 태양 신전이 있었는데, 벧세메스는 히브리어로 '**태양의 집**'(이르세메스: **태양의 도시**)이라는 뜻이며, 삼손이라는 이름도 그 지명에서 유래되었다. 그것을 통해 삼손의 부모가 얼마나 육신적인 사람이었는지 잘 알 수 있다.

입다는 기생에게서 태어난 아들이었다(삿 11:1). 그의 집이 길르앗 땅에서 유력한 집안이었는지는 알 수 없으나, 그는 천한 여자를 통해 태어났다. 성경이 입다의 탄생을 먼저 언급하고, 본부인에게서 난 다른 자식을 언급하는 것을 봤을 때, 본부인이 자식을 낳지 못해 기생의 태를 빌려 입다를 낳은 것으로 보인다. 그것은 그의 이름이 '(**하나님이**) **여셨다**'라는 뜻을 가진 것을 봐도 잘 알 수 있다. 입다가 태어남으로 하나님이 그 집의 태를 여셨다는 것이다. 입다의 부모는 자식이 없자 하나님께 기도하기보다 좀더 현실적인 대안을 찾았던 것이다. 평범한 사람이 택하는 방법인 첩을 통하여 자식을 얻은 것이다. 그런데 본부인이 자식을 낳자 그의 형제들이 그를 집에서 쫓아낸다. 그의 부모는 이처럼 시류에 묻혀 사는 그저 그런 신앙을 가진 사람이었다. 입다는 유업을 받을 수 없는 자녀였기 때문에 집에서 쫓겨나 멀리 돕 땅에 거하며 잡류들의 우두머리로 살고 있었다(삿 11:2~3).

사무엘은 엘가나와 한나 사이에서 태어난 아들이었다. 엘가나의 두 아내 중 한나가 먼저 언급된 것을 봤을 때, 그녀가 임신하지 못해 브닌나를 후처로 들인 것으로 보인다. 엘가나는 이스라엘에 왕이 없으므로 사람마다 각기 자기 소견에 옳은 대로 행했던 시대, 그래서 여호와의 말씀도 희귀하여 이상도 흔치 않았던 시대에 살았던 사람이다(삿 17:6, 21:25; 삼상 3:1). 성막 예배는 홉니와 비느하스로 인하여 타락의 극치를 보여주었고(삼상 2:12~17, 22~25), 그의 가정은 두 아내의 다툼으로 바람 잘 날이 없었다(삼상 1:6~8). 그렇게 어려운 환경이었음에도 그는 하나님 섬기는 일을 가장 중요하게 생각하여 해마다 실로의 성막으로 가서 매년제를 드리는 일을 멈추지 않았다(삼상 1:3, 2:19).

자녀가 없었던 한나는 아들에 대한 간절한 소망이 있어 하나님께 제사를 드리러 실로에 올라갔을 때 눈물로써 간구하였다. 그녀는 하나님이 자식을 주시면 나실인으로 하나님께 드리겠다고 서원하였으며, 그 간절한 기도의 응답으로 사무엘을 낳았다. **'하나님이 들으신 바 되었다'**라는 이름의 뜻을 가지고 있는 사무엘은 젖을 뗀 후 나실인으로 바쳐져 실로에서 살았다. 엘가나는 높은 신앙을 소유한 자였기에 아들에 대한 신앙 교육을 적극적으로 지원하였다(삼상 1:23).

태양신을 섬기는 벧세메스에 거주했던 삼손의 부모와 해마다 실로에 올라가 매년제를 드렸던 사무엘의 부모를 비교해 보면, 어린 시절의 환경이 신앙에 얼마나 큰 영향을 미치는지 짐작할 수 있다. 한나가 매년 실로에 올라갈 때마다 아들의 겉옷을 지어 입힌 것을 볼 때, 멀리 떨어져 있어도 그녀의 눈은 항상 자식을 향해 있었고, 기도의 중심도 아들이었을 것이다. 그랬기에 사무엘은 겉사람뿐 아니라 속사람도 온전히 나실인으로 자랄 수 있었다.

둘째, 그들은 거의 같은 시기에 이스라엘의 사사로 부르심을 받았다.

입다의 이야기는 사사기 10장부터 12장까지 언급되어 있다. 그리고 12장 끝부분에 입다가 죽고 그 뒤를 이어 다스렸던 입산, 엘론, 압돈이 사사로 있었다고 짧게 언급된 후, 13장부터 16장까지 삼손의 이야기가 나온다. 17장부터 21장까지의 두 개의 사건을 끝으로 사사기가 끝나고 룻기와 사무엘상으로 이어진다. 따라서 사람들은 입다, 입산, 엘론, 압돈의 뒤를 이어 삼손이 사사로 있었고, 삼손의 죽음 뒤에 엘리와 사무엘로 사사의 지위가 계승되었다고 생각하기 쉽다. 그러나 평면으로 펼쳐진 성경을 입체적으로 구성해 보면, 같은 시기에 삼손은 유다 지방에서, 입다는 길르앗 지방에서, 사무엘은 에브라임 산지에서 사사로 있었다는 것을 알 수 있다.

사사기 17~18장에 기록된 미가의 이야기는 단 지파가 거할 땅을 구하는 중에 발생한 사건이므로 여호수아가 죽은 지 얼마 되지 않았을 때이며, 19~21장에 기록된 베냐민 지파와 온 이스라엘의 전쟁은 아론의 손자인 비느하스가 아직 대제사장으로 있었을 때(삿 20:28)이므로, 17~21장에 기록된 두 사건은 초대 사사 옷니엘 이전에 있었던 사건이다. 이 사건들은 삽입된 사건들이다. 룻기 역시 사사 시대 중 어느 때의 룻이라는 이방 여인의 신앙을 기록한 것이다.

성경은 입다와 삼손, 사무엘이 등장할 즈음의 이스라엘 상황에 대하여 이렇게 설명하고 있다.

> "이스라엘 자손이 다시 여호와의 목전에 악을 행하여 바알들과 아스다롯과 아람의 신들과 시돈의 신들과 모압의 신들과 암몬 자손의 신들과 블레셋 사람의 신들을 섬기고 여호와를 버려 그를 섬기지 아니하므로 여호와께서 이스라엘에게 진노하사 **블레셋 사람의 손과 암몬 자손의 손에 파시매** 그들이 그 해부터 이스라엘 자손을 학대하니 요단 저편 길르앗 아모리 사람의 땅에 거한 이스라엘 자손이 십팔 년 동안 학대를 당하였고"(삿 10:6~8).

이스라엘은 그 전까지 바알과 아스다롯만 섬겼는데, 이제는 하나님을 버리고 그 땅에 있는 모든 종류의 신들을 섬기게 되었다. 이로 인해 이스라엘은 하나님의 진노를 받아 이때까지 받았던 것보다 더 긴 기간 동안 더욱 심한 고통을 받게 된다. 하나님은 이스라엘을 징계하시기 위해 요단 서쪽으로는 블레셋을 준비하셨고, 요단 동쪽 즉, 길르앗 지방으로는 암몬 자손을 준비하셨다. 그리고 그들은 양쪽에서 이스라엘을 압박해 들어왔다. 심지어 암몬 자손은 요단을 건너 유다와 베냐민, 에브라임 땅까지 이르러 이스라엘을 괴롭혔다.

이때 길르앗의 장로들이 돕 땅에 거하는 입다에게 가서 암몬 자손의 손에서 자신들을 구해 달라고 요청했던 것이다. 입다에 대한 이야기가 먼저 나오는 것은, 암몬 자손이 지배한 지 18년이 지났을 때 입다가 등장하여 삼손이나 사무엘보다 조금 먼저 사사로 세움을 받았기 때문일 것이다. 입다는 요단 동편의 미스바(망대)를 근거지로 삼아 다스렸다. 요단 동편의 미스바는 에브라임 산지에 있는 미스바와 구별하기 위해 길르앗의 미스바라 불렀다(삿 11:29).

블레셋도 암몬 자손이 이스라엘을 괴롭힐 때부터 시작하여 40년간 이스라엘을 지배한다. 삼손이 태어날 즈음에 하나님의 천사가 단 지파 마노아의 아내에게 나타나 장차 그에게서 태어날 아기가 블레셋 사람의 손에서 이스라엘을 구원하기 시작할 것이라고 알려주는데(삿 13:5), 그것은 삼손이 잉태되기 전에 이미 블레셋의 지배가 시작되고 있었음을 알려주는 것이다. 따라서 삼손은 블레셋 지배 40년의 기간 중 후반기 20년 동안 헤브론에서 사사로 있었다(삿 15:20). 성경은 단순히 삼손이 이스라엘의 사사로 20년간 있었다고 기록했으나(삿 16:31), 유다 사람들이 그의 동의하에 그를 결박하여 블레셋에 넘기고, 그가 가사에서 성 문짝들과 두 설주와 빗장을 빼어 헤브론 앞산 꼭대기에 두었다고 한 것을 봤을 때, 그는 유다 지역의 사사로 있었다.

사무엘 역시 블레셋 지배 기간 중 사사로 있었다. 블레셋이 지배한 지 20년쯤 지났을 때, 이스라엘은 아벡에서 블레셋과 전투를 벌인다. 이때 엘리와 그의 두 아들 홉니와 비느하스가 한꺼번에 죽자 라마에서 사사가 되었다. 이 전투로 실로까지 파괴되었기 때문에 그는 고향인 라마에서 다스렸을 것이다. 아벡 전투가 끝나고 20년이 지난 뒤에 미스바에서 승리하여 블레셋의 지배에서 벗어났으므로 사무엘도 삼손과 비슷한 시기에 사사가 되었던 것이다(삼상 7:2). 따라서 이들은 거의 동시에 사사가 되었다. 삼손은 헤브론에서 유다 지역을 다스렸고(삿 15:20), 입다는 길르앗의 미스바를 중심으로 요단 동편을 다스렸으며, 사무엘은 라마, 벧엘, 길갈, 미스바를 순회하면서 중부 지역을 다스렸다(삼상 7:15~17). 참고로 중부 이북은 에브라임 지파의 관할이었다.

셋째, 그들은 모두 성령(하나님의 신)에 의해 감동되었다. 물론 이들이 성령에 감동되어 한 행동은 전혀 달랐다. 이 부분에 대해서는 뒤에서 다시 다루기로 하고, 여기서는 언제 그들이 하나님의 신에 감동되었는지 살펴보고자 한다.

삼손은 적어도 네 번이나 하나님의 신에 감동된 것으로 나온다.

첫 번째는 별다른 언급 없이 "**소라와 에스다올 사이 마하네단에서 여호와의 신이 비로소 그에게 감동하시니라**"(삿 13:25)라고 기록되어 있다. 두 번째는 딤나의 포도원에서 하나님의 신에 크게 감동되어 어린 사자를 염소 새끼를 찢음같이 죽였다(삿 14:6). 세 번째 그에게 하나님의 신이 임했을 때, 그는 아스글론에 내려가 블레셋 사람 30명을 죽이고 노략하여 수수께끼를 푼 자들에게 옷을 주고 노하여 아버지 집으로 돌아온다(삿 14:19). 네 번째는 유다 지파에 의해 결박당하여 레히에 보내졌을 때, 하나님의 신에 감동되어 나귀의 턱뼈로 천 명의 블레셋 사람을 죽인다(삿 15:14).

입다에게는 길르앗 미스바에서 암몬 자손과의 싸움에 앞서 하나님의 신이 임한다(삿 11:29). 이때 그는 하나님 앞에서 "**암몬 자손을 내 손에 붙이시면 내가 암몬 자손에게서 평안히 돌아올 때에 누구든지 내 집 문에서 나와서 나를 영접하는 그는 여호와께 돌릴 것이니 내가 그를 번제로 드리겠나이다**"(삿 11:30~31)라고 서원한다. 그런데 그가 싸움에서 이기고 돌아왔을 때 그의 무남독녀가 자신을 맞이하자, 눈물을 머금고 서원대로 하나님께 딸을 바친다(삿 11:39).

사무엘도 성령으로 덧입혀졌다. 하나님이 그와 함께 계셔서 그의 말이 하나도 땅에 떨어지지 않게 하셨기에 단에서부터 브엘세바까지 온 백성들이 사무엘이 여호와께서 세우신 선지자인 줄 알았던 것이다. 그래서 그의 말이 온 이스라엘에 전파되기에 이른다(삼상 4:1).

그렇게 이들은 자식이 없었던 부모에게서 태어났고, 동시대에 함께 이스라엘의 사사로 다스렸으며, 모두 하나님의 신 즉, 성령에 의해 감동되었다. 하나님의 신(성령)에 감동되었다는 것은 그들의 신앙 상태가 어떻든 하나님이 그들을 합당하게 사용하셨다는 것을 뜻한다. 이에 하나님이 그들을 믿음의 조상으로 인정하셨던 것이다.

이러한 공통점을 가지고 있음에도 그들은 전혀 상반된 신앙생활을 영위했다. 그것은 그들의 부모로부터 시작된 작은 신앙의 차이에서 출발한다.

　세상 사람들은 사회생활을 하는 행동양식에 따라 방관자(bystander), 추종자(follower), 선견자(prophet)로 나뉜다. 그러나 그리스도인들은 육(肉, flesh)에 속한 사람, 혼(魂, soul)에 속한 사람, 영(靈, sprit)에 속한 사람으로 나뉘며, 사물을 바라보는 눈과 듣는 귀도 그들에게는 차이가 있다. 육에 속한 사람은 '見'(볼 견, look), '聞'(들을 문, hear), 혼에 속한 사람은 '觀'(볼 관, watch), '聽'(들을 청, listen to), 영에 속한 사람은 '診'(볼 진, see), '聆'(들을 영, understand)으로 보고 듣는다.

　동시대를 살았던 삼손과 입다, 사무엘은 세 부류 신앙인의 표본이 되고 있다. 삼손은 육에 속한 사람이었고, 입다는 혼에 속한 사람이었으며, 사무엘은 영에 속한 사람이었다. 이들을 통하여 육에 속한 사람과 혼에 속한 사람, 그리고 영에 속한 사람을 정의해 보고, 어떻게 하면 영에 속한 삶을 살 수 있는지 살펴보고자 한다.

　몸에는 다섯 가지 지각, 즉 오관(시각, 청각, 후각, 미각, 촉각)이 있다. 사람은 그것을 통하여 세상을 감지한다. 그리고 이것만을 위해 살아가는 그리스도인을 육에 속한 사람이라 부른다. 육에 속한 사람은 오직 자기 몸만을 위해 살고, 오관이 움직이는 것에만 관심이 있다.

　삼손이 들릴라에 의해 블레셋 사람들에게 붙잡히기 전까지 행했던 모든 행동들은 전형적으로 육에 속한 사람의 모습이었다. 그는 하나님의 능력을 받아 블레셋 사람들을 죽였지만, 그들을 죽인 동기는 아주 단순했다. 블레셋 여인들을 단순히 육체적으로 좋아했으며 그녀들을 위해 블레셋 사람들을 죽였던 것이다. 따라서 블레셋 사람을 죽였음에도 그의 행동은 블레셋과 이스라엘에 아무런 영향을 미치지 못했다. 그래서 유다 지파 사람들은 하나님의 능력을 입은 사람에 걸맞은 행동을 보이지 않는 그를 결박하여 블레셋 사람들에게 보내기까지 하였다.

급기야 그는 들릴라의 치마폭에 싸여 날마다 그의 힘의 원천에 대한 추궁을 받게 된다.

> "들릴라가 삼손에게 이르되 당신의 마음이 내게 있지 아니하면서 당신이 어찌 나를 사랑한다 하느뇨 당신이 이 세 번 나를 희롱하고 당신의 큰 힘이 무엇으로 말미암아 있는 것을 내게 말하지 아니하였도다 하며 날마다 그 말로 그를 재촉하여 조르매 삼손의 마음이 번뇌하여 죽을 지경이라" (삿 16:15~16).

그의 생각은 들릴라에게서 벗어날 수 없었고, 결국 자신의 비밀을 이야기한다. 우리는 이와 같은 행동을 한 또 한 사람을 알고 있다. 아담은 사탄의 꾀에 빠져 선과 악의 지식나무 실과를 먹은 것이 아니라, 하와가 주었기 때문에 그것을 먹었다(창 3:12; 딤전 2:14). 그것은 그가 먹어서는 안 된다는 것을 알고 있었으나 하와가 주는 것을 거절할 수 없었다는 것을 의미한다. 지금도 정도의 차이는 있을지 모르지만 세상에 눈이 팔린 모든 그리스도인은 이와 똑같은 행동을 한다. 육에 속한 사람은 이처럼 육신의 정욕에서 벗어나지 못한다.

혼에는 의지와 생각과 감정이 있다. 사람들은 이것을 인격의 3대 요소라 부른다. 이것들이 사람의 성격을 형성하여 사람을 사람답게 만들기 때문이다. 그래서 '저 사람이 이순신이다', 또는 '세종대왕이다'라고 말하는 것은 그 사람의 혼을 통해 육으로 나오는 것을 보고 인지하는 것이다. 사람들은 겉모습으로 사람을 구별한다고 생각한다. 그러나 세월이 지나 사람이 변하면 겉모습으로는 누구인지 알 수 없다. 아무리 성형을 해도 누구인지 알 수 있는 것은 혼이 그대로이기 때문이다. 쌍둥이도 그들의 겉모습이 아니라 혼으로 구별하는 것이다. 사람은 혼을 통해 자기를 감지한다. 혼에 속한 사람은 그 속이 자아로 꽉 찬 사람이며, 세상의 중심이 나인 그리스도인이다.

입다는 혼에 속한 사람이었다. 이성적이며 옳다고 생각한 일을 실행하는 사람이었다. 그는 모든 일에 자신의 논리를 내세웠고, 이치적으로 행했던 사람이었다.

그는 암몬 자손과 전쟁을 치르기 전에 사신을 파견하여 이스라엘이 길르앗 땅을 차지한 내력을 논리적으로 피력한다. 즉 이스라엘 민족이 광야에서 가나안으로 들어올 때, 에돔과 모압의 왕에게 그들의 땅을 지나가게 해달라고 요청했다. 그러나 그들은 거절했고, 그러자 하나님은 그들과 싸우지 말라고 하셨다. 그래서 이스라엘은 불편했지만 모압 광야길을 돌아 아르논강 저편 모압 경계 밖에 진을 쳤다. 그리고 또 아모리 왕 시혼에게도 경내로 지나가게 해달라고 요청했다. 그들도 거절했지만, 하나님이 이때는 치라고 허락하셨기 때문에 이스라엘은 이 땅을 탈취하였다. 그리고 지금 이스라엘이 거주하는 길르앗 땅은 주께서 탈취하라고 허락한 아모리 왕의 땅이었고 모압 땅인 적이 없었으며 거주한 지도 3백 년이나 흘렀다. 그동안 모압과 한 번도 다툰 적이 없었는데, 지금 이 땅이 모압 땅이라고 주장하는 것이 맞느냐고 반문하면서 이렇게 말한다(삿 11:15~22).

> "이스라엘 하나님 여호와께서 이같이 아모리 사람을 자기 백성 이스라엘 앞에서 쫓아내셨거늘 네가 그 땅을 얻고자 하는 것이 가하냐 **네 신 그모스가 네게 주어 얻게 한 땅을 네가 얻지 않겠느냐** 우리 하나님 여호와께서 우리 앞에서 어떤 사람이든지 쫓아내시면 그 땅을 우리가 얻으리라" (삿 11:23~24).

그의 말은 분명 논리적으로 맞는 말이다. 그러나 3백 년 전 여리고의 여인이었던 기생 라합의 고백과 비교해 보면 그 차이를 알 수 있다.

"여호와께서 이 땅을 너희에게 주신 줄을 내가 아노라 우리가 너희를 심히 두려워하고 이 땅 백성이 다 너희 앞에 간담이 녹나니 이는 너희가 애굽에서 나올 때에 여호와께서 너희 앞에서 홍해 물을 마르게 하신 일과 너희가 요단 저편에 있는 아모리 사람의 두 왕 시혼과 옥에게 행한 일 곧 그들을 전멸시킨 일을 우리가 들었음이라 우리가 듣자 곧 마음이 녹았고 너희의 연고로 사람이 정신을 잃었나니 **너희 하나님 여호와는 상천하지에 하나님이시니라**"(수 2:9~11).

입다와 라합 모두 하나님이 이스라엘에게 이 땅을 주셨노라고 이야기했다. 그러나 입다는 **"네 신 그모스가 네게 주어 얻게 한 땅을 네가 얻지 않겠느냐"**(삿 11:24)라고 말하며 우주 만물의 주관자이신 하나님과 우상에 불과한 그모스를 동격으로 만들어 버렸다. 이방 여인에 불과한 라합이 **"너희 하나님은 상천하지에 하나님이시니라"**(수 2:11)라고 고백한 것과 비교하면 그의 마음속에 하나님의 존재가 어떠했는지를 알 수 있다. 그는 천지의 주재이신 하나님의 능력을 과소평가했기 때문에 전쟁에 앞서 헛된 맹세로 하나님을 시험했고, 그로 인해 훗날 딸을 하나님께 바칠 수밖에 없었다. 만약 그가 육에 속한 사람이었으면 하나님께 한 맹세를 무시했을 것이고, 영에 속한 사람이었으면 다윗처럼 밤을 새워서라도 자신의 잘못을 고백하고 하나님께 은혜를 구했을 것이다.

그뿐 아니라 동족인 에브라임 지파와의 전쟁도 하나님과 이스라엘의 입장에서는 잘못된 것이었다. 물론 에브라임 지파가 자기들에게 알리지 않고 암몬 자손과 전쟁했다는 이유로 요단 동쪽 지파 사람들에게 시비를 걸어 전쟁을 일으켰기 때문에 입다의 행동은 정당했다. 그런데 입다는 동족 간 싸움으로 에브라임 사람 4만 2천 명을 죽였다(삿 12:4~6). 반면 기드온은 에브라임 지파로부터 똑같은 비난을 받았을 때 이렇게 겸손하게 말하며 동족 간 싸움을 피했다.

> "나의 이제 행한 일이 너희의 한 것에 비교되겠느냐 에브라임의 끝물 포도가 아비에셀[므낫세 지파 기드온의 선조]의 맏물 포도보다 낫지 아니하냐 하나님이 미디안 방백 오렙과 스엡을 너희 손에 붙이셨으니 나의 한 일이 어찌 능히 너희의 한 것에 비교되겠느냐"(삿 8:2~3).

입다의 행동은 당연히 정의로운 것이었으나, 이스라엘 모두를 위해서는 기드온처럼 지혜롭게 처신했어야 했다. 도덕적이고 이성적인 그의 대처가 모든 이스라엘에게는 불행이 되었다.

반면 영에 속한 사람은 이 모든 것을 초월한다. 영에는 양심과 직감과 교통(예배)이 있다. 사람들은 그것을 통해 하나님을 감지한다. 영에 속한 사람은 하나님이 중심이고, 전부이다.

많은 사람들이 혼과 영을 잘 구분하지 못하여 헷갈려 하는데, 혼과 영을 구분하는 방법은 간단하다. 인간에게는 있으나 짐승에게는 없는 것이 영이다. 즉 인간과 짐승의 차이를 생각하면 혼과 영의 차이를 알 수 있다. 아무리 뛰어난 지능을 가진 짐승이라도 절대로 가질 수 없는 것이 영이다. 그래서 영이 없는 짐승에게는 양심도, 직감도, 예배도 없다. 인생의 영은 하늘로 올라가고, 짐승의 혼은 땅으로 내려가는 이유도 짐승에게는 영이 없기 때문이다(전 3:21).

이처럼 영이 있고 없는 차이로 사람과 짐승을 구분하는 것이 당연한데, 사람들은 엉뚱한 것에서 인간과 짐승의 차이를 찾는다. 어떤 사람들은 직립보행 여부에 따라 인간과 짐승을 구분 짓고, 어떤 사람들은 지능을 가지고 손으로 도구를 사용하는 여부에 따라 인간과 짐승을 구분 짓는다. 그러나 포유류 중에도 직립보행을 하는 종류가 있고, 또한 사람처럼 높은 지능은 아니지만 우수한 지능으로 도구를 사용하는 종류도 있다. 침팬지 연구의 대가인 제인 구달에 따르면, 침팬지는 훈련 정도에 따라 초등학생 정도의 지능을 가질 수 있다고 한다. 또한 앵무새는 훈련에 의해 인간의 감정에 맞는 적절한 대화도 익힐 수 있다. 돌고래도 상당한 지능이 있다고 보고되었다. 집에서 키우는 개는 대화는 못 해도 주인과 웬만한 의사소통이 가능하다. 그러나 그들은 눈에 보이는 것만 따라 하고 배울 수 있을 뿐이다.

또 어떤 사람들은 짐승에게는 도덕이 없다고 생각한다. 그러나 집단생활을 하는 코요테, 코끼리, 돌고래 등은 자신들만의 도덕적 규율이 명확하여 놀이 때나 사냥 때 그 규칙을 어기거나 동료를 해코지하면 어김없이 집단으로부터 응징을 당한다. 그들은 오히려 사람보다 더 엄격하게 도덕적 규율을 지키고 있다. 사람들은 도덕과 양심을 많이 혼동하는데, 도덕은 사람이나 짐승의 구분 없이 그들이 속한 집단에서 지켜야 할 규범에 해당되기 때문에 혼에 속한 것이고, 양심은 그 규범 이전에 하나님이 사람의 심령 속에 심어둔 것이므로 영에 속한 것이다.

"우리의 형상을 따라 우리의 모양대로 우리가 사람을 만들고"(창 1:26).

따라서 도덕이나 지능, 직립보행, 도구의 사용 등이 사람과 짐승을 구분 짓는 것이 아니라, 영의 존재 유무가 인간과 짐승을 구분 짓는다. 오직 하나님의 형상을 따라 창조된 인간에게만 영이 존재한다. 인간은 영이 있기에 가르치지 않아도 본능적으로 보이지 않는 하나님을 감지한다. 그래서 사람들은 하나님과 함께 천국에서 영원히 살고자 한다. 심지어 신이 없다고 믿는 사람들조차도 죽음 이후의 삶을 생각하여 양심에 따라 살려 하고, 위험에 처하면 자신도 모르게 신을 찾는다. 따라서 사람들은 본성적으로 하나님을 찾고 예배하고 싶어 한다. 인간에게만 있는 시와 노래를 포함한 모든 예술적 재능은 본래 하나님을 예배하기 위하여 주어진 것이다.

그럼에도 영이 너무 추상적이라 사람들은 영과 혼을 구분하지 못하여 영혼으로 뭉뚱그려 정의하기도 하고, 더러는 성령 대신 악령을 좇기도 한다. 이에 하나님은 추상적인 하나님의 영을 찾아 구체화시키고 공간과 시간을 초월하여 널리 알리기 위하여 인간에게 문자로 기록한 성경을 주셨다. 인간에게만 문자를 주신 것은 짐승에게는 없는 영을 구체화시켜 하나님을 올바로 찾을 수 있도록 하기 위해서였다. 그래서 인류 최초의 기록물인 성경은 보이지 않는 하나님을 널리 알리기 위하여 쓰였졌다. 즉 문자의 본래 목적은 인간의 영이 바르게 영적인 창조주를 찾을 수 있도록 도와주는 도구였다. 그런데 사람들은 인간의 얄팍한 지식을 널리, 그리고 후대에까지 전파할 뿐 아니라 그것을 바탕으로 하나님께서 멀어지는 지식으로 발전시키는 도구로 그 문자의 궁극적 목적을 변질시켰다. 그렇게 인간의 욕심 때문에 문자는 그 본래의 빛을 잃고 희미해져 버렸다.

이제 영의 기능에 대하여 살펴보자.

첫 번째 기능인 양심은 분별하는 기관이다. 바울은 양심에 대하여 이렇게 정의하고 있다.

> "율법 없는 이방인이 본성으로 율법의 일을 행할 때는 이 사람은 율법이 없어도 자기가 자기에게 율법이 되나니 이런 이들은 그 양심이 증거가 되어 그

생각들이 서로 혹은 송사하며 혹은 변명하여 그 마음에 새긴 율법의 행위를 나타내느니라"(롬 2:14~15).

두 번째 기능인 직감은 영 안에 있는 지각이다. 이것은 몸의 지각과 혼의 느낌과는 완전히 다른 것이다. 이것은 직접적이고 어떤 것에도 의존하기 않기 때문에 직감이라 부른다. 바울은 이를 지각의 눈이라 정의하고 있다. 우리 안에 생각과 감정과 의지의 도움 없이 생긴 하나님의 모든 것을 아는 지식은 직감에서 나온 것이다. 믿는 사람들은 이 직감을 통해 하나님이 행하시는 일을 감지하여 내 안에서 역사하시는 성령을 인지할 수 있다.

"우리 주 예수 그리스도의 하나님, 영광의 아버지께서 지혜와 계시의 정신을 너희에게 주사 하나님을 알게 하시고 너희 마음의 눈을 밝히사 그의 부르심의 소망이 무엇이며 성도 안에서 그 기업의 영광의 풍성이 무엇이며 그의 힘의 강력으로 역사하심을 따라 믿는 우리에게 베푸신 능력의 지극히 크심이 어떤 것을 너희로 알게 하시기를 구하노라"(엡 1:17~19).

세 번째 기능인 교통은 하나님께 예배하는 것이다. 신령과 진정으로 행하는 예배가 바로 교통이 되는 것이다. 이러한 영적 예배에 대하여 성경은 이렇게 말씀하셨다.

"아버지께 참으로 예배하는 자들은 신령과 진정으로 예배할 때가 오나니 곧 이때라 아버지께서는 이렇게 자기에게 예배하는 자들을 찾으시느니라 하나님은 영이시니 예배하는 자가 신령과 진정으로 예배할찌니라"(요 4:23~24).

사무엘은 삼손과 똑같은 나실인이었으나, 삼손처럼 용맹하지도 않았고, 입다처럼 지혜롭지도 않았다. 그러나 그는 모든 일에 하나님과 대화했으며, 자기 육신과 생각을 모두 하나님 앞에 굴복시켰고, 하나님과 마음을 합했다. 그래서 미스바에 모여 금식을 선언했을 때 모든 백성이 이에 부응했던 것이다.

> "사무엘이 이스라엘 온 족속에게 일러 가로되 너희가 전심으로 여호와께 돌아오려거든 이방 신들과 아스다롯을 너희 중에서 제하고 너희 마음을 여호와께로 향하여 그만 섬기라 너희를 블레셋 사람의 손에서 건져내시리라 이에 이스라엘 자손이 바알들과 아스다롯을 제하고 여호와만 섬기니라"(삼상 7:3~4).

사무엘의 영적인 노력으로 이스라엘은 우상(바알과 아스다롯)을 제하여 버렸고, 모여서 금식하고 기도했으며, 하나님께 제사드리고 부르짖었다. 그렇게 그들이 하나님과 마음을 합했을 때, 그들은 블레셋을 물리쳤을 뿐 아니라, 사무엘이 사는 날 동안 다시는 블레셋 사람이 이스라엘의 경내로 들어오지 못했다(삼상 7:13~14).

똑같은 사사임에도 육에 속했던 삼손은 사사로 다스린 유다 사람들에게조차 홀대를 받았다. 결국 그는 블레셋 여인 들릴라의 꾀임에 빠져 눈이 뽑힌 채 가사의 옥에 갇혀 맷돌을 돌리는 처지가 되었다. 비록 동귀어진(同歸於盡)하여 다곤 신전에 모인 3천여 명의 블레셋 사람과 함께 죽어 생전에 죽인 블레셋 사람보다 더 많은 적들을 죽였지만, 그의 죽음은 이스라엘과 블레셋 모두에게 아무런 영향을 끼치지 못했다(삿 16:23~30). 삼손의 희생과 블레셋 사람들의 죽음으로 변화된 것은 아무것도 없었다.

혼에 속했던 입다는 자기가 사는 동안 요단 동편의 땅을 암몬 자손으로부터 구하여 평안히 다스렸다. 그러나 그의 행동은 이스라엘의 리더십을 간직했던 에브라임 지파와 척을 지게 했고, 그가 죽자 그들은 또다시 암몬 자손으로부터 괴롭힘을 당하게 되었다(삼상 11:1).

삼손과 입다는 세상의 전투에서는 이겼을지 모르나, 영적 전쟁에서는 진 장수들이었다. 이스라엘을 변화시킨 것은 사무엘의 신앙 회복이었지, 삼손의 희생과 입다의 노력이 아니었다.

영에 속했던 사무엘은 오직 기도로 미스바에서 블레셋을 격퇴시켰다(삼상 7:9). 온 이스라엘은 그를 통하여 역사하시는 하나님을 경험하였다. 그는 백성이 왕을 달라고 했을 때 자신이 평생을 두고 이룩한 것들이 무너질 것 같아 분노했어도 하나님의 말씀에 철저히 순종했다. 하나님의 명령으로 담대하게 사울을 책망했지만, 남몰래 그를 용서해 달라고 눈물로 기도하기도 했다. 그는 또한 모든 위험을 무릅쓰고 다윗에게 기름을 부어 철저히 자신을 통해 역사하시는 하나님만 나타냈다. 그래서 그가 죽었을 때 온 이스라엘이 슬픔으로 애도했으며, 사울은 그로부터 숱한 책망을 들었음에도 위기 상황을 맞이하자 죽은 그를 음부에서 불러낼 만큼 그의 전부를 의지했다. 결국 사무엘은 이스라엘을 신앙으로 변화시켰고, 하나님과 함께하는 신정국가로 만들었다.

삼손과 입다, 사무엘은 사사 시대의 가장 어려운 시기에 함께 이스라엘을 다스렸지만, 오랜 시간 하나님과 이스라엘 백성으로부터 기억된 사람은 오직 사무엘뿐이었다. 육에 속한 사람과 혼에 속한 사람, 그리고 영에 속한 사람이 어떻게 사람들에게 영향을 미치는지는 이들의 삶을 통하여 명백히 확인되었다.

모든 사람들은 예수 그리스도를 믿으면 구원을 받는다. 성경은 "네가 만일 네 입으로 예수를 주로 시인하며 또 하나님께서 그를 죽은 자 가운데서 살리신 것을 네 마음에 믿으면 구원을 얻으리니 사람이 마음으로 믿어 의에 이르고 입으로 시인하여 구원에 이르느니라"(롬 10:9~10)라고 말씀한다. 이처럼 구원받는 것은 이론적으로는 아주 간단하다.

물론 자아로 가득 찬 사람에게는 이런 단순한 복음도 천하의 모든 것보다 어려울 수 있다. 그러나 구원받은 그리스도인이 자기 생각을 버리고 영에 속한 사람으로 나아가는 것은 정말로 어려운 일이다. 어떻게 영에 속한 사람으로 살아야 하는가에 대해서는 각자의 그릇의 크기에 따라, 또는 삶의 방식에 따라 다를 것이며, 어쩌면 그리스도인이 평생을 두고 삶 속에서 풀어야 할 숙제일 수 있다. 그러 할지라도 성경은 구원의 초보에 머물지 말고 영에 속한 사람으로 나아갈 것을 권하고 있다. 그것은 우리가 사탄의 것에서 예수 그리스도의 것으로 거듭났고, 더는 사탄이나 나 자신의 것이 아니라 하나님의 것으로 변화했기 때문이다.

"그러므로 우리가 그리스도 도의 초보를 버리고 떠나 죽은 행실을 회개함과 하나님께 대한 신앙과 세례들과 안수와 죽은 자의 부활과 영원한 심판에 관한 교훈의 터를 다시 닦지 말고 완전한 데 나아갈찌니라 하나님께서 허락하시면 우리가 이것을 하리라"(히 6:1~3).

이것이 바로 구원받은 그리스도인이 나아가야 할 궁극적인 방향인 것이다. 그러나 애석하게도 현대를 살아가는 많은 그리스도인들이 점점 육에 속한 사람이 되어 가고 있다. 각종 미디어에서 보여주는 것들(드라마, 토크쇼, 오락물, 컴퓨터 게임)은 오관을 통하여 맹목적인 쾌락만 추구하게 하고 말초신경을 자극하여 우리 혼의 생각마저 빼앗아가고 있다. 세상이 그렇게 흘러가니 거룩해야 하는 그리스도인들마저 자신의 신분을 망각하고 있는 것이다. 하나님과 마음을 합하지 못하는 것도 심각한데, 이제는 점점 육체가 원하는 대로 쾌락만 추구하려고 한다.

솔로몬은 우리 마음이 기뻐하고 원하는 대로 좇아 살되, 하나님이 선악 간에 심판하실 것이라는 사실을 염두에 두라고 하였다(전 11:9). 그러나 사람의 결국은 사망이므로 그 일의 결국을 다 듣고 알았다면 하나님의 명령을 지키는 것이 사람의 본분이라고 결론을 내렸다(전 12:13~14).

이 세상에 태어난 사람은 무엇보다 구원을 받는 것이 중요하다. 구원을 받은 사람은 분명 멸망하지 않는다. 그러나 이미 구원을 받은 사람이라면, 우리의 혼이 영의 영향을 받아 육을 지배하고, 영을 통하여 하나님과 교통하도록 하여야 할 것이다. 그렇게 되었을 때 비로소 우리의 기도가 하나님께 상달될 것이며, 우리를 통하여 성령이 일하시고 하나님의 뜻이 온전히 펼쳐질 수 있을 것이다. 우리는 이제 사탄의 것이 아니라 하나님의 것이기 때문에 하나님은 그렇게 될 때까지 끊임없이 우리를 초달하실 것이다.

# 24

## 이스라엘 왕국을 세운 사무엘

　사무엘은 라마에 사는 레위 지파 엘가나의 아들이었다. 라마는 원래 '높은 곳'이라는 보통 명사로 베냐민 지파(수 18:28), 시므온 지파(수 19:1, 8), 아셀 지파(수 19:24, 29), 납달리 지파(수 19:32, 36)에 각각 소재한 지명이다. 엘가나가 살았던 라마는 베냐민 지파에 속한 일반 성읍으로, 남북왕조 시대에는 국경선에 인접한 분쟁지역이었고, 예수님 시절에는 아리마대라고 불렸다.

　엘가나는 그핫의 아들 중 아론의 후손이 아닌 레위인이었으며, 광야에서 모세를 배반한 고라의 후손이었다(민 16:1~40; 대상 6:34~39). 고라의 아들들은 반란에 가담하지 않아 죽지 않았고, 훗날 성전 봉사의 중요한 부분을 담당한다(민 26:11). 레위인 중 아론의 후손이 아닌 그핫 자손은 에브라임 지파, 단 지파, 므낫세 반 지파의 레위인 거주지 중 한 곳에 거해야 했으며(수 21:5), 그를 에브라임 사람이라 한 것으로 볼 때 그는 에브라임 지파에 속한 세겜, 게셀, 깁사임, 벧호른 중에 거했어야 했다(수 21:20~22). 그런데 그의 4대조인 숩이 제사장 거주지인 기브온과 게바 사이에 있는 이곳으로 이주하였다(삼상 9:5). 그래서 그는 숩 집안 사람으로 불렸다.

　사무엘이 태어난 시대는 암울했다. 이 당시 이스라엘은 바알들과 아스다롯뿐 아니라 아람의 신들과 시돈의 신들과 모압의 신들과 암 몬 자손의 신들과 블레셋 사람의 신들을 섬기고 여호와를 버렸다 (삿 10:6~8). 그리하여 요단 동쪽은 18년간 암몬 자손, 그리고 요단 서 쪽은 40년간 블레셋의 압제에 시달려야 했다. 암몬 자손은 요단을 건너 에브라임과 베냐민, 유다까지 넘어와 이스라엘을 괴롭혔고, 블 레셋의 40년 압제는 사사 시대 중 가장 긴 이방 민족의 압제였다.

죄의 심각성은 실로에 있는 중앙 성소에까지 이르렀다. 대제사장 엘리와 함께 제사장 일을 수행하는 그의 두 아들 홉니와 비느하스 는 불량자였다. 그들은 제사를 드리기 위하여 가져온 제물을 불법 으로 취하였고(삼상 2:12~17), 회막문에서 수종 드는 여인과 동침하여 (삼상 2:22) 백성의 지도자임에도 악의 본보기가 되어 있었다. 이들로 인해 백성들은 성막으로 가기를 원치 않았을 뿐 아니라 그들과 동일 한 범죄를 저질렀다. 이처럼 죄악이 만연했기 때문에 하나님은 더는 이스라엘에 계시하지 않으셨다(삼상 3:1).

사무엘은 이런 암울한 시대에 자식이 없었던 한나의 눈물 어린 기도로 탄생한 아들이었다. 그녀는 아들을 주시면 그의 평생을 하 나님께 드리고 머리를 자르지 않겠다는 나실인의 서약을 하였으며, 그래서 사무엘이라는 이름은 '**하나님이 들으신 바 되었다**'라는 뜻을 가지고 있다. 그녀는 사무엘이 젖을 떼자마자 엘리 앞으로 데려가 그의 평생을 하나님께 드린다.

사무엘은 하나님의 성막에서 봉사하면서 중앙 성소에서 행하는 의식들을 접할 수 있었으며, 자주 드리는 희생제사를 직접 경험하 였다. 또한 율법의 사본들을 항상 접함으로써 그것을 연구할 수 있 었고, 대제사장 엘리의 제자로 있으면서 최고의 율법 교육을 받으며 자랐다.

사무엘이 여호와 앞에서 섬겼다고 기록한 내용을 볼 때(삼상 2:18,

3:1), 그는 공부 외에 성막 주위에서 그를 필요로 하는 일들, 곧 아침 일찍 일어나 여호와의 집 문을 열고 청소하는 일이나(삼상 3:15), 나무를 제단에 나르는 일 등을 하였던 것으로 보인다. 그런 일들을 위해 그는 성막 안에서 잠을 잤다(삼상 3:3). 비록 성막에서 이러한 잡일을 하였지만, 그의 모친 한나는 해마다 아들을 위해 일반 제사장이 입는 세마포 에봇을 지어 입혔다. 비록 멀리 있어도 그 어미의 눈은 항상 거기에 있었던 것이다. 하얀 세마포 에봇을 입고 성막 주변을 이리저리 뛰어다니는 어린 사무엘을 상상하는 일은 그리 어렵지 않았을 것이다.

그러던 중 소년 사무엘에게 하나님이 나타나셨다. 요세푸스는 그때 사무엘의 나이가 열두 살이었다고 기록하였다. 한밤중 그는 자기를 부르는 분이 엘리인 것으로 착각하여 세 번씩이나 제사장의 침소로 달려간다. 여러 번의 부르심에도 그는 짜증 내지 않고 엘리 앞에 나아가 **"당신이 나를 부르셨기로 내가 여기 있나이다"**(삼상 3:5, 6, 8)라고 말한다. 네 번째에 비로소 그는 자기를 부르시는 분이 하나님인 줄 알았다(삼상 3:10). 그때 하나님이 들려주신 말씀은 엘리의 집안에 대한 저주였다. 그는 노스승에게 하나님의 이상을 알리는 것이 두려웠다. 그러나 엘리가 물어보자 그것에 대해 자세히 말하고 숨기지 않았다. 그처럼 그는 어려서부터 하나님 앞에 담대했다.

> "사무엘이 자라매 여호와께서 그와 함께 계셔서 그의 말로 하나도 땅에 떨어지지 않게 하시니 단에서부터 브엘세바까지의 온 이스라엘이 사무엘은 여호와의 선지자로 세우심을 입은 줄 알았더라…사무엘의 말이 온 이스라엘에 전파되니라"(삼상 3:19~4:1).

이제 사무엘은 자라면서 본격적으로 하나님을 위한 사역을 시작한다. 성경은 아주 간단하게 말하고 있으나, 그 말씀 가운데 그가 얼마나 많은 수고를 했는지 잘 함축해 놓았다.

앞서 말했듯이 당시는 죄악이 만연한 시기였다. 그런데 이스라엘의 최북단 단에서부터 최남단 브엘세바까지 온 이스라엘이 하나님이 사무엘을 선지자로 세우셨다는 것을 알았다고 했다. 통신수단이 변변치 않아 사사들조차 이스라엘 전역을 다스리지 못했던 그 시절, 죄악으로 가득 찬 온 이스라엘에 그의 말이 쉽사리 전파되었을 리는 만무하다. 그는 성막에서 봉사하면서 우선 레위인이 사는 48개 성읍을 찾아다니며 그들을 설득했을 것이다. 그 덕분에 단에서부터 브엘세바까지 모든 이스라엘이 그를 선지자로 인정했던 것이다.

그럼에도 이스라엘의 신앙을 바꾸기에는 역부족이었다. 사무엘이 아직 엘리의 밑에 있을 때 이스라엘은 블레셋과의 아벡 전투에서 사천 명의 군사를 잃고 패한다. 이것은 그들이 하나님 앞에 온전히 서지 못했다는 것을 의미한다. 자신들의 상태를 돌아보기보다 언약궤가 있으면 이길 것으로 착각한 그들은 여호와의 언약궤를 전쟁터로 가져온다. 그러나 언약궤가 도와줄 것이라 믿었던 두 번째 전투에서도 3만 명의 병사를 잃고 홉니와 비느하스 그리고 대제사장 엘리를 잃어버리는 큰 패배를 겪는다. 그리고 언약궤는 빼앗기고 실로는 파괴되었으며(렘 7:12, 26:6), 블레셋은 벧산까지 진출하여 요단 서편의 많은 부분을 차지한다(삼상 31:10).

그리고 미스바에서 승리할 때까지 20여 년의 세월 동안 블레셋의 지배를 받아야 했다. 블레셋의 지배를 받는 동안 이스라엘은 철공마저 빼앗겨 무기를 만들 수 없었을 뿐 아니라, 농기구도 무딜 때까지 사용하여 버리기 위해서는 블레셋 사람에게 달려가야 했다(삼상 13:19~22).

성경은 이 전투의 패배로 빼앗긴 언약궤의 행방을 추적하였기에 사무엘의 사역에 대한 행적을 기록하지 않았지만, 이스라엘의 사사가 된 사무엘이 이때 하나님과 이스라엘을 위해 세 가지 중요한 일을 한 것을 훗날의 기록으로 확인할 수 있다.

첫째, 실로에 있던 성막의 나머지 부분을 자신의 집이 있는 라마로 옮긴다(삼상 7:17).

라마의 제단은 사울 시대 때 또다시 사울이 거주하는 기브아 인근에 위치한 놉(제사장 거주지인 아나돗 또는 알몬)으로 옮겨지는데(삼상 21:1~6), 만약 성막마저 블레셋에 빼앗겼으면 이스라엘은 회복할 수 없는 지경에 이르렀을 것이다. 그리고 비느하스의 아들 아히둡을 대제사장으로 선임하는데(삼상 14:3), 이는 사울 시대에 아히둡의 아들인 아히멜렉이 대제사장으로 봉사했기 때문이다(삼상 21~22장). 훗날 사울은 아히멜렉이 다윗을 도와준 것에 분노하여 아히멜렉을 포함하여 85명의 제사장을 모두 죽이고, 제사장들의 성읍인 놉의 모든 사람들을 죽이고 파괴해 버린다(삼상 22:18~19). 오직 아히멜렉의 아들인 아비아달만 대제사장의 에봇을 가지고 도망하여 다윗과 함께 거하게 된다. 그 후 성막은 사울에 의해 베냐민 지파의 제사장 거주지이며 성막 봉사자들인 히위 족속의 땅 기브온으로 옮겨졌고, 사독이 대제사장으로 봉사한다(이로 인해 다윗 때 엘르아살 계열의 사독과 이다말 계열의 아비아달이 함께 대제사장으로 봉사했으며, 솔로몬 때 아비아달이 쫓겨남으로써 이다말 계열이 끊어질 것이라는 예언이 성취되었다).

둘째, 그는 하나님과 이스라엘 간의 관계 회복을 위해 신앙 회복 운동을 일으킨다.

3만 4천 명의 군사를 잃고 언약궤를 빼앗겼을 때 이스라엘의 상태는 가히 충격적이었다. 성경은 하나님의 궤로 말미암아 온 성읍이 부르짖었다고 기록하고 있다(삼상 4:13). 어쩌면 사무엘의 노력으로 조금이나마 회복된 그들의 신앙마저 산산이 부서졌을 것이다.

엘리가 죽자 그는 이스라엘의 사사가 되어 개혁에 착수한다. 개혁의 정점은 산당(나욧, 선지자 학교)을 지어 선지자들을 양성한 것이었다. 훗날 사무엘이 사울에게 기름을 부은 뒤 사울을 향하여 선지자의 무리가 산당에서부터 비파와 소고와 저와 수금을 앞세우고 예언하며 내려오는 것을 만날 것이라고 말하는데(삼상 10:5), 이것은 그가 선지자 무리에 대한 시간표를 가지고 있었다는 것을 의미하며, 이는 또한 그가 그들의 수업에 관여했다는 것을 뜻한다. 그는 그들의 수령이었다(삼상 19:20). 이들이 이스라엘의 각 지파에게 하나님의 말씀을 전달하는 임무를 수행하여, 혼자서 단에서 브엘세바까지 뛰어다녔던 때보다 더 큰 효과를 냈을 것이다.

이곳에서 하나님을 사모하는 사람들에게 율법과 찬양을 체계적으로 가르쳤으며, 다윗에 의해 제도권으로 흡수되어 성전과 예배에 봉사하는 자들로 발전했을 것이다. 그리고 훗날 왕국의 분열과 함께 제도권에서 분리된 이들을 엘리야와 엘리사가 또다시 선지자 학교로 활성화시켰을 것이며, 아합의 궁내대신 오바댜가 살려준 일백인의 선지자(왕상 18:4)와 바알에게 무릎 꿇지 않은 7천 명이 모두 선지자 학교의 사람들일 것이다(왕상 19:18).

> "우리가 선을 행하되 낙심하지 말찌니 포기하지 아니하면 때가 이르매 거두리라"(갈 6:9).

이 말씀만큼 그에게 적절한 말씀은 없을 것이다. 그의 노력으로 이스라엘은 그전까지 하나님과 함께 섬겼던 바알과 아스다롯을 버리고 오직 하나님만 섬기게 되었던 것이다(삼상 7:2~4).

그리하여 20년의 세월이 흘렀을 때, 이스라엘에 놀라운 변화가 일어난다. 그들은 미스바에 모여 하나님을 위하여 금식하고 기도하는데, 그때 블레셋이 다시 쳐들어온다. 이미 이스라엘은 블레셋에 모든 것을 빼앗겼는데, 모인 백성이 뭔가 일을 꾸밀지도 모른다는 생각에 그들을 치러 왔던 것이다. 이스라엘 백성이 두려워하자 그는 온전한 어린 양을 취하여 하나님께 드리며 이스라엘을 위하여 부르짖었고, 하나님은 블레셋 사람에게 우레를 발하여 어지럽히신다. 블레셋은 이스라엘에 패하였고, 블레셋 땅인 에그론 인근에서 가드 인근까지 옛 땅을 되찾는다.

셋째, 나라의 미래를 이끌어 갈 왕의 제도를 도입하고, 사울과 다윗을 왕으로 기름 붓는다.

말년에 그는 벧엘과 길갈과 미스바와 라마를 순회하면서 이스라엘을 다스렸다(삼상 7:16~17). 이것이 사사가 갖고 있던 한계였다. 이 당시 이스라엘의 중부 이북은 입다의 사후 입산, 엘론을 거쳐 비라돈 사람 힐렐의 아들 압돈이(삿 12:8~13), 유다 지역은 삼손이 다스렸기 때문이다.

이후 아들 요엘과 아비야를 이스라엘의 남단 브엘세바에 보내 사사로 임명한 것은 삼손의 죽음 이후였을 것이다. 그러나 그들이 이익을 따라 판결을 굽게 하였고, 이를 빌미로 이스라엘 장로들이 그에게 달려와 왕을 달라고 요구한다. 이때 그는 매우 놀랐다. 그들에게 진정한 왕은 오직 하나님뿐이었으며, 이를 위해 그는 평생의 삶을 바쳐왔다. 그들의 요구는 그가 이룩한 평생의 과업을 뒤엎는 것이었다. 그는 이것이 자신에 대한 도전이라 생각했지만, 이것도 하나님 앞에 가지고 나아간다. 하나님은 그들의 말을 듣되 엄히 경고하여 왕의 제도를 가르치라고 말씀하신다. 그리하여 그는 하나님 말씀에 순종하여 사울을 택하여 왕으로 기름을 붓는다.

사울이 왕으로서의 능력을 검증받자, 그는 백성들을 길갈에 모으고 사울을 왕으로 세운다. 길갈을 선택한 것은 과거 가나안 정복의 전초기지였고, 요단 동편에 거주하는 세 지파의 백성까지 소집하기에 좋은 장소였기 때문이다. 그의 마지막 고별연설을 듣는 백성들은 참으로 가슴이 뭉클했을 것이다. 그는 먼저 자신이 얼마나 하나님과 백성 앞에 정직히 행했는지 이야기하고, 이스라엘과 그 조상들이 하나님 앞에 범죄함으로 징벌을 받았지만 주께서 이스라엘을 사랑하시어 사사들을 보내어 구원해 주신 사실들을 나열한다. 그리고 새로운 왕과 함께 오직 하나님의 목소리에 귀를 기울여 그 명령에 준행할 것을 당부하면서 이렇게 마무리한다.

> "여호와께서는 너희를 자기 백성으로 삼으신 것을 기뻐하셨으므로 여호와께서는 그의 크신 이름을 위해서라도 자기 백성을 버리지 아니하실 것이요 나는 너희를 위하여 기도하기를 쉬는 죄를 여호와 앞에 결단코 범하지 아니하고 선하고 의로운 길을 너희에게 가르칠 것인즉 너희는 여호와께서 너희를 위하여 행하신 그 큰 일을 생각하여 오직 그를 경외하며 너희의 마음을 다하여 진실히 섬기라 만일 너희가 여전히 악을 행하면 너희와 너희 왕이 다 멸망하리라"(삼상 12:22~25).

사울에게 모든 것을 넘긴 후에는 라마 나욧(선지자 학교)에 머물며 후진 양성에만 몰두한다(삼상 19:18). 그러한 가운데 하나님의 명령을 받아 두 번이나 사울을 찾아가 그의 죄악을 꾸짖지만(삼상 13:13~14, 15:17~23), 정작 자신은 그를 위해 온 밤을 새워가며 주께 부르짖고 용서를 구한다(삼상 15:11, 16:1). 또한 내키지 않았지만 다윗을 왕으로 기름 부으라는 명령에도 순종한다(삼상 16:13). 그리고 온 이스라엘이 애곡하는 가운데 라마에 있는 그의 집에서 임종을 맞이한다.

동시대를 살았던 삼손이 실패한 나실인이었던 반면, 그는 성공한 나실인으로 하나님의 손과 발이 되어 하나님의 뜻을 묵묵히 수행했던 선지자였다(나실인의 서약은 원래 부모나 당사자가 하나님께 드리는 것인데, 이상하게도 삼손은 하나님으로부터 나실인이 되도록 명령받았다. 이를 볼 때, 삼손은 사무엘을 사탄으로부터 감추기 위한 하나님의 속임수(fake)가 아니었나 하는 생각을 지워버릴 수 없다. 그가 있었기에 영적으로 눈이 먼 이스라엘이 하나님 앞에 바로 설 수 있었으며, 사울과 다윗으로 이어지는 이스라엘 왕국의 기틀을 잡을 수 있었다.

그가 얼마나 위대한 사람이었나 하는 것은 다음 두 가지 의문을 통해서도 검증할 수 있다.

첫째, 하나님은 왜 엘리의 아들들이 범죄했을 때는 책망하셨는데, 사무엘의 아들들이 판결을 굽게 했을 때는 침묵하셨을까? 그것을 어떻게 설명할 수 있을까?

엘리의 자녀들은 제사장으로서 하나님의 거룩한 성소에서 하나님 앞에 죄를 범했지만, 사무엘의 아들들은 브엘세바에서 판결을 굽게 하여 사람에게 범죄했기 때문에 사무엘을 책망하지 않았다는 것만으로는 설명이 부족하다(마 12:31~32). 물론 엘리도 자녀들을 책망할 때 **"사람이 사람에게 범죄하면 하나님이 판결하시려니와 사람이 여호와께 범죄하면 누가 위하여 간구하겠느냐"**(삼상 2:25)라고 했기 때문에 어느 정도 해답이 될 수 있지만, 그래도 뭔가 석연치 않은 부분이 있다. 그것은 그들이 백성의 허물을 판단하는 사사였기 때문이다. 백성들은 바로 그 부분을 지적했던 것이며, 그래서 왕을 달라고 요구했던 것이다. 그렇기 때문에 많은 사람들이 생각하기를 그렇게 훌륭한 인물이 왜 자녀를 그렇게 키웠을까 의문스러워할 것이다.

평생토록 그의 머릿속에는 온통 하나님과 이스라엘밖에 없었다. 앞서 살폈듯이 젊은 시절 그는 단에서 브엘세바까지 쉼 없이 다니며 하나님과 타락한 이스라엘의 관계 회복을 위해 동분서주하였다. 그가 자녀를 제대로 돌볼 수 있었겠는가! 그런 그에게 '어떻게 당신은 자녀들을 그 모양으로 키웠느냐'고 말할 수 있겠는가! 아마 하나님도 똑같은 생각이셨을 것이다.

둘째, 왜 이 성경의 주인공은 사무엘이 아닌데 사무엘서라는 제목을 붙였을까?

사무엘서의 실질적인 주인공은 다윗이다. 사무엘상은 다윗이 왕이 되기 전까지의 기록이고, 사무엘하는 다윗이 왕이 된 이후의 기록들이다. 그래서 이 성경의 제목은 다윗상서, 다윗하서라고 해야 맞는 것이다. 그런데 왜 주인공의 이름을 붙이지 않고 사무엘서라고 했을까?

이스라엘 국가의 기틀이 율법을 제정한 모세에 의해 세워졌다면(출 24:3~4), 이스라엘 왕조의 기틀은 제도를 제정한 사무엘에 의해 서워졌다(삼상 10:25). 그는 성막과 제사장 제도를 회복했으며, 선지자 학교를 통해 백성들의 의식을 개혁하였고, 후진 양성에 힘을 쏟았다. 백성들이 왕을 달라고 했을 때 말씀을 따르지 않는 백성들에게 분노했어도 자신은 하나님의 말씀에 철저히 순종했다. 하나님의 명령으로 담대하게 사울을 책망했지만, 남몰래 그를 용서해 달라고 눈물로 기도도 드렸다. 또한 모든 위험을 무릅쓰고 다윗에게 기름을 부어 철저히 자신을 통해 역사하시는 하나님만 나타냈다. 그래서 그가 죽었을 때 온 이스라엘이 슬픔으로 애도했으며, 사울은 그로부터 숱한 책망을 들었음에도 위기 상황을 만나자 죽은 그를 음부에서 불러낼 만큼 그의 전부를 의지했다.

그가 사무엘서의 주인공인 사울과 다윗을 왕으로 세우고 선지자 학교를 운영하는 등 왕조의 기틀을 세웠기 때문에, 선지자 학교 출신 중 하나가 이 성경을 기록하여 스승의 업적을 기렸을 수도 있다. 그러나 하나님도 이 성경을 사무엘서라고 부르는 것을 허락하셨다. 그것은 그가 이스라엘 가운데 유일하게 선지자이자(삼상 3:20), 제사장이었으며(삼상 7:9), 사사였을 정도로(삼상 7:15~17) 온전히 하나님과 이스라엘에 충성했기 때문이다. 사무엘서, 그것은 하나님이 그에게 주신 최대의 찬사인 동시에 이스라엘에게 잊혀서는 안 될 기록인 것이다. 그래서 세상의 모든 유대인과 그리스도인들이 오늘도 이 위대한 선지자를 통하여 하나님을 보고 있다.

하나님은 훗날 범죄한 이스라엘에 대하여 **"모세와 사무엘이 내 앞에 섰다 할찌라도 내 마음은 이 백성을 향할 수 없나니"**(렘 15:1)라고 하셨는데, 이는 모세와 사무엘이 온전히 하나님과 마음을 합하였고 평생 하나님과 민족을 중보하는 기도를 쉬지 않았음을 인정하셨다는 뜻이다. 이처럼 그는 평생 자신을 돌아보지 않고 오직 하나님과 민족을 위하여 살았다.

사무엘을 끝으로 이스라엘은 사사 시대를 마감하고 본격적으로 왕정 시대로 접어든다. 하나님이 왕을 허락하신 가장 큰 이유는 하나님만 섬기는 신정국가로 나아가게 하기 위해서였다.

사실 사사를 세워 이스라엘을 인도하고자 하셨던 하나님의 계획은 많은 난관에 부딪혔다. 근본적인 문제는 물리적 거리에 대한 한계였다. 사무엘은 젊은 시절 열심히 이스라엘의 여러 곳을 다니며 선지자로서의 역할을 수행했다(삼상 3:19~4:1). 이러한 노력이 있었기에 사사 시대 내내 우상숭배와 그에 따른 징계, 그리고 회개와 회복이 반복되던 신앙에서 벗어날 수 있었다. 그리하여 이스라엘은 바알과 아스다롯을 버리고 오직 하나님만 섬겼으며(삼상 7:2~4), 그가 사사가 된 지 20년이 지났을 때는 하나님의 능력을 힘입어 블레셋을 무찌르는 일도 발생하였다.

그러나 이 일들은 일개 사사가 수행하기에는 벅찬 일이었다. 이스라엘의 신앙이 유지된 것은 오직 사무엘이라는 한 사람의 봉사로 이루어진 것이었는데, 그에게는 이것을 강제할 만한 권력과 조직이 없었다. 그가 사사로서 다스릴 수 있는 지역은 벧엘과 길갈, 미스바와 라마가 있는 가나안 중부 지역이 전부였다(삼상 7:15~17). 그렇기 때문에 세월이 지나면 지칠 수 있고, 그가 죽으면 이 같은 일을 지속할 만한 사람이 또다시 나타날 것이라는 보장도 없었다. 물론 그는 이스라엘의 신앙을 지속적으로 유지하기 위해 선지자 학교를 세워 거기서 훈련된 선지자들로 이스라엘 곳곳에 보내 신앙의 구심점이 되도록 하였지만, 그 노력은 한계에 봉착했다(삼상 19:18).

이렇게 이스라엘의 신앙이 바로 섰을 때 강력한 리더십을 발휘하는 왕이 있다면 하나님을 섬기는 일을 체계적으로, 또 질서 있게 인도할 수 있을 것이었다. 그래서 하나님은 왕을 허락하셨고, 다윗과 솔로몬의 통치 초기까지 이 일은 너무도 아름답게 진행되었다. 안식일이면 제사장들이 성전에서 예배를 주관했고, 여기에 고라 자손의 봉사도 아름답게 이루어졌다. 또한 이스라엘에 흩어져 있던 48개 레위 지파의 성읍에서도 사무엘이 양성한 선지자 학교 생도들을 중심으로 예배가 이루어졌을 것이다. 예루살렘 성전이 중앙에 있는 예배의 중심지였다면, 산당은 지방에 흩어져 있는 지역교회와 같은 역할을 수행했을 것이다(삼상 9:12; 왕상 3:2~4; 왕하 18:22). 1년에 세 번(무교절, 오순절, 장막절) 방문했던 예루살렘에서는 흐트러진 신앙을 바로잡는 계기가 되었을 것이다(신 16:16). 이것이 하나님의 바라던 모습이었을 텐데, 솔로몬 말기부터 예루살렘에는 우상이 세워졌고(왕상 11:1~8), 산당은 우상숭배 장소로 변질되어 버렸다(왕하 17:8~18).

사사 시대의 신앙적 난관이 강력하고 통일된 리더십의 부재와 물리적 거리를 극복하지 못한 것이라 여겼기에 그 모든 것을 해결할 수 있는 왕의 제도를 허락하셨지만, 이것 역시 세월이 흐르면서 타락의 길로 접어들었다. 하나님은 사사 시대의 신앙적 어려움에 대하여는 왕의 제도를 허락하여 이스라엘을 인도하셨지만, 왕정 시대의 타락에 대하여는 왕국의 멸망으로 응답하셨다. 그리하여 이스라엘은 솔로몬 사후에 남왕국과 북왕국으로 분열되었고, 급기야 북왕국은 앗수르에, 남왕국은 바벨론에 멸망하는 운명에 처하게 되었다.

# 25

## 다윗을 향한 요나단의 아름다운 사랑

그 이름이 '**여호와께서 주심**'이란 뜻을 가진 요나단은 이스라엘 왕국의 첫째 왕 사울의 장자였다(삼상 20:31). 그는 아버지와 달리 다윗에 버금가는 훌륭한 신앙의 소유자였다.

사울이 왕이 되고 2년이 흘렀을 때, 그는 3천 명의 상비군을 조직하여 2천 명은 믹마스와 벧엘산에 두어 자신이 지휘하고, 기브아에 주둔한 1천 명은 요나단의 지휘 아래 두었다. 이에 요나단이 자신의 군대 1천 명으로 게바에 있는 블레셋 수비대를 치는 무모한 사건을 일으킨다. 사실 이스라엘은 실로가 짓밟힌 이후 20년이 흘러 사무엘의 기도로 미스바에서 블레셋을 물리칠 때까지 블레셋의 지배를 받았으며, 사울왕 초기에도 지속적으로 블레셋의 통제를 받고 있었다. 그러나 이제 국가의 형태를 갖추고 어엿한 상비군도 보유하였기에, 이스라엘 땅 곳곳에 남아 있는 블레셋 수비대를 몰아내어 국가의 위상을 세워야 했다.

이에 온 이스라엘이 길갈로 모여 전쟁을 준비하였고, 블레셋도 병거 3만 기, 마병 6천 명, 그리고 해변의 모래와 같이 많은 백성을 동원하여 믹마스에 진을 쳤다(삼상 13:5). 그러자 이스라엘은 블레셋의 동원된 군대를 보고 겁을 먹고 흩어져 버린다. 모인 백성들이 우왕

좌왕하고, 사무엘이 전쟁을 위하여 번제를 드리러 오는 시간마저 지체되자, 사울은 다급한 마음에 군사들의 마음을 붙잡고자 스스로 번제를 드려 율법을 범하게 된다. 뒤늦게 도착한 사무엘마저 사울을 책망하고 떠나자 사울 곁에는 겨우 6백 명만 남는다(삼상 13:15). 그뿐 아니라 그들 중 오직 사울과 요나단만 칼과 창이 있었을 뿐, 나머지는 병기조차 없는 오합지졸에 불과하였다(삼상 13:19~23). 그것은 블레셋이 이스라엘의 철 사용을 통제하여 농기구조차 블레셋에서 벼려야 했기 때문이다. 이처럼 절체절명의 위기 때, 요나단은 병기 든 자만 데리고 단신으로 블레셋 진영에 들어가 20여 명의 적군을 죽여 이스라엘의 사기를 드높인다.

> "우리가 이 할례 없는 자들의 부대에게로 건너가자 여호와께서 우리를 위하여 일하실까 하노라 여호와의 구원은 사람의 많고 적음에 달리지 아니하였느니라"(삼상 14:6).

이 말은 요나단이 블레셋 진영으로 가기 전 자신의 병기 든 소년에게 한 말이었다. 그는 이처럼 어려운 상황에서도 하나님을 신뢰하면서 적진으로 뛰어들 만큼 신앙이 투철한 사람이었다.

20여 년의 세월이 흐른 뒤, 이스라엘은 엘라 골짜기를 사이에 두고 블레셋과 대치하고 있었다. 이때 다윗도 골리앗을 향하여 요나단의 외침과 동일하게 이렇게 외쳤다.

> "너는 칼과 창과 단창으로 내게 오거니와 나는 만군의 여호와의 이름 곧 네가 모욕하는 이스라엘 군대의 하나님의 이름으로 네게 가노라 오늘 여호와께서 너를 내 손에 붙이시리니 내가 너를 쳐서 내 머리를 베고 블레셋 군대의 시체로 오늘날 공중의 새와 땅의 들짐승에게 주어 온 땅으로 이스라엘

에 하나님이 계신 줄 알게 하겠고 또 여호와의 구원하심이 칼과 창에 있지 아니함을 이 무리로 알게 하리라 전쟁은 여호와께 속한 것인즉 그가 너희를 우리 손에 붙이시리라"(삼상 17:45~47).

영웅은 영웅을 알아본다고 했던가, 그는 골리앗을 죽이고 돌아온 다윗을 보고 20여 년 전 믹마스 전투에서 단신으로 블레셋 진영으로 들어갔던 자신의 모습을 보았을 것이다.

"다윗이 사울에게 말하기를 마치매 요나단의 마음이 다윗의 마음과 연락되어 요나단이 그를 자기 생명같이 사랑하니라 그날에 사울은 다윗을 머무르게 하고 그 아비의 집으로 다시 돌아가기를 허락지 아니하였고 요나단은 다윗을 자기 생명같이 사랑하여 더불어 언약을 맺었으며 요나단이 자기의 입었던 겉옷을 벗어 다윗에게 주었고 그 군복과 칼과 활과 띠도 그리하였더라"(삼상 18:1~4).

이처럼 요나단은 다윗을 처음 본 순간부터 사랑하게 되었지만, 다윗에 대한 사울의 질투심은 날이 갈수록 커져만 갔다. 백성으로부터 **"사울의 죽인 자는 천천이요 다윗은 만만이로다"**(삼상 18:7)라는 노래를 들었을 때, 사울은 **"다윗에게는 만만을 돌리고 내게는 천천만 돌리니 그의 더 얻을 것이 나라밖에 무엇이냐"**(삼상 18:8)라고 하면서 다윗을 죽이기로 결심한다.

사울은 하나님의 영이 떠난 이후 자주 두통에 시달리곤 했는데, 그때마다 다윗을 불러 수금을 타게 하여 머리를 맑게 하였다. 하루는 다윗을 불러 수금을 타게 하였는데, 질투심으로 미쳐버린 사울이 다윗을 향해 두 번이나 창을 던졌고 다윗은 급히 피하여 도망쳐야 했다.

사울은 요나단과 모든 신하에게 다윗을 죽이라고 직접 명령을 내린다. 그때 요나단은 다윗을 심히 사랑했으므로 아버지의 계획을 그에게 말하면서 아침에 조심하여 은밀한 곳에 숨어 있으라고 말한다. 그리고 아버지에게는 다윗이 블레셋으로부터 이스라엘을 구원하였고 아버지에게도 심히 선한 일을 하면서 득죄하지 않았으니, 그를 죽여 범죄하지 말라고 간청한다(삼상 19:1~5).

쫓기던 다윗은 라마 나욧의 사무엘에게 피신해 있었는데, 사울이 거기까지 찾아와 그를 죽이려 하였다. 그곳을 피하여 요나단을 찾아간 그는 **"내가 무엇을 하였으며 내 죄악이 무엇이며 네 부친 앞에서 나의 죄가 무엇이관대 그가 내 생명을 찾느뇨…진실로 여호와의 사심과 네 생명으로 맹세하노니 나와 사망의 사이는 한 걸음뿐이니라"**(삼상 20:1~3)라며 절규하였다.

이에 요나단은 다윗이 죽지 않을 것이라고 위로하면서 이같이 말한다.

"네 마음의 소원이 무엇이든지 내가 너를 위하여 그것을 이루리라"(삼상 20:4).

이것은 참으로 대단한 맹세였다. 요나단은 왕위 계승 서열 1위에 있던 사람이었다. 그럼에도 하나님의 뜻을 좇아 다윗에게 기꺼이 그 자리까지도 내어주겠다고 한 것이다. 그 뒤에 다윗에게 한 맹세들을 보면 그 말은 진심이었다. 그는 하나님이 자기 부친과 함께하신 것같이 다윗과도 함께하시기를 원하노라면서 이렇게 이야기한다.

"너는 나의 사는 날 동안에 여호와의 인자를 내게 베풀어서 나로 죽지 않게 할 뿐 아니라 여호와께서 너 다윗의 대적들을 지면에서 다 끊어버리신 때에도 너는 네 인자를 내 집에서 영영히 끊어버리지 말라"(삼상 20:14~15).

이 모든 일의 결국을 아는 요나단의 말에는 비장함이 서려 있다. 그는 다윗에게도 동일한 맹세를 하게 한 후에 이렇게 선언한다.

"여호와께서는 다윗의 대적들을 치실찌어다"(삼상 20:16).

다윗의 대적이 누구인가? 블레셋인가? 아니다. 블레셋은 이스라엘의 대적이 될지언정 다윗의 대적은 아니었다. 그 당시 사람들은 다윗의 대적이 누구인지 다 알고 있었다. 그것은 자기 아버지 사울이었다. 그렇기 때문에 그 역시 다윗의 대적이었다.

훗날 요나단이 길보아산에서 죽었을 때, "**내 형 요나단이여 내가 그대를 애통함은 그대는 내게 심히 아름다움이라 그대가 나를 사랑함이 기이하여 여인의 사랑보다 승하였도다**"(삼하 1:26)라고 한 말은 결코 허투루 한 말이 아니었다. 그 사랑은 여인에 대한 사랑이나, 친구의 우정이 아니라 하나님의 섭리에 따르는 거룩한 사랑이었다. 하나님의 섭리를 이해하고 따랐기에 그는 기꺼이 다윗을 위하여 도와주고 사랑했던 것이다.

어떻게 사람이 그럴 수 있을까? 다윗이 평생 하나님을 경외하고 자만하지 않으며, 설령 죄를 지었을지라도 금방 자신을 돌아보고 그 길에서 돌아설 수 있었던 것은 기꺼이 왕위를 내어주고 사라졌던 요나단의 깊은 사랑 때문이 아니었을까?

이제 요나단은 다윗을 위하여, 그리고 아버지를 위하여 다시 한 번 서로를 화해시키려 한다. 월삭이 되어 사울과 요나단과 군대장관 아브넬과 다윗이 함께 식사를 하기 위해 모였을 때, 다윗에게 자리를 비우고 멀리 숨어 있으라 한다. 다윗이 왜 식사 자리에 나오지 않았느냐고 사울이 묻자, 요나단은 다윗을 고향 베들레헴으로 보내 그 가족의 중요한 제사 자리에 참석시켰다고 대답한다. 이에 사울은 요나단에게 패역무도한 계집의 소생이라 욕을 하면서 이렇게 말한다.

> "이새의 아들이 땅에 사는 동안은 너와 네 나라가 든든히 서지 못하리라 그런즉 이제 보내어 그를 내게로 끌어오라 그는 죽어야 할 자니라"(삼상 20:31).

요나단은 다윗이 무슨 일을 했기에 그를 죽여야 하냐고 대들었고, 분노한 사울은 아들을 향하여 단창을 던진다. 아비의 적을 싸고 도는 아들이 죽이고 싶을 만큼 미웠을 것이다. 이 세상 그 어떤 아버지가 적을 싸고 돌면서 뜻에 따르지 않는 자식에게 분노하지 않겠는가?

그는 다윗을 만나 아버지의 의중을 알리고 멀리 도망가라 말한다. 그 당시의 절절한 상황을 성경은 이렇게 기록하고 있다.

> "다윗이 곧 바위 남편에서 일어나서 땅에 엎드려 세 번 절한 후에 피차 입맞추고 같이 울되 다윗이 더욱 심하더니"(삼상 20:41).

요나단은 다윗에게 이렇게 말한다.

> "평안히 가라 우리 두 사람이 여호와의 이름으로 맹세하여 이르기를 여호와께서 영원히 나와 너 사이에 계시고 내 자손과 네 자손 사이에 계시리라 하였느니라"(삼상 20:42).

참으로 가슴 절절한 이별이 아닐 수 없다. 그러나 그 가슴 아픈

이별 속에서도 항상 그들의 중심에는 하나님이 있었기에 그것은 참으로 위대한 사랑이었다. 이때부터 다윗의 기나긴 도망자 생활이 시작되었다. 성경은 다윗의 길을 따라갔기에 요나단이 성에서 어떤 생활을 했는지 알 수 없다. 아마도 그는 사울의 곁에서 다윗을 위하여 많은 간청을 드렸을 것이다.

다윗이 도망 다닐 때 요나단은 다시 한 번 그를 찾아온다. 십 황무지 수풀에 들어가 도망 다니느라 지치고 힘든 그에게 **"두려워 말라 내 부친 사울의 손이 네게 미치지 못할 것이요 너는 이스라엘 왕이 되고 나는 네 다음이 될 것을 내 부친 사울도 안다"**(삼상 23:17)라고 하면서 힘 있게 하나님을 의지하게 한다.

"그는 흥하여야 하겠고 나는 쇠하여야 하리라"(요 3:30).

홀로 블레셋 진영에 들어가 적들을 무찌를 만큼 담대한 신앙을 소유하고, 왕으로서의 자질도 가졌던 그였지만, 하나님의 뜻을 잘 알고 있었기에 기꺼이 왕의 자리를 다윗에게 내어주었다. 그리고 사울과 함께 길보아산에서 블레셋과 싸우다 그 형제 아비나답, 멜기수아와 함께 죽음을 맞이한다. 이것이 다윗을 힘 있게 지지했던 요나단의 최후였다.

주의 약속이 아득하여도 나의 자리를 힘써 지키리
주의 마음에 합한 자 되어 그 길 기꺼이 나 걷게 하소서
주의 계획은 성실하시니 나의 고백을 온전케 하네
주의 나라가 세워짐을 바라며 모든 것 기꺼이 주께 드리네
내 맘 아시는 주님 힘겹게 비워낸 바람들 다 내려놓고
주의 위로 전하며 그 신실하심 바라보리

주 맘 아는 자 되리 주님의 일하심 비추는 그 통로되어
주의 나라 위하여 내 소망 너머 주 뜻 이루소서

만약 요나단이 죽지 않았으면 어떠했을까? 그의 말대로 먼저 다윗이 왕이 되고, 그 후에 자신이 왕이 되었을까? 그렇게 되었다면 이스라엘은 걷잡을 수 없는 혼란에 빠졌을 것이다. 사울이 죽은 후 그 아들 이스보셋과 다윗이 전쟁을 치른 것만 보아도 그 혼란은 불을 보듯 뻔하다.

다윗은 자신의 왕권을 강화한 후에 요나단과의 약속을 지켰다. 요나단의 절뚝발이 아들 므비보셋에게 은혜를 베풀어 사울의 모든 재산을 그에게 주었으며, 언제나 그를 왕의 식탁에 초대하여 함께 식사하였다. 훗날 다윗이 아들 압살롬의 반란으로 예루살렘에서 도망칠 때 므비보셋이 자기를 따르지 않았음에도 그를 용서하여 끝까지 곁에 두었다. 절뚝발이 므비보셋은 다윗이 사무치게 그리워하고 사랑한 요나단의 유일한 자녀였다.

그러나 겨우 므비보셋을 보살핀 것만으로 요나단의 사랑이 보상을 받았다고 하면 그 삶이 허망하기 그지없다. 요나단이 왕이 되었으면 므비보셋은 절뚝발이도 되지 않고 더 훌륭하게 자랐을 것이다. 누구보다도 하나님을 신뢰하고 순종하며 따랐던, 그래서 다윗만 없었더라면 그 아버지 사울을 능가하는 훌륭한 왕이 되었을 요나단을 생각하면 그 보상이 너무도 초라하다. 겨우 이 정도의 보상을 받고자 요나단이 다윗에게 왕위를 양보했을까?

"여호와께서 영원히 나와 너 사이에 계시고 내 자손과 네 자손 사이에 계시리라"(삼상 20:42).

이 맹세는 어디로 갔단 말인가? 어찌하여 하나님은 그처럼 신실한 믿음의 용사를 꽃도 피워보지 못했는데 데려가셨을까? 이것으로 다윗과 요나단의 사랑은 끝난 것일까?

그렇지 않다. 다윗과 요나단의 사랑과 그 맹세는 후손을 통해 계속 이어졌다.

다윗의 손자 르호보암이 왕이 되었을 때, 이스라엘 회중은 르호보암에게 나아와 무거운 세금을 탕감하여 달라고 요청한다. 그러나 르호보암은 백성의 종이 되라는 원로들의 말보다는 함께 자라난 소년들의 지혜 없는 말을 따랐다.

> "내 부친은 너희의 멍에를 무겁게 하였으나 나는 너희의 멍에를 더욱 무겁게 할찌라 내 부친은 채찍으로 너희를 징치하였으나 나는 전갈로 너희를 징치하리라"(왕상 12:14).

한마디로 울고 싶었는데 따귀를 때린 격이었다. 이에 온 이스라엘이 다음과 같이 말하며 르호보암을 떠나 에브라임 지파 여로보암을 좇았다.

> "우리가 다윗과 무슨 관계가 있느뇨 이새의 아들에게서 업이 없도다 이스라엘아 너희의 장막으로 돌아가라 다윗이여 이제 너는 네 집이나 돌아보라"(왕상 12:16).

이때 온 이스라엘이 여로보암을 좇았고, 오직 유다 지파 외에는 르호보암을 따르는 집이 없었다(왕상 12:20). 그런데 이스라엘을 치기 위해 르호보암이 백성을 소집했을 때, 유다와 베냐민에서 18만 명이 이에 응했다(왕상 12:21~24). 어떻게 베냐민 지파가 그에게 협조한 것일까? 왜냐하면 유다 땅에 함께 살았던 지파는 시므온 지파였기 때문이다. 그들은 어디로 가고 그 자리에 베냐민 지파가 들어온 것일까?

하나님은 선지자 아히야의 입을 빌려 여로보암에게 열 지파를 떼어서 주고, 다윗을 위하여는 한 지파를 남겨둘 것이므로 율법을 지키며 마음껏 통치하라고 하였다(왕상 11:31~38). 따라서 이치적으로 따지면 유다 지파 안의 18개 성읍을 배정받은 시므온 지파가 다윗의 집안을 따라야 마땅했다(수 19:1~8). 더구나 제사장에게 분배된 아인은 시므온 지파의 땅이었다.

실제로 사사 시대 때 시므온 지파는 유다 지파와 같이 행동했다(삿 1:3, 17). 압살롬의 반역이 진압된 후, 다윗 앞에서 이스라엘 지파가 유다 지파를 향하여 자신들이 열 개의 몫을 가졌다고 한 것도 유다 지파 안에 시므온 지파가 있었기 때문이다(삼하 19:43). 그런데 어느 순간에 시므온 지파는 처음 정착한 땅에서 벗어났다. 단 지파가 처음 분배받은 땅을 떠나 북쪽으로 이주한 것처럼, 그들도 목초가 풍부한 그돌 지경으로 갔고, 일부는 에돔의 거주지인 세일산으로 이주하였다(대상 4:39~43). 또한 훗날 시므온이 에브라임과 므낫세, 납달리와 함께 언급된 것을 봤을 때(대하 15:9, 34:6), 그들은 북방 므낫세 지파 인근으로도 이동한 것으로 보인다.

유다 지파는 출애굽 이후 이방 민족과 함께 살면서 이스라엘의 다른 지파와 독립된 공동체를 형성했던 것으로 보인다. 그들이 가나안에 들어갈 때 20세 이상 군인의 숫자가 76,500명으로 가장 많았던 것도 이런 이유 때문이다. 가나안 정복전쟁 때 에서의 후손, 그나스 족속인 갈렙은 독자적으로 영토 확보에 나섰는데, 이는 그들이 발로 밟는 땅을 모두 주겠다고 약속한 모세의 약속에 기인한 것이었다(수 14장). 용감한 갈렙이 선봉에 섰으므로 여호수아도 흔쾌히 허락했고, 갈렙의 뒤를 이은 그나스 족속 옷니엘도 여호수아가 죽은 뒤 40년간 이스라엘의 첫 번째 사사가 되어 유다 지파의 강력한 기반을 마련하였다.

반면 나머지 지파는 에브라임 지파 여호수아를 중심으로 정복전쟁을 치른다. 에브라임은 야곱에 의해 이스라엘의 장자가 되었으며(창 48:19), 그로부터 이스라엘의 반석인 목자가 나온다는 축복을 받았다(창 49:24). 이에 이스라엘의 장자라는 자부심이 컸다. 그들은 야곱의 땅인 세겜을 유업으로 받았으며, 요셉의 시신도 거기에 장사하였다. 그래서 이스라엘에서 항상 앞장섰으며, 사사 시대 때도 한 번은 기드온에게(삿 8:1~3), 한 번은 입다에게(삿 12:1~6) 자기 지파의 우월성을 표출하였다. 더구나 하나님의 언약궤가 엘리 때까지 에브라임 지파의 땅 실로에 있었다. 그뿐 아니라 베냐민 사람 비그리의 아들 세바가 다윗을 대적하여 반란을 일으켰을 때도 에브라임 지파를 중심으로 한 북쪽 지파가 이에 동조하였다(삼하 20:1). 세바는 베냐민 지파 사람이었으나, 에브라임 산지에 거하여 에브라임 사람으로 불렸다(삼하 20:21).

그러한 유다 지파와 에브라임 지파 간의 보이지 않은 알력으로 인하여 다윗도 처음 7년 6개월 동안은 헤브론에서 유다 지파만 다스렸다. 솔로몬 사후 유다 지파와 베냐민 지파, 그리고 제사장을 제외한 모든 지파가 왕조에서 떠난 것은 솔로몬과 르호보암의 통치 방식에도 문제가 있었지만, 근본적으로는 이방인들이 많이 섞인 유다 지파와 순혈주의를 지향하는 에브라임 지파 간의 알력 때문이었다. 두 지파 간의 알력은 리더십에 공백이 생기면 언제든지 터질 화근이었다.

베냐민 지파는 라헬이 낳은 요셉의 형제였기 때문에 육신적으로는 항상 에브라임 지파 쪽에 있었다. 그러나 영적으로는 제사장으로 결속된 유다 지파와 함께하였다. 그들의 결속은 가나안 정복전쟁 시대까지 거슬러 올라간다. 정복전쟁을 마친 후 유다 지파는 성읍 아홉을, 자그마한 땅을 분배받은 베냐민 지파도 성읍 넷을 제사장을 위한 목초지로 내어놓는다(수 21:13~19). 그 제사장들로 인해 유다와 베냐민은 굳건한 신앙으로 결속되었다. 그리하여 르호보암의 부름에 베냐민 지파가 응했고, 유다의 역대 왕들 역시 베냐민 지파 안에 있는 제사장 성읍을 수복하기 위해 많은 노력을 기울였다. 실제로 이스라엘의 바아사 왕과 유다의 아사 왕 사이에 베냐민 성읍인 라마, 게바, 미스바를 두고 서로 다툼이 있었고, 결국 유다의 아사가 차지한 것을 봤을 때(왕상 15:16~22), 그것은 순전히 하나님의 섭리였다. 사실 예루살렘도 원래 베냐민에게 배분된 땅이었지만(수 18:28), 다윗이 여부스 족속으로부터 차지했다.

하나님은 우상을 섬긴 르호보암과 여호람의 큰 죄악도 참으시고 다윗을 위하여 유다 멸하기를 즐겨하지 않으시며 다윗과 그 자손에게 항상 등불을 주시겠다고 약속했는데(왕상 15:4; 왕하 8:19), 그 약속이 이행될 동안은 **"여호와께서 영원히 나와 너 사이에 계시고 내 자손과 네 자손 사이에 계시리라"**(삼상 20:42)라고 했던 다윗과 요나단의 맹세도 항상 유효했다. 그렇게 그 후손들은 다윗과 요나단의 사랑으로 인하여 바늘과 실의 관계를 유지하고 있었다.

그로 인해 베냐민 지파는 유다 지파와 함께 하나님으로부터 잊히지 않는 백성이 되었다. 호세아 9년, 북이스라엘이 앗수르의 살만에셀에 의해 멸망한 후, 그 백성은 앗수르의 할라와 고산 하볼 하숫가와 메대 사람의 여러 고을에 흩어져 살게 된다(왕하 17:4). 또한 바벨론과 구다와 아와와 하맛과 스발와임에서 사람을 옮겨다가 이스라엘 자손을 대신하여 사마리아 여러 성읍에 두어 살게 하였다(왕하 17:24). 그리하여 그 땅에 거하는 사람들은 이제 이스라엘인이 아니라 사마리아인으로 불렸다.

물론 여로보암이 우상을 세우고 제사장을 세웠을 때, 남유다로 떠났던 레위인과 제사장을 따라나섰던 경건한 이스라엘 사람이 있었고(대하 11:13~17), 하나님의 본래 약속에 따라 이스라엘의 모든 지파가 잊힌 것은 결코 아니었지만(겔 48장; 눅 2:36; 계 7:4~8), 이후에 언급되는 이스라엘 족속은 유다인, 베냐민인, 제사장이 속한 레위인이 전부였으며(왕하 17:18; 스 1:5), 그들을 더는 이스라엘인이 아닌 유대인이라 불렸다. 바벨론 포로 기간 중 하만의 손아귀에서 유대인을 구원한 에스더를 키운 모르드개도 베냐민 지파였으나 유대인으로 불렸다(에 2:5). 바벨론 포로에서 유대로 귀환한 사람들 역시 과거 유다 왕국에 살았던 유대인으로 유다 지파, 베냐민 지파, 레위 지파와 제사장들이었다.

예수 그리스도는 다윗의 자손으로 오셨다. 그리고 꺼져가는 잔불과 같았던 요나단의 하나 남은 절뚝발이 아들 므비보셋은 미가를 낳았으며, 그를 통해 다시 네 명의 손자들이 태어났고, 그 후손들은 활을 잘 쏘는 용사들로 성장하여 유다 왕국의 번영에 함께하였다(대상 8:35~40). 그 후손들 가운데 주님을 누구보다 뜨겁게 사랑했던 베냐민 지파의 사울이 있었다(롬 11:1; 빌 3:5). 이스라엘 중 실패한 왕인 사울이란 이름을 자녀의 이름으로 작명하는 사람은 거의 없었다. 그런데 그의 부모가 사울이란 이름으로 작명한 것을 봤을 때, 그는 사울 왕과 요나단, 므비보셋으로 이어지는 직계 후손이었을 것이다. 그가 사울이란 이름으로 불렸을 때, 마치 다윗을 대적했던 사울 왕처럼 무섭게 예수님을 대적했다. 그러나 그는 그 어머니의 태로부터, 아니 다윗과 요나단의 맹세로 인하여 이미 예수 그리스도의 사람으로 택정된 사람이었다(갈 1:15). 그래서 예수님을 만나 회심한 후, 자신의 이름을 **'보잘것없는 자'** 라는 뜻을 가진 바울로 고치고, 요나단이 그 아버지 앞에 목숨을 내놓고 다윗을 사랑했던 것처럼(삼상 20:33), 결혼도 하지 않고 온 생애를 바쳐 예수님을 위한 삶을 살았다.

"누가 우리를 그리스도의 사랑에서 끊으리요 환난이나 곤고나 핍박이나 기근이나 적신이나 위험이나 칼이랴 기록된바 우리가 종일 주를 위하여 죽임을 당케 되며 도살할 양같이 여김을 받았나이다 함과 같으니라 그러나 이 모든 일에 우리를 사랑하시는 이로 말미암아 우리가 넉넉히 이기느니라 내가 확신하노니 사망이나 생명이나 천사들이나 권세자들이나 현재 일이나 장래 일이나 능력이나 높음이나 깊음이나 다른 아무 피조물이라도 우리를 우리 주 그리스도 예수 안에 있는 하나님의 사랑에서 끊을 수 없으리라"(롬 8:35~39).

"사랑은 오래 참고 사랑은 온유하며 투기하는 자가 되지 아니하며 사랑은 자랑하지 아니하며 교만하지 아니하며 무례히 행치 아니하며 자기의 유익을 구치 아니하며 성내지 아니하며 악한 것을 생각지 아니하며 불의를 기뻐하지 아니하며 진리와 함께 기뻐하고 모든 것을 참으며 모든 것을 믿으며 모든 것을 바라며 모든 것을 견디느니라"(고전 13:4~7).

이것이 다윗을 향한 요나단의 사랑이었으며, 예수님을 향한 바울의 사랑이었다. 그렇게 요나단과 바울은 목숨을 내어놓고 각각 다윗과 예수님을 사랑했다.

바울이 레위 지파나 제사장의 후손이 아니었음에도 율법에 통달하여 신약성경의 절반 이상을 기록한 것은, 이처럼 다윗과 요나단으로부터 이어져온 맹세로 인한 하나님의 섭리가 있었기에 가능한 일이었다. **"여호와께서 영원히 나와 너 사이에 계시고 내 자손과 네 자손 사이에 계시리라"**(삼상 20:42)라고 했던 아름다운 사랑의 맹세는 예수 그리스도의 은혜와 사도 바울의 복음이라는 위대한 결실로 나타났다.

## 주의 약속이

주의 약속이 아득하여도 나의 자리를 힘써 지키리

주의 마음에 합한 자 되어 그 길 기꺼이 나 걷게 하소서

주의 계획은 성실하시니 나의 고백을 온전케 하네

주의 나라가 세워짐을 바라며 모든 것 기꺼이 주께 드리네

내 맘 아시는 주님 힘겹게 비워낸 바램들 다 내려놓고

주의 위로 전하며 그 신실하심 바라보리

주 맘 아는 자 되리 주님의 일하심 비추는 그 통로 되어

주의 나라 위하여 내 소망 너머 주 뜻 이루소서

# 26
## 이스라엘의 위대한 왕 다윗

'**사랑받은 자**'라는 이름의 뜻을 가지고 있는 다윗은 이새의 막내 아들로 태어났다. 사무엘로부터 기름부음을 받은 후(삼상 16:13), 엘라 골짜기에서 벌어진 골리앗이 이끄는 블레셋과의 전투에서 처음 공식적으로 등장한다. 신장이 여섯 규빗 한 뼘(약 280㎝)이나 되는 거대한 골리앗과의 싸움에 임했을 때, 그는 갑옷도 입지 않고, 무기라고는 물매와 막대기만 들고 나왔다. 이에 골리앗이 "**나를 개로 여기고 막대기를 가지고 내게 나아왔느냐**"(삼상 17:43) 하며 업신여기자 그는 골리앗에게 이렇게 응수한다.

> "너는 칼과 창과 단창으로 내게 오거니와 나는 만군의 여호와의 이름 곧 네가 모욕하는 이스라엘 군대의 하나님의 이름으로 네게 가노라 오늘 여호와께서 너를 내 손에 붙이시리니 내가 너를 쳐서 네 머리를 베고 블레셋 군대의 시체로 오늘날 공중의 새와 땅의 들짐승에게 주어 온 땅으로 이스라엘에 하나님이 계신 줄 알게 하겠고 또 여호와의 구원하심이 칼과 창에 있지 아니함을 이 무리로 알게 하리라 전쟁은 여호와께 속한 것인즉 그가 너희를 우리 손에 붙이시리라"(삼상 17:45~47).

각개 병사의 전투 능력이 동일한 100명의 병사를 보유한 A 부대와 99명의 병사를 보유한 B 부대가 서로 싸우면 전투가 끝났을 때 몇 명의 병사가 남아 있을까? 대부분의 사람들은 1명의 병사가 남는다고 생각한다. 그러나 그것은 병력의 차이일 뿐 전투의 결과는 아니다. 왜냐하면 전투가 1 대 1로 동시에 붙는다면 A 부대의 100번째 병사는 앉아서 쉬고 있다가 '너희들 중 이기는 사람이 나와 싸우자'고 하는 것이 아니라, 다른 싸움판에 끼어들어 싸울 것이기 때문이다. 그러면 전투가 끝났을 때 과연 A 부대 병사는 몇 명이나 남아 있을까?

전투 능력이 동일한 A 부대의 병사($m$)와 B 부대의 병사($n$)가 싸울 때는 항상 '$m - n$'의 결과를 가져오지 않고, '$\sqrt{m^2 - n^2}$'의 결과를 가져온다. 그래서 A 부대와 B 부대가 전투를 벌이면, 전력의 차이는 100-99=1명만큼 나지만, 전투의 결과는 $\sqrt{100^2 - 99^2}$=14.1명으로 나타난다. 이것을 **란체스터 법칙**이라고 한다. 란체스터 법칙은 전장에서 수적 우세가 얼마나 큰 영향을 미치는지를 잘 보여준다. 그렇기 때문에 과거와 현재, 미래의 모든 전투에서 항상 병사의 숫자를 언급한다. 그래야만 객관적인 전력 분석이 가능하고, 이에 맞는 작전을 세울 수 있기 때문이다. 역사상 모든 전쟁의 전술은 여기서부터 출발한다. 란체스터 법칙을 깨뜨리기 위해서 포위섬멸전과 각개격파전의 기본 전술이 나왔다. 역사상 모든 유명한 전투는 이 두 가지 전술에서 출발했다.

모든 전쟁은 이 두 가지 전술에 기후와 지형, 무기의 성능, 그리고 무엇보다 지휘관의 역량에 따라 승리의 향방이 달라졌다. 앞서 언급한 B 부대가 란체스터 법칙을 깨뜨리기 위해서는, 첫째로 포위공격을 하여 실제 전투에 참여하는 A 부대 $m$의 숫자를 줄여야 한다. 이것을 포위섬멸전이라 한다. 둘째, A 부대의 전투 단위를 인위적으로 작게 쪼갠 후에 작아진 $m$을 선택과 집중으로 각개격파해야 한다. 이것을 각개격파전이라 한다. 역사상 모든 전쟁은 이 기본 전술에서 출발했다. 한니발의 칸나이 전투와 이순신의 학익진은 첫 번째 전술을 응용한 것이었고, 명량해전과 넬슨의 트라팔가해전은 두 번째 전술을 응용한 것이었다. 알렉산더의 망치와 모루 전술은 첫 번째 전술에 두 번째 전술을 바탕으로 펼쳐진 전술이었다.

다윗은 블레셋과의 전투에서 란체스터 법칙을 따른 것도 아니었고, 다른 장수처럼 힘의 열세를 극복한 기막힌 전술을 쓴 것도 아니었다. 당시 열예닐곱 살에 불과했던 그는 오직 물맷돌 하나로 골리앗을 쓰러뜨렸다. 그리하여 $\sqrt{m^2-n^2}$인 이스라엘의 힘의 열세를 $\sqrt{n^2(4/3)-m^2}$으로 역전시켰던 것이다. 그가 얼마나 강한 배짱을 지녔는지 짐작할 수 있겠는가? 굳이 란체스터 법칙까지 들먹인 이유는 그가 골리앗을 무너뜨린 사건이 얼마나 위대한 일이었는지 숫자로 알려주기 위함이다. 사람들은 숫자로 비교해야만 그 차이를 가늠할 수 있기 때문이다. 믿음의 선진인 여호수아, 갈렙, 다윗 등이 같은 능력을 가진 영웅들이었지만, 그들 중 최고는 다윗이었다. 그는 영웅 중의 영웅이었다. 하나님은 이런 능력 위에 신앙까지 깊은 그를 들어 쓰셨다.

실제로 다윗은 아버지의 양 떼를 지킬 때, 사자나 곰이 와서 양의 새끼를 움키면 그것들을 쳐서 그 입에서 짐승을 건져내었는데(삼상 17:34~36), 이는 다른 목자들이 누워서 하늘을 보거나 장난을 치고 있을 때도 아버지의 양 떼를 지키겠다는 책임감으로 많은 시간을 투자하여 물맷돌과 막대기를 던지는 훈련을 하여 지혜와 담력을 키운 덕분이었다. 그가 골리앗 앞에 나아갈 때, 자신을 지킬 수 있는 갑옷을 벗고 담대히 나아갈 수 있었던 것은, 사자와 곰을 잡으면서 물매에 대한 자신감이 있었기 때문이다. 하나님의 능력으로 골리앗을 눕힐 수 있었지만, 그 앞까지 나아갈 수 있었던 담대함은 이 같은 훈련을 통해서 나왔던 것이다. 그래서 흔들리지 않고 단 한 발의 물맷돌로 골리앗을 눕힐 수 있었다. 그가 블레셋 사람 이백 명을 죽이고 그 가죽을 가져올 수 있었던 담력을 지닌 것도 이같이 평소에 용사로 훈련되었기에 가능한 일이었다(삼상 18:27). 하나님은 이스라엘이라는 양을 치는 목동으로 맹수와 대적할 수 있는 담력을 지닌 그를 택하셨다. 그는 또한 사무엘이 이새의 아들들을 찾았을 때, 형들을 보내고 혼자서 아버지의 양들을 돌볼 만큼 책임감도 강했다(삼상 16:5~11). 그래서 요나단은 그를 자기 목숨보다 더 사랑했으며(삼상 18:1), 자신이 당연히 가져야 할 왕위까지 그에게 양보했다(삼상 23:17).

여기까지는 그의 인간적인 자질이다. 그런데 아무리 투석 실력이 뛰어나고 담대함을 지녔더라도, 이 싸움은 근본적으로 이길 수 없는 싸움이었다. 고대 군인들의 보직에는 보병, 기병, 궁병, 투석병이 있었는데, 궁병까지는 기본적인 무기가 있었지만, 투석병은 대체로 양치기들이 담당했으며, 체계적인 훈련도 무기도 없는 오합지졸이었다. 물매로는 두꺼운 갑옷을 뚫을 수 없을뿐더러 방패까지 있어 무용지물에 가까웠다. 골리앗도 방패를 들었기에 방패 뒤에서 물맷돌을 피할 수 있었다. 다윗은 뒤로 후퇴하면서 물매를 던진 것이 아니라 서로 달려들면서 싸웠기 때문에, 골리앗이 방패 밖으로 머리를 내미는 찰나의 순간, 그 단 한 번밖에 기회가 없었다. 이것은 온전히 하나님의 능력으로 가능한 것이고, 하나님을 100퍼센트 신뢰하지 않으면 할 수 없는 행동이었다.

실제로 다윗은 사울 앞에서는 양을 칠 때 못된 짐승을 잡은 이야기로 자신의 실력을 과시했지만, 골리앗 앞에서는 그런 자신의 실력을 과시하지 않았다. 그는 이렇게 호령했을 뿐이다.

"너는 칼과 창과 단창으로 내게 오거니와 나는 만군의 여호와의 이름 곧 네가 모욕하는 이스라엘 군대의 하나님의 이름으로 네게 가노라"(삼상 17:45).

다윗은 하나님으로부터 이스라엘의 왕으로 기름부음을 받았고, 이제 기름부음에 합당한 행동을 해야 했던 것이다. 그래서 그는 하나님 자신과 이스라엘 군대의 하나님을 모욕하는 골리앗을 향하여 분연히 일어섰던 것이다. 만약 그가 기름부음을 받지 않았다면 골리앗과의 싸움은 아무런 의미가 없었을 것이다. 그러나 사무엘로부터 기름부음을 받은 후부터는 정통성을 간직한 이스라엘의 왕이었다. 사울도 처음 기름부음을 받고 왕이 되기 전에 암몬 자손과의 전투에서 왕으로 검증을 받은 후에야 백성들의 지지를 받아 정식으로 왕에 취임했기 때문에(삼상 11:6~15), 다윗 역시 왕으로서의 역할을 수행해야 했다. 그래서 싸움은 다윗과 골리앗이라는 개인과 개인의 싸움이 아니라, 이스라엘과 블레셋이라는 국가, 아니 그들이 믿는 하나님과 다곤 간의 대리전쟁이었다. 그랬기 때문에 하나님은 모욕 받는 자신의 이름과 자신의 군대를 위하여 불가능한 전투에서 다윗을 위해 일하셨던 것이다.

전장에서 돌아올 때 여인들이 **"사울의 죽인 자는 천천이요 다윗은 만만이로다"**(삼상 18:7)라고 하여 그 영광을 하나님께 돌리지 않고 다윗에게 돌림으로 인하여 사탄이 역사하게 된다. 이 일은 전적으로 하나님이 하신 일이었으므로 그 영광이 하나님께로 돌아갔다면 그렇게 혹독한 시련은 없었을 것이다.

다윗이 골리앗을 죽이고 승리하자, 사울은 다윗이 언젠가 자기를 무너뜨리고 왕이 될까 봐 두려웠다. 그때부터 다윗은 10년이 넘는 긴 세월 동안 사울의 눈을 피해 도망자로 살아간다.

하나님의 도우심이 없었다면 그는 결코 사울의 손아귀에서 벗어날 수 없었을 것이다. 사울이 던진 창이 다윗을 비켜 벽에 박히기도 했고(삼상 19:9~10), 라마 나욧에 있는 사무엘에게 피하였을 때는 사울을 하나님의 영에 붙잡히도록 하여 다윗을 피신시키기도 했다(삼상 19:20~24). 심지어 십 황무지에 숨어 있을 때는 고발자들에 의해 사울에게 거의 잡힐 뻔하기도 했지만, 하나님은 블레셋으로 하여금 이스라엘을 침노케 하여 사울이 포위망을 풀도록 하셨다(삼상 23:25~27). 이처럼 그는 종종 사망 가운데 놓였지만 그때마다 하나님의 도우심으로 위기에서 벗어났다.

다윗도 도망 다니면서 두 번이나 사울왕을 죽일 기회가 있었다(삼상 24:3~15, 26:6~12). 그러나 하나님께 기름부음을 받은 왕을 죽이는 것은 하나님이 금하시는 일이라며 죽이지 않는다. 이 같은 놀라울 정도의 절제력은 그가 평범한 사람이 아니라는 것을 증명한다.

그런 다윗이었지만, 나발이 그를 향하여 **"다윗은 누구며 이새의 아들은 누구뇨 근일에 각기 주인에게서 억지로 떠나는 종이 많도다 내가 어찌 내 떡과 물과 내 양털 깎는 자를 위하여 잡은 고기를 가져 어디로서인지 알지도 못하는 자들에게 주겠느냐"**(삼상 25:10~11)라는 모욕적인 말을 했을 때는 참지 못하고 그를 죽이려 했다. 만약 나발의 아내인 아비가일이 지혜롭게 다윗을 대접하지 않았으면 그는 향후 백성을 죽인 왕이 되었을 것이다(삼상 25:31).

다윗은 세 번이나 외국으로 도망하는데, 첫 번째는 블레셋의 아기스 왕에게 갔다가 장수들이 그를 알아보았기 때문에 스스로 침을 흘리며 미친 척하다가 그곳을 빠져나온다. 두 번째는 부모까지 핍박을 받을까 하여 온 가족이 모압 땅 미스베로 가서 모압 왕에게 몸을 의탁한다. 그러나 선지자 갓이 유다로 돌아가라고 한다. 그는 도망 다니면서 이같이 하나님께 절규한다.

> "여호와여 어느 때까지니이까 나를 영영히 잊으시나이까 주의 얼굴을 나에게서 언제까지 숨기시겠나이까…여호와 내 하나님이여 나를 생각하사 응답하시고 나의 눈을 밝히소서 두렵건대 내가 사망의 잠을 잘까 하오며 두렵건대 나의 원수가 이르기를 내가 저를 이기었다 할까 하오며 내가 요동될 때에 나의 대적들이 기뻐할까 하나이다"(시 13:1~4).

다윗의 처지는 정말 비참했다. 그러나 이 상태까지 와서도 하나님이 자신의 고통에 대해 응답하시지 않는 것으로 생각하여 세 번째로 다시 골리앗의 왕 아기스에게 자신을 의탁한다.

> "내가 후일에는 사울의 손에 망하리니 블레셋 사람의 땅으로 피하여 들어가는 것이 상책이로다 사울이 이스라엘 온 경내에서 나를 수색하다가 절망하리니 내가 그 손에서 벗어나리라"(삼상 27:1).

다윗은 블레셋의 아기스 왕 휘하 장수로 1년 4개월간 거하는데, 아기스 왕은 다윗이 자기와 함께 이스라엘을 치는 일에 동참하면 영원히 자기 머리를 지키는 자로 삼겠다고 말한다(삼상 28:2). 골리앗을 죽이고 블레셋 사람 200명의 양피를 벗긴 장수(삼상 18:27)였기 때문에 아기스 왕은 어떻게 해서든지 다윗을 자신의 심복으로 만들고 싶어했다. 다윗 역시 오직 살겠다는 일념에, 어떻게 해서든지 아기스 왕의 눈에 들어 자신의 위치를 확고히 하고 싶었다(삼상 28:2).

이제 블레셋은 아벡에 모여 이스라엘과의 결전을 준비한다. 다윗도 소집에 응했지만, 블레셋의 모든 방백들이 그의 출전을 극렬히 거부한다. 그가 이스라엘과 전쟁을 치르는 척하다가 그 칼을 돌려 자기들의 머리를 가지고 사울과 다시 화합할 것이기 때문이라는 것이었다. 실제로 사울이 죽었을 때 금식하고 슬퍼할 뿐 아니라 슬픈 느래까지 지어 부른 다윗의 행동을 보면(삼하 1:12~27), 그는 결코 이스라엘과 적극적인 전투를 치르지 않았을 것이다. 결국 아기스 왕은 다윗에게 새벽에 일어나 부하들을 데리고 시글락 성으로 돌아가라고 말하고 블레셋은 이스라엘과 결전을 치르러 이스르엘로 올라간다.

이때 다윗의 심정이 어떠했을까? 이 일이 있기 전 그는 아기스의 신임을 얻기 위해 동족의 땅인 유다 남방과 여라무엘 사람의 남방과 모세의 장인의 후손으로 동족과 다름없는 겐 족속의 남방을 쳤다. 물론 그는 그술과 기르스와 아말렉을 치고서 가증스럽게도 아기스에게 거짓말을 했고, 혹시 거짓말이 새어나갈까 봐 모든 남녀를 진멸할 정도로 용의주도했다. 그의 거짓된 보고를 들은 아기스는 다윗이 그의 백성 이스라엘에게 미움을 받게 되었으니 영영히 자기 사자가 될 것이라고 기뻐했다(삼상 27:8~12). 그처럼 다윗은 살기 위해 발버둥을 쳤다.

그는 새벽 일찍 아벡을 떠나 제3일에 시글락에 도착한다. 3일 동안 70여km를 부하들과 천천히 걸어오면서 오만가지 생각으로 심한 불안감에 휩싸였을 것이다.

'블레셋 땅도 내가 거할 곳이 못 되는구나. 사울이 전쟁에서 이긴다면 여세를 몰아 내 목을 요구할 것이고, 아기스가 이겨도 그 부하들의 성화에 못 이겨 화근이 될 나를 가만두지 않을 것이다. 대명천지(大明天地)에 내 머리 둘 곳이 없구나! 아, 나는 어디로 가야 하나!'

그의 머릿속은 온통 이런 생각으로 가득 찼을 것이다. 그는 블레셋에도, 이스라엘에도 거할 수 없었다. 이스라엘 쪽에서는 배신자였고, 블레셋 쪽에서는 신뢰할 수 없는 자였다.

그런데 다윗이 시글락 성으로 돌아왔을 때, 엎친 데 덮친 격으로 성은 이미 아말렉에 의해 초토화되었고, 아내들과 자녀들, 그리고 모든 재산을 아말렉이 탈취하여 가지고 떠난 뒤였다. 아내와 자녀들, 그리고 재산까지 탈취당한 것을 생각해 보면 그 얼마나 기막힌 일이었 겠는가? 다윗과 그 추종자들이 울 기력이 다할 정도로 슬피 울었고, 따르던 자들까지 원망하며 그를 죽이려 했다. 부하들마저 그를 믿지 못하는 극한 상황이 되었다. 그는 벼랑 끝에 내몰려 있었다. 세상에 이처럼 불행한 사람이 또 있을까? 그 역시 이런 불행에 대하여 하나님을 원망할 만했지만, 원망하지 않고 울다가 울다가 하나님 앞에 무릎을 꿇는다. 얼마나 피눈물 나는 기도였는지…. 만약 기적이 일어나지 않으면 그는 여기서 비참한 최후를 맞이해야 할 상황이었다.

"내 하나님이여 내 하나님이여 어찌 나를 버리셨나이까 어찌 나를 멀리하여 돕지 아니하옵시며 내 신음하는 소리를 듣지 아니하시나이까 내 하나님이여 내가 낮에도 부르짖고 밤에도 잠잠치 아니하오나 응답지 아니하시나이다 이스라엘의 찬송 중에 거하시는 주여 주는 거룩하시니이다 우리 열조가 주께 의뢰하였고 의뢰하였으므로 저희를 건지셨나이다 저희가 주께 부르짖어 구원을 얻고 주께 의뢰하여 수치를 당치 아니하였나이다"(시 22:1~5).

"우리 조상들은 주께 부르짖었을 때 구원을 얻었고, 수치를 당치 않았는데, 저는 이보다 더 간절하게 밤낮으로 주 앞에 엎드려 부르짖고 간구하는데 어찌하여 저를 이 절망의 고통 속에 놓아두시는지요? 아하, 나의 하나님이여! 이 사망의 그늘에서 나를 구원하소서!"

그의 기도는 이것이었다. 다윗은 얼마나 절박했는지, 절규하듯 **'나의 하나님'**을 외치며 **"어찌 나를 버리셨나이까"**(시 22:1)라고 울부짖었다. 예전에 그는 힘들고 팍팍한 삶에 대해 요나단에게 **"나와 사망의 사이는 한 걸음뿐이니라"**(삼상 20:3)라고 말했었다. 그가 위대한 것은 그 어떤 고난 속에서도 하나님을 향한 신뢰를 저버리지 않았다는 것이다. 주님은 유월절과 홍해를 가르심으로 죽음에서 조상들을 구원하신 분이셨다. 기도를 마친 그는 아말렉을 쫓아가도 되겠냐고 여쭈어본다. 하나님은 아말렉을 쫓아가 그 모든 소유와 처자들을 구하라고 하셨다.

하나님은 이때 다윗을 위해 두 가지 일을 행하신다. 아말렉을 쳐서 그 모든 소유와 처자들을 잃은 것 없이 되찾아오게 하시고, 다윗이 빠진 전투에서 블레셋 아기스 왕의 손을 빌려 사울을 죽이신다. 성경을 읽어보면 이때 블레셋과 이스라엘 사이의 전투와 다윗과 아말렉 사이의 전투가 동시에 있었으며(삼상 31:1의 "were fighting", 삼하 1:1 참조), 다윗은 아말렉과의 전투로 인하여 블레셋과 이스라엘로부터 모두 명분을 얻을 수 있었다. 사울이 죽었기 때문에 다윗은 이스라엘로 돌아갈 수 있었다. 만약 이 전쟁에서 사울이 죽지 않고 아기스가 죽었으면 사울은 배신자 다윗의 목을 요구했을 것이고, 아기스의 부하들은 그를 사울에게 보냈을 것이다. 만약 아말렉과의 전투를 치르지 않았다면 그는 블레셋으로부터도 명분을 얻지 못했을 것이다. 하나님의 구원이 얼마나 극적이었는지 상상이나 할 수 있겠는가? 그때 다윗은 이와 같이 찬양한다.

"나의 힘이 되신 여호와여 내가 주를 사랑하나이다 여호와는 나의 반석이시요 나의 요새시요 나를 건지시는 자시요 나의 하나님이시요 나의 피할 바위시요 나의 방패시요 나의 구원의 뿔이시요 나의 산성이시로다 내가 찬송 받으실 여호와께 아뢰리니 내 원수들에게서 구원을 얻으리로다 사망의 줄이 나를 얽고 불의의 창수가 나를 두렵게 하였으며 음부의 줄이 나를 두르고 사망의 올무가 내게 이르렀도다 내가 환난에서 여호와께 아뢰며 나의 하나님께 부르짖었더니 저가 그 전에서 내 소리를 들으심이여 그 앞에서 나의 부르짖음이 그 귀에 들렸도다"(시 18:1~6).

결과적으로 아말렉과의 전투는 하나님이 다윗을 보호하신 조치였다. 그가 블레셋과 이스라엘의 전투에 참가했으면 훗날 왕으로서의 정통성을 인정받지 못했을 것이며, 시글락에 평안히 거했으면 블레셋에서도 명분을 얻지 못했을 것이다. 아말렉이 블레셋과 유다로부터 탈취한 것으로 먹고 마시며 춤췄다는 것을 볼 때(삼상 30:16), 이들은 블레셋과 이스라엘 모두의 적이었다. 따라서 다윗은 이들을 진멸하여 블레셋과 이스라엘 모두에게서 명분을 얻을 수 있었다.

> 그는 나의 주 아버지 내 영혼을 풀밭에 누이시고
> 새와 나무의 노래로 내 맘을 위로하여 주시네
> 양들이 주인 찾듯이 오직 한 분 목자인 내 주님을
> 내가 찾고 또 따르니 주 곁에 나를 매어 주소서
> 주는 내 피난처 내 요새 되시니 내 피할 곳은 주뿐이네
> 나 돌아갈 내 본향 주의 집에서 내 주님 맞아 주시리

사울이 죽자 다윗은 헤브론에서 7년 6개월간 유다 지파의 왕이 된다. 그 후 사울의 아들 이스보셋의 죽음으로 모든 이스라엘을 다스리는 왕이 된다. 그렇게 모든 적들을 무찔러 평안해지자 그는 성전 건립을 결심한다. 이에 하나님은 그 마음을 보시고 그에게 놀라운 복으로 약속하신다.

> "만군의 여호와께서 이처럼 말씀하시기를 내가 너를 목장 곧 양을 따르는데서 취하여 내 백성 이스라엘의 주권자를 삼고 네가 어디를 가든지 내가 너와 함께 있어 네 모든 대적을 네 앞에서 멸하였은즉 세상에서 존귀한 자의 이름같이 네 이름을 존귀케 만들어 주리라 내가 또 내 백성 이스라엘을 위하여 한 곳을 정하여 저희를 심고 저희로 자기 곳에 거하여 다시 옮기지 않

게 하며 악한 유로 전과 같이 저희를 해하지 못하게 하여 전에 내가 사사를 명하여 내 백성 이스라엘을 다스리던 때와 같지 않게 하고 너를 모든 대적에게서 벗어나 평안케 하리라 여호와가 또 네게 이르노니 여호와가 너를 위하여 집을 이루고 네 수한이 차서 네 조상들과 함께 잘 때에 내가 네 몸에서 날 자식을 네 뒤에 세워 그 나라를 견고케 하리라 저는 내 이름을 위하여 집을 건축할 것이요 나는 그 나라 위를 영원히 견고케 하리라 나는 그 아비가 되고 그는 내 아들이 되리니 저가 만일 죄를 범하면 내가 사람 막대기와 인생 채찍으로 징계하려니와 내가 네 앞에서 폐한 사울에게서 내 은총을 빼앗은 것같이 그에게서는 빼앗지 아니하리라 네 집과 네 나라가 내 앞에서 영원히 보전되고 네 위가 영원히 견고하리라 하셨다 하라"(삼하 7:8~16).

이에 다윗은 하나님 앞에 나아와 이렇게 감사를 올린다.

"여호와 하나님이여 이러므로 주는 광대하시니 이는 우리 귀로 들은 대로는 주와 같은 이가 없고 주 외에는 참 신이 없음이니이다 땅의 어느 한 나라가 주의 백성 이스라엘과 같으리이까 하나님이 가서 구속하사 자기 백성을 삼아 주의 명성을 내시며 저희를 위하여 큰 일을 주의 땅을 위하여 두려운 일을 애굽과 열국과 그 신들에게서 구속하신 백성 앞에서 행하셨사오며 주께서 주의 백성 이스라엘을 세우사 영원히 주의 백성을 삼으셨사오니 여호와여 주께서 저희 하나님이 되셨나이다 여호와 하나님이여 이제 주의 종과 종의 집에 대하여 말씀하신 것을 영원히 확실케 하옵시며 말씀하신 대로 행하사 사람으로 영원히 주의 이름을 높여 이르기를 만군의 여호와는 이스라엘의 하나님이라 하게 하옵시며 주의 종 다윗의 집으로 주 앞에 견고하게 하옵소서 만군의 여호와 이스라엘의 하나님이여 주의 종에게 알게 하여 이르시기를 내가 너를 위하여 집을 세우리라 하신 고로 주의 종이 이 기도로 구할 마음이 생겼나이다 주 여호와여 오직 주는 하나님이시며 말씀이 참되시니이다 주께서 이 좋은 것으로 종에게 허락하셨사오니 이제 청컨대 종의 집에 복을 주사 주 앞에 영원히 있게 하옵소서 주 여호와께서 말씀하셨사오니 주의 은혜로 종의 집이 영원히 복을 받게 하옵소서"(삼하 7:22~29).

훗날 다윗은 20년 넘게 다른 곳에 있던 언약궤를 다시 찾아온다 언약궤가 오벧에돔에서 다윗 성으로 오는 날 다윗은 베 에봇을 입고 언약궤 앞에서 있는 힘을 다해 춤을 추었는데, 그때 사울의 딸이며 다윗의 아내인 미갈이 창으로 그 모습을 바라보면서 다윗을 업신여긴다. 그는 하나님 앞에서 이보다 낮아질지라도 미갈에게서는 높임을 받을 것이라고 하면서 그녀와 평생 동침하지 않았다(삼하 6:16~23). 누구나 그의 행동만 보면 왕이 위엄 없이 행동했다고 판단할 수 있겠지만, 하나님의 무한하신 능력으로 사울과 블레셋으로부터 구원받은 그의 입장을 생각하면 충분히 이해할 수 있다. 시련이 컸던 사람일수록 하나님에 대한 감사가 큰 법이다.

다윗은 그 뒤로도 철저히 하나님 앞에 낮아진 상태로 살았다. 비록 우리아를 살해하고 그 아내를 자신의 아내로 삼는 죄를 저질렀지만, 선지자 나단의 지적에 바로 그 죄를 자복하고 하나님 앞에 무릎을 꿇었다. 특히 그로 인해 압살롬에게 쫓겨 도망갈 때의 행적을 살펴보면, 그가 자신의 죄악 때문에 이러한 일이 발생했다는 것을 철저히 인식하고 하나님 앞에 죄를 자복하는 심정으로 그 모든 고난을 자처하는 모습을 보게 된다. 그는 머리를 풀고 맨발로 기브론 시내를 건너 광야로 도망간다. 다윗이 바후림에 이르렀을 때 사울 집안의 시므이가 다윗을 쫓아오면서 돌을 던지고 티끌을 날리며 모든 악한 말로 저주할 때도 그는 묵묵히 그 저주를 받아들인다. 신복 중 아비새가 분하여 그를 죽여버리겠다고 하자 다윗은 이같이 말하며 제지한다.

"내 몸에서 난 아들도 내 생명을 해하려 하거든 하물며 이 베냐민 사람이랴 여호와께서 저에게 명하신 것이니 저로 저주하게 버려두라 혹시 여호와께서 나의 원통함을 감찰하시리니 오늘날 그 저주 까닭에 선으로 내게 갚아 주시리라"(삼하 16:11~12).

압살롬을 물리치고 다시 예루살렘으로 돌아오는 길에 시므이를 다시 만났을 때 아비새가 또 그를 죽이려 했지만 다윗은 다시 아비새의 칼을 거두도록 하여 하나님 앞에 징계받는 자의 입장을 철저히 지켰다. 압살롬이 죽고 전쟁에서 승리한 날 다윗은 그가 자신의 죄로 인하여 죽었다고 생각하여 슬픔을 감추지 않았다. 그날에 모든 백성이 싸움에 쫓겨 부끄러워 도망한 것같이 가만히 성으로 들어갔다고 하니 다윗의 태도가 어떠했는지 짐작할 수 있다.

그는 평생 하나님 앞에 자신을 낮추었고, 예배하는 삶을 살았다. 그래서 자기 손으로 성전 짓기를 간절히 소망하였다.

"내가 여호와께 청하였던 한 가지 일 곧 그것을 구하리니 곧 나로 내 생전에 여호와의 집에 거하여 여호와의 아름다움을 앙망하며 그 전에서 사모하게 하실 것이라"(시 27:4).

이것이 예배자로서의 그의 간절한 소망이었지만, 하나님은 모세의 가나안 입성을 허락하지 않으셨던 것처럼, 다윗의 성전 건축도 허락하지 않으셨다. 그것은 그가 군인으로 피를 많이 흘렸기 때문이었다(대상 28:3). 비록 그의 손으로 성전을 건축하지는 못했지만, 그는 힘을 다하여 성전 건축 재료를 준비했고 봉사할 제사장과 레위 사람들을 예비했다. 모세에게 성막의 설계도를 보여주셨듯이 하나님은 다윗에게는 성전의 설계도를 보여주셨다. 역대상 22~29장을 읽어

보면 그가 성전 건축을 위해 얼마나 많이 준비하고 그 마음이 하나님께 향했는지를 충분히 알 수 있다. 다윗이 위대한 것은 그가 예배 장소를 위한 하드웨어와 소프트웨어를 예비했기 때문이다. 하나님은 그의 성품을 알았기에 왕으로 택할 때부터 "**내 마음에 합한 사람이라 내 뜻을 다 이루게 하리라**"(행 13:22)라고 했고, 그 모든 허물에드 그의 보좌는 영원히 설 것이라 약속하셨다(삼하 7:8~18).

다윗은 성전을 건축할 재료를 다 모은 후, 온 이스라엘의 모든 방백들을 예루살렘으로 소집하여 아들 솔로몬을 도와 성전을 건축할 것을 당부하면서 이렇게 하나님을 송축한다.

> "우리 조상 이스라엘의 하나님 여호와여 주는 영원히 송축을 받으시옵소서 여호와여 광대하심과 권능과 영광과 이김과 위엄이 다 주께 속하였사오니 천지에 있는 것이 다 주의 것이로소이다 여호와여 주권도 주께 속하였사오니 주는 높으사 만유의 머리심이니이다…**우리 하나님이여** 이제 우리가 주께 감사하오며 주의 영화로운 이름을 찬양하나이다 나와 나의 백성이 무엇이관대 이처럼 즐거운 마음으로 드릴 힘이 있었나이까…**우리 하나님 여호와여** 우리가 주의 거룩한 이름을 위하여 전을 건축하려고 미리 저축한 이 모든 물건이 다 주의 손에서 왔사오니 다 주의 것이니이다 **나의 하나님이여** 주께서 마음을 감찰하시고 정직을 기뻐하시는 줄 내가 아나이다 내가 정직한 마음으로 이 모든 것을 즐거이 드렸사오며 이제 내가 또 여기 있는 주의 백성이 주께 즐거이 드리는 것을 보오니 심히 기쁘도소이다 **우리 열조 아브라함과 이삭과 이스라엘의 하나님 여호와여** 주께서 이것을 주의 백성의 심중에 영원히 두어 생각하게 하시고 그 마음을 예비하여 주께로 돌아오게 하옵시며 또 내 아들 솔로몬에게 정성된 마음을 주사 주의 계명과 법도와 율례를 지켜 이 모든 일을 행하게 하시고 내가 위하여 예비한 것으로 전을 건축하게 하옵소서"(대상 29:10~19).

그의 기도를 들은 이스라엘 백성은 뜨거운 가슴을 안고 모두 하나님 앞에 무릎을 꿇었다. 어느 누구든지 그 자리에서 다윗의 기도를 들었으면 가슴이 뜨거워졌을 것이다.

다윗은 블레셋의 대장군 골리앗을 쓰러뜨린 영웅이었다. 그러나 그가 위대한 것은 골리앗을 쓰러뜨렸기 때문이 아니라, 10년이 넘는 긴 세월 동안 큰 고난 속에서도 오직 하나님을 신뢰했고, 왕이 된 후에도 낮은 자세로 하나님만 바라보고 살았기 때문이다. 간음으로 인하여 자식들이 살해되고, 왕위에서 쫓겨나는 징계를 받았어도 그는 자신의 죄를 자복하고 하나님께 나아가 기꺼이 무릎을 꿇었기에 **"이는 다윗이 헷 사람 우리아의 일 외에는 평생에 여호와 보시기에 정직히 행하고 자기에게 명하신 모든 일을 어기지 아니하였음이라"**(왕상 15:5)라는 평가를 들을 수 있었다.

> "다윗이 죽을 날이 임박하매 그 아들 솔로몬에게 명하여 가로되 내가 이제 세상 모든 사람의 가는 길로 가게 되었노니 너는 힘써 대장부가 되고 네 하나님 여호와의 명을 지켜 그 길로 행하여 그 법률과 계명과 율례와 증거를 모세의 율법에 기록된 대로 지키라 그리하면 네가 무릇 무엇을 하든지 어디로 가든지 형통할찌라"(왕상 2:1~3).

그는 그의 평생에 주님이 항상 함께 계셨다는 것을 알았다. 그래서 솔로몬에게 하나님의 명을 지키면 그의 평생에도 하나님이 함께 하실 것이라는 유언을 남기고 떠났다. 그는 진정 하나님의 사람이었고, 이스라엘뿐 아니라 그리스도인의 영웅이었다.

## 그는 나의 주 아버지

그는 나의 주 아버지 내 영혼을 풀밭에 누이시고
새와 나무의 노래로 내 맘을 위로하여 주시네
양들이 주인 찾듯이 오직 한 분 목자인 내 주님을
내가 찾고 또 따르니 주 곁에 나를 매어 주소서
주는 내 피난처 내 요새 되시니 내 피할 곳은 주뿐이네
나 돌아갈 내 본향 주의 집에서 내 주님 맞아 주시리

# 27
## 예수님의 계보에 들어온 이방 여인들

"아브라함과 다윗의 자손 예수 그리스도의 세계라 아브라함이 이삭을 낳고 이삭은 야곱을 낳고 야곱은 유다와 그의 형제를 낳고 유다는 다말에게서 베레스와 세라를 낳고 베레스는 헤스론을 낳고 헤스론은 람을 낳고 람은 아미나답을 낳고 아미나답은 나손을 낳고 나손은 살몬을 낳고 살몬은 라합에게서 보아스를 낳고 보아스는 룻에게서 오벳을 낳고 오벳은 이새를 낳고 이새는 다윗왕을 낳으니라 다윗은 우리야의 아내[였던 여인]에게서 솔로몬을 낳고 솔로몬은 르호보암을 낳고 르호보암은 아비야를 낳고 아비야는 아사를 낳고"(마 1:1~7).

신약성경 첫 페이지를 열면 이같이 예수 그리스도의 계보가 나온다. 여기에는 특별히 다말과 라합, 룻이라는 이방 여인과 우리아의 아내였던 여인이라는 네 명의 여인들이 등장한다. 헷 사람 우리아는 이방인이었지만, 그의 아내였던 밧세바는 이스라엘 여인이었다.

예수님의 족보에 굳이 여인들의 이름을 기록한 것도 납득이 되지 않는데, 이름이 거명된 여인들 모두 이방인이며, 또 그 행실도 아름답지 못했기 때문에 참으로 이상한 일이 아닐 수 없다. 우리가 익히 알고 있는 믿음의 족보에 들어올 만한 여인들인 사라, 리브가, 레아와 라헬 등은 제외하고 어떻게 이처럼 불결한 이방 여인들을 성경에 기록한 것일까? 왜 행실이 그리 아름답지 못하여 숨기고 싶은 여인들의 이름을 신약성경 첫 페이지에서부터 언급하고 있을까? 더 이상한 것은 솔로몬을 낳은 다윗의 아내는 밧세바라는 이름이 분명히 있고, 솔로몬을 낳았을 때는 다윗의 아내였음에도 왜 '우리아의 아내였던 여인'이라고 콕 집어 기록했을까? 반면 솔로몬은 암몬 족속의 여인 나아마로부터 르호보암을 낳았는데, 여기에는 왜 그녀의 이름을 언급하지 않았을까? 도대체 하나님은 어떤 기준으로 여인들의 이름을 여기에 기록하신 것일까?

기록된 여인들이 어떤 사람이었는지 하나하나 살펴보면서 그 연유를 생각해 보자.

야곱의 넷째 아들인 유다는 요셉을 미디안 상인들에게 판 후, 가족들을 떠나 아둘람 사람 히라에게 의지하여 은둔자로 살아간다. 그는 거기서 가나안 사람 수아의 딸과 동침한 후, 그녀에게서 엘과 오난, 셀라를 얻는다. 아이들이 장성하자 장자 엘을 위해 다말이라는 가나안 여인을 며느리로 맞이한다. 그런데 엘이 하나님 앞에 악하므로 하나님이 그를 죽이셨다. 이에 유다는 둘째 오난에게 "**네 형수에게로 들어가서 남편의 아우의 본분을 행하여 네 형을 위하여 씨가 있게 하라**"(창 38:8)라고 말한다. 그러나 오난은 그 씨가 자기 것이 되지 않을 것을 알므로 땅에 설정했다. 이에 하나님은 오난의 행위 역시 악하게 보시고 그도 죽이셨다. 유다는 이 가나안 여인 때문에 두 아들이 모두 죽자 그녀를 불길하게 생각한다. 그리하여 셋째 아들 셀라도 죽을지 모른다는 생각에 셀라가 장성하기까지 기다리라 하면서 그녀를 친정으로 보내버렸다.

얼마 후 유다의 아내마저 죽자, 유다는 위로를 받은 후 양털을 깎기 위해 친구인 아둘람 사람 히라와 함께 딤나에 이른다. 그때 어떤 사람이 다말에게 "네 시부가 자기 양털을 깎으려고 딤나에 올라왔다" (창 38:13)라고 알려준다. 이에 다말은 과부의 의복을 벗고 면박으로 얼굴을 가리고 또 몸을 감싼 후 딤나 길에 앉아서 시아버지를 유혹한다. 그것은 셀라가 장성했음에도 시아버지가 자기를 그의 아내로 주지 않았기 때문이었다.

유다는 딤나 길에 앉아 있는 그녀를 창녀로 알고 동침하기를 청한다. 그녀는 화대로 염소 새끼를 받기로 하고, 도장과 끈(팔찌)과 지팡이를 약조물로 청한다. 그 후 유다는 아둘람 사람 히라에게 염소 새끼를 주고 그녀를 찾아 도장과 끈(팔찌)과 지팡이를 받아오라고 부탁한다. 그러나 친구는 그녀를 찾지 못하였고, 어떤 사람의 입을 통하여 다말이 행음하였으므로 잉태했다는 기별을 듣는다. 이에 유다는 그녀를 끌어내 불태우라 명한다. 그녀는 끌려 나가면서 시아버지에게 도장과 끈(팔찌)과 지팡이를 보여주면서 이 물건의 임자로 말미암아 잉태했다고 말한다.

"유다가 그것을 알아보고 가로되 그는 나보다 옳도다 내가 그를 내 아들 셀라에게 주지 아니하였음이로다 하고 다시는 그를 가까이하지 아니하였더라"(창 38:26).

그녀가 시아버지와 동침한 것은 명백한 죄였다. 훗날 모세도 율법에 기록하기를 며느리의 하체를 범하지 말라 했는데(레 18:15), 며느리인 다말이 오히려 천륜을 어기고 시아버지를 유혹했다. 어떻게 목숨을 내놓고 그처럼 무모하고 대담한 일을 감행할 수 있었을까?

그런데 다말의 입장에서 보면 유다의 처사가 부당했다. 엘과 오난이 죽은 것은 다말의 잘못이 아니라 그들의 죄 때문이었다. 그 당시의 풍습에 따라 그녀는 재혼하는 것이 아니라 당연히 셀라의 아내가 되어야 했다. 모세의 율법도 그렇게 해야 한다고 규정하고 있다(신 25:5~6). 그런데 그녀는 시아버지의 두려움 때문에 자식 없이 홀로 살아야 했다. 여인으로서 후사를 얻는 것이 무엇보다 컸기 때문에 그녀는 잘못된 일인 줄 알면서도 시아버지를 유혹했던 것이다.

유다가 체면을 중시했다면 며느리와 그 배 속의 자녀를 죽일지도 모르는데, 그녀는 목숨을 걸고 시아버지를 유혹했던 것이다. 셀라가 살아 있는데 전통을 어기고 시아버지가 재혼을 허락할 리는 만무했다. 비록 천륜을 어기는 일이었지만, 다말은 이것이 최선이라 생각했을 것이다. 유다는 자녀를 얻기 위해 이처럼 용기 있게 행동한 며느리가 옳았다고 인정했다.

유다 역시 천륜을 어기고 동생을 파는 데 앞장섰는데, 그것은 동생을 죽이려는 형제들의 손에서 그를 살리려던 것이었다. 마음 깊은 곳에서는 동생을 살려 아버지에게 데려가고 싶었지만, 다른 형제들의 눈치를 살피느라 용기 있는 한마디를 던지지 못했고, 겨우 동생을 팔자는 제안만 했다. 동생을 죽이려는 형제들의 마음을 돌릴 수 없다고 생각했기 때문이다. 그런데 아버지가 너무도 슬퍼했기 때문에 자신의 행동에 대한 아무런 변명도 못 하고 죄책감에 사로잡혀 20여 년을 숨어 지냈다. 반면 다말은 시아버지의 잘못을 은밀하고, 조심스럽고, 지혜롭게 지적하며 그 명예를 지켜주었다. 유다는 다말의 휼간(譎諫)에 즉각적으로 잘못을 인정했다. 그는 이 일로 자신의 과거를 돌아보았고, 용기를 내 아버지 앞에 나아갔을 것이다. 그리고 형제들의 미움을 받더라도 그때의 심경을 토해냈을 것이고, 동생을 판 죄에 대해서는 무릎을 꿇었을 것이다.

성경은 휼간으로 유다를 그의 아버지에게 인도하고, 자칫 끊어질 뻔한 유다의 후손을 이어준 다말의 행동을 믿음으로 보았다. 훗날 다말의 행동에 대하여 이스라엘은 이렇게 기록하였다.

> "여호와께서 이 소년 여자로 네게 후사를 주사 네 집으로 다말이 유다에게
> 낳아준 베레스의 집과 같게 하시기를 원하노라"(룻 4:12).

물론 이것은 룻에 대한 하나님의 복을 말하기 위해 언급한 것이지만, 다말의 이 같은 행동을 모든 이스라엘이 옳게 보았기 때문이며, 그래서 그녀의 이름을 왕의 족보에 올렸던 것이다.

이스라엘이 애굽을 떠나 40년의 광야 생활을 마치고 여호수아의 지도 아래 가나안 입성을 앞두고 있었을 때였다. 가나안의 첫 번째 정복지는 여리고성이었다. 그러므로 여리고 전투는 향후 가나안 정복전쟁의 향방을 가늠할 수 있는 아주 중요한 싸움이었다. 아무리 하나님이 함께하신다고 했지만, 여호수아의 입장에서는 신중에 신중을 기할 수밖에 없었다. 그는 요단을 건너기 전 싯딤에 머물면서 밤을 틈타 두 명의 정탐꾼을 여리고로 보냈고, 그 밤에 그들은 기생 라합의 집으로 들어간다(수 2:2). 그러나 그들의 소재는 곧바로 발각되었고, 여리고 왕은 군사를 보내어 그들을 끌어내라고 명령한다. 그녀는 이미 지붕에 벌여놓은 삼대에 그들을 숨기고, 왕에게는 이같이 거짓말로 고한다.

> "과연 그 사람들이 내게 왔었으나 그들이 어디로서인지 나는 알지 못하였고 그 사람들이 어두워 성문을 닫을 때쯤 되어 나갔으니 어디로 갔는지 알지 못하되 급히 따라가라 그리하면 그들에게 미치리라"(수 2:4~5).

여리고는 이미 이스라엘에 대하여 잘 알고 있었다. 하나님이 그들과 함께하시어 홍해 물을 마르게 한 일과 요단 동편에 있는 아모리 족속의 두 왕 시혼과 옥을 전멸시킨 일 등을 모두 알고 있었다(수 2:10, 5:1). 그 이스라엘이 가나안을 정복하기 위해 가장 먼저 여리고

를 칠 것도 알고 있었다. 라합을 포함한 여리고의 모든 사람들은 자신들도 결국 시혼, 옥과 같은 운명이 될 것이라는 사실을 알고 공포에 떨고 있었다. 그랬기 때문에 그녀가 상식적인 사람이었다면, 이스라엘의 정탐꾼을 봤을 때 다른 여리고 사람들처럼 왕에게 고발했어야 한다. 그런데 정작 그녀는 정탐꾼을 숨겨주었고, 거짓말을 하여 군사들을 멀리 보내버렸다. 그녀는 목숨을 내놓고 이 일을 감행했던 것이다. 그뿐 아니라 그녀는 백성들의 동태도 알려주어 이스라엘이 안심하고 여리고를 정복할 수 있도록 하였다. 그녀는 왜 자기 국가와 백성을 배반했던 것일까?

"여호와께서 이 땅을 너희에게 주신 줄을 내가 아노라 우리가 너희를 심히 두려워하고 이 땅 백성이 다 너희 앞에 간담이 녹나니 이는 너희가 애굽에서 나올 때에 여호와께서 너희 앞에서 홍해 물을 마르게 하신 일과 너희가 요단 저편에 있는 아모리 사람의 두 왕 시혼과 옥에게 행한 일 곧 그들을 전멸시킨 일을 우리가 들었음이라 우리가 듣자 곧 마음이 녹았고 너희의 연고로 사람이 정신을 잃었나니 너희 하나님 여호와는 상천하지에 하나님이시니라 그러므로 청하노니 내가 너희를 선대하였은즉 너희도 내 아버지의 집을 선대하여 나의 부모와 남녀 형제와 무릇 그들에게 있는 모든 자를 살려 주어 우리 생명을 죽는 데서 건져내기로 이제 여호와로 맹세하고 내게 진실한 표를 내라"(수 2:9~13).

이것이 그녀가 자기 국가를 배반하고 정탐꾼을 숨겨준 이유였다. 그녀는 이스라엘의 하나님 여호와가 우주 만물을 창조한 참하나님이라는 것을 알았고, 여리고의 멸망으로부터 구원받기를 간절히 원했다. 그런데 이스라엘의 정탐꾼이 그녀의 집으로 온 것이다. 그녀는 재빠르게 여리고 사람들로부터 그들을 보호했고, 그들이 그 밤에 눕기 전 여리고 사람들에 대한 정보를 제공하면서 자신뿐 아니라 온 가족을 구원해 줄 것을 맹세시켰던 것이다.

여호수아는 굳이 정탐꾼을 보낼 필요가 없었다. 여리고는 이미 이스라엘의 소문을 듣고 극도의 공포심에 성문을 굳게 닫았고, 이스라엘이 7일 동안 성을 돌 때도 아무런 행동을 취하지 않을 정도로 이미 전투 의지를 상실한 상태였다. 더구나 정탐꾼은 성에 도착하여 라합의 집에 들어서자마자 발각되어 성 안의 동정을 살필 기회조차 없었다. 그들이 얻은 소득은 라합으로부터 들은 이야기가 전부였다. 그러나 라합의 고백은 여호수아에게는 큰 정보였다.

> "진실로 여호와께서 그 온 땅을 우리 손에 붙이셨으므로 그 땅의 모든 거민이 우리 앞에서 간담이 녹더이다"(수 2:24).

이 같은 정탐꾼의 보고로 인하여 이스라엘은 담대하게 요단을 건널 수 있었고, 그 보고는 라합의 신앙고백으로부터 나왔던 것이다. 하나님은 **"너희 하나님 여호와는 상천하지에 하나님이시니라"**(수 2:11)라는 놀라운 고백을 하며 하나님의 백성이 되기를 간절히 원했던 이 이방 여인을 구원하셨다. 그리하여 그녀는 아모리 족속이면서 기생이라는 부정한 여인이었음에도 그와 같은 믿음으로 가족과 함께 구원을 받았을 뿐 아니라(행 16:31), 당당히 유다 지파의 살몬과 결혼하여 보아스를 낳아 왕의 계보에 이름을 올리는 영광을 누렸다.

사사들이 다스리던 시대에 가나안 땅에 흉년이 들어 유대 베들레헴에 살던 엘리멜렉은 조상의 땅을 떠나 가족들을 데리고 모압 땅으로 이주한다(삿 1:1). 그가 조상의 기업을 버리고 약속의 땅을 떠나 모압으로 이주한 것은 잘못된 선택이었다. 그 때문이었는지 그는 얼마 후 아내 나오미와 두 아들 말론과 기룐을 남기고 죽는다. 그녀는 남편이 죽었음에도 고향으로 돌아가지 않았고, 오히려 두 아들을 모압 여인과 결혼시켜 그 땅에 10여 년간 눌러앉았다. 말론의 아내는 룻이었고(룻 4:10), 기룐의 아내는 오르바였다. 이에 하나님은 두 아들마저 데려가셨다. 모압에서 남편과 두 아들을 잃은 나오미는 마침 이스라엘에 기근이 그쳤다는 소식을 듣고 모압 생활을 청산하고 고향으로 돌아온다. 남편을 따라 모압으로 떠났지만, 그녀는 항상 하나님과 가까이 있었다. 그랬기 때문에 자신에게 내려진 하나님의 징계에 대하여 며느리들에게 말했으며(삿 1:13), 유대로 돌아와서는 베들레헴 사람들에게 다음과 같이 고백했다.

"나를 나오미라 칭하지 말고 마라라 칭하라 이는 전능자가 나를 심히 괴롭게 하셨음이니라 내가 풍족하게 나갔더니 여호와께서 나로 비어 돌아오게 하셨느니라 여호와께서 나를 징벌하셨고 전능자가 나를 괴롭게 하셨거늘 너희가 어찌 나를 나오미라 칭하느뇨"(룻 1:20~21).

나오미는 '**나의 기쁨**', 마라는 '**쓰라림**'이라는 뜻이다. 그녀는 기근을 피하여 남편과 함께 모든 가산을 정리한 후 풍족한 가운데 모압 땅을 밟았을 것이다. 그러나 10여 년이 지나 베들레헴으로 돌아왔을 때는 남편과 두 아들을 잃었고, 이삭을 주우면서 생활해야 할만큼 비참했다. 얼마나 슬프고 절망했으면, 자신의 이름을 더는 나오미라 부르지 말고 마라라 부르라 했겠는가? 모든 것을 잃어버린 후에야 그녀는 자신을 내려놓고 창조주 앞으로 돌아왔다.

사방이 가로막혀 절망하나요 눈을 들어 하늘을 쳐다보세요
당신을 사랑하는 하나님께서 해결해 주실 거예요
지금 당신이 먼저 해야 할 일은 하나님이 하신 일을 인정하면서

모든 것이 합력하여 선을 이룰 줄 믿고 따라가는 일이죠
아무것도 염려하지 말고 오직 모든 일에 기도와 간구로
너희 구할 것을 감사함으로 하나님께 아뢰라
당신이 이 말씀을 믿는다면 모든 것 하나님께 맡기세요
눈을 들어 하늘을 쳐다보세요 그리고 기도하세요

나오미는 그렇게 절망 속에서 하나님만 바라보고 베들레헴으로 돌아왔다. 모압을 떠날 때 오르바와 룻이 모두 동행했으나, 그녀는 한사코 며느리들을 돌려보내려 했다. 며느리들을 청상과부로 살게 하느니 친정에 남아 재혼하도록 허락하는 것이 시어머니로서 마땅히 해야 할 일이라 생각했다. 오르바는 강권에 못 이겨 친정으로 돌아갔지만, 룻은 기어코 시어머니를 따라나섰다.

> "나로 어머니를 떠나며 어머니를 따르지 말고 돌아가라 강권하지 마옵소서 어머니께서 가시는 곳에 나도 가고 어머니께서 유숙하시는 곳에서 나도 유숙하겠나이다 어머니의 백성이 나의 백성이 되고 어머니의 하나님이 나의 하나님이 되시리니 어머니께서 죽으시는 곳에서 나도 죽어 거기 장사될 것이라 만일 내가 죽는 일 외에 어머니와 떠나면 여호와께서 내게 벌을 내리시고 더 내리시기를 원하나이다"(룻 1:16~17).

그때는 이스라엘에 왕이 없으므로 사람들이 각기 자기 소견에 옳은 대로 행하던 시대였다(삿 17:6, 21:25). 그리하여 하나님의 말씀도 희귀한 시대였다(삼상 3:1). 그들이 하나님을 떠날 때마다 외세의 지배를 받았고, 그래서 고통에 부르짖으면 하나님이 사사를 보내 구원하시곤 했다. 그랬기에 엘리멜렉도 기근이 왔다고 쉽게 모압으로 이주했다. 그런데 이방 여인의 입에서 이처럼 놀라운 고백이 흘러나왔다.

룻이 제정신이 아니었던 것 같다. 미치지 않고서는 그 시대에 그런 결정을 내릴 수 없었기 때문이다.

룻에게는 아무것도 없었다. 믿고 의지할 남편은 죽었고, 소망을 부여잡을 자식도 없었으며, 울타리 같은 시아버지도 없었다. 시아버지의 기업이 있었으나, 그것을 일구어 가정을 꾸릴 수 있는 남자가 없었기에 이삭이나 주우면서 시어머니를 모시고 생계를 이어가야 했다. 더구나 그녀는 그 어느 민족보다 선민의식이 강한 이스라엘 가운데 들어온 이방 여인이었다. 이처럼 미래가 암울했기 때문에, 당연히 그녀는 오르바처럼 시어머니가 돌아가라 했을 때 못 이기는 척하고 적당히 돌아서야 했다. 오르바처럼 돌아간다 해도 비난할 사람이 없었고, 성경의 기록이 없었다면 모든 사람이 시어머니의 결정을 따르는 것이 하나님의 뜻이라 여겼을 것이다.

도대체 이 여인은 무엇을 바라고 남편도 없고, 자식도 없는 이국 땅에서 가난한 시어머니와 함께 살겠다고 했을까? 이때까지 아무런 은혜도 베풀지 않으시고 오히려 모든 것을 빼앗았던 하나님을 그녀는 어떻게 믿고 따랐을까? 고향에 남아 재혼해서 평안히 살라는 시어머니의 권고를 무시할 만큼 하나님을 위대하게 보았던 것일까?

동시대를 살았던 사람 중에 이와 비슷한 절망 가운데 놓였던 여인이 있었다. 제사장 엘리의 며느리이며, 비느하스의 아내인 이름 모를 여인이었다. 블레셋에 의해 남편과 아주버니인 홉니가 죽었고, 그 소식을 들은 시아버지 엘리는 의자에서 쓰러져 목이 부러져 죽었다. 급기야 실로가 파괴되면서 언약궤마저 빼앗기는 절체절명의 위기 속에서 그녀는 아들을 낳았다(삼상 4:19~22). 너무도 절망적인 상황이었기에 그녀는 아들의 이름을 '**이가봇**'이라고 지었는데, 그 뜻은 '**어디에 (하나님의) 영광이 있는가?**'였다. 하나님을 섬기는 제사장 가문의 며느리로서 누구보다도 전능하신 하나님을 잘 알고 있어야 했음에도 그녀는 아들의 이름을 '**이가봇**'이라 지었던 것이다. 전능하신 하나님을 의지하면서 그 아들의 이름을 '**임마누엘**'(**하나님이 우리와 함께 계시다**)이라고 지었으면 좋았을 텐데, 그녀는 자식을 낳은 기쁨 대신 남편과 가족을 잃은 슬픔으로 목숨줄마저 놓아버렸다. 시대를 망라하여 희망을 잃은 평범한 사람들은 대체로 룻처럼 소망을 바라보지 않고 비느하스의 아내처럼 절망한다.

이스라엘 사람조차 하나님을 떠났기에 그녀가 하나님을 온전히 봤을 리는 없다. 단지 그녀는 모든 것이 사라진 채 절망에 빠져 고향으로 향하는 시어머니의 뒷모습을 봤을 것이다. 며느리마저 절망적인 상황에 빠뜨리지 않으려고 친정으로 돌아가라고 떠미는 시어머니에게서 자신을 향한 사랑을 보았다. 그렇게 그녀는 그 시어머니를 통하여 하나님의 사랑을 보았던 것이다.

암울한 상황에서도 시어머니를 좇아 하나님을 선택한 그 결정이 그래서 찬란하다. 모압 사람은 영원히 여호와의 총회에 들어오지 못할 것이라고 저주하셨지만(신 23:3), 하나님은 그렇게 절망적인 상황에서도 시댁으로 들어온 그녀를 여호와의 총회에 들이셨다. 앞서 살폈듯이 룻은 시어머니와 함께 베들레헴에서 이삭을 주우면서 가난한 삶을 꾸려갔다. 그러던 중 그녀는 시어머니가 베푼 계략으로 시아버지 엘리멜렉의 친족 중 유력한 보아스의 침소에 몰래 들어간다. 그녀는 부정한 방법으로 보아스를 유혹했지만, 이것은 그녀를 안타깝게 생각한 시어머니의 계략이었을 뿐, 그녀는 베들레헴 사람 모두가 다 아는 현숙한 여인이었다(룻 3:11). 보아스는 의로운 사람이라 밤에 몰래 들어온 그녀를 조용히 물리치고 정당한 방법을 통하여 그녀를 아내로 맞이한다.

룻의 사랑에 대하여 시모는 "**내 딸아 여호와께서 네게 복 주시기를 원하노라 네가 빈부를 물론하고 연소한 자를 좇지 아니하였으니 너**

의 베푼 인애가 처음보다 나중이 더하도다"(룻 3:10)라는 최고의 찬사를 보냈고, 이스라엘의 장로들도 **"여호와께서 네 집에 들어가는 여인으로 이스라엘 집을 세운 라헬 레아 두 사람과 같게 하시고"**(룻 4:11)라는 말로 축복하였다. 그리하여 그녀는 베들레헴의 여인들로부터 일곱 아들보다 더 귀한 며느리라는 칭송을 받는다(룻 4:15). 나오미 역시 하나님에 대한 믿음을 끝까지 지켰기에 보아스와 룻을 통하여 남편의 기업과 후사를 잇는 복을 받았다(룻 4:14). 그들로부터 태어난 아들이 다윗의 조부인 오벳이었다(룻 4:17). 하나님도 그녀를 복 주시어 왕의 계보에 이름을 올리는 큰 영광을 주셨던 것이다.

다윗은 여러 명의 아내를 두었다. 그중 유다 지파 이스르엘 여인 아히노암, 갈렙 집안의 여인 아비가일은 다윗이 도망다닐 때도 함께 했던 여인들이었다(삼상 30:5). 또한 많은 아내 중 갈렙 집안의 아비가일과 우리아의 아내였던 밧세바는 남편이 죽자 다윗과 재혼한 여인이었다.

아비가일은 원래 유대 지방 갈렙 집안 나발의 아내였다. 미련한 나발이 다윗을 모욕하여 일족 모두가 몰살당할 위험에 빠지게 되는 일이 발생한다. 이 사실을 안 나발의 아내 아비가일은 급히 떡 이벅 덩이와 포도주 두 가죽부대와 잡아 준비한 양 다섯과 볶은 곡식 다섯 세아와 건포도 백 송이와 무화과 뭉치 이백을 취하여 나귀에 싣고, 서둘러 다윗을 찾아가 이렇게 말한다.

> "내 주여 청컨대 이 죄악을 나 곧 내게로 돌리시고 여종으로 주의 귀에 말하게 하시고 이 여종의 말을 들으소서 원하옵나니 내 주는 이 불량한 사람 나발을 개의치 마옵소서 그 이름이 그에게 적당하니 그 이름이 나발이라 그는 미련한 자니이다 여종은 내 주의 보내신 소년들을 보지 못하였나이다 내 주여 여호와께서 사시고 내 주도 살아계시거니와 내 주의 손으로 피를 흘려 친

히 보수하시는 일을 여호와께서 막으셨으니 내 주의 원수들과 내 주를 해하려 하는 자들은 나발과 같이 되기를 원하나이다 여종이 내 주에게 가져온 이 예물로 내 주를 좇는 이 소년들에게 주게 하시고 주의 여종의 허물을 사하여 주옵소서 여호와께서 반드시 내 주를 위하여 든든한 집을 세우시리니 이는 내 주께서 여호와의 싸움을 싸우심이요 내 주의 일생에 내 주에게서 악한 일을 찾을 수 없음이니이다 사람이 일어나서 내 주를 쫓아 내 주의 생명을 찾을찌라도 내 주의 생명은 내 주의 하나님 여호와와 함께 생명싸개 속에 싸였을 것이요 내 주의 원수들의 생명은 물매로 던지듯 여호와께서 그것을 던지시리이다 여호와께서 내 주에 대하여 하신 말씀대로 모든 선을 내 주에게 행하사 내 주를 이스라엘의 지도자로 세우신 때에 내 주께서 무죄한 피를 흘리셨다든지 내 주께서 친히 보수하셨다든지 함을 인하여 슬퍼하실 것도 없고 내 주의 마음에 걸리는 것도 없으시리니 다만 여호와께서 내 주를 후대하신 때에 원컨대 내 주의 여종을 생각하소서"(삼상 25:24~31).

참으로 가슴 뭉클한 청원이었다. 다윗이 나발로부터 "**다윗은 누구며 이새의 아들은 누구뇨 근일에 각기 자기 주인에게서 억지로 떠나는 종이 많도다 내가 어찌 내 떡과 물과 내 양털 깎는 자를 위하여 잡은 고기를 가져 어디로서인지 알지도 못하는 자들에게 주겠느냐**"(삼상 25:10~11)라는 모욕적인 말을 들었을 때, 얼마나 그 눈에서 분노의 불이 이글이글 타올랐을지 가히 짐작이 된다. 우리 속담에 "**동냥은 못 줄망정 쪽박은 깨지 마라**"라는 말이 있다. 그렇지 않아도 사울의 눈을 피해 도망다니는 처지가 서글프고 처량한데, 나발의 언사는 다윗의 생명과 같은 인격을 모독하는 행위였다. 그렇게 분노한 다윗 앞에서 나발의 아내인 그녀가 보인 행동은 역린(逆鱗)을 건드리지 않으면서 용(龍)을 탄 자와 같이 위험하지만 현명한 처신이었다.

다윗은 모욕에 대한 격한 분노를 참지 못하여, 먹을 것을 주지 않앗다는 단 하나의 이유만으로 백성을 죽인 오명을 지닌 왕이 될 뻔하였다. 그녀가 아니었으면 한순간의 분노로 평생 살인자라는 꼬리표를 달고 다녔을 것이다. 그녀의 지혜로운 말 한마디는 다윗의 자존심을 세워주면서 잘못된 결정에서 돌이키도록 한 완곡한 간언, 즉 흉간이었던 것이다. 다윗은 그녀를 보내 큰 살인을 막게 하신 하나님께 감사하고, 그 지혜를 칭찬하면서 그녀를 돌려보낸다.

하나님이 기름부으신 자를 모독하는 것은 하나님을 모독하는 것이나 다름없다. 결국 열흘 뒤 나발이 죽자, 다윗은 그녀를 청하여 아내로 삼는다. 다윗과 그녀 사이에는 길르압(다니엘)이라는 아들이 있었다(삼하 3:3; 대상 3:1). 다윗이 죽은 후, 솔로몬을 추종하지 않았던 사람들이 둘째인 길르압 대신 넷째인 아도니아를 선택했던 것을 볼 때, 그는 장성하기 전에 죽었던 것 같다.

이처럼 다윗의 아내 중 그 믿음과 지혜가 기록된 여인은 아비가일뿐이었다. 따라서 유대인이든, 이방인이든, 또한 그 행실에 상관없이 오직 하나님을 향한 믿음으로만 예수 그리스도의 계보에 들어와야 한다는 법칙을 적용하면 의당 아비가일의 이름이 올랐어야 하고, 다윗의 후계자도 아비가일의 소생인 길르압이 되었어야 한다. 그런데 안타깝게도 길르압은 요절(夭折)하고 그 자리에 밧세바(밧수아)의 아들인 솔로몬이 들어온다. 그러면 헷 사람 우리아의 아내였던 밧세바는 어떻게 다윗의 아내가 되었고, 왕의 족보에 그 이름을 올릴 수 있었을까?

다윗의 왕권이 안정기에 이른 어느 해 우기가 지나고 왕들이 출전할 때, 다윗의 군대는 암몬 자손을 멸하고 랍바를 에워쌌다. 그때 다윗은 전쟁터 대신 왕궁 지붕 위를 거닐다가 목욕하는 우리아의 아내인 밧세바를 보고 반하게 된다. 그리하여 그녀를 궁으로 불러와 동침하여 아이를 잉태시킨다(삼하 11:1~5). 그녀의 잉태에 놀란 다윗은 전선에 있는 우리아를 예루살렘으로 부른다. 우리아가 왔을 때 다윗은 형식적으로 군대장관 요압과 군사의 안부, 그리고 싸움의 어떠한 것을 묻고 집으로 가서 아내와 함께 지내라 이른다. 그러나 우리아는 집으로 가지 않고 왕궁 문에서 신복들과 함께 잔다. 이에 다윗이 우리아를 불러 연유를 묻자 그는 이렇게 대답한다.

> "언약궤와 이스라엘과 유다가 영채 가운데 유하고 내 주 요압과 내 왕의 신복들이 바깥 들에 유진하였거늘 내가 어찌 내 집으로 가서 먹고 마시고 내 처와 같이 자리이까 내가 이 일을 행치 아니하기로 왕의 사심과 왕의 혼의 사심을 가리켜 맹세하나이다"(삼하 11:11).

다윗은 이튿날에도 우리아를 먹고 마시게 하여 취하게 했지만, 그는 그날도 그 신복들과 함께 눕고 집으로 들어가지 않는다. 이에 다윗은 자신의 죄악이 드러날까 두려워 **"우리아를 맹렬한 싸움에 앞세워 두고 너희는 뒤로 물러가서 저로 맞아 죽게 하라"**(삼하 11:15)라고 쓴 편지를 우리아의 손에 들려 요압에게 보낸다. 그렇게 그는 하나님과 왕 앞에 충성된 우리아를 살해했다. 우리아가 죽었다는 기별이 왔을 때, 그는 이렇게 뻔뻔하게 자신의 살인을 정당화한다.

> "너는 요압에게 이같이 말하기를 이 일로 걱정하지 말라 칼은 이 사람이나 저 사람이나 죽이느니라 그 성을 향하여 더욱 힘써 싸워 함락시키라 하여 너는 저를 담대케 하라"(삼하 11:25).

하나님은 선지자 나단을 통하여 이러한 다윗의 죄악을 지적하셨다. 다윗은 하나님 앞에 자신의 죄를 자백하고 용서를 구했다. 하나님은 비록 다윗의 죄는 사하셨지만 간음으로 태어난 아들은 죽게 하셨다. 그 뒤로 다윗의 아들 암논이 이복누이인 다말을 강간하는 사건이 발생했고, 친누이가 암논에 의해 강간당한 것을 안 압살롬은 암논을 죽여 버렸다. 그리고 몇 년이 흐른 뒤, 압살롬이 다윗의 모사 아히도벨을 길로에서 불러들여 반란을 일으킨다(삼하 15:12~14).

밧세바는 다윗의 삼십 용사 중 하나인 암미엘(엘리암)의 딸이었으며, 암미엘의 아버지가 길로 사람 아히도벨이었다(삼하 11:3; 대상 3:5; 삼하 23:34). 즉 아히도벨의 손녀 사위가 우리아였던 것이다. 아마도 그는 손녀를 강간하고 그 남편을 살해한 다윗을 미워하여 고향 길로에 물러나 있었던 것 같다. 그래서 압살롬의 부름에 즉각 응했으며, 압살롬에게 다윗이 궁에 남겨둔 열 명의 후궁들을 온 이스라엘 사람이 보는 앞에서 대낮에 강간하도록 시킨다(삼하 16:21~22). 아히도벨은 여세를 몰아 다윗이 곤하고 약한 지금 엄습하여 죽여야 한다는 모략을 내놓지만, 다윗이 심어둔 후새의 모략이 채택되어 실행하지 못한다(삼하 17:1~22). 그 모략이 거절되자 그는 고향으로 돌아가 집을 정리한 후 목매어 자살한다. 다윗의 승리를 예견하고 아들과 손녀에게 부담 주지 않기 위해서였을 것이다. 하나님이 허락하신 그의 복수는 거기까지였다.

다윗의 죄에 대한 징계로 밧세바와의 간음으로 낳은 아들과 암논, 압살롬 세 아들이 죽고, 딸 다말과 열 명의 후궁들이 강간당했다. 그는 시므이의 모욕을 포함한 모든 징계를 겸허하게 받아들였다. 하나님은 우리아의 억울함을 풀어주시기 위해서가 아니라, 다윗을 사랑하셨기에 마땅히 자녀로서 징계하셨다(히 12:5~13). 그리고 충실한 우리아에 대해서는 그의 죽음을 왜곡하지 않고 정확히 기록하여 후대에 알리는 것으로 갚아주셨으며, 다윗의 삼십 용사 중 하나로 기록하여 그 이름을 높이셨다. 성경에 기록된 다윗의 삼십 용사의 숫자를 세어보면 아무리 다시 세어보아도 30명이 아니라 31명인 것을 확인할 수 있는데, 무슨 이유인지 가장 용감한 3인의 용사로 거명된 하랄 사람 삼마가 또다시 30인에 포함되었기 때문일 것이다 (삼하 23:24~39). 아무튼 우리아는 비록 자식이 없어 후손을 통한 영광은 얻지 못했지만, 동서고금을 막론하고 가장 지혜로운 왕 솔로몬이 그의 아내였던 밧세바를 통하여 태어났다. 그것이 죽은 사람에게 얼마나 큰 위로가 될지는 모르겠으나 하나님은 이를 통해 공의를 세우셨다.

다윗을 철저히 징계하시고, 우리아를 높이신 것은 하나님의 공의와 율법이었다. 그리고 다윗이 음행과 살인이라는 죄악을 자백하고 자비를 구했을 때, 하나님이 그의 죄를 사하시고 밧세바의 소생인 솔로몬으로 후계자를 삼으신 것은 사랑과 은혜였다. 그래서 아비가일 대신 밧세바가 왕의 계보에 들어왔으며, 밧세바라는 이름 대신 우리아의 아내였던 여인이라고 기록하신 것은 우리아의 충성을 기리기 위함이었다. 공의와 사랑, 율법과 은혜라는 하나님의 두 가지 상반된 성품이 '**우리야의 아내였던 여인**'(마 1:6)이란 말씀 속에 정확히 녹아 있다.

하나님은 의로운 행위에 대해서는 공의로 갚아주시며, 유대인뿐 아니라 이방인의 하나님도 되시고, 의롭게 되는 것은 율법이 아니라 오직 믿음 때문임을 예수 그리스도의 계보를 통하여 알려주고 계신다.

> "그런즉 자랑할 데가 어디뇨 있을 수가 없느니라 무슨 법으로냐 행위로냐 아니라 오직 믿음의 법으로니라 그러므로 사람이 의롭다 하심을 얻는 것은 율법의 행위에 있지 않고 믿음으로 되는 줄 우리가 인정하노라 하나님은 홀로 유대인의 하나님뿐이시뇨 또 이방인의 하나님은 아니시뇨 진실로 이방인의 하나님도 되시느니라 할례자도 믿음으로 말미암아 또는 무할례자도 믿음으로 말미암아 의롭다 하실 하나님은 한 분이시니라"(롬 3:27~30)

## 눈을 들어 하늘을 쳐다보세요

사방이 가로막혀 절망하나요 눈을 들어 하늘을 쳐다보세요
당신을 사랑하는 하나님께서 해결해 주실 거예요
지금 당신이 먼저 해야 할 일은
하나님이 하신 일을 인정하면서
모든 것이 합력하여 선을 이룰 줄 믿고 따라가는 일이죠
아무것도 염려하지 말고 오직 모든 일에 기도와 간구로
너희 구할 것을 감사함으로 하나님께 아뢰라
당신이 이 말씀을 믿는다면 모든 것 하나님께 맡기세요
눈을 들어 하늘을 쳐다보세요 그리고 기도하세요

당신의 하나님, 나의 하나님, 그리고 우리 하나님 상

에녹부터 이방 여인들까지
성경 속 인물들로 믿음을 조명하다

1판 1쇄 인쇄 _ 2025년 9월 25일
1판 1쇄 발행 _ 2025년 9월 30일

**지은이** _ 김종식
**펴낸이** _ 이형규
**펴낸곳** _ 쿰란출판사

**주소** _ 서울특별시 종로구 이화장길 6
**편집부** _ 745-1007, 745-1301~2, 747-1212, 743-1300
**영업부** _ 747-1004, FAX 745-8490
**본사평생전화번호** _ 0502-756-1004
**홈페이지** _ http://www.qumran.co.kr
**E-mail** _ qrbooks@daum.net / qrbooks@gmail.com
**한글인터넷주소** _ 쿰란, 쿰란출판사
**페이스북** _ www.facebook.com/qumranpeople
**인스타그램** _ www.instagram.com/qrbooks
**등록** _ 제1-670호(1988.2.27)
**책임교열** _ 이주련·김준표

© 김종식 2025  ISBN 979-11-24013-02-1  03230

책값은 뒤표지에 있습니다.
이 출판물은 저작권법에 의해 보호를 받는 저작물이므로 무단 복제할 수 없습니다.
파본(破本)은 구입처에서 교환해 드립니다.